KB190591

한국신약해설주석 15A

요한계시록 1:1-6:17

김상훈 지음

KECOT/KECNT 김상훈 총괄 편집
KECNT 신현우 책임 편집

한국신약해설주석 15A
요한계시록 1:1-6:17

지음   김상훈
총괄편집 김상훈
책임편집 신현우
교정교열 김덕원

발행처   감은사
발행인   이영욱
전화   070-8614-2206
팩스   050-7091-2206
주소   서울시 강동구 암사동 아리수로 66, 401호
이메일   editor@gameun.co.kr

종이책
초판1쇄   2022.10.6.
ISBN   9791190389709
정가   28,000원

전자책
전자책1쇄 2022.10.06.
ISBN   9791190389723
정가   21,000원

Korean Exegetical Commentary on the New Testament 15A

The Revelation to John 1:1-6:17

Sang-Hoon Kim

KECOT/KECNT General Editor, Sang-Hoon Kim

KECNT Editor, Hyeon Woo Shin

© 김상훈 2022

이 책의 저작권은 저자와 감은사에 있습니다. 신 저작권법에 의하여 한국 내에서 보호받는 저작물
이므로 무단 전재와 무단 복제를 금합니다.

신앙의 요람과 모체인

사랑하는 한국 교회에 헌정합니다

KECNT/KECOT
총괄 편집자 서문

일선 목회자들을 만나면 좋은 주석을 추천해 달라는 말씀을 자주 듣게 됩니다. 믿을 만한 성경 주석이 필요합니다. 시대적 필요에 맞는 새로운 주석 편찬에 대해 다음의 다섯 가지를 말할 수 있겠습니다.

첫째, 건실한 개혁신학과 성경적 복음주의의 입장에 바로 서 있는 좋은 주석이 필요합니다. 하나님의 말씀인 성경에 대한 권위(authority)와 진정성(authenticity)을 신학(학문)이라는 이름으로 훼손하고 있는 주석이 적지 않습니다. 성경의 권위(sola scriptura, "오직 성경으로")를 중시한 종교개혁의 건실한 개혁신학과 성경의 영감적 특성을 존중하는 복음주의 관점에서 쓴 주석이 필요합니다. 영감된 말씀인 성경에 대한 존중과 바른 이해에 기반하는 주석은 주님의 교회를 새롭게 하고 생명력 있는 말씀 사역을 하도록 지원할 수 있습니다. 독자는 바른 신학과 성경에 대한 신뢰를 가지고 본문을 깊이 연구할 수 있습니다.

둘째, 국내 저자에 의한 국제적 수준의 주석 집필이 요구되고 있습니다. 성경적 복음주의에 기초한다고 해서 학문적 특성이 배제되면 신뢰할 만한 주석이라 할 수 없을 것입니다. 주석의 학문성은 저자의 학문적 자질과 능력에서 비롯됩니다. KECNT(한국신약해설주석)의 집필진은 학문적으로 국제적인 교류를 해온 학자들이 중심이 됐습니다. 해외 신학계와 해석학계에 학문적 목소리를 낼 수 있는(내어온) 학자들이 주석 집필진이 된 것입니다. 그렇기에 주석의 학문적 수준을 신뢰할 수 있을 것입니다. 본문의 논쟁적 문제를 다룰 때도, 개혁신학과 복음주의에 뿌리를 두되, 진지한 학문적 태도로 연구되고 있는 것을 볼 수 있을 것입니다. 여기서 신앙과 학문의 조화를 발견할 수 있습니다.

각 주석은 독자적인 연구를 바탕으로 된 것입니다. 신학적으로나, 학문적으로 신뢰할 만한 저자들의 단권 주석은 해당 분야에 대한 철저한 연구 성과를 토대로 집필된 것입니다. 대표되는 주석들과 학자들의 견해들이 주석 안에 섭렵되면서도, 집필자 자신의 깊은 본문 연구를 토대로 주석된다는 특징이 있습니다. 각자의 영역에서 뚜렷한 학문적인 논의를 개진할 수 있는 저자들이기 때문입니다.

셋째, 단권 주석의 강점은 각 권의 전문성이 인정된다는 것입니다. 저자 한 사람이 성경 전권을 주석하는 방식은 학문적인 한계를 가질 수밖에 없습니다. 점차 전문화되어가는 학문적 흐름에는 맞지 않습니다. 해당 분야의 전문적 식견을 갖춘 저자에 의한 단권 주석 집필은 그런 점에서 의미가 큽니다. 각 권은 특장을 가진 각 저자의 적지 않은 시간 동안의 연구와 노력을 담은 주석서입니다. 같은 개혁신학과 복음주의 신앙을 가진 저자들에 의한 학문적 노력이 담긴 각 권의 주석입니다. 신학적으로, 학문적으로 검증된 저자들이 함께 어울려 성경 전체의 주석서를 내고 있습니다. 함께 하나님 나라를 위해 노력하려 합니다.

넷째, 성경 주석은 본문 중심의 주석일 필요가 있습니다. 개혁신학과 복음주의 전통의 문법적-역사적 해석은 하나님의 말씀인 성경 본문을, 역사적 맥락과 문법적 특징에 따라 세밀히 살펴, 본문의 계시적 의미를 밝히려는 해석입니다. 따라서 원어를 기초로 한, 각 절과 각 단원의 치밀한 주해에 집중합니다. 본문을 중시하는 문법적-역사적 해석의 전통은 최근 언어적·문학적·구조적·수사적 연구 등에 의해 더욱 발전되어 왔습니다. 하나님의 말씀 중심인 문법적-역사적 전제에 어울릴 수 있는 한, 이들 연구는 본문 해석에 유익한 면이 있습니다. 문법적-역사적 해석이 여러 갈래로 발전되고 있는 것입니다. KECNT에서 각 권의 저자가 어떤 특징과 강점을 가지고 성경 본문을 세밀히 해석하고 있는지 볼 수 있을 것입니다.

　다섯째, 교회와 목회자의 필요에 맞는 주석이어야 할 것입니다. 교회가 신뢰할 만한 신학적 토대를 가지고 있다는 점과 함께, 철저한 본문 중심 해석이라는 특징 때문에 우리 한국 교회와 교회 사역자(설교자), 그리고 성경을 깊이 연구하고자 하는 분들에게 실제적인 도움이 될 것입니다. 특히 설교를 준비할 때, 본문에 대해 깊이 있고 정확한 해석의 기반이 가장 중요하다는 점에서 KECNT는 설교자의 좋은 동반자가 될 것입니다. 하나님의 말씀이 제대로 전해지면 교회는 회복됩니다. 교회의 진정한 개혁은 하나님의 말씀으로 됩니다. 한국 교회에 말씀의 뿌리가 깊이 내려지고 그 위에 갱신과 부흥의 나무가 서야 합니다.

　KECNT 편찬에 관계된 저희 모두는 이 일을 영예로 생각합니다. 좋은 주석서들이 활용되면 주의 교회가 힘을 얻게 될 것이기 때문입니다. 오직 하나님만이 영광을 얻으시기에 합당하십니다(soli Deo gloria, "오직 하나님께만 영광이").

2020년 9월 28일

김상훈

KECNT/KECOT 총괄 편집자

KECNT
책임 편집자 서문

    한국신약해설주석(KECNT)은 성경을 하나님의 말씀으로 받아들이고 신앙의 규범으로 삼는 정통신학의 틀 속에서 종교개혁자들의 문법적-역사적 해석 방법을 사용하여 신약성경을 연구한 주석 시리즈입니다.

    선교 받는 나라에서 선교하는 나라가 된 한국의 신학계는 그동안 비약적 발전을 하여 세계 신학계의 한 축을 형성하는 단계로 진입하고 있습니다. 특히 한국의 신약학계는 이미 세계적인 학자들을 많이 배출했습니다. 그리하여 이 주석 시리즈의 저자들은 국제 학계(총서 및 학술지 등)의 출판 실적이 있는 탁월한 학자들 중에서 개혁신학의 전통 속에 있는 학자들을 선택하여 선정할 수 있었습니다.

    이 주석 시리즈는 간단명료한 문체를 추구하는 개혁신학의 스타일에 따라 제한된 지면에 알찬 내용을 담았습니다. 또한 문법적-역사적 해석 방법에 따라 원어의 용례에 입각한 단어의 의미 파악과 당시 역사적 배경과 본문의 문맥에 입각한 의미 파악에 주력하여 성경 각 권의 저자가 의도한 본문의 의미가 잘 드러나도록 했습니다. 그리하여 우리 시대에 성경 본문을 적용하기 위한 튼실한 출발점을 얻을 수 있도록 했습니다. 때로는 우리 시대에 어떻게 적용해야 하는지 방향을 제시하기도 했습니다.

이 주석은 단락별로 성경 번역, 절별 주해, 단락 해설로 구성하여 설교자들과 성도들이 성경을 연구하다가 필요한 구절을 쉽게 찾을 수 있도록 했습니다. 단락 해설을 통해서는 전체적인 흐름을 파악하고 적용을 위한 통찰을 얻을 수 있도록 했고, 저자의 사역을 담은 성경 번역 부분은 모아서 추후 새로운 번역본으로 출판하게 될 것입니다.

이 주석 시리즈는 주해 부분에서 헬라어를 음역할 경우에는 자음은 경음(ㄲ, ㄸ, ㅃ)을 활용했습니다. 이것은 고대 및 현대 헬라어 발음과 유사할 뿐 아니라, 격음(ㅋ, ㅌ, ㅍ)과 함께 사용함으로써 유사한 발음의 헬라어 자음들을 한글로 명확히 구분하여 표기할 수 있기 때문입니다. 모음의 경우에는 영미식이나 독일식, 현대 헬라어식 발음을 따르지 않고 서로 구분되는 방식으로 음역했습니다. 이것이 고대 헬라어 발음에 가깝다고 추측될 뿐 아니라, 유사 발음들을 서로 구분하여 표기할 수 있는 장점이 있기 때문입니다.

요한계시록 주석을 맡아 저술하신 김상훈 교수님은 SBL, ETS 등 국제학회에서 연구결과를 꾸준히 발표해왔을 뿐 아니라, 국제저널 및 단행본을 통하여 연구성과를 해외에도 계속 알려온 매우 성실하고 탁월한 학자입니다. 김 교수님은 지난 수십 년간 매진한 구조분석 분야에서 타의 추종을 불허하는 경지에 도달했는데, 통찰력 있는 구조 분석을 통하여 요한계시록 연구를 한 단계 심화 발전시키는 데 기여하는 주석서를 내놓으셨습니다. 앞으로 이 주석은 요한계시록 연구와 설교를 위한 필수적인 참고 자료가 될 것입니다.

이 시리즈의 출판을 흔쾌히 수락하여 어려운 출판 환경 가운데서도 목회자들과 교회를 위한 주석서를 세상에 내놓는 수고를 감당해 주신 감은사의 이영욱 대표에게 감사를 드립니다.

　궁극적으로 교회의 왕이시며 온 우주의 통치자이신 예수께 감사의 송영을 올립니다. 이 주석 시리즈도 우리의 주되신 예수께 드리는 예배의 일부입니다. 십자가의 길을 가심으로 마귀를 무너뜨리고 고난의 십자가 위에서 온 세상을 통치하시는 주 예수여, 영원토록 영광과 찬양을 받으소서. 아멘.

2022년 2월 6일

신현우

KECNT 책임 편집자

저자 서문

어릴 때부터 일제 강점기의 한국 교회는 요한계시록을 틈날 때마다 읽 곤 했다는 말을 들으면서 자랐다. 답답한 현실 때문에 더욱더 새 하늘과 새 땅에 대한 소망을 가졌던 것이 한국 교회였다. 종말과 관련된 찬송을 싫어 했던 일제는 관련된 찬송 부분을 먹으로 검게 칠하게 했다고 한다. 한국 교 회는 먹칠해 있어도 그걸 외워 불렀단다. 그런 얘기를 자주 들었다. 전설 같 은 이야기도 있다. 일제 강점기 때 어떤 분은 요한계시록을 다 암기하셨는 데, 순서대로도 외우셨고, 또한 거꾸로 뒤에서부터도 통째로 암기하셨단 다. 수없이 읽고 외우셨을 것이다. 그만큼 그때는 요한계시록을 많이도 사 랑했던가 보다.

언제부턴가 한국 교회는 요한계시록을 가까이 하지 못하는 것 같다. 한 때 요한계시록 열풍이 불기도 했으나 지금은 그 기세가 꺾인 것 같다. 시한 부종말론과 같은 그릇된 주장이나 계시록과 관련된 많은 이단 때문일 것이 다. 그렇게 우리 교회는 경계심의 벽을 세웠고 계시록에 대한 관심을 갖지 않게 된 것은 아니었나, 생각해 본다. 요한계시록은 우리 교회를 위한 성경 이다. 우리가 그 진리의 혜택을 맘껏 누려야 할 은혜의 책이다. 등한시해도 안 되고 빼앗겨도 안 된다.

'한국 교회에 계시록을 돌려줘야 한다.' 언제부턴가 이런 생각을 했다. 목회자들과 성도들이 계시록을 너무 어렵게 생각한다. 특별한 이들만 이해하고 해석할 수 있다고 보는 것 같다. 다른 성경의 각 권처럼 계시록도 어려운 책이 아니다. 요한계시록이 그렇게 어려운 책인가? 그렇다면 아무나 해석할 수 없는 책을 왜 계시록(계시의 책)으로 주셨을까? 분명한 것은 요한계시록은 교회의 책(성서)이란 사실이다. 교회를 위해 주셨다. 이단의 전유물이 아니다. 또한 특정인만 해독할 수 있는 책이 아니다. 모든 교회가 읽고 나눠야 할 계시의 말씀이다.

오래된 고민이었다. 왜 어려울까? 또 왜 어렵게 여겼을까? 자연스럽게 해석하는 법을 놓쳤기 때문은 아닐까? 과도한 상징적 해석과 탈맥락적 이해 때문은 아닐까? '탈맥락적'이란 맥락에 근간이 되는 서사의 순서적 의미와 문법-문장적 규약을 벗어나 읽는다는 뜻이다. 계시록을 문법-문장적 정보를 고려하면서 서사적 맥락에 따라 읽어도 그렇게 어려운 것일까? 다음은 계시록 연구를 하면서 정리해 본 것이다.

첫째, 계시록은 계시의 책(1:1)이지, 숨겨진 비밀의 책이 아니다. 교회에서 읽혀야 하고 들려야 하고 지켜져야 한다(1:3; 22:7). 계시록의 계시적 특성은 그 뜻을 드러내는 데 있다는 것이 강조될 필요가 있다. 따라서 문법과 구조와 역사적 맥락의 이해가 중요하다. 문법은 말의 규칙이고 구조는 말의 구성(방식)이다. 비밀과 상징의 해석보다는 문법-구문-구조적 해석이 필요하다. 또한 역사적 이해는 저자와 초기 독자가 처한 역사적 상황과 배경을 이해할 수 있게 해준다. 먼저 문자-문법-구조-역사의 이해에 주력한다. 그다음 비유적 또는 상징적 의미로 보완할 수 있다. 중요한 것은 문자적(표면적) 표현을 통해 신적-저자적 의도(내적 의미)를 찾는 것이다.

둘째, 요한이 보고 들은 것을 신실하게 증언하고 있다는 것을 인정해야 한다. 요한은 "나는 보았다"(εἶδον)를 45회, "나는 들었다"(ἤκουσα)를 27회 반복한다. 요한 자신이 직접 보고 들은 것이다. 계시의 환상 중에 보고 들은 것이라 상징적 요소가 있을 수 있으나, 그 내용적 진실은 분명하다. 요한은 자신이 "본 모든 것을 증언하였다"고 했다(1:2). 바울이 다메섹에서 주님을 만난 내용을 간증할 때(행 9:1-19; 22:1-21; 26:1-23) 그 내용의 진실성을 인정할 수 있듯이, 요한이 직접 보고 들은 것 역시 인정하지 못할 것이 없다.

셋째, 더하지 않고 빼지 않는다. 이것이 계시록 해석의 열쇠다. 계시록에 없는 것을 덧붙이지 않아야 한다. 또한 있는 것은 빼지 않아야 한다. 계시록에 있는 것을 그대로 인정해야 한다. 실제 일어날 일들에 대해 알려주는 하늘의 계시로 인식해야 한다. 그래서 계시 표현의 문자-문법적 의미를 존중하며 계시 내용의 진행 순서와 흐름에 주목하고 미래에 일어날(실재할) 계시의 내용으로 읽는 것이다. 계시록에 없는 내용을 상상하여 만들어 내면 안 된다. 예컨대, 이중(두 번의) 재림, 이중 휴거 등이 그렇다. 없는 것을 새로 넣어 읽을 필요가 없다. 때로 다른 신약의 내용이 보충될 필요가 있지만, 대개는 계시록 자체에서 종말의 예언들이 서로 보충되며 서로를 풀어낼 수 있다.

넷째, 계시록은 복잡하고 난해한 책이 아니다. 쉽다고 할 순 없지만, 서사(narrative)로 된 책의 특성을 가진다. 즉, 사건의 맥락과 흐름이 있다. 서사적 상황, 전개, 흐름, 구성이 존재한다. 같은 내용의 반복된 비유들의 묶음도 아니고 몇 가지 교훈만 끌어내면 되는 우화집이 아니다. 계시록은 종말에 일어날 일들에 대한 그리스도와 하나님의 계시다. 따라서 일반 독자(성도)도 읽고 이해할 수 있는 책이다(계시의 충족성). 다른 계시의 책들(성경)과 유사하다. 특정인의 도움 없이는 읽고 이해할 수 없는 비밀 문서가 아니다. 학자의 연구는 복잡하고 치밀하게 하되, 교회의 독법은 최대한 쉬워야 한다. 진행적 흐름과 맥락에 따른 이해가 가능해야, 초대 교회 독자나 오늘날의 독자 모두가 읽고 들을 때 자연스러울 수 있다. 탈시간적 에피소드들이 일부 있으나(10장, 12장 등), 전체적인 맥락은 진행적 흐름을 가지고 있다.

다섯째, 용어의 상징성과 사건의 상징성을 구별해야 한다. 특정 사건을 표현하기 위한 용어(어구)들은 계시록의 특성상 비유-상징적인 용어로 나타날 때가 많다. 그러나 관련된 사건들을 다 상징적으로 간주할 필요는 없다. 예컨대, 짐승(13장)은 상징적이지만 악의 주체인 짐승의 존재나 그 시대가 실제로 있을 것(살후 2장의 예언에서 볼 수 있듯이)을 부인할 필요는 없다. 미래 사건의 역사적 실재를 인정할 수 있다. 재림 때에 흰 말을 타신 그리스도로 오시는 것(19:11) 역시 문자적으로 그 모습 그대로 등장하신다고 보는 것은 아니다. 그렇다고 그리스도의 재림이 영적으로 있게 된다는 뜻은 더더욱 아니지 않겠는가.

여섯째, 마태복음 24장 등 그리스도의 종말 담화는 계시록을 이해하는 열쇠가 된다. 그리스도 자신의 종말 예언이 계시록의 종말 부분을 이해하는 핵심 열쇠가 되는 것은 너무나도 당연하다. 한편, 복음서나 서신서의 종말에 대한 본문이 종말에 일어날 모든(세부적인) 것을 담고 있는 것은 아니다. 이것은 종말의 많은 사건들의 부분적(때로는 요약적) 예언이라 할 수 있다. 계시록은 부분적인 것을 풀어주고 또한 보완해 준다. 반면에 신약의 다른 예언들도 계시록을 이해하는 데 도움이 된다. 역시 구약의 예언들도 역시 그렇다. 모두 하나님의 예언된 말씀이기 때문이다. 서로 달라 보이는 것은 서로 충돌하는 것처럼 생각할 일이 아니다. 조화와 종합의 관점으로 보아야 한다. 또한 계시록이 구약이나 유대 문헌과 공유하는 부분이 있을 수 있다. 그렇지만 계시록이 이들 작품을 편집하거나 그대로 가져왔다고 보는 것은 지나친 것이다.

일곱째, 일어나지 않은 것은 아직 일어나지 않은 것이다. 계시록에는 아직 일어나지 않은 것으로 보이는 일들이 많이 기록되어 있다. 그 때문에 미래적으로 볼 필요가 있다. 그렇게 보지 않으면 많은 부분을 과장적, 우화적 묘사로 볼 수밖에 없다. 계시록은 불가해한 상징 언어 표현을 통해 독자들을 혼란과 미궁에 빠뜨리려는 신비적인 종말의 예언서가 아니다. 계시록에 쓰인 특정 현상들이 역사상 일어난 적이 없다면, 그것들은 미래적인 것이다. 과거나 현재의 것을 상징적으로 표현한 것이라 생각할 필요가 없다. 그것이 초대 교회가 계시록을 읽을 때 취한 입장이다. 미래의 것은 때로 현재에는 분명하게 형상화되지 않을 수 있다.

여덟째, 아는 것과 모르는 것, 분명한 것과 모호한 것이 있음을 인정할 필요가 있다. 계시록의 모든 내용이 명확히 알 수 있는 것이 아니다. 많은 경우, 아직 일어난 것이 아니기 때문이다. 상당히 분명한 것이 있는 반면, 다소간 모호한 것이 존재한다. 지금(현재) 모호한 것을 지금 다 알아야 하는 것은 아니다. 중요한 것은 대부분 알 수 있기 때문에 분명한 것과 알 수 있는 것을 토대로 읽어갈 수 있다. 그리고 모호한 것은 가능한 경우의 수를 생각하며 이해하려 시도할 수 있다. 이 또한 분명한 것을 토대로 가능하다. 분명한 것과 모호한 것이 섞여 있을 때는 더욱더 분명한 것(예, 문법적 사항)에 기초해야 한다.

본서는 계시록 본문에 대한 필자 자신의 구문과 구조의 연구(주해)가 중심을 차지한다. 특히 거시적-미시적 구조에 근거한 해석이 본서의 특징이 될 것이다. 또한 저자의 연구 과정과 결과에 따른 문자적-순차적-미래적 해석과 역사적 전천년설 관점이 기반이 되고 있다. 상징적 해석과 무천년설의 비중이 높아진 최근의 계시록 연구의 흐름 가운데 전통적 관점에 선 본서가 일부 보완의 역할을 할 수 있을 것이라 기대해본다.

집필 과정에서 여러 주석들과 관련 논문들이 참고되었다. 각 주석들은 각기 장점이 있다. 좋은 것은 취하고 동의할 수 없는 것은 비판하거나 제외했다. 비중 있게 참고한 것은 래드(George E. Ladd), 아우니(David E. Aune), 비일(G. K. Beale), 오스본(Grant R. Osborne)의 것이다. 래드는 건실한 역사적 전천년설에 기반한 학자다. 아우니는 다양한 역사적, 문헌적 자료를 제공한다. 상징적 해석을 하는 비일이 제시한 구약과 유대 문헌에 대한 정보는 유익하다.[1] 절충적 해석의 오스본은 비교적 균형 잡힌 논리와 자료를 제공한다. 학자들의 자료들은 필자의 논지의 보완을 위해 참고되었지만, 본서의 중심되는 주해와 논지는 독자적인 연구의 결과라 말할 수 있다.

감사한 분들이 많다. 먼저 오랜 기간 수업을 통해 피드백을 해준 귀한 제자들에게 감사하다. 이분들이 없이는 계시록 주석이 나올 수 없었을 것이다. 또한 한국 교회를 위한 숭고한 뜻과 의지를 함께 모아, 서로에게 힘이 되어준 KECNT/KECOT 편집위원들과 집필진 여러분들께 감사하다. 현실의 난관을 헤치고 미래의 소망으로 내딛을 수 있었던 것은 하나님의 은혜와 이분들의 값진 협력 때문이다. 사랑과 존경의 마음을 드린다. 특히 꼼꼼히 읽고 값진 피드백을 주신 KECNT 편집장 신현우 교수님께 감사를 드린다. 마지막으로 주석 출간에 여러모로 애써 주신 이영욱 대표님과 감은사 관계자분들의 많은 수고에 깊은 감사를 표한다. 은혜밖에 없고 감사밖에 없다.

2022년 2월 1일

초당마을에서

김상훈

---

1.   위의 책들 가운데 Aune와 Beale에 대한 좀 더 상세한 평가는 Koester, 2000: 110-5를 참고하라.

1 En.	*1 Enoch*
2 Esd	2 Esdras
2 Macc	2 Maccabees
AJBT	*American Journal of Biblical Theology*
Ann.	Tacitus, *Annals*
Ant. (Josephus)	Josephus, *Antiquities of the Jews*
Ant. (Plutarch)	Plutarch, *Antonius*
ANTC	Abingdon New Testament Commentaries
ASE	*Annali di Storia dell'Esegesi*
AUSS	*Andrews University Seminary Studies*
Autol.	Theophilus, *To Autolycus*
Bar	Baruch
BBR	*Bulletin for Biblical Research*
BDAG	Walter Bauer, William F. Arndt, F. Wilbur Gingrich, and Frederick W. Danker, *A Greek-English Lexicon of the New Testament and Other Early Christian Literature*. Revised and Edited by Frederick W. Danker, 3rd Edition. Chicago: University of Chicago, 2000.
BDB	F. Brown, S. R. Driver, and C. A. Briggs, *A Hebrew and English Lexicon of the Old Testament*. Oxford: Clarendon, 1972.
BECNT	Baker Exegetical Commentary on the New Testament
Bib	*Biblica*
BibRes	*Biblical Research*
BSac	*Bibliotheca Sacra*
Cat.	Cicero, *In Catilinam*
CBQ	*Catholic Biblical Quarterly*
Colloq	*Colloquium*
CTJ	*Chongshin Theological Journal*
CTM	*Concordia Theological Monthly*

CTR	*Criswell Theological Review*
CurTM	*Currents in Theology and Mission*
Dial.	Justin Martyr, *Dialogue with Trypho*
Dom.	Suetonius, *Domitianus*
Eccl. Hist.	Eusebius, *Church History*
Ep.	Pliny the Younger, *Epistles*
ESV	English Standard Version
EvQ	*Evangelical Quarterly*
Galb.	Plutarch, *Galba*
Geogr.	Strabo, *Geography*
Haer.	Irenaeus, *Against Heresies*
Hist.	Herodotus, *Histories*
Hist. rom.	Dio Cassius, *Roman History*
Holladay	William H. Holladay, *A Concise Hebrew and Aramaic Lexicon of the Old Testament*, Grand Rapids: Eerdmans, 1997.
IBC	Interpretation, A Bible Commentary for Teaching and Preaching
Int	*Interpretation*
ISBE	International Standard Bible Encyclopedia
J.W.	Josephus, *The Jewish Wars*
JBL	*Journal of Biblical Literature*
JBT	*Journal of Biblical Theology*
JETS	*Journal of the Evangelical Theological Society*
JORSSup	Journal of Religion & Society Supplement Series
JPT	*Journal of Pentecostal Theology*
JSNT	*Journal for the Study of the New Testament*
JSNTSup	Journal for the Study of the New Testament Supplement Series
JTC	*Journal for Theology and the Church*
JTS	*Journal of Theological Studies*
KJV	King James Version
L&N	J. P. Louw and E. A. Nida, Greek-English Lexicon of the New Testament Based on the Semantic Domains I-II. New York: UBS, 1988, 1989.

LNTS	Library of New Testament Studies
LSJ	H. G. Liddell, R. Scott, and H. S. Jones, *A Greek-English Lexicon*, Oxford: Clarendon, 1996.
LXX	Septuagint
Mart. Pol.	*Martyrdom of Polycarp*
MHT	Modern Hebrew New Testament
Mor.	Plutarch, *Moralia*
MSJ	*Master's Seminary Journal*
NA[28]	Barbara Aland and Kurt Aland ed., *Novum Testamentum Graece*, 28th ed., Stuttgart: Deutsche Bibelgesellschaft, 2012.
Nat.	Pliny the Elder, *Natural History*
Neot	*Neotestamentica*
NIV	New International Version
NLT	New Living Translation
NovT	*Novum Testamentum*
NTS	*New Testament Studies*
Phil.	Polycarp, *The Letter of Polycarp to the Philippians.*
Phld.	Ignatius, *To the Philadelphians*
Praescr.	Tertullian, *Prescription against Heretics*
Presb	*Presbyterion*
PRSt	*Perspectives in Religious Studies*
Pss. Sol.	*Psalms of Solomon*
Quis div.	Clement of Alexandria, *Salvation of the Rich*
Rep.	Plato, *Republic*
RevExp	*Review and Expositor*
RSV	Revised Standard Version
Scr	*Scriptura*
ScrTh	*Scripta Theologica*
SCS	Society for Classical Studies
Sir	Sirach (Ecclesiaticus)
SNTS	Society for New Testament Studies

Strom.	Clement of Alexandria, *Miscellanies (Stromata)*
Syb. Or.	*Sibylline Oracles*
T. Dan	*Testament of Dan*
TCT	Turkey Cultural Tour
Thayer	Joseph H. Thayer, *Thayer's Greek-English Lexicon of the New Testament*, Peabody: Hendrickson, 1995.
Theod.	Theodotion (Recension of LXX)
TNTC	Tyndale New Testament Commentaries
TynBul	*Tyndale Bulletin*
VGNT	James Hope Moulton and George Milligan, *Vocabulary of the Greek New Testament*, Grand Rapids: Baker Academic, 1995.
Wis	Wisdom of Solomon
WTJ	*Wesleyan Theological Journal*
WUNT	Wissenschafliche Untersuchungen zum Neuen Testament
WW	*Word & World*
ZNW	*Zeitschrift für die neutestamentliche Wissenschaft*

서론

제1장
요한계시록 해석 방법

요한계시록이 너무 멀리 있다. 좀 더 정확히 말하면 한국 교회가 너무 멀리 놓고 본다. 너무 어려운 계시라 생각하고 가까이하려 하지 않거나, 일부 괴짜(?) 해석자의 전유물로 취급하거나, 말도 안 되는 이단들의 미혹 수단으로 치부해 버리지는 않았는가? 신약성경 가운데 요한계시록은 가장 어려운 책일 수 있다. 그러나 요한계시록을 알아가면서 드는 생각은 그렇게 난해한 책이 아니라는 것이다. 충분히 교회의 손에 들려줄 수 있는 성경의 책이다. 가까이할 수 있는 책이다. 알리고 밝히는 계시의 말씀이기 때문이다.

분명히 그 안에 어려운 부분이 있다. 그러나 계시록은 '드러낸' 계시(啓示)의 글이지, '감춰진' 묵시(默示)의 책이 아니다.[1] 그런데도 계시록이 어렵게 느껴지는 것은 계시록을 너무 어렵게 보려 하기 때문이 아닐까? 요한계

---

1. '계시'는 드러냄을 부각하고 '묵시'는 감춤에 초점을 둔 용어다(1:1 주해를 참고하라). 계시록 해석에는 장르(genre)적 특성이 중요하다. 다만, 필자는 계시록 장르를 '묵시'보다는 '예언(서)'라고 부르는 것을 선호한다(참고, Thigpen, 36-52). 예언서는 감춰진 지식을 선지자를 통해 신적 예언으로 알리고 전하는 하나님의 자기 계시(self-revelation)라 할 수 있다(신 29:29; 사 48:6-7; 단 2:21-22; Thigpen, 39-40).

시록은 신약의 다른 말씀처럼 가까이 할 수 있는 책(성서)이다. 다른 말씀처럼 자연스럽게 읽고 이해하면 되는 책이다. 자연스레 읽었을 때 이해가 되지 않는 부분은 좀 더 연구가 필요한 부분일 뿐이다. 다른 신약 본문을 읽듯 그렇게 읽으면 된다. 모두가 읽어야 할 책이다. 읽고 이해해야 할 성경이다. 그리고 그 말씀을 따라 행해야 할 책이다(1:3; 22:7).

본서의 요한계시록 해석의 특징

본서는 요한계시록을 다음과 같은 방법과 방향으로 해석한다.

첫째, 문자적(literal) 해석을 먼저하고 필요한 경우 상징적(symbolic) 해석을 한다. 처음부터 상징적으로 접근하지는 않는다.[2] 또한 문자적으로 볼 수 있는 것은 문자적으로 보고, 비유적으로 또는 상징적으로 보아야 할 것은 그같이 본다. 물론 문자적으로 볼 것과 상징적으로 볼 것을 어떻게 구별할 수 있는가 하는 문제는 여전히 남아 있다.[3] 또한 어떤 계시는 분명하게 밝혀 알려지기 전까지는 상징적인 것으로 보일 수도 있다. 그렇지만 문자

---

2. Charles S. Peirce에 의해 체계화된 기호학(semiotics)에서는 표시(sign)에 대해 세 가지로 해석한다. 첫째는 지시하는 것과 물리적 관계가 없는 표시(즉, 상징[symbol])이다(예, 한 나라의 국기). 둘째, 물리적으로 약간 관계가 있는 지표(index)적 표시이다(예, 빨간불은 멈춤). 셋째, 직접 묘사하고 있는 형상(icon)인 경우다(예, 화장실 남자, 여자 표시). 이에 대해서는 Locker, 172-7을 보라. 계시록의 표시들을 어떤 경우로 해석해야 할지는 맥락에 따라 결정하되, Peirce의 표시 이해에서 셋째(icon, identification) > 둘째(index, correlation) > 첫째(symbol, association) 순으로 적용하는 것이 좋겠다(참고, Locker, 175).
3. Osborne은 상징의 여섯 유형을 소개한다(Osborne, 1991: 228; 참고, Bailey와 Broek, 207-9; Tan, 71-84). (1) 외적 기적적(external miraculous) 상징(기적, 승천 등), (2) 환상(visions), (3) 물리적(material) 상징(피 = 생명, 그룹[케루빔] = 하나님의 거룩성 등), (4) 표상적(emblematic) 수나 이름 또는 색깔 등, (5) 표상적 행동(actions; 두루마리를 먹는 행위 등), (6) 표상적 조례(ordinances; 유대 절기, 출애굽, 할례, 성찬 등) 등이다.

적으로 풀 수 있는 것은 가급적 문자적으로 푼다는 원칙을 가지는 것이 좋다. 그래야 이해가 쉽다. 상징적 해석은 특정 또는 전문 해석자에게 지나치게 의존할 수 있다. 일반인은 스스로 이해하기 어려운 해석이다. 반면에 문자-문법적 읽기는 맥락에 따른 자연스러운 이해가 좀 더 용이한 해석이다. 특히 계시의 본문을 문자적으로 풀어야 하는 경우는 (1) 교훈의 내용, (2) 말씀(예언)의 목적, (3) 등장 인물(존재)의 실재성, (4) 예언 성취의 약속, (5) 문법과 문맥의 정보 등이다.

일단 본문 해석에는 문법-역사적 이해가 우선된다. 문자-역사적 이해에 적합하지 않을 때, 보완적으로 비유-상징적 이해를 시도한다. 문법-역사적 해석과 비유-상징적 해석은 서로 보완적 관계에 있다. 문자적 해석을 소홀히 한 상징적 해석은 계시록의 본질과 말씀의 뜻을 훼손할 수 있다. 또한 특정인 또는 전문가에 의존해야 할 가능성이 높다. 특히 지나친 상징적 해석은 자의적 해석으로 빠질 수 있다. 문자적으로 이해할 수 있는 것은 가급적 그대로 보고 문자적으로 해석할 수 없는 것들에 대해서는 비유-상징적으로 해석하려 하는 노력이 필요하다. 상징적인 용어들은 그에 맞는 상징적 해석이 불가피할 것이다. 그렇지만 문자적 해석의 노력을 소홀히 하고 성급히 비유-상징적 해석을 시도하는 것은 본문이 주는 중요한 사실적 (본문의) 정보를 간과할 가능성이 크다.

둘째, 계시록 본문의 구문(syntax)과 문법(grammar)과 구조(structure)를 최대한 고려한다. 말씀의 의도를 파악하기 위해 필요한 것은 그 표현과 뜻에 주목하는 것이다. 당시의 언어로 쓰인 본문은 독자에게 감추고 숨기기 위한 목적이 아니라, 드러내고 알리기 위한 목적을 가진다(계 1:2-3; 22:8, 10). 당대의 독자들이 모르는 언어가 아니라 잘 아는 언어(코이네 헬라어)를 사용하여 전해진 것 또한 그들과의 의사소통을 목표로 하기 때문이다. 실현 가능한 의사소통을 위해서는 당대에 통용되는 언어적 특성(어휘, 문법, 구문 등)을 사용해야 한다. 따라서 본문에 표현되는 문법과 구문에 중요한 언어 정보가 반영된다. 문법은 어휘의 뜻과 함께 어휘의 용법을 알게 해주고 구문은 어휘 간의 구성을 통한 문장의 의미를 알게 해준다.

반면에 구조는 구문 구성의 더 큰 단위의 틀(frame)이라 할 수 있는데, 구문들의 결합을 통해 어떤 언어의 집으로 지어졌는지 알려주는 구성의 틀이다. 저자에 의해 설계된 의미망(network of meaning)이다. 연계된 의미의 구성(배열) 방식, 즉 의미망을 파악하는 것은 저자의 기록 의도를 이해하는 데 필수적이다. 저자의 의미망은 구조를 통해 나타난다. 따라서 구조는 문장의 구성(구문)을 넘어선다. 구조 이해는 문장 간의 관계, 단락 간의 관계를 파악하는 것이다. 구조를 이해하려는 노력은 기록된 본문의 설계된 틀과, 말씀의 의도된 의미의 진행 방향을 주목하게 한다. 때로 본문의 구조는 당대의(또는 현재의) 독자가 인식하지 못한 부분이 있을 수 있지만, 본문 해석의 과정에서 바르게 파악된다면, 저자(또는 계시자)의 의도를 정확히 이해하는 데 필요한 토대가 될 수 있다.

셋째, 순차적(sequential) 의미에 주목한다. 가급적 순서를 따라 해석한다. 계시록의 순차적 기록의 의미를 존중한다. 의미의 흐름을 따라 순서를 지켜 해석하는 것이다. 때로 역(逆)시간 또는 무(無)시간적인 내용이 있을 수 있다(예컨대, 10장의 요한이 계시받는 장면, 12장의 아이의 출산과 승천 등). 이런 경우가 아니라면, 할 수 있는 한, 순서를 지켜 해석하는 방향으로 한다. 따라서 과거와 현재와 미래를 순차적으로 보며 해석한다.

이 때문에 본문(계시)의 역사적 맥락을 고려한 해석을 하게 된다. 역사적 맥락이란 인류 역사상 이미 일어난 것은 이미 이뤄진 것으로 간주하고, 아직 일어나지 않은 것은 아직 성취되지 않은 것으로 간주한다는 뜻이다. 계시록 본문에 나오지 않는 것은 억지로 유추하여 삽입하지 않고 그대로 없는 것으로 전제한다. 즉, 없는 것을 넣어 해석하지 않는다. 나타난 것, 있는 것, 되어질 것들을 토대로 해석한다. 따라서 계시된 내용 가운데 이제까지 일어나지 않은 것은 아직 일어나지 않은 것이다. 그것을 상징적으로 보거나, 또는 과장법이라 생각할 필요가 없다. 예컨대, 계시록의 재앙들에 대한 계시를 사건(재해)의 규모나 그 비중이나 재해(피해) 정도를 살필 때 현재까지 일어나지 않은 것은 일어나지 않은 것으로 보는 것이 옳다. 재해의 비중과 정도가 다른 데도, 이를 단순히 상징적인 것이라고 하거나 과장된 내용이라 볼 필요는 없다.

　순차적이라고 해서 세대주의처럼 시대적 구분을 의미하는 것은 아니다. 예컨대, 일곱 교회는 시대(세대)를 구분하여 볼 필요가 없다. 역사적으로, 지리적으로 일곱 교회는 요한의 때에 있던 소아시아의 일곱 교회를 가리키기 때문이다. 본문에 분명한 언어의 제한이 있다. '아시아에 있는 일곱 교회'(1:4, 11)라는 문자적 제한, 이러한 제한을 벗어나면, 상상이 된다. 문자로 풀 것을 상징으로 전환시킬 때 일어나는 현상이다.

　넷째, 순차적 해석은 순환적 해석과 다르다. 순환적(circular) 관점은 동일 주제의 사건들이 반복된다는 것이다. 이 관점은 사건의 개별 차이성과 사건 비중의 다름에 주목하지 않고 단지 소재의 유사성만 보고 유사한 사건들의 반복이라는 점을 부각하거나, 많은 다양한 경우를 단지 선과 악의 대립에 대한, 사실상 같은 재앙들의 반복적 기술이라는 식으로 계시의 개념을 단순화하는 관점이다. 순환적 관점은 계시록의 일부(예컨대, 2-3장과 22장)를 제외하고는 대부분을 순환적으로 반복된 기록으로 본다. 그러나 계시록에는 유사한 사건처럼 보이는 것들(예컨대, 일곱 인, 일곱 나팔, 일곱 대접)에도 내용의 차이와, 사건의 정도와 비중의 차이가 분명히 존재한다. 즉, 다르게 쓴 것은 다른 것을 쓴 것이다. 본문 자체가 같은 것이라고 하지 않는 한 그렇다.

　계시 사건들의 전개를 순환적으로 보면, 사건들 간의 역사적, 순차적 전개를 무시할 수밖에 없다. 사건들의 순서가 없다고 보기 때문이다. 예컨대, 19장의 그리스도의 재림과 20장의 천년 나라의 순서의 의미가 없게 된다. 그러나 본문의 순차적 관계를 존중하게 되면, 그리스도의 재림과 천년 나라의 선후 관계를 살필 수밖에 없다. 그래서 자연스럽게 전천년설 입장이 된다. 재림의 장면이 먼저 기술됐고 그 이후에 천년 나라의 기사가 등장한다. 이것을 뒤집으려면 19장을 재림 사건으로 인정하지 않아야 한다. 또는 20장의 천년 나라를 상징화해야 한다. 계시록은 19장에 재림을, 20장에 천년 나라와 최후의 심판을 기술하고 있다. 19장 외에 그리스도의 재림을 말할 수 있는 본문은 없다. 19장처럼 하늘로부터의 그리스도의 오심을 명확히 기술하고 있는 부분이 계시록에 없다. 재림과 함께 있게 될 제1차 대전쟁(19:17-21)은 20장 천년 나라의 일과 짜임새 있게 연계된다. 여기에는 시간적, 순차적 개념이 들어간다.

이와 관련해서, 용의 행적에 초점을 두고 살펴보자. 용이 처음으로 등장하는 곳은 12장이다. 용과 해(태양)를 입은 여인이 서로 대립된다. 용은 이 여인을 해치려 하고 마지막에는 예수의 증거를 가진 자들(성도들)과 싸우려고 바다 모래 위에 서게 된다(12:17). 13장에 그 바다에서 첫째 짐승이 올라오고 또 땅에서 둘째 짐승이 올라온다. 12-13장은 용과 두 짐승이 주로 이기는 장면들이다. 반면에 용과 두 짐승을 따르지 않는 교회와 성도들은 이들에 의해 박해를 당한다(12-13장).

그런데 용과 이 두 짐승은 언제 멸망당하는가? 먼저 용과 두 짐승에 편승하여 부귀와 권력을 누렸던 집단 바벨론이 멸망한다(17-18장). 그다음 제1차 대전쟁에서 두 짐승이 불못에 던져진다(19:20). 그리고 나서 20장이 나온다. 20:1-10은 세 개의 소단락(1-3절, 4-6절, 7-10절)으로 짜여 있다. 그 중심에 있는 4-6절이 순교한 이들이 그리스도와 함께 심판하는 권한을 가지고 왕 노릇하는 천년 나라의 장면이다. 용이 1-3절(A)과 7-10절(A′)에 등장하는 반면, 4-6절(X)은 이와 달리 천년 나라의 모습을 그려주고 있다는 점에서 교차 구조(A-X-A′)를 가진다.

1-3절에서 하늘의 천사에 의해 용은 사로잡히고 무저갱에 던져진다. 그곳에서 천년의 기간 동안 활동할 수 없게 된다. 19:17-21(아마겟돈 전쟁)에서 악의 삼두 가운데 두 짐승은 붙잡혀 불못에 던져졌으나 용은 빠졌다. 용은 20장에 비로소 등장한다. 그 용은 불못에 던져지지 않았다. 단지 사로잡혀 무저갱에 갇힌다.

천년 나라가 끝나자, 용은 풀려난다(7-10절). 용은 최후의(제2차) 대전쟁을 일으키려 한다. 그러나 하늘에서 내리는 불로 그 전쟁은 쉽게 끝나고 마침내 마귀가 불못에 던져지는 것으로 모든 것이 끝나게 된다. 그 불못은 먼저 던져진 두 짐승(짐승과 거짓 선지자)이 있는 곳이다(20:10).

용과 그의 무리들이 파멸 당하는 순서를 보자. 12장에서 용이 영적 전쟁을 주도한다. 13장에서 용은 배후에 있고 두 짐승이 그 시대를 주도한다. 반면에 교회와 성도들은 박해를 받는다. 17-18장에서 용과 짐승의 편에 있던 바벨론이 먼저 패망한다. 19장에 와서 그리스도와의 전쟁에서 패한 두 짐승이 불못에 던져진다. 20장에서 용은 일단 무저갱에 갇힌다. 천년이 지나 다시 풀려난 후, 최후의 일전을 벌이던 그는 마침내 두 짐승이 이미(천년 전에) 던져진 불못에 합류하게 된다. 계시록의 서사 방식에 시간적 순서, 즉 순차적 의미가 있지 않은가? 이것을 단순히 상징적이라 할 수 있을까? 서사적 진행을 무시하고, 음녀 바벨론이 파멸되고 용의 수하인 두 짐승이 전쟁에서 패해 불못에 던져진 이후에 일어나는 천년의 기간을 현재의 기간이라 할 수 있을까?

계시록을 보는 관점

계시록의 해석은 계시록에 대한 관점의 문제와 관련된다. 역사주의, 과

거주의, 미래주의, 이상주의, 또 절충주의는 계시록의 계시적 사건들이 언제 일어난(일어날) 것으로 보는지 하는 관점의 차이에서 비롯된다.[4]

역사주의자(historicist)는 계시록이 역사적으로 이뤄졌다고 본다. 요한의 시대뿐 아니라 교회 역사를 통해 계시록의 많은 사건들이 이뤄졌다고 본다. 특히 계시록을 현재의 사건에 비춰 해석한다. 예컨대, 짐승을 로마 가톨릭의 교황으로 보거나, 이와 반대로 로마 가톨릭 교회에 반대했던 종교개혁자들로 본다. 역사적 해석이 맞는 면(예, 일곱 교회의 경우)도 있으나 이런 역사적 해석의 문제는 분명하다. 그것은 과장된 해석이다. 자신의 해석에 맞추기 위해 현재의 현상을 과장하고 극대화한다. 그리고 '역사적'으로 그 기간이 흘러가면 그릇된 해석이었음을 알게 된다.

과거주의자(preterist)는 계시록이 과거, 즉 요한 시대의 현상을 담고 있는 기록이라고 본다. 물론 일곱 교회에 대한 서신인 2-3장 등은 요한 시대의 교회의 모습을 담고 있는 것이 사실이다. 그러나 과거주의는 이를 넘어서 계시록의 많은 내용(재앙을 포함한)이 요한 교회의 시대적 특성에 기반

---

4.   Osborne은 각 관점을 대표되는 집단과 학자에 대해, 역사주의로는 Joachim of Fiore, 프란시스 수도사들, 종교개혁자들, Scofield 유형의 세대주의를, 과거주의로는 Charles, Sweet, Roloff, Fiorenza, Collins, Thompson, Barr, Gentry, Chilton를, 이상주의로는 Milligan, Hendriksen, Hoekema, P. Hughes를, 그리고 미래주의는 Justin, Irenaeus, Ladd, Walvoord, Thomas를 꼽고 있다(Osborne, 2004: 488). 미래주의 가운데 Walvoord, Thomas는 세대주의에 기반한 반면, Justin, Irenaeus, Ladd는 그와 다른 미래주의(역사적 전천년설)라 할 수 있다. 좀 더 세부적인 내용은 Beale, 1999: 44-49; Osborne, 2002: 18-22; Thomas, 1992: 29-39; Poythress, 2000: 27-37을 참고하라. Koester는 크게 미래적 관점과 무시간적 관점, 두 가지로 구분한다(Koester, 1995: 128-31). 전자 쪽은 Justin, Irenaeus, Melito, Hippolytus, Victorinus of Pettaus 등이고, 후자 쪽은 Origen, Dionysius, Tyconius, Jerome, Augustine 등이다(참고, Bruce, 1938: 352-3). 전자는 주로 2-3세기, 후자는 3세기 이후의 인물들이다. 한편, 국내 저자 가운데, 미래주의는 박형룡, 박윤선 등, 상징주의는 권성수, 이필찬 등, 절충주의는 이한수, 김추성 등으로 판단된다.

한 것이고 짐승을 로마제국으로 국한해서 본다. 로마제국에 의한 교회의
박해를 계시록의 내용(예, 12-13장)으로 이해한다.[5] 그러나 요한 시대의 독
자들에게는 이러한 기록이 미래적 예언이 된다는 점을 기억할 필요가 있
다. 과거주의적 해석 역시 계시록의 미래적 예언을 과장하고, 당대의 현실
을 지나치게 극대화한다. 그리하여 본문의 내용을 당시 현실의 상황에 무
리하게 연결한다. 그 결과 종말의 시대를 로마제국의 시대로 제한하는 특
징을 갖는다.

　반면에 미래주의자(futurist)는 계시록을 마지막 때의 기록이라고 본다.
이 관점에서는 계시록의 4-22장을 미래에 일어날 일로 본다. 그러나 계시
록에는 미래의 것만 있지 않고 요한 당대의 것도 있다. 예컨대, 일곱 교회
의 2-3장과 10장과 12장의 경우이다. 10장에서 사도 요한에게 두루마리가
주어지는 것은 미래적인 것으로 볼 수 없다. 또한 12장에 나타나는 여인의
아이는 그리스도를 뜻하는 것이 분명하다. 아이의 출생과 승천은 예수 그
리스도의 사건을 가리키는 것이라 할 때, 이 또한 미래적인 내용은 아니다.
(또한 4-5장을 미래적인 일이라 간주할 이유도 분명하지 않다.)

　그럼에도 미래적 해석은 일리가 있다. 계시록에는 아직 일어나지 않은
내용이 많이 담겨 있기 때문이다. 계시록 본문이 과장되게 기록(예언)된 것
이 아니라고 생각한다면, 미래적 해석은 자연스럽다. 아직 일어나지 않은
것이 많기 때문이다. 초대교회 요한의 독자들은 계시록을 미래적으로 보았

5.　과거주의 해석은 계시록의 내용이 요한 당시나 그 후의 로마제국에서 역사적으로
　　일어난 일로 보는 것인 반면, 역사적 해석은 요한의 독자들이 계시록의 현재와 미래
　　적 예언을 어떻게 받아들였을까에 주목한다. 계시록을 '묵시'라기보다는 미래적 '예
　　언'이라 생각한 Ladd, 1957b: 94-100; Mounce, 1977: 18-25; Muse, 160-1; R. Thomas,
　　1989: 206-7을 참고하라. 한편, Ladd는 '예언'(prophecy)은 긍정적 결말이 가능하지
　　만 '묵시'(apocalyptic)는 종말에 대한 부정적 전망일 수밖에 없다고 말한다(Ladd,
　　1957a: 198-9; 참고, Osborne, 1991: 226). 한편, Töniste는 예언에 좀 더 비중을 두고
　　계시록이 '묵시적 예언'(apocalyptic prophecy)이라고 한다(Töniste, 45-51).

을 것이다. 그들은 계시록을 읽으며 하나님께서 주도하시는 미래 역사가 펼쳐질 것을 기대했을 것이다.

이상주의자(idealist)는 계시록을 상징적이고 '무시간적'으로 본다 (Beale, 1999: 48). 이 관점에서는 선(하나님)과 악(사탄)의 대립적 측면에서 계시록이 기록됐다고 보고, 각 사건의 내용의 실재성(실제로 일어날 것) 보다는 선의 승리와 악의 패배라는 교훈적 관점을 부각한다. 이상주의의 문제는 본문의 맥락적, 구조적 특성을 간과하는 데 있다.

한 측면만 강조될 수는 없다는 점에서 절충주의(eclecticism) 해석이 등장한다. 이러한 해석은 역사주의, 과거주의, 미래주의, 이상주의 가운데 어느 쪽에 중점을 두고 다른 쪽을 보완하는 방식으로 나타난다. 따라서 한 가지 방향의 해석이 아니란 점에서 절충적 해석이다.

본 주석서는 기본적으로 '미래적' 시각을 담고 있다. '미래주의적'(futuristic)이 아니라 '미래적'(future) 관점이다. 이 말은 모든 것을 미래주의적 시각에서 보는 것은 아니란 뜻이다. 계시록은 예언의 말씀이므로 기본적으로 미래적인 내용을 담고 있다(Fanning, 4-5). 물론 일곱 교회의 말씀(2-3장)과 같이 요한 시대의 일도 있다. 그러면 어떤 것이 미래적인가? 아직 일어나지 않은 것은 미래의 일이다. 예를 들어, 여섯째 인 재앙인 천지 격동 현상(6:12-14)은 아직 일어난 것이 아니다. 아직 인류 역사는 그런 일을 경험한 바 없다. 이 관점은 역사 속에 아직 일어나지 않은 것은 모두 미래적(미래에 있을 일)으로 보고 이미 일어난 것은 과거적(이미 있었던 일)으로, 그리고 일어나고 있는 것은 현재적(현재 있는 일)으로 본다.

4-22장 가운데 어느 부분은 역사적으로 이뤄졌거나 이뤄지고 있다고 볼 수 있다(예컨대 4-5장과 첫째-셋째 인 등). 역사적으로 이뤄진 것과 미래적으로 이뤄질 것을 구분하는 단초는 본문 그 자체에 있다. 본문의 내용을 결코 과장된 것으로 보지 않고, 쓰여진 그대로 보고 '현상이 없으면 사

건이 없다'(no phenomenon, no occurrence)라는 관점으로 계시록을 읽을 필요가 있다. 즉, 본문에 계시된(표현된) 현상이 나타나지 않았다면(않는다면) 아직 그 사건이 일어난 것이 아니라고 판단한다. 계시가 실현되어 나타난 현상은 특정인이나, 소수에게만 알려지는 것이 아니라, 대체로 많은 이들이(모두가 아니더라도) 계시가 실현된 사건이 바로 '그것'이라고 동의할 수 있는 것이어야 하지 않을까? 최소한 '그것'일 수 있다는 일반적, 상식적 인식이 있어야 하지 않을까? 계시록의 대부분의 내용이 아직 이뤄진 것으로 보이지 않는 이유는 그 때문이다.

미래적이라고 해서 계시록의 모든 기록을 미래적으로 보는 것은 아니다. 일곱 교회에 대한 말씀(2-3장)은 요한 때의 일곱 교회에 대한 말씀이다. 물론 그 말씀은 현대와 미래의 모든 교회에 적용될 수 있다. 4장의 하늘의 경배 부분도 미래에 대한 것이 아니라 현재(요한 시대)의 일일 가능성이 높다. 일곱 인 재앙의 대부분은 (우리의 시점에서) 과거적인 것과 미래적인 것이 섞여 있는 것으로 보인다. 그러나 최소한 여섯째 인의 천지격동적 재앙의 경우는 미래적이라 할 수 있다. 그런 정도의 일들이 아직 일어났다고 볼 수는 없기 때문이다. 한편 요한이 계시를 받는 10장 전체와, 최소한 짐승과 여인과 아이의 일을 다루고 있는 12장의 일부는 과거적인 것이다. 계시록에는 이렇게 미래적인 것과 과거적인 것이 섞여 있다.

제2장
천년 나라[1]

다양한 해석적 관점은 천년기 논란과 관련된다. 천년기 논란에서 계시록 20장의 의미는 중요하다.[2] 20장은 천년 나라의 '천년'(τὰ χίλια ἔτη)이라는 용어가 유일하게 나오는 본문이다. 천년 나라는 현재적인 것인가, 아니면 미래에 실재할 것인가? 천년 나라는 상징적인 것인가, 문자적인 것인가? 또 천년 나라에 대해 '유일하게' 기록된 계시록 20장을 무시할 것인가, 아니면 유일한 본문으로 더욱 중요하게 볼 것인가? 이런 문제는 모두 계시록 20장을 어떻게 해석하는가에 달려 있다.

천년 나라가 예수 재림 전에 있다고 주장하는 것이 전천년설(pre-millennialism)이다. 반면에 후천년설(post-millennialism)은 천년 나라 이후에 예수 재림이 있다고 본다. 또 무천년설(a-millennialism)은 천년 나라를 상

---

1. 천년 나라에 대한 이하의 내용은 김상훈, 2017: 37-58을 발췌, 개정한 것이다. 구조적인 것은 기존 내용과 일부 중복될 수 있다.

2. 계시록 20장 해석이 천년설에 대한 논거를 제공한다(A. Collins, 1986b: 230-1, 241-2). Hazelip에 따르면, 계시록 20장은 천년기 논쟁의 "표준 구절"(locus classicus)이다 (Hazelip, 231; 참고, J. Hughes, 281; Waymeyer, 2015: 19-20; 2016: 3-4; 최선범, 937-8).

징으로 보고 그 천년이 현재 성도가 누리고 있는 영적 상태를 뜻한다고 생각한다. 흥미로운 것은 무천년설과 후천년설 모두 천년을 상징적이고 현재의 영적 상태로 본다는 점이 같다. 후천년설을 지지하는 학자는 적어진 반면, 무천년설을 지지하는 이들이 많다. 전천년설도 여전히 적지 않은 지지를 받는다.

계시록 20장은 어떤 천년설을 지지하는가? 그런데 '우리가 천년을 어떻게 보느냐?'보다 중요한 것은 '계시록 20장이 천년에 대해 무엇을 말하는가?'이다. 어떤 관점에서 해석하느냐에 따라 본문 해석의 결과가 달라진다. 그럼에도 말씀(본문) 자체를 정확히 파악하려는 진정성 있는 해석 노력은 언제나 중요하다.

진행적 관점, 반복적 관점

계시록의 사건들은 '진행적'(progressive)인가, '반복적'(recapitulative)인가? '진행적'이라면 시간적 순서가 있는 것이고 '반복적'이라면 이들 사건은 시간적 순서와 무관하다. 이 주제가 중요한 것은 계시록 사건에 대해, 진행적 또는 반복적 이해 여부가 계시록 20장 해석에 깊이 영향을 주기 때문이다. 계시록 사건들이 전체적으로 반복적 전개를 하고 있다고 판단하면, 20장을 상징적으로 보고 현재 반복된 상황과 맞물려 해석하게 된다(무천년설). 반면에 계시록 사건들을 진행적 전개로 보면 20장을 그 전 장들의 사건들 이후에 발생하는 사건으로 이해하게 될 것이다(전천년설).

예를 들어보자. 인-나팔-대접 재앙(8-16장)은 반복적인가? 아니면 역사

적 진행 순서를 가지는가? 이 문제를 먼저 살피는 것도 의미가 있다. 이 주
제에 관한 선이해가 계시록 20장을 해석하는 데 도움이 된다.

인, 나팔, 대접(6, 8-9, 11, 15-16장) 관계

인-나팔-대접 재앙들이 반복적인지, 진행적인지를 판정하려면, 이 재
앙들이 서로 어떤 관계를 가지는지 이해할 필요가 있다.[3]

(1) 먼저 일곱 인, 일곱 나팔, 일곱 대접의 내용이 일치하는가, 서로 다른
가의 문제이다. 이들 재앙들은 유사한 재앙적 요소들을 공유한다. 그러나
그 내용(재앙 종류)과 전개(순서)와 강도(재앙의 범위와 심각성, 결과)의 차
이가 있다.[4] 특히 일곱 인은 일곱 나팔과 일곱 대접과 전개 내용이 많이 다
르다. 그러므로 동일한 재앙이라 볼 수 없다.

---

3. 요한계시록 전체 구조와 인-나팔-대접에 대한 연구는 김상훈, 2010b: 33-74, 특히
   42-46을 참고하라.
4. Beale은 일곱 나팔과 일곱 대접의 차이로, 앞의 네 개의 나팔은 자연계에 영향을 주
   는 반면 앞의 네 개의 대접은 악한 사람에게 영향을 준다는 점, 또한 (첫 여섯) 나팔
   재앙은 부분적인 것인 반면 대접 재앙은 보편적인 것으로 보인다는 점을 꼽았다
   (Beale, 1999: 808). 그러나 차이는 그 이상이다. 내용(종류), 전개(순서), 범위와 결
   과 등 많은 것이 다르다. 두 종류의 재앙이 유사점이 있다고 해도(Beale, 1999: 808-
   12), 이들 간의 중요한 차이점이 없어지는 것은 아니다. 서사적 관점을 갖는 Resseguie
   는 15:1의 언급처럼 일곱 대접이 마지막 재앙인 점과 인, 나팔, 대접의 대상(audience)
   이 다른 점에 특히 주목한다(Resseguie, 2009; 56-57). 비슷한 것은 비슷한 것이고 다
   른 것은 다른 것이다. 그렇게 보지 않으면 모든 것이 섞인다. 사건의 혼합이 일어난
   다.

	인(6:1-17; 8:1-5)	나팔(8:6-9:21; 11:14-19)	대접(16:1-21)
첫째	흰 말, 활, 승리	피 섞인 우박과 불, 땅 1/3이 탐	땅, 짐승에 속한 자들에게 악하고 독한 종기가 남
둘째	붉은 말, 큰 칼, 살육(전쟁)	불 산과 바다가 피가 됨, 바다 1/3이 피가 됨(죽음, 배 파괴)	바다의 모든 생물의 죽음
셋째	검은 말, 저울, 기근	불 별, 강과 샘의 1/3이 쑥이 됨	강과 샘이 피가 됨, 성도들의 피 흘림의 대가
넷째	청황색 말, 검, 기근, 사망, 짐승, 땅 1/4의 권세	해, 달, 별 1/3이 타격	해의 불로 사람들을 태움, 하나님 비방
다섯째	순교자들의 호소	황충의 고통과 해함(비신자 대상)	짐승 왕좌, 그 나라의 흑암, 종기와 질병, 하나님 비방
여섯째	큰 지진, 천지격동(해, 달, 별, 하늘, 각 산과 섬[옮김])	유브라데 네 천사, 큰 전쟁, 인류 1/3의 죽음	유브라데 강물이 마름, 아마겟돈 전쟁 준비, 세 더러운 영의 군대 동원
일곱째	일곱 천사, 일곱 나팔, 우레, 음성, 번개, 지진	찬양과 성전, 심판과 보상의 메시지, 번개, 음성, 우레, 지진, 큰 우박	성전, 번개, 음성, 우레, 큰 지진, 큰 우박, 무너진 도시들, 바벨론 파괴, 각 섬과 산의 사라짐, 하나님 비방

(2) 그런데 세 재앙 가운데 일곱 나팔과 일곱 대접은 서로 유사한 점이 많다.[5] 특히 첫째에서 일곱째까지 상당히 비슷하다. 첫째 재앙은 땅에 대해서, 둘째 재앙은 바다에 대해서, 셋째 재앙은 강과 샘, 넷째 재앙은 태양(해), 다섯째는 질병과 고통, 여섯째는 전쟁, 일곱째는 성전과 번개, 우레, 지진, 우박 등이 공유된다. 그런데 두 재앙이 소재는 비슷하지만, 재앙 강도가 다르다. 일곱 나팔보다 일곱 대접의 재앙이 더 심각하고 파괴적이다(참고, Davis, 149-50). 예컨대, 나팔에서 '1/3'이 파괴되면, 대접에서는 '다' 파괴

---

5.   일곱 인과 일곱 나팔은 구조적(4 + 2 + 1) 유사점이 있다(참고, Beale, 1999: 376). 그러나 내용과 소재는 일곱 나팔과 일곱 대접이 더욱 유사하다. 나팔 재앙과 대접 재앙의 유사점에 주목하고 있는 학자는 Aune이다(Aune, 1998a: 498, 500-1; 또한 Davis, 150). 물론 그는 출애굽기의 열 재앙(7:8-13:16)과의 비교에 더 중점을 두고 열 재앙을 일곱 재앙으로 축소하는 경향을 가진 유대 전승을 부각한다(Aune, 1998a: 499-506).

된다(특히 둘째와 셋째 재앙이 더욱 그러하다). 서로 같지 않다. 따라서 단순한 반복이 아니다. 나팔에서 진행된 것이 대접에 와서 더욱 심화되고 격화된다.

　(3) 세 재앙의 역할도 서로 다르다. 일곱 인은 재앙의 서론격이다.[6] 일곱 나팔과 일곱 대접의 재앙은 14장(보상과 보응의 예고)을 중간에 두고 서로 대칭이 된다.[7] 세 재앙의 차이는 종말적 재앙이 반복적이기보다는 진행적임을 보여준다. 세 재앙의 시간적 순서와 진행 과정을 무시할 수 없다. 계시록의 중간 부분을 대부분 차지하는 인-나팔-대접 재앙(6-16장)을 반복적인 것으로 볼 수 없다면, 요한계시록의 장별 전개가 역사적 반복이 아니라, 시간적 진행일 가능성이 높지 않을까?[8] 그렇다면 20장의 천년 나라는 미

6.　'서론격'이라고 하는 이유는 다음과 같다. 첫째, 일곱 인은 재앙의 요소를 조직적으로 구성한 것(예컨대 네 종류의 다른 말)으로 이해된다. 네 종류의 말과 그 위에 탄자들과 관련된 재앙들은 전쟁과 죽음과 기근을 가리키고는 있으나, 서로 공유된 것도 있어서 상호 간의 명확한 구분이 어렵다. 흰 말과 붉은 말의 차이는 무엇인가? 검은 말과 청황색 말은 왜 둘 다 기근과 관련이 있는가? 둘째, 다섯째 인은 순교자들의 호소인데, 이것을 재앙으로 볼 수 있는지 그 범주의 모호함이 있다. 셋째, 그러나 전체적으로 보면, 전쟁, 기근(기아), 죽음, 천재지변, 순교(신앙의 박해) 등 예수께서 예언하셨던 종말적 요소들(마 24장)이 모두 망라된다. 넷째, 일곱째 인은 일곱 나팔을 소개하는 데 쓰인다. 그 자체에 재앙이라 할 수 있는 내용이 없다. 다섯째, 인 재앙은 나팔과 대접 재앙에 비해 재앙의 강도와 재앙의 대상들이 모호하다. 예컨대, 나팔 재앙은 1/3이 파괴되거나 고통을 당한다. 대접 재앙은 '다' 파괴되거나 대부분 고통을 당하게 된다. 일곱 인에서는 그런 점(재앙의 강도와 범위)이 기록되지 않는다. 오히려 일곱 인은 재앙의 '일반적인 요소'를 전체적으로 그려낸다. 일곱 인은 일곱 나팔-대접 재앙이 있기 전까지 모든 종말적 사건을 개괄적(또는 요약적)으로 그려내는 것일 수 있다. 또 후에 등장할 일곱 나팔-대접 재앙의 전초(前哨)적 의미, 즉 일종의 서주(序奏, intro)의 기능을 하는 것이라 할 수 있다. 이것은 마 24장의 종말에 일어날 일(전쟁, 기근, 순교 등)에 대한 내용과 상당히 비슷하다. 이들 재앙은 '신앙'과 '환난', 그리고 '천재지변'으로 요약할 수 있다. 김상훈, 2016: 37-38을 참고하라.

7.　필자는 14장을 중심으로 해서 일곱 나팔과 일곱 대접이 대칭적으로 전개된다는 점을 밝힌 바 있다(김상훈, 2010b: 59-62).

8.　계시록 사건에도 시간을 초월하거나 또는 압축되거나, 시간에 제한되지 않는 것들

래의 어느 시점에 일어날 미래의 나라가 아닐까?

천년 나라(20:1-10)

20:1-6을 따로 떼어 보는 것은 타당하지 않다. 1-6절은 7-10절과 합쳐 한 단락으로 보아야 한다. 이 단락에는 '천년'이라는 소재가 지속적으로 나타난다(2, 3, 4, 5, 6, 7절). 그 안에 세 개의 소단락(1-3절, 4-6절, 7-10절)이 있다. 1-3절은 천년 나라의 배경이 된다. 사탄은 잡혀 무저갱에 갇힌다. 단락 중심에 4-6절이 있고, 이 부분에 천년 나라가 펼쳐진다. 특정한 이들이 그리스도와 함께 왕 노릇하며 심판하는 권한을 가진다. 7-10절에 사탄은 풀려나 그리스도 나라에 도전하지만 패하고 결국 불못에 던져진다. 사탄인 용은 처음 1-3절(A)과 마지막 7-10절(A′)에 등장하는 반면, 4-6절(X)은 이와 달리 천년 나라의 모습을 그려주고 있다는 점에서 교차 구조(A-X-A′)를 가진다.[9] 1-3절은 천년 나라의 배경(A), 4-6절은 천년 나라의 전개(X), 7-10절은 천년 나라의 마지막(A′) 장면을 그려준다.

1.   A. 천년 나라의 배경: 천년간 무저갱에 갇힌 사탄(1-3절)

2.   X. 천년 나라의 전개: 천년간 그리스도와 왕 노릇하는 이들(4-6절)

3.   A′. 천년 나라의 마지막: 천년 후 풀려난 사탄의 도전과 패망(7-10절)

1-3절(A)과 7-10절(A′)이 밀접한 것은 이 두 부분에 사탄인 용이 공통되게 등장하기 때문이기도 하지만, 그 이상의 것이 있다. 1-3절과 7-10절의 내용 자체가 교차 구조로 짝지어져 있다. 1-3절에 시작된 것들이 7-10절에

이 있다. 예컨대 10장(요한의 계시), 11장(두 증인 에피소드), 12장(용과 여인의 대결) 등이다. 그러나 대부분의 순서에 시간적 서열이 존재하지 않는다고 할 이유는 없다.

9.   교차 구조는 요한복음에 자주 반복되는 구조이다. S. Kim, 2014a를 참고하라.

서 마무리된다.

하늘에서 천사가 내려와 용을 잡아 무저 갱에 던진다(1-3a절).	a a′	하늘에서 불이 내려오고 마귀는 불못에 던져진다(9b-10절).
무저갱에 가둬 열방을 미혹하지 못하게 한다(3b절).	b b′	그곳에서 풀려나 열방을 미혹하여 전쟁에 참여하게 한다(8-9a절).
천년 후에 풀려날 것이라 예언된다 (3c절).	c c′	천년이 되어 그 묶인 것에서 풀려난다 (7절).

1-3절은 다음과 같이 진행된다. 여기서는 용언(동사 부분)의 용례가 중요하다. 하늘에서 '내려온'(καταβαίνοντα) 천사는 용을 붙잡아 결박하고 무저갱으로 '던졌다'(ἔβαλεν, 1-3a절, a). 용을 무저갱에 '가두고 봉인하였고'(ἔκλεισεν καὶ ἐσφράγισεν) 열방을 '미혹하지 못하게'(ἵνα μὴ πλανήσῃ) 했다(3b절, b). 이 사탄이 천년 후에 잠시 '풀려나야 한다'(δεῖ λυθῆναι)고 예고된다(3c절, c).

1-3절의 진행은 7-10절에서 뒤집혀 역순으로 나타난다. 천년이 지나면, 예고된 대로 용이 그 묶인 것에서 '풀려날 것이다'(λυθήσεται, 7절, c′). 마귀가 열방을 '미혹하기 위해'(πλανῆσαι) 그곳에서 '나올 것이다'(ἐξελεύσεται, 8-9a절, b′). 마지막 장면에, 하늘에서 불이 '내려왔고'(κατέβη) 마귀(용)는 마침내 유황 불못에 '던져졌다'(ἐβλήθη, 9b-10절, a′).

1-3절과 7-10절에서 특정 용어들이 서로 공유되고 서로 상응한다. 1-3절에 시작된 것들이 7-10절에서 완결된다. 1-3절이 7-10절과 이같이 상응하는 것은 이 두 부분이 시간적 연속성을 가지기 때문이다. 시차를 두고 시간적 순서를 따라 역행(교차) 방식으로 진행된다. 1-3절이 선(先)이고 7-10절이 후(後)라고 보는 것이 자연스럽다.[10] 이 과정 모두에 하나님의 섭리가

---

10. 무저갱에 던져져 천년간 가둬지지 않았다면(20:3), 천년 후에 풀려날 일(20:7)이 없었을 것이다. 무저갱 사건이 먼저이고 불못 사건이 나중인 것이 당연하다. 여기에 시

작동한다.

4-6절(X)에 묘사된 천년 나라는 사탄인 용이 무저갱에 구속된 천년기 동안 일어난다. 그리고 무저갱에서 풀려나는 때에 그 기간이 마쳐진다. 중간에 위치한 4-6절(X)이 최소한 1-3절(특히 사탄이 무저갱에 갇힌 때, 3절)보다 뒤에 있을 것으로 보는 것이 타당하다. 1-3절, 4-6절, 7-10절 모두 시간적 연속성을 가진다. 그 후 천년이 '찼을 때'(끝났을 때, ὅταν τελεσθῇ) 무저갱에서 풀려난 사탄의 마지막 도전이 있다. 그 싸움은 왕이신 그리스도와 그와 함께 왕 노릇하던 이들에 대한 것이다(9절).

4-6절은 다음과 같이 조직되어 있다.

1.   A. 천년간 보좌에 앉아 그리스도와 함께 왕 노릇하는 이들(4절)
2.   X. 천년이 끝날 때까지 살지 못하는 남은(다른) 자들(5a절)
3.   A'. 첫째 부활에 참여하여 왕 노릇하는 이들(5b-6절)

4절(A)과 5b-6절(A')은 천년 나라에서 왕 노릇하는 이들에 대해 중점을 두고 서술된다. 그렇지 않은 자들, 그래서 이때 부활하지 않은 자들이 중간에 위치한다(X).[11]

이 가운데 4절은 그 자체에 교차 구조를 가진다.

간적 서열이 존재한다. Waymeyer는 마귀가 무저갱에 갇힌 것이 현재적 의미가 아니라 미래적 의미인 점을 잘 드러낸다(Waymeyer, 2015: 24-30).

11.   만일 5a절("죽은 자들 가운데 남은 자들이 천년이 끝날 때까지 살지 못하였다")이 사본상의 논란이 있어 제외된다면, 5b절, "이것이 첫째 부활이다"(Αὕτη ἡ ἀνάστασις ἡ πρώτη)가 4-6절의 중간(X)에 위치하게 된다.

1. a. 요한이 본 보좌 위에 앉은 자들이 있고 그들에게 심판의 권세가 주어졌다(4a절).

2. b. 예수 증언과 하나님 말씀 때문에 목 베임을 당한 영혼들(4b절).

3. b'. 짐승과 그 화상에 경배하지 않고 이마와 손에 표를 받지 않은 자들(4c절).

4. a'. 그들은 천년 동안 그리스도와 함께 살아 왕 노릇하였다(4d절).

4a절(a)과 4d절(a')은 이들에게 어떤 권세가 주어졌는지에 초점을 맞추고 있다.[12] 반면에 4절의 중간에 있는 4b절(b)과 4c절(b')은 이들이 어떤 자들인지 그 정체성을 드러낸다. 4절은 천년 나라에서 그리스도와 함께 살아 왕 노릇하는 자들을 두 집단으로 제한한다.

첫째는 예수의 증언과 하나님의 말씀 때문에 목 베임을 당한 자들이다. 목 베임을 당했다는 것은 그들이 순교자라는 의미다. 그들은 예수를 증언하는 일 때문에, 또 하나님의 말씀을 믿고 따르는 일 때문에 죽임을 당한 이

---

12. 시작되는 4a절에는 보좌에 앉은 자들에 대한 설명이 없다. '그들이 앉았다'라고만 되어 있다. 반면에 그들이 누구인지는 4b-c절에 나타난다. 따라서, 보좌에 앉은 자들(4a절), 순교자들(4b절), 우상 표를 받지 않은 자들(4c절), 왕 노릇하는 자들(4d절)을 서로 구분할 필요가 없다. 4절의 교차 구성은 이들이 동일한 대상을 가리키는 것이라 볼 수 있게 한다. '첫째 부활'(5절)이라고 한 것은 그들이 성도들 가운데 먼저 부활하게 되는 이들이라는 점일 수도 있고 천년 후 마지막 심판(20:11-15) 때에 성도 모두가 참여하는 모두의 부활이 있기 때문일 수도 있다. 마지막 심판 때에 '둘째 사망'(20:14)이 나오는데, 이것은 그들이 두 번째의 죽음(심판 후 형벌)을 갖게 되기 때문이다. 첫째 부활의 개념은 세대주의적 전천년설에서 말하는 '휴거' 등과 다른 개념이다. 20:5의 첫째 부활은 '순교자들의 부활'로 추정된다. 바울은 세 가지 부활을 알려주었다(고전 15:22-26). 첫째는 그리스도의 부활이고, 둘째는 그의 재림 때 그리스도에게 속한 자들의 부활이 있을 것이고, 셋째는 마지막에 있을 것이다. 만일 '첫째 부활'을 이 두 번째로 본다면 마지막 부활은 천년 후에 있는 것이 된다. Ladd, 1960: 170-2를 참고하라.

들이다(6:9; 20:4). 이들이 왕 노릇할 때가 된 것이다(5:9-10; 6:9-11). 둘째
는 끝까지 신앙의 지조를 지킨 자들이다. 짐승이나 그의 화상에 경배하지
도 않고 그 이마와 손에 표를 받지 않았던 이들이다(13:15-17; 14:9-13;
20:4). 그들은 짐승에 굴복하지 않았고 죽음을 무릅쓰고 신앙을 지켰다. 결
국 그들은 죽임을 당하였다(13:15). 그런 점에서 첫째와 둘째 모두 순교자
들을 가리키는 반복(강조) 표현일 수 있다. 따라서 천년 나라의 '사는 것'(살
았다, ἔζησαν)과 '왕 노릇'(왕으로 다스렸다, ἐβασίλευσαν)은 그들의 순교에
대해 보상하는 성격을 가진다.[13] 죽임을 당한 그들이 진정한 강자가 될 것

---

13. 본문에는 천년 나라의 왕권 공유자들이 제한될 수 있음을 보여준다. 그때까지 죽은
많은 성도들이 다 부활하여 이 왕권에 참여한다고 할 필요가 있을까? 땅의 백성들
의 수도 제한될 것이다. 아마겟돈 전쟁에서 많은 자들이 죽었기 때문이다. 그때가 되
면, 지구의 인구수가 얼마나 될 것인가? 왕권에 참여하는 자(부활한 자들)의 수가 그
다스림을 받는 자들(전쟁에서 남은 자들)의 수보다 더 많을 가능성은 많지 않다. 21
장 이후, 새 하늘과 새 땅에서 성도들이 왕권을 누리는 장면은 또 다른 이야기다.
　그러면 순교자들(또는 심한 핍박을 받은 이들)만 천년기에 왕권을 누리는가? 두아
디라 교회에 주신 말씀에서 주님은 말씀을 따라 이기는 자와 지키는 자에게 왕권을
약속하신 바 있다(2:26-27). 5장에서 그리스도의 핏값으로 속량받은 이들이 땅에서
왕 노릇할 것을 노래했다(5:9-10). 미래에 왕 노릇하는 일은 순교자들만의 특권은 아
니다. 일반 성도들도 왕 노릇할 것이다. 다만, 천년기 왕권이 믿는 자 모두에게 주어
진 것인가 하는 점은 다른 주제일 수 있다. 새 하늘과 새 땅의 새 예루살렘에서 누리
는 왕권은 모든 성도의 특권임은 분명하다(22:5). 그런데 20:4-5은 천년기 왕권을 누
리는 이들이 제한적일 수 있음을 말해준다. 계시록은 두 가지 형태의 왕권 누림(천
년기 때—20:4-6; 새 예루살렘의 때—21:24, 26; 22:5)을 말하는 것 같다. 전천년설이
나 무천년설 모두 '순교자들'뿐 아니라 '성도들'이 누리는 천년 나라의 왕권에 초점
을 둔다. 그러나 본문은 순교자들을 언급한다(참고, Boer, 1975a, 8-9). Boer는 본문
이 '순교자'에 초점을 맞춘다는 사실을 지적하지만, 정작 그 자신은 천년 나라를 미
래적 실체로 보지 않는다(Boer, 1975a: 10; 1975b: 26-30).
　우리가 천년 나라 왕권을 누릴 것인가에 지나친 관심을 가질 필요가 없다. 우리 성
도는 최소한 새 하늘과 새 땅에서 그리스도와 함께 다시 살 것이고 왕권을 누릴 것
이기 때문이다. 다만 천년 나라에서는 '이 땅'에서 왕권을 누리기에 마땅한 자들이
누리게 될 것이다. 우리 대부분의 성도는 잠을 자다가 깨어 21장의 새 하늘과 새 땅
의 그 나라(새 예루살렘)에 들어가게 될 것이다. 그곳에서 왕 노릇하게 될 것이다

이다.

1-3절의 사건이 먼저 있고, 그 일 때문에 4-6절의 천년 나라가 있게 되고, 그 이후에 7-10절의 사건이 일어난다. 이 맥락은 자연스런 시간적 흐름을 반영한다. 20:1-10은 시간적 순서로 된 본문이라 할 수 있다.

천년 나라(20:1-10), 재림과 전쟁(19:11-21), 용과 짐승(12-13장)의 관계

(1) 그리스도의 재림(19:11-21)

19:11-21이 그리스도 재림을 가리키는 본문이라는 데 학자들의 견해가 대부분 일치한다.[14] 이 본문은 11-16절과 17-21절로 구분되는데, 11-16절이 예수 재림 그 자체를 다룬다면, 17-21절은 그때 일어난 그의 승리를 다룬다. 이 본문이 20장보다 앞서 등장한 것은 시간적 순서와 관련이 있다.

먼저 11-16절은 평행적 특성(ABCDE-A′B′C′D′E′)을 보인다.

흰 말을 타신 그리스도의 등장(11a절)	A	A′	그를 따르는 흰 말을 탄 군대(14절)
의로 심판하며 싸우심(11b절)	B	B′	그의 입의 검으로 열방을 치심(15a절)
그의 신성과 왕권(12절)	C	C′	철장으로 다스리는 왕권(15b절)
그리스도의 피로 적신 붉은 옷(13a절)	D	D′	진노의 포도주 틀을 밟으심(15c절)
그의 이름은 하나님의 말씀(13b절)	E	E′	그의 이름은 왕 중의 왕, 주 중의 주(16절)

흰 말을 타신 그리스도께서 등장하신다(11a절, A). 그는 의로 심판하시고 싸우시는 분이시다(11b절, B). 그다음 그의 신성과 왕권이 묘사된다(12절, C). 그는 피로 적신 옷을 입으셨다(13a절, D). 그의 이름은 하나님의 말

(22:5).

14. 반면에 Campbell은 19:11-16을 17-18장의 바벨론 패망과 관련된 그리스도의 승리 행진(parade)으로 봐야 한다고 제안하는데(R. Campbell, 4-8), 이는 그가 16:14, 16(아마겟돈 전쟁의 준비)과 19:17-21(아마겟돈 전쟁의 결과)의 연관성을 제대로 인식하지 못했기 때문일 것이다.

씀이라 불렸다(13b절, E).

그 다음 14-16절의 전개도 11-13절의 순서와 같다. 그래서 평행적(parallel) 구성이다. 흰 말을 탄 그의 군대가 그리스도를 따른다(14절, A′). 그리스도의 입에서 예리한 검이 나오고 그것으로 열방을 치신다(15a절, B′). 그는 철장으로 열방을 다스리신다(15b절, C′). 그리스도는 진노의 포도주 틀을 밟으신다(15c절, D′).[15] 그는 왕 중의 왕, 주 중의 주라 쓰인 이름을[16] 가지신다(16절, E′).

그 다음 17-21절은 교차 구조(AB-X-B′A′)를 가진다.

1. A. 모든 새들이 군대와 말들의 살을 먹는 잔치에 초대됨(17b-18절)
2.   B. 전쟁을 하려고 모여든 짐승, 왕들, 군대들(19절)
3.   X. 전쟁의 결과 짐승과 거짓 선지자가 잡혀 불못에 던져짐(20절)
4.   B′. 남은 자들이 그리스도의 검으로 죽임을 당함(21a절)[17]
5. A′. 모든 새들이 그들의 살로 배부르게 됨(21b절)

모든 새들이 그들의 살을 먹는 식사에 초대된다(17b절, A). 전쟁을 하려고 모여든 짐승, 왕들, 군대들이 있다(19절, B). 전쟁의 결과 짐승과 거짓 선

---

15. 그리스도의 피에 적신 옷(D)과 그가 밟으시는 포도주 틀(D′)의 색깔은 모두 붉다. 둘 다 '피의 붉은 색'을 드러낸다. 자세한 것은 19:13, 15의 주해를 참고하라.
16. 이 이름은 본래 다니엘서에 나오는 하나님의 호칭이다(단 2:47; 8:25; 참고, LXX 단 4:37; 김대웅, 596).
17. 교차 구조를 보면, 21절의 '남은 자'는 불못에 던져지는 짐승을 제외한 19절의 사람들(왕들, 군대들)을 가리키는 것으로 볼 수 있다. 전쟁에 참여하지 않은 이들까지 죽는 게 아니다. 모든 나라가 멸망 당하는 것이 아니다. 그리스도께서 '만국'(τὰ ἔθνη)을 '치시는'(πατάξῃ) 것(19:15) 때문에 그들 모두가 죽게 된다고 볼 필요는 없다. 바로 뒤이어 그들을 '다스린다'(목양한다, ποιμανεῖ)는 말(19:15)이 병행되고 있음을 기억해야 한다.

지자가 잡혀서 불못에 던져진다(20절, X). 남은 자들이 그리스도의 검으로 죽임을 당한다(21a절, B′). 모든 새들이 그들의 살로 배부르게 되었다(21b절, A′). 새들을 언급한 일이 17b절(A)과 21b절(A′)에 각기 나타난 것은 17-21절의 교차 구성과 깊은 관련이 있다. 19절(B)과 21a절(B′)은 이 아마겟돈 전쟁에 참여한 자들이 어떤 자들이고(B), 결국 그들이 어떻게 되는지(B′)를 보여주는 부분이다. 이 단락의 중심(X)은, 그들을 이끌던 짐승과 거짓 선지자의 몰락을 말해주는데, 이 둘이 유황 불못에 던져진다. 교차 구조의 전형이다.

11-16절과 17-21절이 각기 평행/교차 구성을 가지는 것은 이 두 단락이 서로 독립적이기 때문이다. 그렇지만 그리스도 재림의 모습(11-16절)과 그 재림의 결과(17-21절)라는 점에서, 이 두 단락은 시간적 선후를 지킨다. 그런데 20:1-10과 관련하여, 특별히 주목해야 할 점이 있다. 그리스도 재림 때의 전쟁에서, 짐승과 거짓 선지자가 불못에 던져진 점(19:20)이다. 이 두 짐승의 불못 심판은 20장 사건과 밀접한 관계가 있다.

계시록에는, 삼위일체 하나님과 비교되는 악의 삼두체제가 나온다. 사탄(용, 12:3-4, 7, 9, 12-13, 16-17; 13:2, 4, 11, 13; 20:2, 7, 10)과 짐승(바다에서 나온 짐승, 13:1-10)과 거짓 선지자(땅에서 나온 짐승, 13:11-18)이다. 용인 사탄을 제외한 두 짐승(짐승과 거짓 선지자)이 먼저 불못에 던져진 것(19:20)을 기억하자. 그리스도의 재림 때의 전쟁(19:17-21)을 준비하던 악의 집단 속에 용은 짐승과 거짓 선지자와 함께 있었다(16:12-14).[18] 이 세 존

---

18. Beale은 16:14; 19:19; 20:8을 같다고 보지만(Beale, 2013: 33-36), 이들 본문은 같지 않다. 16:14, 16은, 악의 삼두체제가 아마겟돈 전쟁을 위해 왕들과 그들의 군대를 모으는 장면을 묘사한다. 그래서 '모으기 위해 나간다'(ἐκπορεύεται ... συναγαγεῖν, 16:14), '모았다'(συνήγαγεν, 16:16)라고 썼다. 반면에 19:17-21(특히 19절)은 이들 악의 군대들이 그리스도를 대적하려 이미 모여 있는 상태이므로 이를 가리키는 수동태 완료분사 συνηγμένα('모여 있는')를 쓰고 있다. 이 또한 반복된 내용이 아니라, 진

재가 연대하여 그리스도와의 전쟁("전능하신 하나님의 큰 날에 있을 전쟁," 16:14)을 준비하였다. 그 전쟁(19:11-21)의 결과 그들 악의 집단은 패망하였고 그들을 따라 전쟁에 참여한 이들은 다 죽었으며[19] 이 셋 가운데 짐승과 거짓 선지자는 영원한 불못에 던져졌다. 그런데 악의 집단의 대표인 용(마귀)은 어디 있는가?

사탄인 용이 20장 초두에 등장하는 이유가 있다. 셋 중 둘은 '이미' 불못에 던져졌으나, 그 가운데 하나, 악의 삼두체제의 대표인 사탄에게는 그

행적 서술이다. 16장에서는 '모았고' 19장은 '모인 상태'이다. 더군다나 20:8은 다른 대상 '곡과 마곡'에 대한 것이다. 그들을 모으기 위하여 마귀가 '풀려날 것이다'(ἐξελεύσεται)라는 미래형 동사를 사용했다. 이 16:14; 19:19; 20:8을 동일한 내용이 반복된 것으로 보아야 할 이유가 없다. 또한 천년이 지난 후에 일어난 20:8-9의 전쟁은 16장과 19장의 아마겟돈 전쟁이 아니다. 이 곡과 마곡의 전쟁에는 아마겟돈 전쟁과 달리 두 짐승이 참여할 수 없다. 두 짐승은 이미 불못에 던져진 상태(19:20)에 있기 때문이다.

　20:10의 ὅπου를 where(그곳에)로 보느냐, 또는 Hughes처럼 whither(그곳으로)로 보느냐의 차이가 있다. 후자로 보면 용이 불못에 던져질 때, '그곳으로' 두 짐승도 (던져졌다고) 번역한다(J. Hughes, 283). 그러나 Hughes처럼 해석할 때 최소한 세 가지 문제가 있다. 첫째, 19:19에는 두 짐승이 불못에 던져졌으나 용이 빠졌다. 그런 맥락에서 20:10은 악의 삼두가 모두 불못에 빠지는 장면으로 보기 어렵다. 둘째, 12-13장에서 용, 그다음에 두 짐승이 등장했던 순서가 19-20장에서 두 짐승, 그다음에 용이 불못에 던져진 역순서로 나타나는 것이 자연스럽다. 이들이 불못에 던져졌다고 두 번이나 기록됐다고 하는 것은 무리한 해석이다. 셋째, 16:14, 16의 아마겟돈 전쟁 준비에 악의 삼두가 모두 동원됐는데, 막상 19장 아마겟돈 전쟁의 결과에서 두 짐승만 불못에 던져진 것은 마지막 악인 사탄이 아직 (어떤 이유 때문인지 모르나) 남아 있다는 20장의 내용을 뒷받침한다.

19. 19장과 20장의 순서를 어떻게 보느냐가 중요한 문제인데, 무천년설을 지지하는 학자들은 19장에서 짐승을 따르는 모든 이들이 죽었고 따라서 지상에 남은 자들이 없다고 단정한다(참고, 권성수, 1995: 140). 그러나 전쟁에 참여한 자들(군대, τὰ στρατεύματα)이 몰살하였더라도, 전쟁에 참여하지 못한(않은) 이들(예, 노인, 유아, 여인들)까지 죽었다고 할 근거는 없다. 17-21절의 교차 구조(AB-X-B′A′)를 다시 보자. 전쟁에 참여한 자들(19절, B)이 죽임을 당하게 된 '남은 자들'(21a절, B′)이다. '남은 자들'이란 표현은 불못에 던져진 두 짐승(20절, X) 외의 존재들이란 뜻이다.

의 때가 '아직' 남아 있다. 하늘에서 내려온 천사가 무저갱의 열쇠와 큰 쇠사슬을 가지고 사탄을 결박하여 무저갱에 가둘 수 있게 된 것(20:1-3)은, 그리스도 전쟁의 결과 사탄이 그만큼 무력해졌기 때문일 것이다. 셋 중 하나만 남았고 그를 적극 따랐던 이들이 다 죽었다. 사탄이 천년의 '옥'(감옥) 생활을 감수할 수밖에 없게 된 이유다. 그럼에도 하나님께서, 그리스도 전쟁의 결과 무력해진 사탄을 두 짐승과 함께 불못에 던지지 않으신 이유가 있을 것이다. 천년 이후 풀려나 세상을 마지막으로 혼란하게 할 수 있게 허락하신 이유도 있을 것이다.[20]

마지막으로 사탄이 불못에 던져진 것은 천년 나라가 끝나는 때다(20:10). 악의 삼두체제 가운데 두 짐승이 이미 불못에 던져졌고(19:20) 용은 그 후에 불못, 즉 '짐승과 거짓 선지자도 있는 곳'(ὅπου καὶ τὸ θηρίον καὶ ὁ ψευδοπροφήτης, 20:10)에 던져진다는 사실(20:10)은 악의 삼두체제의 멸망에 순서가 있음을 가르쳐준다.[21] 이는 곧 그리스도 재림과 그때의 전쟁(19:11-21)이 그 이후의 천년 나라의 전개(20:1-10)보다 선행한다는 것을 말해준다.

(2) 용과 두 짐승의 등장(12-13장)

이런 점은 12-13장의 전개 과정과 비교할 때 좀 더 분명해진다. 12-13장에 사탄의 삼두체제가 처음으로 등장한다. 셋 중에서 먼저 용이 등장한다

---

20. 천년 나라를 이 땅에 세우시는 것은 순교자들에게 부여하시는 특별한 보상일 수 있다. 상벌을 정의롭게 시행하시는 하나님의 우주적 공의 집행이라는 성격을 가질 수 있다. 하나님께서 하나님의 말씀과 그 증거로 인하여 핍박 받아 죽임을 당한 이들에게 "잠시 쉬라"고 말씀하신 바 있다(예, 6:9-11). 이는 하나님의 때가 되면 그에 대한 보상과 보응이 있을 것을 암시하는 말씀이다.
21. Webb은 두 짐승이 불못에 던져진 후, 가장 마지막에 사탄이 던져진 이 전개 순서를 정확하게 지적한 학자이다(Webb, 15-16, 특히 각주 37).

(12장). 그리고 두 짐승이 차례대로 나타난다(13장). 두 짐승은 마귀(용)의 수하다. 첫 짐승은 용의 후원을 받고(13:2, 4), 둘째 짐승은 첫 짐승을 떠받든다(13:12, 14-15). 이 셋은 악의 삼두체제다. 이 셋이 어떤 순서로 등장하는지 보자.

하늘의 전쟁에서 패한 용은 '하늘'에서 내쫓겨(12:9, 12) '땅과 바다'의 영역에 자리하게 된다(12:12). 용이 '여자'와 직접 대면하여 싸우는 첫 장소는 '땅'이다(12:13-16). 땅의 싸움이 여의치 않자, 용은 여자의 남은 후손과 싸우려고 '바다' 모래 위에 선다(12:17). 그런 후, 두 짐승이, 하나는 '바다'에서(13:1), 또 하나는 '땅'에서(13:11) 올라오는 것에 주목하자.[22] 하늘에서 쫓겨난 용은 땅과 바다의 영역에서 활약한다(12:9, 12). 먼저 그 바다에서 첫 번째 짐승이 출현한다(13:1). 그리고 후에 땅에서 둘째 짐승이 나온다. 이렇게 두 짐승 출현의 배후에 용이 있다. 이 둘을 내보낸(올라오게 한) 자는 용이다. 이러한 12장과 13장의 전개는 시간적으로 진행된 것이라 볼 수 있다. 13장에서 용은 직접 등장하지 않고 두 짐승과 그 짐승의 추종자들을 통해 마귀 사업을 추진한다. 사람들로 첫째 짐승을 숭배하게 하여 결국 그 배후인 용(마귀)의 지배에 놓이게 한다.

12-13장에서 용이 먼저 등장하고(12장), 그 후에 두 짐승(짐승과 거짓 선지자)이 등장하는(13장) 순서에 주목하자. 또 이 집단에 빌붙어 용과 짐승을 경배하며 섬기는 자들(13:3-4, 7-8, 12-14, 16)이 있음을 기억하자. 그렇다면 이들이 계시록 후반부에 어떤 순서로 징계를 당하게 되는지 살펴볼 필요가 있다. 짐승에게 굴복했던 이들에게 일곱 대접의 심판이 있다(16장). '대접'은 하나님의 분노의 심판을 가리킨다(15:1, 7; 16:1, 6-7, 19). 그러나 아

---

22. 땅과 바다가 용과 두 짐승의 활동 영역이 된다. 용어의 순서에 주목하자. 땅(12:13)
→ 바다(12:17) → 바다(13:1) → 땅(13:11). 이것은 교차적 전개다. 앞의 땅과 바다는 용과 관련이 있고 뒤의 바다와 땅은 두 짐승과 관련된다.

직 그들이 다, 멸망으로 나아간 것은 아니다. 상당수는 마지막 전쟁을 준비하게 된다(16:12-14, 16). 이때 즈음, 짐승 편에 서서 성도들의 피에 취하고 많은 이득을 취하던 큰 음녀 바벨론의 충격적인 파멸이 있게 된다(17-18장). 바벨론의 파멸은 일곱째 대접 재앙에서 시작된다. 큰 지진으로 성의 1/3이 무너진다(16:19). 이때 악의 세력 안에 내분이 일어난 것 같다(17:16). 그때까지 바벨론을 앞세워 일하던 짐승이, 자신이 직접 권한을 잡는 과정에서 바벨론을 거세한 듯하다(17:13, 17). 이 일은 악의 세력이 약화되는 계기가 될 수 있을 것이다. 바벨론의 패망을 슬퍼하는 무리가 많다(18:9, 11, 15, 19). 이들은 짐승이 바벨론을 제거한 것에 심정적으로 동의하지 않을 것이다.

바벨론 제거 때문에 분열된 여론에도 불구하고, 악의 삼두체제가 현혹하는 '혀'의 선전(16:12-14, 16) 때문에, 마지막 아마겟돈 전쟁을 위해 준비되고 동원된 이들이 많다(19:19). 이때 동원된 이들은 그리스도와의 싸움에서 모두 전사한다(19:17-21). 이들이 죽을 때 붙잡혀 영원한 불못에 던져지는 존재가 있는데(19:20), 짐승과 거짓 선지자, 즉 13장에 등장했던 그 두 짐승이다. 주목하게 되는 것은 이 전쟁의 패배로 그리스도를 대적하고 악의 집단을 따르던 사람들이 많이 죽게 되지만 그들이 아직은 불못에 던져지지 않는다. 사람은 다, 후에 있게 될 '마지막 심판'의 때에야 불못에 던져진다(20:15).

두 짐승은 이때 불못에 던져졌으나, 용은 천년 나라 이후에 불못에 던져진다(20:10). 그곳은 짐승과 거짓 선지자, 두 짐승이 이미 던져져 고통을 받는 곳이다. 두 짐승이 용과 함께 불못에 던져진 것이 아니라, 두 짐승이 먼저 던져졌고(19:20), 그 후 마지막에 용이 던져졌음(20:10)을 주목해야 한다. 천년이 지난 후 무저갱에서 풀려난 용의 편에 섰던 '바다의 모래 같은 수'는 역시 죽임을 당하나,[23] 그들 또한 불못에 던져지지는 않는다. 그들도 그 후 마지막 심판에서 행위에 따라 심판을 받은 후에야 불못에 던져지게 될 것이다(20:13-15).

악의 삼두체제와 이들을 따르던 이들의 등장과 몰락의 순서를 보자.

1. A. 용의 출현(12:3)

2. B. 두 짐승의 출현(13:1, 11)

3. C. 그들을 따르는 이들(13:7-8, 14)

4. C′. 그들을 따르는 자들의 몰락과 죽음(16 및 17-18장; 19:17-21)[24]

5. B′. 두 짐승이 불못에 던져짐(19:20)

6. A′. 용이 불못에 던져짐(20:10)[25]

---

23. 하늘에서 불이 내려와 사탄의 군대를 삼킨다(20:9). 이 구절에 역설이 있다. 그들이 '올라왔는데'(ἀνέβησαν, a) 하늘의 불이 '내려왔다'(κατέβη, a′). 그들이 '포위하여'(ἐκύκλευσαν, b) 승기를 잡게 됐는데, 오히려 하늘의 불이 그들을 '삼켜'(κατέφαγεν, b′) 패하게 된다. 네 개의 직설법 동사가 상응하며 대조된다.

24. 악을 따르던 이들의 멸망에 대해서는 이미 14장(특히 8-11절)에 예고된다. 흥미로운 것은 바벨론의 멸망(8절)이 먼저이고 우상숭배자들의 패망이 그다음이다(9-10절). '주 안에서 죽는 자들'(14:13)과 이들 악의 추종자들이 대조된다.

25. 마귀(용)가 불못에 던져지기 전, 미혹되어 그를 따르던 곡과 마곡의 많은 수가 죽임을 당한다. 이들은 그 전에 죽은 자들(예, 아마겟돈 전쟁 등에서)과 다르다. 그들은 천년 후에 용을 따르게 된 자들이고, 천년이 있기 전에 악의 삼두, 그 중에서도 특히 두 짐승을 따르던 자들과 구별된다. 천년 후에 남은 이 세대는 천년 전의 세대와 다를 것이다. Beale은 용(12장) > 짐승(13:1-10) > 거짓 선지자(13:11-18) > 바벨론(14:6-11)의 등장이 16장 이후에는 바벨론(16:17-21; 17-18장) > 짐승과 거짓 선지자(19:17-20) > 용(20:10)의 역순으로 일어난다는 점을 지적하며 시간에 따른 연대적 전개가 결여된 것으로 본다(Beale, 1999: 812). 그러나 이는 그의 결정적인 오해다. 오히려 이들 사건들의 교차적 전개 방식은 서사적 순서(선후 관계의 진행)를 따르고 있음을 보여준다(참고, Morales, 27-33).

사탄의 삼두체제를 포함한 악의 집단의 몰락과 심판, 그리고 불못에 던져지는 과정에 시간적 진행이 존재한다. 계시록의 이러한 시간적 진행은 역사적 전천년설을 지지한다.[26] 또한 계시록 사건들의 진행적 전개는 시간적 선후 관계, 진행적 흐름까지 상징화해서 해석할 수 없음을 알려준다. 많은 상징적인 표현이 등장하고 그 때문에 많은 부분을 상징적으로 해석해야 한다 해도, 시간적 전개 자체는 대부분 진행적임을 부정할 수 없다.

좀 더 정확하게 말하면, 이러한 시간적 진행은 '나선적 진행'(spiral-progression)이다. 이것은 '직선적 진행'(linear-progression)과 다르다. 나선적 진행은 진행되는 역사에 반복적인 요소가 있으나, 시간 전개상 그대로 반복되지는 않고 선후 관계를 가지고 진행된다는 뜻이다. 예를 들어, 일곱 인과 일곱 나팔과 일곱 대접은 재앙의 내용에서 반복되는 면도 있으나, 시간적으로 같은 사건과 같은 때가 아니다. 역사의 진행 선상에 놓인 연속된 재앙들이다. 반면에 직선적 진행은 역사에 반복되는 것이 없다. 앞에 있는 것이 뒤에 반복되는 법이 없는 선(line)의 진행이다. '반복적'(recapitulative)이란 또한 '순환적'(circular)이란 뜻이다. 계시록의 사건 기록이 반복적이라고 보는 관점에서는 비슷한 유의 기록은 같은 사건을 반복적으로 묘사한 것으로 간주한다. 그러나 이러한 관점은 역사의 순환성을 전제하는 것이라는 문제를 야기할 수 있다. 시작이 있으면 끝이 있다. 역사는 순환되는 것이 아니다.

---

26. 역사적 전천년설과 세대주의 전천년설의 차이를 구약의 이스라엘 회복에 대한 예언을 문자적으로 보느냐(세대주의 전천년설), 영적 즉 교회의 회복으로 보느냐(역사적 전천년설)의 차이로 보기도 한다(Ladd, 1960: 167; Stewart, 2018: 563-4). 그러나 역사적 전천년설과 세대주의 전천년설의 차이는 교회 시대의 구분, 이중 휴거와 이중 재림의 차이로 보는 것이 더 분명하다. 이스라엘 회복의 문자적 소망은 바울(롬 11:11-24)에게 발견되기 때문이다. 이에 대해서는 박형룡, 169-71; 이상웅, 155-66, 174-81을 보라. 그리고 언약신학과 세대주의의 차이에 대한 논의는 Brand, 2015를 참고하라.

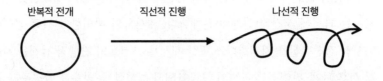

이렇게 계시록 20장은 역사적 전천년설을 지지하고 역사적 전천년설은 계시록 20장에 기초한다. 이 본문이 없었다면 누구도 미래의 천년 나라에 대해 아무것도 알지 못하였을 것이다.

계시의 중첩성

그렇다면 왜 다른 신약 본문에는 천년 나라가 나타나지 않는가? 그리스도의 재림의 순간 종말의 모든 것이 이뤄지는 것처럼 보이는 이유는 무엇일까?[27] 이것은 종말 계시의 '중첩성' 때문이다.

구약의 그리스도 예언도 그러한 성격을 가진다. 그리스도에 대한 예언이 구약에 많다. 그런데 먼저 초림이 있고 그다음 재림이 있다는 식의 시간적 전개로 구별되지 않는다. 구약에서 초림과 재림의 예언이 혼재되어 나타난다.[28] 그래서 이 두 사건의 선후를 구별하기 어렵다. 그리스도의 나타

---

27. 천년 나라에 대한 역사적 전천년설의 해석과 상충되는 것처럼 보이는 본문은 마 25:10-13; 요 5:18-29; 롬 8:18-23; 고전 15:50-51; 살후 1:6-10; 벧후 3:9-13 등이다(참고, Merkle과 Krug, 210-26).

28. 구약에서 그리스도의 초림과 재림, 또는 그리스도의 특정 사건이 따로 예언되는 경우도 많다. 예컨대, 그리스도 탄생과 관련된 사 7:14; 9:6; 미 5:2; 고난과 죽음을 예언하는 사 53장; 슥 12:10 등이다. 그럼에도 어떤 본문들은 초림과 재림 등을 구별하지 않는다. 예를 들어, 단 7장에는 메시아에 대한 예언(7:13-14, 20-22, 26-27)과 최후의 심판에 대한 예언(7:9-12) 등이 혼재해 있다. 사 9:6-7은 메시아의 초림(6절)과 그 나라의 신적 왕권(7절)을 예언한다. 7절이 그려주는 그리스도의 왕권의 완전한 실행은 재림 이후에 관한 것이다(참고, 히 2:7-9; 계 19:15-16). 메시아 예언의 이런

나심(parousia of Christ)의 이러한 중첩 현상 때문에, 그리스도가 어떤 방식으로 등장할지, 그다음에 어떤 사건들이 일어날지, 구약 시대에 정확히 판단하는 것이 어려웠을 것이다.

그리스도에 대한 구약의 예언이 다 완성된 것은 아니다. 그리스도 예언 자체에 초림과 재림의 현상이 섞여 있다. 따라서 그분의 재림과 하나님 나라의 완성에 대한 구약의 예언은 아직 성취되지 않고 미완으로 남아 있다고 볼 수 있다.

신약에 그리스도 재림에 대한 예언이 많이 있다. 복음서와 서신서만 본다면, 그리스도의 재림은 단번에 이뤄지고 그 후에는 심판이 있는 것으로 이해된다. 그런데 종말에 대해 상세한 계시를 담은 요한계시록이 마지막으로 주어졌다. 왜일까? 계시록은 종말의 많은 사건들을 시간적 진행을 따라 그려주고 있다. 왜 다른 신약성경에서는 종말의 사건들이 단번에 일어나는 것처럼 보이는데, 계시록에서는 종말의 사건들이 시간적 진행 방식으로 기록되어 있을까?

그리스도의 재림도 중첩 현상이 있지 않을까? 재림으로 모든 것이 끝나는 것이 아니라, 그 이후 어떤 목적 때문에 천년의 기간이 주어지는 것은 아닐까? 계시록을 보면, 종말과 그리스도의 재림과 그 이후에 펼쳐질 일들이 비록 상징적으로 표현되어 있기는 하지만, 한 번에 끝나지 않고, 어느 정도의 시간적 펼쳐짐(전개) 가운데 있음을 알게 된다. 구약성경에 그리스도의 초림과 재림이 중첩되어 나타나듯이, 미래에 일어날 종말의 계시가 계시록 외의 다른 신약성경에서는 중첩되어 한 번에 일어나는 것처럼 기록된

중첩적 현상을 Ladd는 'prophetic perspective'(예언적 관점)라 불렀다(Ladd, 1952: 140; 1960: 174-5). Merkle과 Krug가 제기한, 신약성경과 계시록 20장의 부조화의 문제들(Merkle과 Krug, 210-26)도 신약성경의 종말적 예언들의 중첩적 특성 때문에 야기된다고 볼 수 있겠다. 신약성경과 계시록의 조화에 대해서는 서론의 "계시록과 신구약 성경"을 참고하라.

것이 아닐까?

계시록이 없다면 종말에 관한 기록에도 이러한 중첩이 있음을 알 수 없었을 것이다. 계시록 때문에 종말의 일들이 계시록의 전개를 따라 여러 단계로 나타날 것을 기대하게 된다. 초대 교회도 종말에 관하여 대부분 그렇게 이해하였을 것이다.[29] 우리 민족에게도 계시록이 큰 소망과 위로가 된 때가 있었다. 암울했던 일제 시대다. 그때 믿음을 가진 성도들은 계시록 말씀이 미래에 반드시 이뤄질 사건이라 믿었다. 그 시대의 어둠을 주도하는 자들이 물러나고 새 하늘과 새 땅이 이뤄질 미래를 믿었다. 미래 천년 나라의 실재를 믿었다.

성도의 믿음과 삶

정작 중요한 것은 미래 일어날 사건들의 상세한 내용이 아니다. 성도는 그날이 언제이든, 그날들에 어떤 일들이 일어나든 개의하지 않는 믿음과 준비가 필요하다. '지켜야 할 것'을 지키는 일이 현재에 미래를 준비하는 일이다(마 24:42-25:30). 미래 어떤 일이 일어나는지에 대해 하나씩 미리 생각할 필요가 없다. 그날을 준비하는 자세(계 1:3, 7; 2:16; 3:3; 16:15; 22:7, 12, 20)가 더 중요하다는 말이다.

계시록의 목적은 미래의 계시를 제대로 이해하지 못하면 영원한 생명을 얻지 못하게 되거나 또는 큰 불이익을 받게 된다는 것을 알리는 데 있지 않다. 계시록의 목적은 성도가 그리스도에 대한 믿음을 지키고 그의 말씀을 잘 지켜 나가도록 하는 데 초점을 둔다(계 1:3; 2:26; 3:8, 10; 12:17; 14:12; 22:7, 9). 그것을 벗어나게 하는 그 어떤 해석도 악의적이다. 예컨대,

---

29. Augustine 이후에는 천년설을 영적인 것으로 간주하기 시작했으나, 초대 교부들인 Papias, Justin Martyr, Irenaeus, Tertullian 등은 이를 문자적으로 생각하였다(A. Collins, 1986b: 229).

자신의 해석을 따르지 않으면 큰 손해를 얻는다고 하거나 구원에서 벗어난 다고 주장한다면 그 자체로 반(反)-계시록적이다. 그 자체로 배교의 행위 다. 주님의 초점과 다르고 계시록의 목적과 다르기 때문이다.

그리스도의 교회는 약속의 주님이 다시 오시기를 간절히 바라며, 그 어 떤 고난과 난관도 견뎌내고, 세상의 갖은 조롱과 유혹과 궤계를 이겨내며, 바른 신앙과 아름다운 형제 사랑과 주 앞의 순결한 삶을 지켜내는 교회들 이 되어야 한다.

주님 오실 그날이 더욱 가까워졌다. 더욱 주님의 날을 바라보며 살아야 한다. 그리스도의 재림을 기다리는 교회답게, 이 땅에서 바른 신앙과 형제 사랑과 거룩한 삶을 살며, 주님의 뜻을 이루는 교회가 되어야 한다. 주님은 다시 오신다. 다시 오셔서 그의 약속을 '다' 이루실 것이다. 알파와 오메가 이신 주님께서 모든 믿음과 행위를 판단하실 것이다. 그리고 이 땅에서 믿 음으로 수고한 그의 백성들을 위로하실 것이다. 참기쁨과 은혜로 갚으실 것이다.

요한

저자 요한

'요한계시록'이라는 표제에서 보듯, 요한계시록의 저자는 요한이다. 요한의 저자 됨은 요한 자신이 계시록 본문에서 여러 차례 밝히고 있다(1:1-2, 4, 9; 22:8). 특히, 요한이 계시를 받는 부분에서 1인칭 '나'와 2인칭 '너'(1:11)를 쓴 것에 주목할 필요가 있다(1:9-12, 19-20; 4:1-2; 5:1, 4-6, 11 등 다수). 요한은 1:9-10에서 저자가 요한 자신인 것을 직접 부각한다.

여러분의 형제이고 예수 안에서 환난과 나라와 오래 참음에 함께하는 자인 나 요한은 하나님의 말씀과 예수의 증언 때문에 밧모라 하는 섬에 있었다. 나는 주일에 성령 안에 있었고 내 뒤에서 나팔 소리 같은 큰 음성을 들었다.

이 두 구절은 저자의 이름(요한), 저자와 독자의 관계(형제 및 동역자 됨), 요한이 처한 상황(밧모섬 유배), 그가 계시받는 상태(성령 안에서 계시

를 받음) 등에 대해 밝혀준다. 또 1:11, 19은 저자인 요한이 그 계시를 기록
하게 된 연유를 알려주고 있다.

> 네가 보는 것을 책에 쓰라. 그리고 일곱 교회, 즉 에베소, 서머나, 버가모, 두
> 아디라, 사데, 빌라델비아, 라오디게아에 있는 교회들에 보내라. ⋯ 그러므로
> 네가 본 것(들)과 현재 있는 것(들)과 그 (일들) 뒤에 앞으로 일어날 일(들)을
> 쓰라.

계시를 주신 예수 그리스도의 직접적인 명령에 의해 일곱 교회에 보낼
계시록을 기록하게 됐다는 것이다. 그 자신의 상상에서 비롯된 것도 아니
고 그가 가진 구약지식과 유대적 문헌을 배경으로 창작한 것은 더욱 아니
다. 만일 '환상'이 '현실적인 기초나 가능성이 없는 헛된 생각이나 공상'(『표
준국어대사전』)을 의미하는 것이라면 요한이 본 것은 그러한 의미의 환상
이라 할 수도 없다. 요한이 본 것은 성령이 보여주신 계시다. 현재와 미래
에 일어날 일을 계시로 보고 들은 것이다. 계시록을 마무리하면서 요한은
자신이 이러한 계시를 보고 들은 자임을 다시 밝힌다(22:8).

계시록 본문 자체가 요한이 저자임을 밝히고 있다는 점에서 요한의 저
작권을 인정하느냐, 인정하지 않느냐는 문제는 사실 계시록의 진정성(au-
thenticity)을 존중하느냐와 밀접하게 관련된다.[1] 또한 계시록의 진정성 인
정 여부는 계시록의 정경적 권위를 인정하느냐의 문제와 직결된다. 만일
요한이 계시록의 저자인 것과 그 기록의 참됨을 받아들이지 못한다면 요한

---

1. 계시록의 장르를 묵시라고 전제하고 고대의 묵시 문학의 여러 경우처럼 저자의 이
   름이 가명 또는 익명일 것이라는 Aune의 주장은 받아들이기 어렵다(Aune, 1997:
   xlix). 이는 정경인 계시록을 위경이나 외경의 수준으로 보는 관점이다. 진경, 위경 판
   별의 기준은 유명한 인물(예, 사도)의 이름을 빌려 저작한 것인지의 여부이다.

계시록의 정경성도 인정하기 어렵게 된다.

그런데 요한의 저작을 인정한다 해도, 그 요한이 누구냐는 문제가 또 논란이 된다. 사도 요한이냐, 장로 요한이냐, 아니면 제3의 요한인가, 또는 사도 요한이 장로 요한과 동일 인물인가, 아닌가? 저자가 사도 요한이라고 한다면, 이는 오랜 기간 전래되어 온 기독교 교회의 전승적 사실(史實)과 일치한다. 장로 요한이라는 주장은 요한복음과 요한서신의 저자를 분리한 데 기인한다. 적어도(요한복음의 저자는 사도 요한이라 해도) 요한서신은 사도 요한의 작품이 아니라, 또 다른 요한, 장로 요한의 것이라는 주장이 있다(참고, 요이 1:1; 요삼 1:1). 요한이서와 삼서의 저자인 장로 요한을 요한복음의 저자인 사도 요한과 다른 인물로 보는 것이다. 이런 주장은 요한계시록의 저자가 사도 요한이 아니라는 점을 강변하는 주장들과 맥을 같이 한다.[2]

요한계시록의 저자가 사도 요한이 아닌 장로 요한이라고 보는 학자들이 드는 근거로는 (1) 요한계시록과 요한복음은 문법적 차이와 주제적 차이가 있다. (2) 따라서 요한서신의 저자가 사도 요한이 아니라 장로 요한이라면 요한계시록의 저자도 장로 요한, 또는 다른 요한일 수 있다. (3) 고대 교회사가 유세비오스(Eusebius, 260-339년)도 계시록의 저자가 장로 요한이라고 주장하였다는 점 등이 있다.[3]

---

2. 그런데 요한복음과 요한서신의 구조와 문체는 동일 저자(사도 요한)의 것일 가능성이 상당히 높다는 연구 결과가 있다(김상훈, 2010a: 369-408).

3. 처음으로 계시록의 사도 요한 저작설을 부인한 사람은 알렉산드리아의 디오뉘시오스(Dionysius, ?-264년)였다. 교회사가 유세비오스(Eusebius, 260-339년)는 디오뉘시오스의 견해를 받아들여 다른 요한이 계시록을 기록했다고 주장했다(Eusebius, *Eccl. Hist.* 255). 디오뉘시오스는 콥트의 사제로 알렉산드리아의 감독으로 있다가 248년에 교회의 수장(교황)이 된 인물이다. 그는 성경의 우화적(상징적) 읽기를 선도한 오리겐(Origen, 184-253년)의 영향을 받았고, 사도 요한 저작설을 부인하며 전천년설을 받아들이지 않았다(Wikipedia, "Pope Dionysius of Alexandria"; Guthrie,

요한복음과 요한계시록의 차이는 문법적인 것과 주제(신학)적인 것으로 구분할 수 있다.[4] 첫째, 문법 사용의 차이는 계시록이 계시적 글이라는 특성과 서기(비서)의 역할 때문일 것으로 볼 수 있다(Burge 외, 438). 계시적 글은 저자 자신이 자의적으로 쓰기 보다는 들은 것을 정리해 쓰는 측면이 많게 된다. 또한 요한이 밧모섬에서 계시록을 쓸 당시, 그 옆에 요한의 제자로서 그를 돕는 서기 브로고로(행 6:5)가 있었다는 동방 교회의 전승을 고려해야 한다(Cimok, 17-19). 브로고로는 일곱 집사 중 한 사람이다(행 6:5). 계시록을 기록할 때(주후 95-96년)는 요한의 나이가 상당할 때였다. 요한을 도울 사람이 옆에 있는 것이 당연하다. 따라서 요한이 구술한 것을 브르고로가 받아 정리하여 기록했을 가능성이 높다. 이 때문에 계시록에 요한복음과 다른 문법적 변칙과 용어가 있게 된 것이라 볼 수 있다.[5]

둘째, 계시록과 요한복음의 신학적 주제 차이는 서로 독자가 다르고 기

1970: 933-4). 디오뉘시오스에 대한 비판은 Guthrie, 1970: 936을 보라.

4. 좀 더 자세한 논의는 Osborne, 2002: 4-5를 보라. 계시록의 저자가 사도 요한이라는 교회의 전통적인 견해에 대해 이의를 가진 학자들이 있다. 예컨대, Kraybill, 31-33; Trebilco, 2004: 293-4; Buchanan, 645-7을 보라. 그들은 요한복음과 계시록의 문체가 달라 보인다는 점, 밧모섬의 요한은 자신이 예수의 지상 사역을 목도한 자로 말하지 않는다는 점 등을 부각한다. 그러나 요한계시록이 계시적인 특성이 있을 뿐 아니라, 브로고로가 그의 서기로 있었던 점을 감안할 때 요한 저작권을 부인할 근거는 분명하지 않다. 요한의 시대에서 불과 수십 년 지나지 않은 2세기 때의 교부들인 유스티노스(Justin Martyr)와 에이레나이오스(Irenaeus)가 밝힌 요한 기록설을 부인할 근거는 미약하다 볼 수 있다(Justin, *Dial.* 81; Irenaeus, *Haer.* 5.26.1, 5.35.2). 반면에 요한 저작설을 부인하는 주장은 3세기 때(Dionysius와 Eusebius)에야 제기된다. 그것도 천년설에 대한 논쟁에서 비롯된다. 지금도 밧모섬에는 '거룩한 굴'이라는 요한이 계시를 받은 굴이 보존되어 있다(Kourtara 외, 48-49; Tenney, 334).

5. 문체-용어적 차이와 문법적 변칙에 대한 다른 견해도 있다. (1) 요한이 히브리어로 생각하고 헬라어로 기록했다(R. H. Charles). (2) 요한이 아람어로 생각하고 헬라어로 썼다(H. H. Rowley). (3) 요한이 아람어로 쓴 것을 다른 이가 헬라어로 번역했다(C. C. Torrey). (4) 요한이 히브리적 용법을 많이 활용했다(C. F. Burney). Beasley-Murray, 1997: 1032; Ozanne, 3-4; Turner, 1976: 150-1을 참고하라.

록 목적이 다르기 때문에 나타난다고 말할 수 있다(Schaff, 1996 [1985a], 420; Guthrie, 1970: 940-2를 보라). 반면 스멀리(S. S. Smalley)는 오히려 계시록과 요한복음의 신학적 유사점을 강조한다(Smalley, 1988: 556-8). 그리스도의 명칭인 '로고스'(말씀, 요 1:1; 계 19:13),[6] 어린 양(요 1:29, 36; 21:15; 계 5:6, 8, 12-13; 6:1, 16 등),[7] 인자(사람의 아들)(요 1:51; 3:13-14; 5:27; 6:27, 53, 62; 8:28; 9:35; 12:23, 34; 13:31; 계 1:13; 14:14), 세상의 죄를 깨닫게 하는 성령의 역할(요 14:17, 26; 16:7-13; 계 2:7, 11, 17, 29; 3:6, 13, 22), 그리고 미래 종말론 등에서 유사하다(참고, Guthrie, 1970: 938-40). 오스본(G. R. Osborne)은 특히 두 가지 유사점(연계점)을 강조한다. 요한복음과 요한계시록의 공통된 예수 그리스도의 신성에 대한 강조, 또 세상에 회개를 촉구하는 하나님의 선교적 선언이 그것이다(Osborne, 2002: 5-6).

셋째, 그보다 요한복음과 요한계시록의 구조와 문체적 유사점은 분명하다. 전체적인 구조나 부분적인 구조에서 평행적, 교차적 구성을 가지고 전개된다. 히브리적인 사고의 틀이 반영된 것으로 둘의 차이점보다는 유사

---

6. 예수 그리스도를 '로고스'로 지칭하는 본문은 요한복음과 요한계시록이 유일하다 (Osborne, 2002: 5).

7. 요한복음은 그리스도를 어린 양(lamb)이라 할 때 '암노스'(ἀμνός)를 쓰고(요 1:29, 36; 참고, 행 8:32; 벧전 1:19) 계시록은 주로 '아르니온'(ἀρνίον)을 사용하는 차이가 있다. 그러나 요한복음에도 '아르니온'을 쓰고 있는데, 예수께서 베드로에게 '내 양들'이라고 말씀하실 때 '따 아르니아 무'(τὰ ἀρνία μου)라고 하신다. 요한복음에서는 그리스도를 가리킬 때에는 '암노스'라고 하고, 그의 성도를 가리킬 때에는 '아르니온'이라 한 점에서 계시록과 차이가 있을 수 있다. 그러나 계시록에 '아르니온'이 쓰인 이유는 고난받으신 그리스도께서 고난받는 교회와 성도의 상황을 그 자신에게 투영하고 계시기 때문일 것이다. 그리스도께서 '어린 양'이라는 모티프는 사복음서에서 요한복음이 유일하고 또 요한복음 밖에서는 행 8:32과 벧전 1:19에만 쓰인 용례가 있고, 그 외는 주로 계시록에 집중되어 쓰이고 있다. 계시록 29회 중 28회에서 '어린 양'('아르니온')은 그리스도를 가리킨다(13:11만 예외).

점이 더 많다(서론의 "구조"와 각 장별 구조를 참고하라).[8] 이런 점은 요한
복음과 요한계시록의 저자가 동일하다는 것에 대한 확실한 근거라 할 수는
없어도, 동일 저자일 가능성이 높다는 점을 보여주는 단서라 할 수 있다. 두
책이 다른 저자에게서 나왔다는 근거는 부족하며, 오히려 같은 저자일 가
능성이 상당히 높다.

그 외에도 사도 요한이 계시록의 저자라고 볼 수 있게 하는 외적 증거
가 있다. 첫째, 사도 요한이 밧모섬과 관련된 전승은 뚜렷하다(예, Clement,
Strom. 42).[9] 둘째, 일곱 교회와 사도 요한의 연계성이다. 2세기 말에 사도
요한이 아나톨리아 서부 대부분의 교회들의 설립자(founder)로 인정됐다
는 것(Cimok, 19)은 그만큼 이 지역 교회들이 요한의 공헌과 영향력을 중
요하게 생각했다는 뚜렷한 증거다. 에베소 인근에는 아요솔룩(Ayosoluk)
이라는 곳이 있다. 현재 이름은 셀축(Selçuk)인데 예전 이름은 '아요솔룩'이
었다. 이곳은 비잔틴 제국 유스티아누스 황제(482-565년) 때에 '하기오스
쎄올로고스'(*Ayios Theologos*)로 불렸다. 이는 '거룩한 신학자'라는 뜻으로
사도 요한을 가리킨다. 그곳 언덕에 있는 교회 건물은 요한의 무덤 위에 세
워졌다고 전해지기도 한다. 이 '하기오스 쎄올로고스'가 이슬람화가 되면
서 '아요솔룩'이 됐다(Wikipedia, "Selçuk"; Blake와 Edmonds, 123). 사도 요
한의 흔적과 공헌도는 동방 교회(특히 그리스 정교회)에서 상당하다.

셋째, 사도 요한의 저작성을 증언하는 고대 주요 인물들의 증언이다. 대
표적으로 두 인물을 꼽을 수 있다. 한 사람은 유스티노스(순교자 저스틴,
Justin Martyr, 100-165년)이다. 유스티노스는 헬라 철학자로 기독교 사상

---

8. 사도 요한의 저작설을 확신하지 못한다 해도 최소한 저자가 유대인일 것이라는 점
    은 부인할 수 없다(참고, Turner, 1976: 150-8; Moloney, 3).
9. "그것은 이야기(tale)가 아니라 서술(narrative)이다. 사도 요한에 대한 것이다. 독재
    자가 죽자, 그는 밧모섬에서 에베소로 돌아왔다."

가가 된 인물이다. 헬라화 된 나불루스(Nabulus, 세겜) 출신인 그는 어떤 노인과 대화 중 기독교인으로 개종한다. 그 후 로마로 가는 길에 선교하는 삶을 산다. 에베소를 거쳐 로마에 도착하여 그곳에서 학교를 개설한 학자의 마음을 가진 기독교 변증가다. 그의 저서, 『트리포와의 대화』(*Dialogue with Trypho*)란 책에서 그는 계시록을 쓴 요한을 "그리스도의 사도들 가운데 한 분"이라고 기록한다(Justin, *Dial.* 81.4). 이것은 그가 사역하던 2세기 중반에 이미 사도 요한이 계시록을 저술했다는 것이 많이 알려져 있었음을 보여준다. 더욱이 그는 요한의 기억이 남아 있을 때 소아시아의 에베소를 직접 거쳐간 인물이다(Poythress, 2000: 49).

　그 다음 세대인 에이레나이오스(이레니우스, Irenaeus, 130-202년) 역시 중요한 인물이다. 그는 특히 사도 요한과 관련이 깊다. 그는 일곱 교회가 세워진 지역 가운데 하나인 서머나의 기독교 가정에서 출생하고 자라났다. 요한의 직계 제자인 순교자 폴리갑의 제자이기도 하다. 그는 후에 프랑스 지역의 리용(예전에는 Lugdunum)의 감독이 된다. 그의 대표적인 저작인 『이단에 반대하여』(*Against Heresies*)는 당대의 영지주의를 비판하는 유명한 책이다. 그는 세 가지를 정통 기독교의 기둥으로 생각했는데, 첫째는 성경이고 둘째는 사도적 전승, 그리고 셋째는 사도들을 계승한 이들의 교훈이다(Wikipedia, "Irenaeus"). 그가 사도들의 기록물(성경)과 사도적 전승을 중요시한 것은 사도들의 역사적 행적들을 잘 알고 있기 때문이었을 것이다. 그가 서머나 감독 폴리갑에게 직접 배운 내용은 사도 요한이 계시록을 직접 기록했다는 것이다. 그래서 그는 계시록을 저술한 요한을 가리켜 "주님의 제자"라고 표현한다(Irenaeus, *Haer.* 5.26.1, 5.35.2). 예수 그리스도의 열두 제자 가운데 한 사람이라는 뜻이다.

요한의 사역(마지막 사도의 역할)[10]

요한이 사역하던 1세기 후반의 때는, 요한을 제외한 모든 사도들이 순교한 이후다. 요한은 마지막 남은 사도였다. 사도들이 다 끝내지 못한 사역을 그가 이어, 마지막 종주자로서 아름다운 열매를 맺어야 했다. 에베소에서 사역하는 것은 그런 의미가 있었다.[11] 그는 이미 마지막 남은 사도의 역할을 충실히 하고 있었다. 특히 유대교와의 대립으로 인한 교회의 훼손을 막았고[12] 교회 내 이단으로 인한 분열을 막아내고 있었다.[13]

교회는 바야흐로 엄습해오는 제국의 광범위한 박해의 물결을 극복해야 한다. 외부의 박해와 핍박을 물리적으로 막을 수는 없어도 교회가 바른 신앙에 서서 흔들리지 않도록 지켜내야 한다. 밖의 무력이 깰 수 없는 내적 방어는 바른 그리스도 신앙에서 나온다. 하나님의 섭리와 역사에 대한 바른 인식이 필요했다.[14]

마지막 남은 사도는 시대적 과제를 감당해야 했다. 황제 숭배와 제국 종교에서 몰려오는 거대한 위협의 파고는 신자 개개인이 풀기에는 너무 컸

---

10. "요한의 사역"과 "요한 그 이후"는 필자의 논문 김상훈, 2014에서 부분 발췌한다.
11. 테르툴리아누스(Tertullian)는 사도들을 계승하는 사도적 교회에 대해 말하면서 서머나 폴리갑 감독이 요한에 의해 세워진 것은 로마 감독 클레멘트가 베드로에 의해 세워진 것과 같다고 강조하였다(Tertullian, *Praescr.* 32.2). 로마의 베드로 사역과 함께 요한의 소아시아 사역을 전제하는 말이다.
12. 제1차 유대 전쟁(주후 66-73년)의 성전 파괴 이후 유대교는 격변을 겪는다. 이때를 후기 유대교(Later Judaism)라 하는데, 점차 유대교는 민족적, 폐쇄적이 되면서 기독 교회와 더욱 심각한 갈등을 야기한다. 성전이 없는 유대교는 회당 중심의 유대교로 바뀌는데 성전 의식이 없는 대신 랍비에 의한 토라 교육을 강화한다. Holmes, 8-11을 참고하라.
13. 요한복음이 유대교와의 대립 속에서 교회의 복음을 지키려는 노력의 결과라면 요한서신은 교회에서 분열된 이단들의 영향력을 차단하는 서신이라 할 수 있다. 요한복음과 요한서신의 역사적 배경을 위해서는 김상훈, 2004: 118-41을 보라.
14. 묵시적 글이 독자들로 하여금 그들의 상황에 대한 또 다른 이해, 즉 종말론적 관점의 해석을 주는 것이라는 Reddish의 말은 일리가 있다(Reddish, 1995: 24-27).

다. 박해를 견디라는 말(예컨대, 벧전 4:12-19 등)로는 충분하지 않았을 것이다. 이러한 시대적 과제는 개인 신앙의 헌신과 결단을 넘어서는 문제였다. 개인 구원의 문제를 넘어서는 하나님 나라와 세계를 포괄하는 문제였다.

하나님을 대적하는 이 세계(제국)가 어떻게 될 것인지 말해줘야 했다. 누구도 뒤흔들 수 없는 듯이 보이는 제국의 패권이 미래에 어떻게 될 것인지, 미래 역사의 종국에 대한 답변이 필요하였다. 그 시대 교회에 이 문제의 명쾌한 답이 필요했다. 그리스도께서 마지막 사도 요한을 통해 그 답을 주셨다. 역사와 힘(권력)과 미래에 대해서, 특히 하나님의 섭리와 주권에 대하여 계시의 말씀을 주셨다. 요한계시록이 기록된 이유다.

요한은 또한 유대교의 위협에 맞서야 했다. 유대교는 당시 헬라-로마 사회에서 유일하게 인정된 유일신 종교였다.[15] 한때 많은 헬라인 개종자들이 유대교로 계속하여 몰려들었던 사실에 대해 요세푸스는 기록한 바 있다(Josephus, *J.W.* 7.3.3). 그 이유에 대해 프렌드(W. H. Frend)는 유대교의 유일신론, 보편성, 역사 철학, 높은 도덕적 수준 등이라고 말한다(Frend, 19-20). 유대교는 헬라-로마 종교가 줄 수 없는 차별된 종교적 가치를 주었던 것이다. 그러나 기독교회는 유대교가 줄 수 있는 모든 것을 제공해 주면서 그보다 더 나은 이상적 가치와 세계적 구원의 개념을 전해주었다.[16] 유대교에 대한 기독교회의 수적 우위는 예루살렘 멸망 후 본격화되었다(Frend, 36-37).

기독교회는 처음에 유대교의 우산 속에 있어서 안전했다. 그리스도 신

---

15. Schaff는 유대교가 당시에 사막의 오아시스와 같았다고 평가한다(Schaff, 1996 [1858a]: 62-63). 1세기 유대교 특징에 대해서 역시 McDonald와 Porter, 63을 보라. '하나님 경외자'에 대한 논의는 Fiensy, 38-42를 보라.
16. 유대교가 가졌던 기독교회에 대한 시기와 질투 등 두 집단의 계속된 갈등에 대해서는 Frend, 29-32를 보라.

앙 등의 이유로 유대교에서 배척되어 내보내어진 교회는 세속에 노출되어 핍박의 포화를 피할 길이 없었다. 교회를 폄훼하고 비방하던 유대교와 헬라 종교 신봉자들에 의해 고발된 기독교인들이 당국에 의해 무신론자로 박해를 받기 시작했던 것은 이 무렵이었다. 유대교와의 직간접적인 갈등은 최소한 주후 132-135년의 바르 코흐바(Bar Kokhba)의 제2차 유대-로마 전쟁의 때까지 계속되었을 것이다.[17] 요한의 교회들이 겪었던 유대교와의 갈등이 계시록에 일부 담겨 있다(2:9; 3:9).

요한 그 이후

1세기의 서 아나톨리아의 요한 교회는 내외적으로 혹독한 시련과 고난을 겪었던 교회였다. 교회는 '전투하는' 교회였다. 주님을 믿는다는 것은 세상의 주류와 등지고 사는 것을 뜻했다. 허다한 신을 섬기고 있던 헬라-로마 종교 사회, 특히 황제 숭배를 제국과 사회에 대한 충성(신실)의 척도로 보는 그런 사회에서 예수께서 유일하신 하나님의 아들이심을 드러내며, 이웃한 유대교의 집요한 훼방을 감수해야 했고, 잠시 교회에 들어온 듯했으나 오히려 교회를 흔들고 떠나간 이단자들의 공격에 맞서 치열하게 싸워야 하는 교회였다(참고, Lohse, 220-1).

그런 교회에 요한은 마지막 남은 사도로서 그의 역할을 다했다.[18] 요한

---

17. Hadrian 황제(117-138년)의 때에 일어난 바르 코흐바(Bar Kokhba) 반란은 Hadrian의 유대인 혐오와 예루살렘에 대한 약속의 철회로 인해 일어났다. 바르 코흐바가 기독교인들이 배교하지 않으면 형벌을 내리게 했다고 Eusebius는 전해주고 있다(*Eccl. Hist.* 4.8.4.). 바르 코흐바 이후에도 유대인들은 교회를 훼방하였다. Policarp이 순교할 때에도 유대인들은 당국의 기독교 박해를 지지했다고 한다(Frend, 47, 60). 유대교의 영향력은 그 후로 계속 줄어들었는데 250년이 되었을 때 현저한 영향력 저하로 나타났다(Frend, 95).

18. 요한이 베드로나 바울처럼 선교사적인 역할을 하기보다는 교회의 내적 삶과 기독교의 성장에 중요한 역할을 했다는 Schaff의 지적은 정당하다(Schaff, 1996[1858a]:

복음을 기록하여 예수 그리스도의 정체성을 드러내며, 그 시대에 필요한 주님의 메시지를 상기하여 알려주어야 했다. 또한 요한서신을 통해 바른 정통 교회의 핵심 요점이 무엇인지 분명히 해야 했다. 아무리 이 땅에서 고난과 어려움을 겪어도 타협해서는 안 될 기독교회의 가치가 있는 것이기 때문이었다. 아울러 위로부터 주어진 계시의 말씀을 통해 고난받는 교회가 미래적인 소망과 주님에 대한 분명한 확신을 가질 수 있게 했다. 그래서 요한 교회는 이들 말씀을 붙잡고 살았다. 흔들리지 않는 중심을 가지고 교회는 그 고난의 땅에서 살았다. 주님의 자랑스러운 증인이 되었다.

그들 교회는 3-4세기가 지나면서 그 당시 사회의 주류 종교로 자리잡게 된다.[19] 인구의 1%가 되지 않던 그들이 어느덧 제국의 반을 자신의 지지 세력으로 바꿔 놓았다. 한때 제국에 깊은 영향을 주었던 유대교를 대체하고, 이단들의 사설을 제치며 흔들림 없이 전진하며, 그 많은 헬라-로마의 신들을 초토화한 채, 기독교회는 진정한 주류 종교로 로마제국을 점령해 갔다.[20] 그 안에 영원한 생명의 진리가 있었고, 그 안에 거룩한 윤리의 삶이 자리잡고 있었으며, 그 안에 형제 사랑의 열정이 있었던 교회였다. 그리고 역사의 주권이 하나님께 있음을 믿으며 그리스도의 재림의 약속을 기다리는

412, 415-6).

19. 로마제국의 십대 박해는 네로(Nero, 54-68년), 도미티아누스(Domitian, 81-96년), 트라야누스(Trajan, 98-117년), 마르쿠스 아우렐리우스(Marcus Aurelius, 161-180년), 셉티미우스 세베루스(Septimius Severus, 193-211년), 막시미누스(Maximinus I, 235-238년), 데키우스(Decius, 249-251년), 발레리아누스(Valerian, 253-260년), 아우렐리아누스(Aurelian, 270-275년), 디오크레티아누스(Diocletian, 284-305년) 때에 일어났다(Water, 63; Foxe, ix-x).

20. 과장된 말일 수 있지만 막시미아누스(Maximian, 286-308년 재위) 황제 때에는 '거의 모두' 기독교인이 된 것 같다는 주장도 나온다(Schaff, 1996[1858b]: 22). Chadwick은 초대 교회의 성장 요인을 교회의 사랑과 섬김(구제와 봉사)으로 보았다. 이는 세속 종교와 특히 다른 점이었다(Chadwick, 54-60).

교회였다.

역사적 배경

저술 배경

계시록의 기록 시기는 예수 그리스도께서 승천하시고 약 50년이 흐른 1세기 말(주후 80년 이후), 도미티아누스 황제(Flavius Domitianus, 주후 81-96년)가 로마제국을 통치할 때였다.[21] 서(西) 아나톨리아(Anatolia), 지금의 튀르키예(터키) 서부에는 계시록에 나오는 '소아시아 일곱 교회'가 있

---

21. 학자들이 추측하는 계시록의 기록 시기는 크게 도미티아누스 황제(81-96년) 때와 네로 황제(54-68년) 때로 나뉜다(참고, Trebilco, 2004: 343-7; Wilson, 2005: 163-5). 전통적인 교회 전승은 계시록이 도미티아누스 시대에 기록된 것이라고 전한다 (Irenaeus, *Haer.* 5.30.3; 참고, Clement, *Strom.* 42; Eusebius, *Eccl. Hist.* 3.18 등). 반면 에 네로 시대를 기록 시기라고 전하는 교회 전승은 없다(참고, McDonald와 Porter, 554-5; Guthrie, 1970: 956-7). 특히 네로의 경우에는 로마 외의 지역에서 기독교인 들을 박해했다고 알려진 바가 없다. 또한 네로 시대에 소아시아 일곱 교회와 요한이 연계되어 있었다는 어떤 증언도 자료도 없다(참고, R. Thomas, 1994: 197-200). Botha는 서머나 교회가 바울 때에는 존재하지 않았다고 폴리갑이 기록한 점 (Pollycarp, *Phil.* 11:3)과 60/61년에 라오디게아가 지진으로 완파된 적이 있었던 점 을 지적한다(Botha, 2-3). 그러니까 네로 때에는 서머나 교회가 존재했을 가능성이 희박할 뿐 아니라, 그때라면 지진으로 파괴됐을 라오디게아 지역을 '부요한 부자'(계 3:17)라 말하기 어려울 것이다. 그러나 도미티아누스 때에는 서머나 교회가 존재했 을 것이고 라오디게아는 지진에서 완전히 복구됐을 것이 분명하다. 저작 시기 논쟁 에 대해서 deSilva, 1992a: 273-81; Biguzzi, 289-90을 참고하라. 특정한 시대를 부각 하기보다는 계시록의 수사적 목적을 강조하는 학자는 A. Collins, 1976; Fiorenza, 1985; Thompson, 1988이다(Duff, 218). Murphy, 1998 또한 그러하다.

었다.[22] 이 교회들은 사도 요한이 목회하며 돌아보던 곳이다.[23] 그래서 일곱 교회는 '요한 교회들'이라 불린다. 요한이 돌보는 교회들이 이 일곱 교회만 있었는지 그 외에 또 더 있었는지는 알려지지 않았다. 하지만 노년기의 사도 요한이 사역하였던 교회로 이들 일곱 교회를 꼽을 수 있음은 분명하다.

도미티아누스의 때에 요한은 에베소에서 남서쪽으로 약 80km 정도 떨어진 밧모섬에 유배됐고 그곳에서 계시록을 기록한다(계 1:1-2, 4, 9; 22:8)(참고, Eusebius, *Eccl. Hist.* 3.18, 3.23; Schaff, 1996[1858a]: 426-7).[24] 밧모섬에서 요한을 도와 계시록 집필에 협력한 이는 일곱 집사 중의 한 분인 브로고로(Prochorus)로 알려진다(행 6:5; Kourtara 외, 26, 29). 브로고로는 연세가 높은 요한 옆에서 그를 섬기며 그의 집필을 돕는 서기의 역할을 하였다.

도미티아누스 황제는 제1차 유대 전쟁(주후 66-73년)을 승리로 이끈 베

---

22. 왜 일곱 교회일까? 다른 교회가 없었을까? 바울의 사역과 관련된 골로새 교회 등이 있었을 가능성이 있다. 다만 '일곱'이라는 숫자가 완전수라는 점이 중요하다. 모든 교회를 위한 계시이지만, 특히 일곱 교회에 교회들의 대표로 보내졌음을 뜻할 수 있다. Trebilco는 일곱 교회가 이 지역을 대표하는 중요한 교회였을 것이라는 점, 또한 에베소에서 150km 미만에 있어서 요한과 같은 순회 사역자들이 방문하던 영역에 있던 교회들이라는 점을 강조한다(Trebilco, 2004: 297-8). 한편 바울 서신이 일곱 교회에 보내진 것과 요한의 일곱 교회를 비교하는 학자들도 있다(예, Daniélou, 14).
23. 사도 요한의 소아시아 사역과 관련한 Schaff의 말, "그는 심는 자가 아니라 물을 주는 자였다"는 적절한 표현이다(Schaff, 1996[1858a]: 415-6). 사도 요한이 에베소를 중심으로 하여 소아시아에 오랫동안 머물며 사역한 일은 널리 알려진 사실이다. 유세비오스는 요한의 에베소 사역에 대해 서머나 출신 교부 에이레나이오스(130-202)와 동시대의 클레멘트(150-215)의 증언을 거론한다(Eusebius, *Eccl. Hist.* 3.23; Irenaeus, *Haer.* 3.1.1, 3.3.4; 또한 Clement, *Quis div.* 42).
24. 주후 95년에 밧모섬에 유배된 요한은 그의 전도를 통해 믿게 된 몇 명의 주민들과 함께 교회를 세웠고 자신은 굴에서 거주하였다고 한다. 그 굴(grotto)이 요한계시록을 기록한 자리(Holy Cave)로 현재까지 알려져 있는데 이를 기념하여 그곳에 작은 수도원(Monastery of the Apocalypse)이 생겼다. 그리스 정교회는 5월 8일과 9월 26일, 두 차례 요한을 기념하는 행사를 밧모섬의 성 요한 수도원(Monastery of St. John the Divine)에서 갖는다. 참고, Kourtara 외, 22, 26-29, 46-49; Meinardus, 69.

스파시안(Vespasian)의 아들이다. 베스파시안은 주후 69년에 로마 황제로 등극하여 플라비우스 왕조(Flavian Dynasty) 시대를 연다. 베스파시안과 함께 유대 전쟁을 승리로 이끈 첫째 아들 디도(Titus)가 베스파시안의 뒤를 잇는데(주후 79-81년), 그는 몇 년을 넘기지 못하고 열병으로 죽는다. 그 뒤를 이어 디도의 동생 도미티아누스가 주후 81년에 황제가 된다.

로마제국에서 황제 숭배(imperial cult)를 강요하는 일이 모든 지역의 교회에 동일한 강도와 방식으로 다가온 것은 아니었다. 지역에 따라 달랐지만,[25] 황제 숭배의 강요와 이로 인한 박해가 요한 시대의 소아시아의 교회들에게 실제적인 위협이 된 것은 분명하다(deSilva, 1991: 186-97; 1992a: 276-91; Reddish, 2001: 16-17). 특히 도미티아누스 후기에 일어난 무서운 박해의 순간은 이들 교회들에 큰 위기의 순간이 됐을 것이다.

도미티아누스 황제의 때(주후 81-96년) 이전부터 로마의 동쪽 지경인 아시아 지역에는 황제 숭배 의식이 상당하였다. 그리스와 로마를 포함한 서쪽 권역에 비해 동쪽의 아시아 지역은 역사적으로 군주를 신격화하는 경향이 있었다. 이집트에서 '신의 아들'로 인정받던 바로의 신적 권위, 페르시아의 절대 군주제 등으로 인해 아시아 지역에서는 전통적으로 군주의 권위가 서쪽 지역에 비해 높았고, 일찍부터 황제 숭배의 기틀이 세워져 있었다.[26]

---

25. 도미티아누스 시대의 황제 숭배와 그로 인한 기독교 박해가 지역에 따라 달랐다는 주장이 많다. Kraybill, 134-8; Fiensy, 50-52을 보라. 특히 소아시아 지역은 황제 숭배가 주도적인 곳으로 알려졌다(Blount, 2000: 403; Wan, 43-48). 그러다가 제국 전 지역에서 일어나는 박해로 전개된 것은 250년 데키우스(Decius) 때였다(Ferguson, 484-5).

26. 로마의 황제 숭배는 이집트 바로의 신격화와 앗수르-바벨론-페르시아를 잇는 동방의 군주 숭배에 영향을 받은 것으로 이해된다. 알렉산더 대왕 자신이 이집트에 와서 바로가 됐던 일도 그 후예들(이집트의 톨레미와 수리아의 셀류키드 등)이 황제 숭배의 강화된 의식을 갖게 된 이유와 관련이 있다. 참고, Ferguson, 153-60. Lohse,

네로(Nero) 시대(주후 54-68년)에 로마에서 일어난 기독교 박해는 전면적인 것이 아니었고 로마에 국한된 것이었으나(Holmes, 15; Burge 외, 438),[27] 그 이후 로마제국 가운데 군주 숭배 역사가 있던 아시아 지역에서 황제 숭배와 관련된 기독교 박해 현상이 특히 두드러진다. 아우구스투스 시대(주전 27-주후 14년)에 시저(Julius Caesar)를 위해 신전이 봉헌된 이래, 전직 황제 숭배를 위한 신전들이 제국 전역에 점차적으로 세워졌다. 로마의 황제들은 대체로 황제 숭배를 직접적으로 조장하지는 않았고 그런 행위를 묵인하고 허용하는 편이었다. 그 때문에 지역에 따라 황제 숭배의 강도와 모습은 다양하게 나타나게 된다. 그 가운데 도미티아누스는 황제 숭배를 특별히 강화한 군주였다(Ferguson, 163-4).[28]

여러 면에서 이전의 네로와 비슷한 점 때문에 제2의 네로라 불리우는 황제 도미티아누스를 주목하는 이유는, 자신이 '우리 주와 하나님'(*dominus et deus noster*)으로 칭해지는 것을 좋아했기 때문이다(Dio, *Hist. rom.* 67.5.7; 67.13.4).[29] 그는 주변의 적지 않은 이들을 잔혹하게 학살한 황제로

216-7.

27. 네로가 기독교 박해를 가한 첫 번째 황제라는 사실은 분명하다(Eusebius, *Eccl. Hist.* 2.25). 둘째는 도미티아누스, 셋째는 트라야누스, 넷째는 아우렐리우스다(Water, 61-66).

28. 비록 아우구스투스 시대에 이미 그를, 신성화된 시저의 아들, 즉 "신의 아들"(*divi filius*)로 불렀다는 점에서 황제 숭배 의식이 제국의 언저리에 깔려 있다 할 수 있겠지만, 아우구스투스는 그 자신을 신이라고 주장하지는 않았다. 전직 황제 숭배를 특별히 강화한 황제는 네로, 칼리굴라, 도미티아누스였다. 베스파시안은 죽으면서 '자신이 신이 되어간다'고 말한 정도였으나, 그의 아들 도미티아누스는 스스로 신의 자리에 올랐다(참고, Lohse, 220). 한편 도미티아누스 자신은 신성화를 추구하지 않았으나 소아시아 지역에서는 그의 신성화가 강화됐다는 주장도 있다(Osborne, 2004: 481-2).

29. 도미티아누스의 칙령은 "우리 주와 하나님이 이루라 하신다"로 시작했다(Suetonius, *Dom.* 13). 그는 그의 죽은 아들을 *Divus Caesar, Imperator, Domitiani Filius*, 즉 '신이 된 카이사르, 황제 도미티아누스의 아들'이라 부르기도 했다(Tenney, 336).

알려진다(Dio, *Hist. rom.* 67.3, 13-15; Eusebius, *Eccl. Hist.* 3.17-18.).[30] 특히 그
에 대한 충성심을 알아보는 기준을 정하고 이를 따르게 하는 제도를 집행
하였다. 이 제도는 황제의 상 앞에 향을 피우고 포도주를 붓게 하는 의식을
하게 해서 거역하는 자는 '무신론자', 즉 황제의 신성(divinity)을 인정하지
않는 자로 처형하는 것이었다. 이 때문에 적지 않은 그리스도인들이 끌려
들어갔고 처형된 것으로 알려진다. 그리스도인들은 로마의 전통 신앙을 떠
나 '사악한 미신', 즉 사교에 미혹된 '무신론자'로 간주되어 처형됐다(참고,
Dio, *Hist. rom.* 67.14).[31]

이때 로마의 고위직에 있던 사람들 중에도 처형된 이들이 있었다. 그 가
운데 유명한 이는 도미티아누스의 질녀 도미틸라(Flavia Domitila)와 그녀
와 결혼한 집정관 클레멘스(Flavius Clemens)다. 도미틸라는 결국 유배됐
고, 그녀의 남편 클레멘스는 그들의 두 아들과 함께 처형됐다(Suetonius,
Dom. 15; Eusebius, *Eccl. Hist.* 3.18). 두 아들은 90년에 황제 도미티아누스
의 상속자들로 인정된 바 있었고, 도미티아누스에 의해 당대의 유명한 철

---

30. 도미티아누스는 여러 가지 면에서 네로와 비슷한 점이 많았다(Witherington, 2001:
391-2; Barrett, 19-22; 비교, Plutarch, *Ant.* 87, "나의 시대에 통치했던 네로는 그의 어
머니를 살해했고 그의 폭력과 광기로 로마의 탁월성을 거의 전복하게 됐다";
Plutarch, *Galb.* 19, "그 자신의 아내와 여동생을 죽게 한 네로"; 참고, Plutarch, *Galb.*
1). 전 황제인 베스파시안과 디도와 달리 도미티아누스는 그 자신의 숭배 의식(cult)
을 보급하는 데 관심을 가졌다. 그는 그의 거대한 상을 버가모에, 그리고 그의 신전
을 라오디게아에 세웠다(Frend, 44; Witherington, 2001: 390-394). 한편, 도미티아
누스가 자신의 신성화에 대해 그다지 집착하지 않았다는 반론도 있다(Fiensy, 50-
52). 그러나 도미티아누스 자신이든, 소아시아 집정자들의 자발적 집행에 의해서든
소아시아에 교회 박해가 상당했을 것이라는 정황은 부정되지 않는다(Fiensy, 52-
54).
31. 이러한 일은 도미티아누스의 후기 93-96년에 일어났다(참고, Witherington, 2001:
394). 기독교 신앙을 '미신'으로 치부하는 이런 견해는 로마인들에게 보편적이었다
(Tacitus, *Ann.* 15.44; Pliny, *Ep.* 10.96; 참고, Ferguson, 472-4; Witherington, 2001:
394).

학자 퀸틸리아누스(Quintilian)를 가정교사로 두고 있었다. 그렇게 총애를 받던 이들도 황제 숭배에 참여하지 않자, 단숨에 처형되고 말았다.[32]

로마에서 점화된 그리스도인에 대한 박해는 소아시아의 적지 않은 지역을 휩쓸었을 것이다. 그들의 영적 지도자였던 요한은 밧모섬에 유배됐고, 로마제국, 특히 소아시아에서 교회의 난관은 급증하고 있었다. 이것이 소아시아 일곱 교회의 역사적 상황이었다.

도미티아누스의 박해 시대(93-96년)에 기독교인들 가운데 배교하게 된 경우가 있는지는 알려져 있지 않다.[33] 그런데 그 후 얼마 지나지 않아 일어난 트라야누스(Trajan) 시대(98-117년)의 박해 때 혹독한 핍박으로 말미암아 소아시아에서 신앙을 떠난 사람들이 어느 정도 있었던 것 같다. 비시디아(이고니온, 루스드라, 버가 등이 있는 지역)의 총독 플리니우스(Pliny)는 트라야누스 황제에게 보낸 편지에서 기독교인들 중에서 황제 숭배에 참여하는 자들이 나오고 있으며 이런 식으로 진행하면 얼마 지나지 않아 기독교는 없어지고 말 것이라고 자신하는 편지를 썼다(Pliny, *Ep.* 10.96-97; Bettenson, 3-4; Holmes, 15; McDonald와 Porter, 257-8; Bruce, 1982: 401-3). 박해로 인한 신앙의 변절이 당시에 일부 있었던 것을 알려주는 안타까

---

32. 도미틸라와 그의 남편 클레멘스가 기독교인이라고 할 수 있는 증거가 없다는 논거도 제기되고 있다(Frend, 43; Ferguson, 481). 그러나 Witherington은 이들이 기독교인이거나 적어도 기독교 동조자일 것이라는 견해를 밝힌다(Witherington, 2001: 394). Schaff도 같은 의견이다(Schaff, 1996[1858a]: 428).

33. 도미티아누스의 박해가 로마제국, 특히 소아시아 전체에 대한 전면적인 박해는 아니라는 주장도 많다(예, Warden, 205-10). 실제로 일곱 교회에 대한 말씀 가운데 직접적인 핍박의 예는 서머나 교회(2:10)와 버가모 교회(2:13), 두 군데에만 나온다(참고, Trebilco, 2004: 343-4). 황제 숭배와 제국 종교로 인한 종교적인 박해가 도미티아누스 때에 전면적인 것은 아니었을지라도, 교회에 대한 신앙적인 박해는 네로와 도미티아누스 시대를 기점으로 로마 역사에서 반복되던 것임은 분명하다. 특히 역사적으로 소아시아의 황제 숭배 의식과 문화가 상당했다는 것은 분명한 일이다 (Wan, 43-48).

운 문서다. 죽고 사는 문제가 달려 있던 외부적인 위협으로 그때의 교회는 많이 위축됐을 것이다.

갑바도기아(Cappadocia) 부근의 지하 동굴에서 교회 생활이 시작된 것이 이때였을 것이다. 1세기의 것으로 추정되는 지하 동굴이 데린구유(Derinkuyu)에서 발견됐다. 지하 12층의 깊이에 있는 지하 동굴에는 로마의 박해를 피하기 위해 당시의 그리스도인들이 파 놓은 많은 공간들이 발견됐다.[34] 놀라운 일이다. 어떻게 그들은 그런 동굴에서 생활하며 신앙을 지킬 수 있었는가? 어떻게 그런 생활을 하며 주님을 기다리고 있었을까?[35]

황제 숭배, 황제 성상에 대한 예배의 강요, 신전에 제물을 바치는 일을 강제하는 것은 참된 그리스도인들에게는 참을 수 없는 배교 요구였다. 대부분의 그리스도인들이 황제 숭배를 거절하고 고난의 십자가 길을 걸었을 것이다.

황제 숭배로 인한 위협은 일곱 교회 모두에게 동일한 정도로 문제가 된 것은 아니었을 것이다. 그렇지만 소아시아의 일곱 교회에 가장 큰 위협이 되는 문제였을 것이다. 소아시아의 다섯 지역(빌라델비아와 라오디게아 제외)에 황제 숭배를 위한 사제와 제단이 있었고 여섯 도시(두아디라 제외)

---

34. 12층의 지하 동굴인 데린구유에는 1,200개의 방이 발견됐다. 위기의 때, 이 지하 피난처는 만 명이 넘는 이들의 숙소가 됐을 것으로 추정된다. 지하 10km의 길로 연결된 또 하나의 지하 동굴인 카이마클리(Kaymakli) 동굴은 8층의 깊이로 비슷한 수의 방을 가지고 있다. 역시 수용할 수 있는 인원은 만 명이 넘는다(Yayin, 134-5; Blake 와 Edmonds, 79).

35. 후에 4세기의 비잔틴 시대에 갑바도기아 지역, 특히 괴레메(Göreme)에서 지상의 동굴 교회, 수도원 등이 발달하게 된 것은 1-3 세기에 있었던 신앙 선배들의 순교적 정신과 삶에 의한 도전 때문이었을 것이다. 지역에 전래되는 순교자들과 신실한 신앙인들의 이야기들을 들은 이들 가운데 선조들의 순수하고 단순한 삶을 동경하는 자들이 갑바도기아의 동굴에 수도원을 세워 생활하였을 것이다. 갑바도기아 수도원의 원조는 갑바도기아 교부인 바실(Basil of Caesare, 329-379년)이다. 그는 개인의 절제적인 생활을 넘어 수도사들의 공동체 생활을 강조하였다. Laboa, 52를 보라.

에 황제 숭배와 관련된 신전이 있을 정도였다(deSilva, 1991: 193). 교회는
세상의 '주와 하나님'(도미티아누스 황제)에 대해 분명하게 정리해야 했다.
교회가 그와 함께 갈 수 없는 것은 분명했다. 마지막 남은 사도인, 교회 지
도자 요한을 그들에게서 빼앗아 밧모섬에 유배한 로마는 누구도 꺾을 수
없는, 세상에서 가장 힘세고 강대한 나라였다. 로마인들도 로마를 "전 세상
의 빛과 만국의 요새"(*lucem orbis terrarum atque arcem omnium gentium*)로
부르던 때였다(Cicero, *Cat.* 4.6.11). 스스로 '주와 하나님'이 된 도미티아누
스의 폭압적인 권세는 누구보다도 크고 강한 것으로 보였다.[36] 그러한 상황
에 그리스도인들이 기다리고 있는 주 예수 그리스도는 여전히 오시지 않고
있었다.

아나톨리아의 일곱 교회 중에서 황제 숭배의 문제와 다소간 연관된 교
회는 서머나, 버가모, 사데, 빌라델비아 교회들이다. 서머나 교회에게는 앞
으로 받을 고난이 예고됐다. 신앙을 지키는 일로 인해 감옥에 갇힐 자들이
생길 것이다(계 2:10). 버가모 교회는 이미 충성된 증인 안디바의 순교가 있
었다(2:13). 헬라-로마 종교와 황제 숭배를 거절한 그리스도인들의 고난이
있었던 것이다. 그런 상황에서 믿음을 지킨 것에 대해 버가모 교회는 칭찬
을 받았다. 사데 교회에는 '그 옷'을 더럽히지 말 것을 경고하였고(3:4-5),
빌라델비아 교회에는 어려울 때 인내했으므로 시험의 때를 면하게 해주겠
다고 약속하셨다(3:10). 최소한 이 네 교회들이 직접, 간접적으로 황제 숭

---

36. 계시록이 요한 시대의 교회의 난관을 반영한다고 해서 계시록의 모든 사건(미래적
    인 사건을 포함하여)이 로마와 관련된 것이라고 볼 필요는 없다. 예컨대, 미래적 사
    건을 가리키는 13장의 짐승은 로마의 황제를, 17-18장의 바벨론은 로마제국이라 볼
    이유가 없다. 트랴야누스(Trajan) 황제 이전에 제국적인 규모의 교회 박해가 있었다
    고 볼 수 없기 때문이다. 도미티아누스 때의 박해도 특정 지역(주로 소아시아)에 국
    한된 것으로 판단된다(Downing, 105-107). 계시록이 로마의 멸망을 예언하였다고
    주장할 수 있지만, 로마의 멸망으로 세계가 종말을 맞은 것이 아니므로, 계시록의 예
    언이 모두 로마의 멸망으로 성취된 것은 아님을 기억해야 한다.

배의 문제와 관련되어 시련을 겪고 있거나 겪게 될 교회들이라 할 수 있다.

이때 난관의 수렁에 빠져 있는 1세기 말의 교회의 상황을 타개하신 분은 역시 하나님이셨다. 하나님께서 밧모섬의 요한에게 환상과 계시를 주셔서, 세상의 종말의 비밀을 알려주셨다(1:1). 숱한 적대자들의 모함과 유혹, 그리고 위협과 박해의 고난 속에서 복음의 진리를 수호하며 믿음과 사랑과 소망을 지켜냈던 교회들에 마지막 계시의 말씀을 부어 주셨던 것이다(참고, Reddish, 1990: 25-26).

요한계시록은 교회가 암울한 상황에 처한 여건에서 기록됐다. 그 시대에는 세상의 관점에서 볼 때에는 교회의 패퇴가 분명해 보였을 것이다. 이러한 때에 마지막 남은 사도였던 요한까지 고립됐다. 밧모섬에서 요한은 무엇을 하였을까? 어려움에 처한 교회들을 위해 안타까운 마음을 부여잡고 기도하였을 것이다. 그때 주님께서 찾아오셨다. 마지막 때의 계시를 주셨다.

우리나라에서 계시록이 가장 많이 읽혔을 때는 일제 시대일 것이다. 그때 계시록 신앙이 불붙게 된 것은 나라(세상)의 암울한 전망 때문이다. 나라를 잃고 일제의 압제를 받을 때, 한국 교회는 그리스도의 재림을 간절히 바랐고 현실을 타개할 하나님의 초자연적인 역사 개입을 기대했으며 미래에 주실 완전한 신세계를 갈구하였다.

종말을 기대하는 내용의 찬송들 몇 편은 먹물로 칠해졌고 일제는 민족을 깨우는 교육과 3.1 운동의 주체가 된 교회에 핍박을 가했다. 이 시대에 계시록이 많이 읽혔고 많이 외웠다고 들었다. 계시록은 나라 잃은 백성의 교회에 소망이 되는 성경이었다. 계시록은 사방이 꽉 막힌 고통스러운 현실을 깨고 역사에 개입하시는(개입하실) 하나님의 빛을 전하는 책이다. 하나님께서 결국 그의 나라를 이루신다는 약속이 담겨있다.

소아시아의 역사

고대 아나톨리아(Anatolia)는 현대 튀르키예(터키)의 서부와 중부를 아우르는 큰 지역이었다. '아나톨리아'라는 이름은 해가 뜨는 동쪽의 뜻인 '아나톨레'(ἀνατολή)에서 나왔다. 그리스(헬라)에서 볼 때 이쪽은 동편의 땅이다.

아나톨리아가 역사에 나오기 시작하는 것은 헬라인들의 정착지가 많이 건설된 이후지만, 지역의 역사는 주전 2000년경의 핫티인(Hattian)에게까지 거슬러 올라간다(Blake와 Edmonds, xiii). 이들의 영토는 대부분 중부 아나톨리아에 있었으나 서부의 일부도 그들의 영향력 아래 있었다. 그 때문에 이 땅을 본래 '핫티의 땅'으로 불렀다. 주전 1900년 이후에 핫티인들은 인도-유럽 계통의 언어를 쓰는 힛타이트(Hittite)족에 점차 흡수된다. 힛타이트 왕국은 오랫동안 아나톨리아의 패권을 차지하였다. 한때 그 영향력은 가나안과 이집트에게까지 미쳤다.

힛타이트의 힘이 미치지 못했던, 아나톨리아 서쪽의 해안 지대에는 주전 20세기부터 아카이아(Achaea)-미케네(Mycenae) 헬라인들이 정착하기 시작하였다. 그 후 헬라인들은 해안 부근에 자신들의 출신 지역에 따라 그들의 정착지(colony)를 세우는데, 북부 에올리안(Aeolians) 지대, 중부 이오니아(ionians) 지대, 남부 도리아(Dorians) 지대의 도시들이 형성된다(Cimok, 10).[37] 소아시아의 해변은 들쑥날쑥한 해안 지형이기에 바람을 막아주어서 선박들의 안전한 정착이 가능하다(Cimok, 9). 본국 헬라와 가깝고 기후나 지형도 비슷했던 이들 해안 지대의 서(西) 아나톨리아 지역은 이렇게 오랜 역사를 가진 헬라인들의 정착지였다.

---

37. 에올리안은 헬라의 중부 데살리(Thessaly) 지역에서, 이오니안은 남부 아테네와 부근 지역에서, 도리안은 스파르타와 고린도 등 펠레폰네수스 지역에서 온 헬라인들이다.

고대 헬라 역사가 헤로도투스(Herodotus, 주전 484-425년)는 아나톨리
아를 여러 지역으로 나눴다(Herodotus, *Hist.* 1.28). 그 가운데 일곱 교회와
관련된 지역은 서 아나톨리아 지역으로 북부의 무시아(Mysia), 중부의 리
디아(Lydia), 남부의 카리아(Caria)다. 이들 이름은 로마 시대에도 그대로
사용된다.

주전 6세기경 페르시아(아케메네스 왕조)에 의해 점령된 후, 주전 334
년 알렉산더 대왕에 의해 수복되기 전까지도 헬라인들의 중요한 거점 지역
이던 아나톨리아 서부는 헬라 문화와 언어가 지배적인 지역이었다.[38] 헬라
인들을 대표하게 된 알렉산더는 페르시아에 의해 유린되고 점거된, 이 지
역의 수복(고토의 회복)을 역사적 임무로 삼고 페르시아와의 전쟁에 임하
게 된다. 이것이 그가 이곳에 먼저 진격한 이유였다.

알렉산더 사후에 나눠진 헬라 제국들의 세력에 따라, 서 아나톨리아는
영향을 받게 된다. 이곳은 버가모 왕국, 셀류키드 제국 등의 영향 아래 있
다가 주전 190년 셀류키드 제국과 다툰 마그네시아(Magnesia) 전쟁의 결
과, 아나톨리아는 승자인 로마의 영향력 아래 들어간다.[39] 이 지역은 마침
내 주전 133년에는 로마제국의 영토가 되어 로마의 행정구역인 소아시아

---

38. 고대 헬라인들이 세운 이들 해안 도시들은 헬라의 것과 토종의 특성이 가미된 혼합
    적 문화일 것이다. 이곳을 "동쪽의 그리스"(East Greek)라 불렀다. 이곳 출신들로는
    호머(Homer, 키오스 또는 서머나), 탈레스(Thales, 밀레투스), 아낙시만더(Anaxi-
    mander, 밀레투스), 아낙시메네스(Anaximenes, 밀레투스), 헤라크리투스(Heraclitus,
    에베소), 헤로도투스(Herodotus, 할리카르나수스) 등이 꼽힌다. Cimok, 10을 보라.
39. 로마와 버가모 연합군은 마그네시아 전쟁에서 셀류키드 제국에 승리를 거둔다. 이
    때부터 로마는 지중해 동부의 패권을 쥐게 되는데, 버가모는 그때의 공헌으로 소아
    시아의 여러 지역(서머나, 사데, 두아디라, 라오디게아 등)을 관할할 수 있었다. 주전
    133년 버가모의 아탈로스 3세가 로마에 권력을 이양한 후, 소아시아에 본격적인 로
    마 시대가 열리게 된다. Cimok, 88을 보라.

(Asia Minor)가 된다.[40]

비교적 일찍 도시국가화 했던 소아시아 지역들은 로마시대에도 윤택한 생활을 할 수 있었다. 동방과 서방의 많은 문물들이 오가던 지역이라는 특성과 함께, '팍스 로마나'(*Pax Romana*, '로마의 평화')의 덕택에 전쟁과 도적의 폐해가 적어 평온과 풍요를 누릴 수 있었다(Ferguson, 64).[41] 그 때문에 소아시아는 로마의 은덕을 더욱 기리게 됐을 것이다. 또한 이 지역은 로마의 중요한 세금 수입원이 됐다(Cimok, 12).

소아시아의 종교

소아시아의 종교는 헬라-로마 종교이다. 올림푸스 12신으로 대표되는 헬라 종교를 가지고 있다. 로마 시대에도 신들의 이름은 이곳이 헬라어권이라는 점 때문에 대부분 헬라식 이름으로 불렸다. 이들 종교는 사회의 기반이었다(Ferguson, 139). 문화, 경제, 정치, 생활 등 어느 것도 종교와 분리될 수 없었다.

최고의 신인 제우스(Zeus)와 함께 가장 많이 부각되는 신은 제우스와 레토(Leto)의 쌍둥이 남매 아폴로(Apollo)와 아르테미스(Artemis)였다. 특히 아르테미스는 지중해 지역에 보편화되어 있던 지구 모신(母神, Mother Goddes) 퀴벨레(Cybele)와 동일시되면서 에베소를 중심으로 숭배되고 있었다.

로마제국의 광범위한 지역에는 오랫동안 모신(母神, mother-goddess) 숭배 풍습이 있었다. 모신(어머니 여신)은 본래 자연, 어머니, 출산, 생산, 파

---

40. 아시아(Asia)라는 이름은 고대 아나톨리아 지역의 연대(league)를 앗수와(Assuwa), 또는 아르자와(Arzawa)라고 한 데에서 연유했다는 설이 있다(Cimok, 8).

41. 소아시아는 지리적으로 로마제국의 중간에 위치한다. 그래서 제국의 동서를 이어주는 역할을 할 수 있었다(Cimok, 12-13).

괴를 담당하는 신이다. 하늘과 대비하여 '땅(지구)의 신'(Earth Mother)이
라 불린다.[42] 모신 사상은 헬라의 아르테미스 숭배와 접목된다. 아르테미스
는 출산과 생산(곡물)의 신으로 불리게 된다. 후에 로마 가톨릭 교회가 마
리아 숭배를 하게 된 이유가 고대의 뿌리 깊은 모신 사상에서 비롯됐다는
지적이 많다.[43]

각 지역(도시)은 중심이 되는 주신(主神)을 위한 신전이 있고 도시의 규
모에 따라 그 이상의 신들의 신전을 세웠는데, 에베소나 버가모나 사데와
같이 큰 도시들에는 다른 도시들에 비해 더 많은 신전들이 세워져 있었다.
주신들은 지역의 역사와 환경과 밀접한 관계가 있었다. 각 지역에서 섬기
는 신들의 숭배는 지역민의 역사의식을 고취하고 지역민을 단결시키는 역
할을 하였다(Ferguson, 134-5, 139-41). 신들의 숭배에 따르는 축제와 행렬
의식(퍼레이드)은 지역의 정체성과 일체성을 되새기게 할 뿐 아니라, 일반
대중의 고단한 삶에 해갈과 휴식을 주는 의미도 있었을 것이다(Ferguson,
151-3). 또한 지역의 경제 활동을 활성화하는 중요한 수단이기도 하였다.

주신 숭배 외에 소아시아에서 중요한 종교적 행사는 황제 숭배 의식일
것이다. 본래 헬라와 로마의 정치 제도에 황제 숭배의 흐름은 자연스럽지
않다. 헬라의 대표되는 도시국가들은 시민들이 직접 참여하는 민주정(de-
mocracy)이고 로마는 오랫동안 원로원으로 대표되는 공화정(republic)이
었다. 한 사람이 지배하는 왕정 체제가 아니었다. 남부 헬라 지역이 북부 마

---

42. 주전 7세기 이전 작품으로 알려진 『호머의 찬가』(Homeric Hymn)의 '모신'(Earth
    Mother)에 대한 부분에 다음과 같은 구절이 나온다(Auden, 67). "유한한 인간의 생
    명은 당신의 지배 아래 붙잡혀 있도다. 당신의 힘은 주기도 하고 빼앗기도 하는구나.
    만물이 제한 없이 성장하고 번성하는도다. 많은 수확과 가축들이 생산되고 증가하
    여 그들의 집이 부로 채워지는도다."
43. 오랫동안 모신(Mother Goddess)을 숭배하던 풍습을 하나님의 아들의 어머니(성모)
    마리아 숭배로 전환하는 것은 어렵지 않았을 것이다(Cimok, 28)

케도니아를 폄하했던 이유 가운데 하나는 마케도니아가 왕정 국가이었기 때문이었다(Witherington, 2001: 30-31).

반면에 페르시아와 이집트 지역의 군주들은 신적 존재로 대우받았다. 서방과 동방은 군주 숭배 여부로 차이를 두고 있었다(Lohse, 216-7). 헬라-로마 지역에 절대적 힘의 군주제가 도입된 것은 시저(카이사르, Gaius Julius Caesar) 이후다. 자신의 뿌리에 신적 기원(헤라클레스와 아킬레스)이 있다고 주장했던 알렉산더가 많은 지역을 헬라화할 때도 그는 신적인 존재로 숭앙받는 군주가 아니었다.[44] 페르시아 점령 후에 강력한 군주제를 경험하고 또 이집트에서 절대적 군주인 바로의 역할을 체험했을 때, 그와 그의 후예(장군)들은 절대 군주제의 유혹을 받았을 것이다.

헬라 제국들에 이어, 지중해의 패권을 차지한 로마는 공화정을 전통 가치로 생각하였다. 공화정을 흔들어 놓는다고 의심받은 이는 시저였다. 그 때문에 그는 원로원에 의해 주전 44년 살해된다. 역설적으로 그의 사후에 로마는 황제 국가가 된다. 절대적인 권력을 소유한 아우구스투스(Augustus) 황제는 죽은 시저를 신격화한다.[45] 로마인으로 신격화된 존재는 시저가 최초이다. 그에게 디부스 율리우스(Divus Julius, '신적인 율리우스')라는 이름이 붙여진다. 황제가 된 옥타비우스(Octavius)는 시저의 후계자이자 양자인 자신을 가리켜 '신의 아들'(*divi filius*)이라 칭한다. 그의 이름 '임페라토르 카이사르 디비 필리우스 아우구스투스'(*Imperator Caesar Divi Filius*

---

44. 물론 그가 점령한 동방의 지역들이 그를 신격화하는 현상이 있었다. 예컨대, 헬라의 고토를 회복한 알렉산더가 에베소의 아르테미스 신전이 파괴된 것을 보고 재건해 주겠다고 하자, 에베소인들은 "한 신이 다른 신에게 신전을 봉헌하는 것은 적합하지 않습니다"고 했다는 이야기가 전해진다(Strabo, *Geogr.* 14.1.22).
45. 아우구스투스 다음의 로마 황제들은 그들의 사후에 각기 원로원의 투표에 의해 신격화될 것인지 결정되곤 하였다(Tenney, 67).

Augustus)는 '황제 시저 신의 아들 아우구스투스('존경받을 자')'다.[46]

황제 또는 직전 군주를 신격화하는 흐름은 티베리우스(Tiberius, 14-37
년 재위)와[47] 칼리굴라(Caligula, 37-41년 재위)로 이어졌다. 특히 칼리굴라
는 자신의 신격화에 관심이 있는 군주였다. 황제 신격화 조짐은 요한의 시
대인 도미티아누스(81-96년 재위)의 후기 집정 기간에 더욱 심화됐다. 요
한의 시대에 대부분의 소아시아 중심 도시에는 황제 숭배와 관련된 신전이
하나씩은 있었을 것이고 이와 관련된 축제 의식이 이들 지역에 중요했을
것으로 추정된다(Cimok, 24; Lohse, 220-1; Pate, 2019: 68-72).[48]

로마-헬라 다신 종교와 황제 숭배의 조류는 당시 소아시아에 사회적,
정치적, 종교적 현상이라 할 수 있다. 소아시아인들의 정신과 삶에 깊은 영
향을 주는 체계였다. 이를 떠나 기독교인이 된다는 것은 사회적, 공동체적
기반을 잃어버린다는 것을 뜻한다. 그래서 많은 인내의 믿음이 필요했다.

이런 종교적인 사회 시스템은 현실을 살아가는 교회와 성도들의 삶에
많은 난관을 주었을 것이다. 외적 핍박과 환난이 그리스도인들의 삶에 고

---

46. 소아시아에 황제 숭배의 조짐이 시작된 것은 시저의 후계자 옥타비우스가 악티움
    (Actium) 전쟁에서 안토니우스(Antonius)에게 승리한 다음(주전 29년)이라고 한다.
    이때 소아시아인들은 그를 위한 신전을 만들기를 청원하였다. 에베소에는 최소한
    세 차례 황제 숭배와 관련된 신전들이 세워지는데, 주전 29년에 여신 로마(Rome)와
    시저(Divus Julius)의 신전이, 도미티아누스 시대인 89/90년에 황제들을 위한 신전
    이 세워진다. 세 번째는 130년경 하드리아누스 황제 때에 세워진다. Trebilco, 2004:
    30, 35-36을 보라. 한편, Wan은 황제 숭배의 기원을 헬라 시대, 특히 알렉산더와 셀
    류쿠스 때부터로 본다(Wan, 43-44).
47. 티베리우스는 황제 재위 때 *Tiberius Caesar Divi Augusti Filius Augustus*로 호칭했다.
    그의 긴 이름 안에는 '신적인(신인) 아우구스투스의 아들'(*Divi Augusti Filius*)이라는
    표현을 볼 수 있다. 그런데 티베리우스는 그에게 바치는 신전을 세우지 못하게 했다.
    반면에 칼리굴라와 네로는 그렇지 않았다. 참고, Lohse, 219-20.
48. 학자들은 로마제국에서 소아시아를 황제 숭배의 발생지 또는 중심지로 보고 황제
    숭배 요구가 가장 심한 곳이었다고 추정한다(McDonald와 Porter, 84; Ferguson, 482;
    Wan, 43-48).

난을 가져온다면, 당시의 타락한 종교적 문화로 인한 내적 도전은 더욱 이겨내기 어려운 것이었다. 헬라-로마 종교와 사회의 성적, 도덕적 문란은 교회를 지속적으로 유혹하고 도덕적 수준을 끌어내리는 덫이 됐을 것이다.[49] 소아시아 일곱 교회는 로마-헬라 종교와 기독교회가 벌이는 영적 전쟁의 최전방, 야전의 터였다.

많은 로마-헬라 신들의 신화와 황제 숭배 의식은 당시 로마제국의 종교였다. 이들 많은 신들과 기독교회의 삼위일체 하나님은 양립할 수 없었다. 누가 하나님인가? 누가 참된 신인가? 누가 하늘과 땅의 창조주인가? 그 답은 나와 있었다.

예루살렘 성전의 파괴를 가져온 제1차 유대 전쟁(66-73년) 이후 기독교회에서 소아시아의 비중이 상당히 높았을 것으로 추정한다(Schaff, 1996[1858b], 23-24; Trebilco, 2004: 1; Aune 1997: 5). 이것은 마지막까지 생존해 있던 사도인 요한이 소아시아에서 사역하게 된 이유일 수도 있고, 반대로 요한의 사역의 결과일 수도 있을 것이다. 소아시아 교회의 난관은 어떤 것일까? 그 시대를 사는 그리스도인들은 어떤 문제가 가장 힘든 것이 었을까? 핍박일까, 유혹일까? 일곱 교회는 같은 시대의 많은 것을 공유하

---

49. 헬라 신화의 최고신들인 올림푸스 12신 가운데 제우스와 관련된 신은 제우스를 포함하여 여섯이다. 제우스와 아내 헤라(Hera), 그리고 제우스의 자녀들인 헤르메스(Hermes, 허메), 아르테미스, 아폴로, 그리고 디오니수스(Dionisus)가 있다. 이들 네 자녀는 모두 아내 헤라에게서 낳지 않았다. 다 외도의 결과였다. 제우스는 그 외에도 적지 않은 여인들과 관련이 있다(참고, Graves, 60-61; Souli, 24-25). 최고신 제우스의 호색적 성향은 헬라 종교의 도덕적 수준을 보여준다. 사랑의 여신인 아프로디테(Aphrodite)도 남편(헤파이스투스)을 두고 전쟁의 신 아레스(Ares)와 바람을 피워 네 명의 아이(에로스, 에이무스, 포부스, 하모니)를 낳는다(Souli, 43-44). 신화에 나타난 이런 비윤리적 성향은 플라톤에 의해서도 비판을 받는다(Plato, Rep. 3.390). Schaff는 헬라-로마 종교의 부패가 오히려 복음 전파에 적합한 토양이 됐다고 말한다(Schaff, 1996[1858b]: 16-17).

면서, 또한 각 지역의 독특한 문화적, 지역적 차이를 가지고 있었다.

소아시아의 일곱 지역

일곱 지역은 해안 쪽에 세 곳(에베소, 서머나, 버가모) 및 내륙의 네 곳(두아디라, 사데, 빌라델비아, 라오디게아)으로 이뤄진다. 밧모섬에서 가장 가까운 에베소에서 시작하면, 그 위에 서머나가 위치하는데 이 둘은 모두 해안과 맞닿아 있다. 그 북쪽으로 해안에서 약간 떨어진 버가모가 있다. 에베소에서 서머나를 거쳐 버가모로 북상하는 길이 있다. 버가모에서 동쪽으로 길이 나 있는데 그 길은 다시 산을 끼고 남동쪽 내륙으로 내려간다. 내려가는 길의 첫 번째 분지에 두아디라가 있고 다시 이어진 길을 가다가 큰 산지를 만나는 곳에 사데가 위치한다. 같은 길을 조금 더 가면 빌라델비아가 나오고 그 길을 가다가 서쪽 에베소로 가는 길과 접하게 되는 교차로에 분지가 있는데, 그곳에 라오디게아가 있다. 그러니까 에베소, 서머나, 버가모, 두아디라, 사데, 빌라델비아, 라오디게아는 원추형으로 이어져 있는 길 위에 위치한다. 원추형 지역을 직선으로 이어 외곽 길이를 재면 530km에 달한다. 구부러진 길을 감안하면 당시의 도로는 대략 600km가 넘는 길이 될 것이다.

지리적 특성을 볼 때, 일곱 지역은 요한이 순회 사역하기에 적절한 곳이라 할 수 있겠다. 각 지역의 핵심 도시이자, 헬라-로마 종교의 지역 중심지로서 이들 지역은 요한의 교회들이 굳게 세워지고 교회적 역할을 감당하기에 적합한 곳이다.

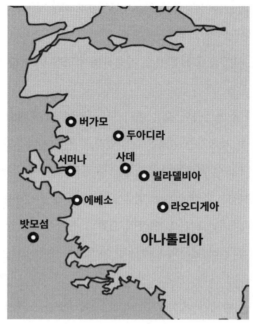

소아시아 일곱 교회

에베소: 소아시아 대표 도시

에베소(Ephesus)는 고대 이오니아(Ionia) 문명이 꽃피운 곳이다. 주전 10세기경 아티카-이오니아 계열의 헬라인들이 세운 도시로 이오니안 연맹에 속하는 열두 도시('도데까뽈리스') 가운데 하나였다.[50] 이곳은 유명한 헬라 철학자 헤라클리투스(Heraclitus, 주전 535-475년)의 고향이기도 하다.

---

50. 에베소에는 본래 에올리안 헬라인들이 먼저 정착했고, 그 후 10세기경 아테네의 왕자 안드로클레스(Androcles)가 이오니아인들을 이끌고 이곳에 도시를 세웠다. 그 때문에 에베소 통치자들은 한동안 자주색 옷을 입고 스스로를 왕으로 불렀다(Strabo, *Geogr.* 14.1.3; Turhan, 63). 이오니안 열두 도시들은 자신들의 연대성과 정체성을 지키기 위해, 공동으로 신전(Panionion)을 세우고 또 함께 모여 축제(Panionia)를 열었다고 한다(Herodotus, *Hist.* 1.143; 1.148). 헤로도투스(*Hist.* 1.142)는 이오니안 지역이 가장 좋은 기후를 가지고 있다고 했다.

에베소는 헬라인들이 정착지(콜로니)로 선호하던 지역답게, 높은 산(피온산)과 강(카이스터강)과 바다(에게해)를 끼고 있는 곳이다. 강에서 물을 얻어 생활하고 바다를 통해 밖으로 진출하며 침략을 받을 때 높은 산에서 피했을 것이다.[51]

아테네나 스파르타와 같은 헬라 도시국가처럼 에베소도 헬라인의 도시로 시작하여 자체적인 번영을 이루었다. 주전 560년경의 리디아(Lydia), 연이어 주전 547년 페르시아의 침공으로 결국 페르시아 제국(아케메니스 왕조)에 귀속된다. 독립을 위한 몇 차례의 전쟁에 참여하지만, 페르시아로부터 완전히 풀려난 것은 알렉산더 대왕의 주전 334년 전쟁의 결과였다. 알렉산더 이후 헬라 제국의 일부였던 에베소는 주전 129년에 로마제국에 편입된다.

주전 27년, 황제가 된 아우구스투스는 에베소를 소아시아의 수도로 삼는다.[52] 로마제국의 소아시아는 고대 서(西) 아나톨리아의 북부 무시아, 중부 리디아, 남부 카리아에 동부 브루기아(Phrygia)를 포함하는 행정 구역이다.

로마제국에서 로마를 제외하고 가장 큰 도시 세 곳은 안디옥, 알렉산드리아, 에베소였다. 수리아 안디옥(Syrian Antioch)은 고대 셀류쿠스(Seleucus) 헬라 제국의 수도였고 알렉산드리아(Alexandria)는 고대 톨레미(Ptol-

---

51. 바닷가에 있던 에베소는 외부의 침공과 지진의 피해, 그리고 점차 진행된 바다 연안의 심각한 침전과 확대된 습지로 인해 거주하기 어려운 지역이 되어, 지금은 좀 더 내륙에 위치한 새로운 도시(셀축)가 세워졌다. 그런데 침전 현상은 로마 시대에 이미 일정 부분 진행된 상태였다(Pliny, *Nat.* 5.31). 현대의 항구(쿠사다시)는 예전에 비해 5km 정도 내륙으로 와 있다.
52. 소아시아의 수도가 된 에베소는 이때 상당한 규모의 발전을 이루게 되는데, 결국 "아시아에서 첫째 되고 가장 큰 메뜨로뽈리스"라는 이름을 얻는다(Trebilco, 2004: 13-14). 스트라보에 따르면 이오니안 계열의 에베소와 밀레투스(Miletus)가 소아시아에서 가장 뛰어나고 유명한 도시들이다(Strabo, *Geogr.* 14.1.4-5).

emy) 헬라 제국의 수도였다. 두 곳은 오랫동안 정치적, 사회적 거점 역할을 했다. 헬라 문명과 페르시아 유산을 함께 계승한 안디옥은 오랫동안 지중해 동부 지역의 중심지였고, 알렉산더 무덤을 두고 있고 지중해 최고의 도서관을 가졌던 알렉산드리아는 지중해 남부의 전통적인 중심지로 로마 다음의 큰 인구를 가졌다.

로마제국에서 세 번째 인구(25만 명 정도)를 가진 에베소는 지중해와 에게해의 동편과 서편을 연결하는 경제, 통상(무역) 중심지였다.[53] 이곳은 무역, 상업, 종교의 핵심적인 가교 역할을 했다. 헬라의 아테네에서 에게해 쪽(동쪽)으로 직선을 그으면 아테네와 가장 가까운 소아시아 지역의 도시가 에베소다. 사도 바울이 그의 선교 사역 가운데 가장 오랜 기간 머무르며 사역했던 곳이다. 그만큼 지정학적으로 사회적으로, 또한 선교적 자리로도 중요한 곳이었기 때문일 것이다.[54]

바울이 에베소와 관련된 사역을 한 것은 다음과 같다. 첫째, 2차 선교 사역 중에 처음으로 에베소를 방문했다(행 18:19-21). 2차 사역은 그리스(헬라)의 빌립보, 데살로니가, 아덴(아테네), 고린도가 중심이 된다. 일년 반의 고린도 사역의 성과는 대단했다. 유대인들을 포함한 많은 고린도인들이 그리스도를 믿게 됐다(18:8, 11). 그러나 끝내 유대인들의 소요로 인해 바울은 그곳을 떠나야 했다(18:12-17). 바울은 고린도 인근에 있는 겐그리아에서 배를 타고 바다를 건너 에베소에 들렀다(18:18-19). 브리스길라와 아굴라

---

53. 에베소는 해상으로는 에게해를 넘어 그리스, 로마(이탈리아)와 연결되고 육로로는 북부(무시아)와 남부(카리아), 동부(프리기아), 더 나아가 동방의 길로 연결하는 중요한 역할을 했다(Trebilco, 2004: 17-18; Ferguson, 64; Witherington, 280; 참고, Strabo, *Geogr.* 14.1.24).

54. 에베소에도 알렉산드리아에 버금가는 20-25만 명의 인구가 있었을 것으로 추정된다(Trebilco, 2004: 17). 발굴된 대극장의 좌석 수도 약 24,000개였다(Harrill, 131). 소아시아를 책임지는 로마의 프로콘솔(총독)의 집무지도 에베소였다(Cimok, 12).

부부가 그와 함께 했다(18:18-21). 그는 잠시 있다가 안디옥을 향해 떠나가면서 "하나님의 뜻이면 내가 다시 돌아오겠다"(18:21)는 말을 남겼다.

둘째, 바울의 3차 선교 사역의 중심지는 자연스럽게 에베소가 됐다. 2차 사역의 중심지가 고린도였다면 3차 사역의 핵심 사역지는 에베소였다. 에베소 사역의 첫 번째 자리는 회당이었다. 그곳에서 그는 3개월간 사역한다(19:8). 그 후 두란노 서원에서 2년간 매일 말씀을 강론했다(19:9). 바울이 두란노 서원에서 매일 말씀을 가르쳤는데, 더운 낮 시간이라 서원이 비는 오전 11시에서 오후 4시까지 그 일을 했다는 이야기가 전해진다.[55] 이때 많은 이들이 그의 말씀을 들었고 많은 치유의 일을 보게 된다(19:10-12). 마법과 관련된 많은 책들을 불사른 것도 이때였다(19:19).

복음의 역사가 크게 진전될 때 아르테미스(아데미) 신전과 관련된 소요가 일어난다(19:23-41). 아르테미스 우상을 만들던 은 세공업자 데메드리오가 선동한 소요로 에베소인들은 크게 동요했고 "크도다. 에베소의 아르테미스(아데미)여"(19:28, 34)하고 두 시간이나 외쳤다.[56] 아르테미스의 네오꼬로스(신전지기, 19:35)였던 에베소의 반격인 셈이다. 그만큼 바울의 에베소 사역이 엄청난 영향력과 파장을 일으켰던 것이다. 소요가 일어나기 전에 바울은 이미 자신이 떠날 때가 된 것을 알았다(19:21-22). 바울은 헌물을 전하기 위해 예루살렘에 갔다가 후에 로마로 가길 희망했다(19:21; 고전

---

55. 일부 신약 사본(Western family)의 행 19:9과 10절 사이에 바울이 5시에서 10시까지, 즉 오전 11시부터 오후 4시까지 가르쳤다는 것이 삽입되어 있다(Meinardus, 72; Blake와 Edmonds, 121).

56. 이때 바울 편에서 대극장에 들어가지 말라고 조언한 '아시아 관리'들이 있다고 누가는 기록하고 있다(19:31). '아시아 관리'(Ἀσιάρχης)는 각 지역에 최소한 2인 이상 복수로 있었을 것이다. 이 관리들은 도시에서 부자이면서 귀족에 속한 사람들 가운데 선임됐다(Strabo, *Geogr.* 14.1.42). 아시아 내 최소한 40개의 도시에서 이들의 흔적이 발견된다(McRay, 255). 이들이 지역 신들을 위한 제사장 역할을 했을 것으로 추정하지만, 이에 대해서는 논란의 여지가 많다(McRay, 255).

16:1-9; 고후 9:1-15). 소요 후에 바울은 에베소를 떠나 마게도니야(빌립보와 데살로니가)와 가이야(아덴과 고린도)를 방문한 후 소아시아 지역으로 돌아온다(20:1-6).

셋째, 바울이 에베소에 각별한 관심을 가진 사실은 밀레도에서 에베소 장로들을 모아 고별 설교를 한 일(20:17-38)에서도 나타난다. 이 설교는 바울의 에베소 사역에 대한 요약(18-21절), 예루살렘으로 떠나는 각오와 헌신(22-27절), 양들을 잘 돌볼 것을 권고함(28-31절), 바울의 사역의 본과 축복(32-35절)으로 되어 있다. 이 밀레도의 사건은 바울이 에베소에 큰 관심을 가지고 있다는 사실만 아니라, 그만큼 그의 선교 사역에서 에베소가 차지하는 비중이 크다는 점을 의미할 것이다.

넷째, 바울은 그의 사역 말기에 에베소서를 써서 에베소를 중심으로 하는 소아시아에 회람용 서신으로 보낸다. 그것이 에베소서에 개인 인사말이 생략되어 있는 이유다. 교회론의 백미라 할 수 있는 에베소서는 그의 '신학의 정수'라 할 수 있다(Verhey와 Harvard, 24; 김상훈, 2013: 33-36). 에베소의 교회론은 바울 신학의 교회론적 적용이다. 소아시아의 회람용 서신에 에베소서라는 이름이 붙은 것은 에베소가 소아시아의 대표되는 중심 도시였기 때문이다. 바울은 이 서신을 에베소에 먼저 보냈을 것이다.

주후 37-48년에 사도 요한이 에베소에 예수의 어머니 마리아와 함께 거주했다는 이야기가 전해진다(Blake와 Edmonds, 123-4; Can, 75; Cimok, 40; Mert, 49-50). 주님께서 십자가에 못 박히셨을 때 주셨던 말씀(요 19:26-27)을 따라, 요한은 마리아를 어머니처럼 모시고 있었다. 마리아가 에베소에서 세상을 떠났는지, 또는 떠난 것이 유대로 다시 돌아온 이후인지, 두 가지 설이 전승되고 있다(Cimok, 40-45). 마리아가 살던 흔적 때문에 에베소에는 마리아를 기념하는 교회(Church of Maria 또는 Double Church)가 세워진다. 주후 431년 마리아 교회에서 에베소 공회의(Council of Ephesus)가 열렸다(Can, 63-64).[57]

그 후 수십년이 지나 요한은 에베소에 다시 정착한다. 요한이 핍박 때문에 유대에 더 이상 있을 수 없게 된 이유도 있고, 그에게 개인적으로 에베소가 친숙한 이유도 있었기 때문일 것이다. 특히 요한은 에베소의 사역적 가치를 중요하게 생각했던 것 같다. 마지막 남은 사도로서 요한은 에베소에 정착하여, 에베소를 중심으로 한 소아시아 순회 사역을 감당하게 된다.[58] 에베소는 요한이 선택한 지정학적 센터였다. 요한 사역의 중심지였다.

에베소는 '네오꼬로스'(νεωκόρος, Neokoros), 즉 '신전수호자'(tem-ple-keeper)라는 이름을 부여받은 도시였다.[59] 에베소는 아르테미스의 신전수호자이자(행 19:35), 황제 숭배를 위한 신전의 신전수호자였다. 이곳에 황제를 숭배하는 신전이 세워졌다(Can, 66).[60] 도미티아누스 신전으로도 알

---

57. 4세기에 세워진 마리아 교회는 길이 200m, 폭 30m의 지대 위에 세워진 큰 건물이었다(Can, 72; Cimok, 43-45). 431년의 에베소 공의회(Council of Ephesus, 제3차 공의회)는 마리아가 에베소에서 거주했고 그곳에서 죽음을 맞이했다는 점을 확인했다. 이때 마리아에게 Theotokos('신모'[神母], 'Mother of God', 'Godbearer')라는 칭호가 주어진다. 마리아를 기념하는 최초의 마리아 교회(Double Church)가 4세기경 에베소에 세워졌다. 또한 그녀가 살았던 장소로 추정되는 곳(House of the Virgin)이 따로 발견된다. Cimok, 40-45; Meinardus, 74를 보라.
58. 베드로와 바울의 순교로 인해, 공백이 생긴 로마제국의 전반적인 교회 사역을 위해 요한이 소아시아를 핵심 지역으로 선택했을 수 있다. Schaff, 1996[1858a]: 425. 외경 요한행전(Acts of John)이 요한의 에베소 사역에 대한 부분적인 참고 자료가 될 수 있다(특히 요한행전 18-55, 62-86장). 외경이라는 특성상 신뢰할 수 없는 내용이 혼합되어 있다는 점을 감안해야 한다(Eusebius, *Eccl. Hist.* 3.25.6).
59. 도미티아누스 시대에 네오꼬로스 도시는 버가모(아우구스투스 신전, 주전 29년), 서머나(티베리우스 신전, 주후 21년), 에베소(플라비우스 신전, 주후 89-90년)였다(McRay, 257; Biguzzi, 281-2). 에베소는 최소한 세 번에 걸쳐 '네오꼬로스'가 됐다고 한다(Ramsay, 232).
60. 이 신전은 여러 황제들을 위한 신전(Cult of the Sebastoi)이었다. 율리오-클라우디우스 왕조(시저, 아우구스투스, 티베리우스 등)와 플라비우스 왕조(베스파시안, 티투스, 도미티아누스)의 황제들의 이름이 적혀 있었다. 도미티아누스의 이름은 그의 죽

려진 이 신전은 폭 24m, 길이 34m의 건물에 100m의 테라스를 가진 큰 것
이었다. 요한이 계시록을 쓸 때, 소아시아의 주요 도시 대부분에 황제 신전
이나 제단이 있었다고 한다(Cimok, 24). 그 가운데 네오꼬로스가 되면 제
국의 특별한 후원을 받았다. 에베소가 그런 도시였다.

에베소는 아르테미스(아데미, Artemis)의 도시로 유명했다. 아르테미
스 신전은 여러 번 무너지고 재건되는데 가장 규모가 컸던 신전은 길이
137m, 폭 70m, 높이 18m의 규모로 127개가 넘는 대리석 기둥이 있었고,
120년 동안 지어졌다고 한다.[61] 아테네의 파르테논 신전보다 네 배가 더 컸
다.[62] 에베소가 '여신의 종'(Servant of the Goddess)이라는 명칭을 가진 것
은 아르테미스 신전 때문이다.[63] 이오니아 양식의 아르테미스 신전은 에게

음(암살) 후에 지워진다. Trebilco, 2004: 16, 31; Burge 외, 428을 참고하라. 플라비우
스 왕조만 기록됐다는 주장도 있다(Biguzzi, 283-4). 도미티아누스 당대에 그를 기리
는 축제와 올림픽이 에베소에서 개최됐다. 그를 올림피아의 제우스(Zeus Olympios)
로 신격화한 일이 있다(Trebilco, 2004: 31-32; Biguzzi, 286-7).

61. 에베소의 아르테미스 신전은 그 외의 지역들의 아르테미스 신전들을 대표했다
(Biguzzi, 279-80). 다른 지역의 아르테미스 신전을 에페시움(Ephesium)이라 불렀는
데, 에베소의 아르테미스에 봉헌된 것이기 때문이다(Strabo, *Geogr.* 4.1.4; Trebilco,
2004: 20). 에베소 신전의 규모가 길이 105m, 폭 55m, 높이 18m라고도 전해진다
(Can, 73). 또 200m, 425m라는 견해도 있다(Mert, 52). 고대 7대 불가사의 가운데 하
나였다. '고대 7대 불가사의'(Seven Wonders of the Ancient World)라는 명칭은 이들
일곱 유적들의 규모와 건축술 때문에 후대에 붙여진 이름이다. 이집트 기자의 쿠푸
왕 피라미드, 바빌론의 공중정원, 올림피아의 제우스상, 에베소의 아르테미스 신전,
할리카르나수스의 마우솔루스 능묘, 로도스의 크로이소스 거상, 알렉산드리아의 파
로스 등대 등이다.

62. 도리안(Doric) 양식의 파르테논 신전은 길이 69.51m, 폭 30.86m의 크기고 내부에
23개의 기둥과 외부에 46개의 기둥이 있다(Koukas와 Marandi, 48; Lozzi, 11).

63. 아르테미스는 에베소의 창건자(founder), 에베소의 인도자(guide), 에베소의 여신
(goddess), 에베소의 수호신(tutelary goddess)으로 알려졌다(Trebilco, 2004: 27). 또한
아르테미스 신전은 빚 때문에 도망하는 자들의 피신처와 보호처 역할도 했다
(Plutarch, Mor. 23.3; Herodotus, Hist. 3.48).

해 쪽에 맞닿게 세워졌는데 바다 방향, 즉 서쪽을 보게 세워졌다(Blake와 Edmonds, 119; Mert, 52).[64] 바다에서 거대한 신전을 바라볼 수 있었을 것이다.

헬라(그리스) 신화에서 아르테미스(로마의 다이아나)는 제우스와 레토의 딸이며 아폴로의 쌍둥이 누이로 사냥과 달, 야생과 동물의 신이자, 땅의 풍요와 자연의 비옥함, 출산을 상징하는 여신이다(Souli, 38; McRay, 254). 이 여신은 숫자 3의 특징을 가지는데 처녀, 부인, 어머니로 간주된다(Mert, 52).[65]

헬라의 아르테미스는 에베소에서 동방의 요소가 덧입혀져 고대의 '지구의 모신(母神)'(Earth Mother, Great Goddess) 개념과 합쳐진다.[66] 에베소의 아르테미스의 조상(彫像)을 보면, 에베소의 수호자로서 문명을 상징하는 탑의 관을 쓰고 성벽으로 둘러싼 옷을 입고 풍요와 다산을 상징하는 많은 가슴(또는 알)을 두르고 있다(Souli, 39; Mert, 52).[67]

"모든 사람들아, 해마다 추는 아르테미스의 춤을 멈추지 말아라"(Mert,

---

64. 아르테미스 신전은 셀레누스(Selenus)라는 하천으로 둘러있었다(Pliny, Nat. 5.31). 후에 기독교 시대에 아르테미스 신전의 기둥(칼럼) 일부는 소피아 성당과 요한 교회의 기둥으로 사용된다(Cimok, 50; Mert, 54).

65. 아르테미스는 헬라 신화에서 대표적인 신으로 손꼽히는 올림푸스의 열두 신 가운데 하나다. 헬라 신화를 집대성한 리스펜(Ρισπεν)은 아르테미스를 헬라의 대표되는 신들 가운데 다섯 번째로 소개한다(Ρισπεν, 8).

66. 지중해 지역에 오래전부터 있던 모신 숭배가 헬라의 아르테미스 신화와 합쳐진 것으로 볼 수 있다. 이 여신은 이집트의 아이시스(Isis), 가나안의 아세라(Asherah)와도 동일시된다(참고, Kee와 Young, 263-4).

67. 아르테미스가 출산의 여신으로 간주되는 이유는 그녀가 출생하자마자, 어머니(Leto)를 도와 자신의 쌍둥이 동생 아폴로의 출산을 도왔다고 믿었기 때문이다(Graves, 60). 출산과 비옥, 생산의 이미지는 그녀가 많은 가슴을 가지고 있는 것에도 나타난다(Trebilco, 2004: 22-23). 한편 알 모양의 장식이 황소의 고환이라는 견해도 있다. 황소는 신전의 제물로 많이 쓰였다(Attenborough, 106-8).

52)는 말이 있듯이, 해마다 5월이 되면, 아르테미스의 축제가 열렸다.[68] 아르테미스는 에베소의 수호신일 뿐 아니라, 에베소를 넘어 제국 내에도 숭배자가 많았다. 한 달간 지속된 축제에는 제국 전역에서 많은 사람들이 몰려들었다. 아르테미스 축제와 황제 축제가 열리는 달에는 축제에 참여하러 온 순례객들로 도시는 붐비게 된다. 축제의 하이라이트는, 중앙 도로의 양편에는 흰 옷을 입은 군중이 도열해 있고 도로의 중심으로 흰 옷을 입은 집단이 각종 신들의 상들을 들고 환호하며 행진하는 행렬(퍼레이드) 의식이었을 것이다(Cimok, 26). 그것은 장관의 향연이었을 것이다. 이 축제 시기는 에베소의 가장 중요한 정치, 경제, 종교 행위가 꽃피는 때였다.[69] 이때 지역민과 외래인(순례자)이 모두 함께 모여 신들을 찬양하며 기뻐했을 것이다. 축제의 절정은 신에게 바치는 제사 의식이었을 것이다. 제물들이 살육되어 제사 의식에 쓰인 후 사람들에게 나눠지고 시장에 팔렸다(Cimok, 26-28).

로마 황제와 그들의 신들을 기념하고 찬양하는 축제에 모든 시민들과 순례객들은 흰 옷을 입고 참여했다.[70] 그리스도인들은 이들 축제에 참여하는 것을 꺼렸을 것이고 그런 행위는 로마식 사회질서에 대한 반역으로 여겨졌을 것이다.[71]

---

68. 이 축제가 일년에 두 차례 열렸다는 설도 있다(Trebilco, 2004: 24). 첫째는 3-4월, 둘째는 5-6월이다. 첫 번째는 주로 운동 경기와 문화 행사가 개최되고, 그다음 축제 때 웅장한 퍼레이드가 펼쳐졌다고 한다.
69. 황제 축제와 아르테미스 축제의 광경은 Cimok, 24-26(참고, Wan, 48-52)을 보라.
70. 축제에 참여하는 몇 명의 그리스도인들에 대해 요한이 우려하고 있었다고 전해진다(Cimok, 28). 외경인 요한행전 38장은 요한이 에베소 축제에 검은 옷을 입고 나타난 것에 대해 쓰고 있다. 요한이 검은 옷을 입은 것은 그 축제에 대해 반대하는 뜻을 의상으로 표현한 것이다.
71. 신들의 축제에 참여하지 않는 것은 신들을 격발시켜 질병이나 재해를 가져온다고 생각했는데, 황제숭배에 참여하지 않는 것은 신앙적인 것(배교)만이 아니라 정치적

아르테미스 신전과 황제들의 신전 외에, 에베소 유적에서 유명한 것은
12,000권이 소장된 켈수스(Celsus) 도서관과 25,000명이 앉을 수 있는 로
마식 노천 극장(공연장)이다. 25,000명이 앉을 수 있는 노천 극장이 있다
는 점 때문에, 그 당시 에베소 인구를 25만 명으로 추정하는 근거가 된다
(Can, 63). 또한 두 개의 아고라(시장), 여러 개의 목욕 시설, 발전된 수로 시
설, 하드리아누스 신전 등이 있다.[72]

비잔틴 제국의 황제 유스티니아누스(Justinian I, 527-565년 재위)에 의
해 6세기에 세워진 요한의 바실리카(교회)가 아요솔룩(Ayosoluk)[73] 언덕 위
에 자리잡고 있다. 그 밑에 요한의 묘지가 있다.[74] 요한은 주후 104년, 99세
의 나이로 세상을 떠나기 전, 이 언덕에 오두막을 짓고 살면서 요한복음을
기록했다고 전해진다. 요한 기념 교회는 지면에 닿는 건물의 모양이 십자
가 형태로 세워졌다. 십자가의 종과 횡의 교차되는 중앙 부분이 요한의 무
덤 위가 된다(Kourtara 외, 26; Cimok, 19, 47-51; 참고, Eusebius, *Eccl. Hist.*
3.1, 3.31).[75]

인 것(반역)으로 간주될 수 있었다(Cimok, 28-29).

72. 이 발굴된 건물들 외에도 로마 시대에 많은 신전들과 건물들이 있었다. 예컨대, 로
마 여신(Dea Roma) 신전, 시저 신전(Divus Julius), 아이시스(Isis) 신전, 아폴로 신전
등이다(Trebilco, 2004: 15-16).

73. 아요솔룩은 사도 요한을 가리키는 Hagios Theologos(ἅγιος θεολόγος, '거룩한 신학
자')의 튀르키예(터키)식 이름이다. 비잔틴 제국 1097년에 요한을 기념하여 요한이
거하던 언덕을 'Hagios Theologos'로 불렀다. 이곳은 이슬람화가 된 이후 아요솔룩
(Ayosoluk), 아야솔룩(Ayasoluk), 아야술룩(Ayasuluk) 등으로 불린다(Wikipedia,
"Selçuk"; Ramsay, 215-6; Blake와 Edmonds, 123). 이곳에 요한의 흔적이 그만큼 뚜렷
하다는 증거다.

74. 요한의 언덕에서는 아르테미스 신전이 내려다 보인다(Meinardus, 73). 6세기경 비잔
틴 제국의 유스티니아누스 황제 때 세워진 요한 교회의 크기는 길이 130m, 폭 40m
의 큰 건물이다(Can, 74). 이 건물은 초기 기독교 국가 시기에 세워진 가장 큰 교회
건물로 알려진다(Meinardus, 73).

75. 유스티니아누스의 요한 교회는 4세기의 고대 교회 위에 세워진 것으로 나타났다

에베소는 고전적인 아르테미스 신앙과 새로운 황제 숭배 의식이라는 두 축이 강하게 혼합된 도시였다. 에베소에서 이 둘은 분리될 수 없었을 것이다. 이런 사회적, 정치적, 종교적 배경 속에 에베소 교회가 있었다. 그곳은 참 신과 거짓된 신들의 전쟁터였다. 그때는 참 신 하나님과 거짓된 우상들의 전쟁의 시대였다.

서머나: 폴리갑의 도시

서머나(Smyrna)는 주전 11세기경 헬라 중동부 테살리아(Thessaly)의 에올리안 계열의 헬라인들이 정착한 도시였으나 후에 이오니안 계열 헬라인들의 정착지로 바뀐다(Herodotus, *Hist.* 1.150). 에베소와 같이 한동안(주전 545-340년) 페르시아의 점령지로 있다가 알렉산더 이후 헬라 제국에 편입된다.

서머나는 에베소와 같이 고대 헬라인들이 선호하던 지형을 가지고 있었다. 헤르무스(Hermus)강과 멜레스(Meles)강, 그리고 에게해를 끼고 있고 높은 아끄로뽈리스, 파고스(Pagos) 언덕이 있다. 주민들은 평상시에는 바다 연안에 도시를 이루고 살고 있다가 비상시에는 언덕으로 옮겼을 것으로 추정된다.[76] 소아시아 서부 해안 도시인 서머나는 에베소와 함께 통상과 무역의 요지로 도시의 번영을 구가할 수 있었다.

서머나는 고대 유명한 헬라 시인 호머(Homer, 주전 8세기)의 도시다.

(Mert, 58). 요한이 어떻게 죽었는지에 대한 다양한 에피소드가 전해지지만, 그 신빙성을 확인하기 어렵다. 그럼에도 최소한 이곳에 있던 요한의 흔적은 부정하기 어렵다. 죽은 자의 무덤 위에 그를 기념하는 건물을 세우는 것은 그 시대의 오래된 전통이었다. 유명한 셀수스 도서관은 에베소의 집정관 셀수스의 무덤 위에 세워졌다(Mert, 37).

76. 알렉산더가 파고스 산에서 꿈을 꾸었는데 도시를 언덕으로 옮기라는 산의 여신 네메시스(Nemesis)의 계시를 받았다는 설화가 전해진다. 그 때문에 알렉산더를 서머나의 건설자(builder)로 여긴다(Blake와 Edmonds, 125-126; Cimok, 54).

헬라 문학과 언어, 그리고 교육에 지대한 영향을 준 작품 일리어드(*Iliad*)와
오딧세이(*Odyssey*)의 저자 호머는 서머나에서 태어났다. 음유 시인인 그의
작품에 이오니아와 에올리아의 방언이 섞여 있는 것은 그가 서머나 출신이
기 때문이다(Blake와 Edmonds, 125; Mert, 5, 18).[77] 서머나는 당대에 가장
아름다운 도시로도 알려졌고 소아시아에서 에베소와 여러모로 견줄 수 있
는 도시였다(Strabo, *Geogr.* 14.1.37).

　이 지역이 포함된 버가모 (헬라) 왕국의 마지막 왕 유메네스(Eumenes)
3세가 주전 133년에 로마에 왕국을 내주었을 때 로마는 소아시아를 병합
한다. 로마 시대에 서머나는 에베소, 버가모, 사데와 함께 이 지역을 대표하
는 중요한 도시였다.[78] 주후 26년에는 서머나에 황제(Tiberius) 숭배를 위한
신전이 세워졌다(Koester, 2017: 118). 현대의 이즈미르(Izmir)는 헬라어 이
름 서머나(Smyrna)의 튀르키예(터키)식 차용이다. 이 도시는 튀르키예(터
키)에서 세 번째로 큰 도시다.

　서머나 교회는 칭찬받는 교회였다. 빌라델비아 교회와 함께, 주님께서
아무런 책망의 말씀도 주시지 않은 교회였다. 다만 교회의 미래에 핍박이
닥치게 될 것을 말씀하셨다. 요한의 시대에 서머나 교회에 어떤 핍박이 있
었는지는 알려져 있지 않다. 그 이후 교회사에서 주목하게 되는 사건은 156
년경에 일어난 서머나 감독 폴리갑의 순교다.

---

77. 호머(Homer)의 출생지가 서머나가 아니라 서머나의 동편에 있는 섬 키오스(기오, Chios)라는 설도 있다. 이들 지역이 다, 고대 이오니안 지역이다. 그런데 스트라보 (Strabo)에 의하면, 서머나에 호머의 신전과 그의 상이 세워져 있을 뿐 아니라 서머 나인들 스스로 그곳이 호머의 고향이라고 주장하고 있었다고 한다(Strabo, *Geogr.* 14.1.37).
78. 혹자는 서머나의 인구가 에베소의 인구와 비슷하게 20만에 달했다고 주장한다 (McRay, 250, 272). 해안에 서로 인접된 항구 도시들인 에베소와 서머나가 소아시아 의 경쟁 도시였다는 주장이 있다(Osborne, 2002: 108, fn. 2; Aune, 1997: 136; Reddish, 2014: 3-4).

그는 115-156년에 서머나의 감독이었다.[79] 빌립보에 보낸 그의 편지는
다음과 같은 내용을 담고 있다(Polycarp, *Phil.* 4.1). "돈을 사랑하는 것은 모
든 문제의 시작입니다. 그러므로 우리가 이 세상에 아무것도 가지고 오지
않았다는 것을 알고 또 우리가 가진 어떤 것도 가지고 가지 않을 것도 압니
다. 의의 갑옷으로 무장합시다. 그리고 주님의 계명대로 따라 살도록 먼저
자신들을 가르칩시다."

사도 요한의 제자이자 친구이며 그에 의해 서머나 감독으로 세워진 폴
리갑의 순교에 대한 기록은 "폴리갑의 순교"(Martyrdom of Polycarp)라는
서신(모두 22장)에 기록되어 있다. 이 서신은 서머나 교회에서 필로멜리움
(Philomelium) 교회에 보낸 것이다. 신약성경 외에 순교자에 대한 첫 번째
기록으로 인정된다(Holmes, 298).

유세비오스는 폴리갑의 순교를 167년이라 기록하고 있으나 실제로는
폴리갑이 156년경에 순교한 것으로 보이는데 이는 형을 집행했던 총독 쿠
바드라투스(Quadratus)의 집정 기간이 156년경이기 때문이다(Homes,
301; Schaff, 1996[1858b]: 53-64).[80] "폴리갑의 순교"(Mart. *Pol.*)에 기록된
폴리갑의 순교 상황을 요약하면 다음과 같다.[81]

---

79. 서머나와 연고지가 있는 교부는 폴리갑만이 아니다. 폴리갑과 친구 사이이기도 한
이그나티우스(Ignatius)는 비록 서머나 출신은 아니었으나 로마에 끌려가는 동안 서
머나를 거쳐간 일이 있다. 그는 "서머나 서신"을 기록했고 폴리갑에게 보내는 서신
도 쓴 바 있다. 에이레나이오스(Irenaeus)는 서머나 출신으로 요한과 폴리갑의 제자
다. 참고, Meinardus, 75-76.
80. 폴리갑의 순교가 정확히 언제인지에 대해서는 논란이 있다. 유세비오스는 167년을
말하지만, 학자들은 155-160년 사이에 있었던 사건으로 본다(Holmes, 301; Maier,
129, 각주 21). 155-156년도에 대한 심도 있는 고증은 Lightfoot, 646-715를 보라.
81. 현재 남아 있는 사본들은 10세기 이후의 것들이다. 4세기에 유세비오스(Eusebius)는
"폴리갑의 순교"를 부분적으로 발췌하며 폴리갑의 순교에 대해 기술했다(Eusebius,
Eccl. Hist. 4.15; Foxe, 55-56). "폴리갑의 순교"에 대한 전문(헬라어 본문과 영어 번역
본)은 Holmes, 306-33에 실려 있다. 이 문서는 첫째, 주 그리스도와 주 가이사의 대

폴리갑은 예수 그리스도를 닮기를 늘 갈망했던 분이였다. 그러던 차에 서머나에서 청년 게르마니쿠스(Germanicus)의 순교가 일어난다. 총독이 배교할 것을 설득했으나 그는 거절하고 용감하게 짐승에게 찢겨 죽임을 당한다. 그의 행동에 화가 난 군중은 소리치기 시작했다. "무신론자들을 없애라! 폴리갑을 찾아라."

폴리갑은 이 소식을 들었을 때 동요하지 않았다. 그는 서머나에 남기를 원했으나 다수가 피신할 것을 설득하였다. 그는 몇몇 동료와 도시 인근의 작은 농가에 숨었는데 기도하던 중 자신의 베개가 불타는 꿈을 꾼다. 폴리갑은 자신이 산 채로 불에 타게 될 것을 예견한다. 그 후 다른 농가로 피하다가 결국 추적자들에 의해 붙잡힌다.

폴리갑이 스타디움에 끌려갔을 때 군중의 엄청난 소요가 있었다. 총독은 그를 설득하였다. "맹세해라. 내가 풀어주겠다. 그리스도에게 욕하라." 폴리갑은 다음과 같이 대답한다. "86년 동안 나는 그분의 종이었다. 그분은 내게 어떠한 잘못도 하지 않으셨다. 어떻게 내가 나를 구원하신 나의 왕을 모독할 수 있겠는가?"

총독의 많은 말에도 폴리갑이 설득이 되지 않자, 총독은 폴리갑이 자신을 그리스도인이라 공언했음을 선언할 수밖에 없었다. 그러자 더 큰 군중의 소요와 함성이 일어났다. "이 사람은 아시아의 선생이다. 그리스도인들의 아버지다. 우리 신들의 파괴자다. 많은 이들에게 제사와 예배를 드리지 말라고 가르치는 자다." 이렇게 외치며 사자를 풀어놓으라고 요구하였다. 시간이 늦어 그럴 수 없는 상황임을 알게 되자, 군중은 그를 산 채로 화형시키라고 한목

조가 있고 둘째, 당시 그리스도인들이 로마제국에 '불충실한 무신론자'로 받아들여지고 있음을 보여준다(참고, Holmes, 298). Osborne은 유대인들의 선동이 있었다고 주장한다(Osborne, 2002: 127, 131).

소리로 외쳤다.

> 장작더미 위에서 폴리갑은 기도하였고 하나님과 그리스도를 찬양하였다. 그리고 당당히 죽음을 맞이하였다. 그의 죽음은 당시의 많은 이들에게 도전과 귀감이 됐다. 죽음을 조금도 두려워하지 않은 당당함은 순교자의 표상이 됐다.[82]

'죽었다가 살아나신' 분으로 나타나신 주님께서는 서머나 교회에 "죽기까지 충성하라"고 말씀하신다. 폴리갑 감독의 순교는 그 후 약 60년이 지나 일어나게 된다.

파고스산 기슭에 스타디움과 극장이 있고 호머의 신전, 퀴벨레 신전, 네메시스 신전 등은 평지에 있다(Cimok, 54).[83] 로마제국의 수도인 로마를 신격화한 여신 로마(Dea Roma)는 서머나에서 창안된 것(주전 195년)으로 알려진다(Cimok, 54; 참고, deSilva: 2008c: 18).[84] 이는 로마제국의 힘을 경외하는 서머나인의 종교적인 표현이다. 또 그만큼 로마를 의존하고 있다는 뜻이다. 에베소가 아르테미스의 도시로, 버가모가 아우구스투스의 도시로 알려졌다면 서머나는 티베리우스의 도시였다(Dio, *Hist. rom.* 59.28; 참고, Biguzzi, 281).

지금은 터키의 현대 도시(이즈미르)가 유적지 위에 세워져 고대 유적들의 발굴이 쉽지 않다. 현재는 상당한 규모의 아고라 유적이 발견된 상태다.

---

82. 주후 311-313년의 콘스탄틴과 리키니우스의 관용의 칙령(Edict of Milan)이 발표되기 전까지 오랜 기간 온갖 박해로 난관에 처해 있던 교회들에 폴리갑의 순교는 그리스도인들의 본과 도전이 됐을 것이다(Holmes, 298-9).
83. 로마 역사가 타키투스(Tacitus)는 서머나인들이 깊이 의존하는 신들로 아폴로와 아프로디테(로마의 비너스)를 꼽았다(Tacitus, *Ann.* 3.63). 아폴로와 아프로디테 신전들은 현재 발굴된 바 없다.
84. 또한 서머나는 황제 숭배를 위한 두 번째 신전이 세워진 곳이었다(Trebilco, 2004: 28).

버가모: 영웅들의 도시

무시아(Mysia) 지역에 있는 버가모(Pergamon)는 에베소나 서머나와 달리 바다 연안에 있지 않다. 300m 정도 높이의 언덕(아끄로뽈리스)이 있고 카이쿠스(Caicus)강이 가로질러 흐르지만 바다로 가는 길이 막혀 있어 고대 헬라인들이 선호하는 정착지가 아니었을 것이다. 따라서 도시의 역사가 상대적으로 짧은 편이다(Can, 47). 버가모가 역사에 등장하는 것은 알렉산더의 장군이자 그의 후계자(Diadochi) 가운데 한 사람인 리시마쿠스(Lysimachus, 주전 361-281년) 이후다(Strabo, *Geogr.* 13.4.1). 그는 알렉산더 사후에 트라키아(Thrace), 소아시아(Asia Minor), 마케도니아(Macedon)를 통괄하는 왕이었다.

리시마쿠스는 9천 달란트(5,400만 드라크마)에 달하는 알렉산더의 보물을 그의 부하 장군 필레타이루스(Philetaerus)에게 맡겼다고 한다(Strabo, *Geogr.* 13.4.1). 리시마쿠스가 셀류키드 제국과의 전쟁에서 죽자, 필레타이루스는 남겨진 자금을 기반으로 버가모를 확대하며 아탈리드(Attalid) 왕조(주전 281-133년)를 열었다(Strabo, *Geogr.* 13.4.1-2). 버가모 왕국은 지중해의 실력자로 등장한 로마와 동맹을 맺고 함께 공동의 적들(갈라디아, 마케도니아와 셀류쿠스 등)에 대응하였다(Strabo, *Geogr.* 13.4.2; McRay, 267). 이때를 전후로 버가모는 가장 융성한 시대를 맞이한다. 버가모는 소아시아의 많은 지역을 아우르는 왕국이 된다. 마지막 왕 아탈루스 3세(Attalus III)는 후계가 없었다. 그는 이미 지중해 패권을 쥐고 있던 로마에 왕국을 이양하고 버가모는 로마의 보호를 받게 된다(주전 133년).[85]

---

85. 로마는 이때 지중해 전역을 아우르는 강력한 제국으로 자리잡고 있었다. 주전 264-146년의 지중해의 패자 카르타고(Carthage)와의 1-3차 포에니(Punic) 전쟁의 결과 로마는 승리하였고, 시리아의 셀류키드와 동방을 놓고 다툰, 주전 190년 마그네시

아탈리드 왕조는 버가모를 아테네와 같은 도시로 만들기를 원하였다. 문화의 중심지가 되길 원하는 왕국은 그 시대 최다 장서를 보유한 알렉산더 도서관에 이어 두 번째로 많은 장서(약 20만 권)를 소장한 버가모 도서관을 세운다(Can, 47). 이집트의 헬라 제국 톨레미는 자국의 알렉산더 도서관을 세계 최고의 도서관으로 유지하기 위해 책(두루마리)의 재료인 파피루스를 외부로 유출하지 못하게 하였다(Pliny, *Nat.* 13.21). 그 때문에 파피루스를 구입할 수 없던 버가모는 파피루스 대신 양과 염소의 가죽으로 된 양피지를 생산하여 장서를 채웠다고 한다. 양피지를 뜻하는 영단어 'parchment'는 양피지를 뜻하는 라틴어 '페르가메눔'(*pergamenum*)이라는 말에서 나온 것이다. 페르가메눔은 버가모('페르가모스')에서 유래한다.[86]

버가모 왕국은 한때 남부의 타우루스(Taurus) 산맥에 이르기까지 영토를 확대하였다. 소아시아 지경만큼 넓은 곳이다. 헬라 문화와 문명의 중심지가 되길 원했던 이 왕국은 든든한 자본을 사용하여 많은 신전을 아끄로뽈리스 언덕에 세웠다. 이 왕국은 로마 시대에는 소아시아의 수도 역할을 감당한 헬라 종교와 황제 숭배의 중심지였다(참고, Blount, 2000: 407-8; Reddish, 2014: 3-4).

아끄로뽈리스 언덕에 있는 헤로온(Heroon, '영웅'에서 나온 말)은 버가모 왕국의 역대 왕들을 기념하는 건물이다. 역대 왕들의 영웅적 행위를 찬양하기 위한 것인데, 버가모인들은 알렉산더의 전승을 계승하여 자신들을

아(Magnesia) 전쟁에서 소아시아에 영향력을 확대하였으며, 그리고 주전 168년에는 이집트(톨레미 제국)까지 차지하였다. 또한 로마는 네 차례에 걸친 마케도니아 전쟁을 통해 주전 148년에는 헬라(그리스) 전역을 손에 넣게 됐다. 참고, Ferguson, 16-17; Tenney, 3-4.; Kee와 Young, 14-15.
86. 버가모가 양피지를 처음으로 사용한 곳은 아닐 수 있다. 그러나 버가모에서 많은 양피지가 생산된 것은 역사적 사실일 것이다(McRay, 267).

헤라클레스(Hercules)의 후예라 생각하였다(Wikipedia, "Pergamon").[87]

버가모에는 또한 버가모 제단(Pergamon Altar), 아테나(Athena) 신전, 디오니수스(Dionysus) 신전,[88] 헤라(Hera) 신전, 데메테르(Demeter) 신전, 아스클레피우스(Asclepius) 신전, 텔레스포루스(Telesphorus) 신전, 제우스-아스클레피우스(Zeus Asklepius) 신전 등이 발견된다. 로마의 하드리아누스(Hadrian, 주후 117-138년 재위) 시기에는 직전 황제인 트라야누스(Trajan)의 신전과[89] 이집트의 신 세라피스(Serapis) 신전도 세워졌다. 셀리누스(Selinus)강 위에 세워진 세라피스 신전은 2m 폭과 두께의 붉은 벽돌 기둥으로 된 레드 홀(Red Hall)로 유명하다. 기독교 시대에는 요한 교회(바실리카)가 됐다(Blake와 Edmonds, 130).[90]

제우스와 아테나는 버가모의 최고의 신이었다(참고, Meinardus, 76). 주민들은 전쟁의 승리를 이들로부터 얻게 됐다고 생각했다. 하늘의 신으로 불리는 제우스는 그 자체로 최고의 신으로 추앙됐고 아테나는 그들이 모델

87. 버가모인들이 디오니수스를 선조라고 주장하고 숭배했다는 견해도 있다(Tripolitis, 24; Blake와 Edmonds, 130). 디오니수스는 왕족의 선조로 왕족의 신이었다(Ramsay, 284-5).
88. 소아시아에서 포도주의 신 디오니수스가 중요한 이유는 이들 지역이 지중해 기후로 인해 전통적인 포도의 산지이기 때문일 것이다. 지중해성 기후는 포도와 올리브 재배에 적합하다. Ramsay는 버가모의 주신을 제우스, 아테나, 디오니수스, 아스클레피우스로 소개한다(Ramsay, 284).
89. 현재 발굴되지 않았으나, 버가모에서 먼저(주전 29년) 세워진 황제 신전은 아우구스투스를 기념하는 신전이다(Tacitus, Ann. 4.37; 4.55). 아시아에서 황제를 기념하는 첫 번째 신전이었다. 그것은 버가모가 아시아에서 첫 번째 네오꼬로스로 불렸다는 뜻이다(McRay, 257, 266; Biguzzi, 281). 에베소처럼(그러나 에베소보다 먼저) 세 번에 걸쳐 네오꼬로스가 됐다(Ramsay, 283).
90. 아크로뽈리스 언덕 위에는 헤로온, 아테나 신전, 버가모 제단(제우스 제단), 왕들의 전들, 트라야누스 신전 등이 있고, 언덕 밑에 김나지움과 함께 헤라 신전, 데메테르 신전, 레드 홀 등이 있고, 좀 떨어진 곳에 텔레스포루스 신전과 제우스-아스클레피우스 신전 등이 있다(Can, 48-58; Meinardus, 76).

로 삼고 있던 도시 아테네의 주신일 뿐 아니라, 전쟁과 지혜의 여신이라는 점 때문에 숭배되었을 것이다.[91] 아탈리드 왕조 때 갈라디아인(Galatian)과의 전쟁의 승리를 기념하여 거대한 '버가모 제단'이 세워진다(McRay, 265-6; Can, 51). 버가모인들은 그 제단에서 제우스와 아테네에게 제물을 바쳤을 것이다. 한 면이 트이고 삼 면으로 둘러싸인 제단의 크기는 가로 36.5m, 세로 33.2m, 높이 6m의 크기다(Can, 51). 양쪽의 프리즈(frieze) 소벽은 신들의 전쟁사를 보여주는 부조로 되어 있고 그 위층의 부조는 버가모와 관련된 승리의 역사들을 꾸민 것들인데, 그 삼 면의 안쪽에 큰 제단이 놓였다(Can, 51).

본문에서 "사탄의 권좌가 있는 곳"(2:13)이라고 한 곳이 바로 이 버가모 제단인 듯하다. 버가모인들이 자랑하던 승리의 역사로 엮인 곳이고 그들의 최고의 신 제우스(로마의 쥬피터)와 아테나(로마의 미네르바)를 숭배하며 제사했던 곳이기 때문이다. 그곳에서 참 주님을 섬기는, 신실한 증인 안디바가 처절한 죽임을 당했을 것이다.

디오니수스(로마의 바쿠스)는 축제와 환희 및 포도주의 신이다. 고단한 삶을 사는 서민들이 많이 의지하는 신이었다. 그런데 디오니수스 축제는 술에 의한 성적 타락의 향연으로도 악명이 자자했다.[92] 헤라(로마의 주노)

---

91. 호머의 일리어드(*Iliad*)에는, 트로이 전쟁 때에 아테나와 전쟁의 신인 아레스(Ares)가 각기 헬라인들과 트로이인들의 편에 서서 싸우게 되는데 결국 제우스의 도움으로 아테나와 헬라인들이 이기는 것으로 나타난다(Souli, 30). 아테나 신전은 아끄로 뽈리스 정상에 위치해 있었다. 경내에는 황제 아우구스투스 상과 여신 로마의 상이 서 있었을 것으로 추정된다(Cimok, 65).

92. 따라서 디오니수스 축제가 한때 제한된 적도 있었다(Tripolitis, 24; Lohse, 235). 이런 문화는 2:14-15의 발람과 니골라파에 대한 경계의 말씀과 관련이 있을 것이다. 난삽한 파티를 뜻하는 영단어 orgy는 본래 헬라의 비밀스러운 의식(ὄργια)을 뜻하는 말이었다. 이는 디오니수스 축제와 주로 관련이 있을 것이다(Strabo, *Geogr.* 10.3.10-11; Plutarch, *Mor.* 3.16, 24.4; Souli, 50).

는 제우스의 아내로 결혼과 가정의 신이고 데메테르(로마의 세레스)는 대지와 곡물, 농경과 추수의 신이다. 아스클레피우스와 그의 아들 텔레스포루스는 모두 의술의 신이다. 지팡이에 휘감겨 있는 뱀이 상징인 아스클레피우스의 신전 밑에는 셀리누스강이 가로질러 흐른다. 많은 환자들이 이 신전을 찾았을 것이다. 이곳은 로마제국에서 가장 대표적인 의술 장소로 손꼽힌다(McRay, 250, 271-2; Cimok, 62). 의술의 아버지 히포크라테스(Hippocrates, 주전 450-370년) 이후 가장 위대하다고 평가되는 의사 갈레누스(Galenus, 주후 129-201년)가 이곳 버가모 출신이다(Cimok, 68). 버가모의 다양한 신전들은 지난 왕국의 강대하고 부유했던 역사를 알려준다.

두아디라: 신탁과 길드의 도시

서머나 북동쪽 약 90km, 버가모 남동쪽 60km 지점에 위치한 두아디라(Thyatira)는 평원(지금의 악히살 평원) 지역으로 외부의 침략을 막을 수 있는 요새가 될 만한 산이 없다(Blake와 Edmonds, 131). 두아디라는 고대 마케도니아 계열 헬라인의 도시였다(Strabo, *Geogr.* 13.4.4; Ramsay, 317). 두아디라는 주요 도시(버가모, 서머나, 에베소, 사데, 라오디게아 등)와 연결된 도로에 있어 교통과 상권의 요지였다. 그 때문에 이곳은 역대의 많은 열강들, 즉 리디아, 페르시아, 알렉산더, 셀류키드, 버가모(페르가몬), 본도(폰도), 그리고 이어서 로마의 지배를 받게 된다. 이곳은 늘 전쟁에 노출된 지역이었다(Ramay, 319). 리디아 시대에는 펠로피아(Pelopia)라 불렸는데, 셀류키드 때에 니카도르(Selucus Nicator) 장군의 딸의 이름을 따라 두아디라(디아의 성읍)가 된다(Pliny, *Nat.* 1.5.31; Blake와 Edmonds, 131).

주전 6-7세기 리디아 제국의 북부 중심 도시인 두아디라는 주조 기술이 발달하여 최초로 동전을 제조한 곳이 된다. 발굴된 최초의 동전은 버가모 왕국 시대의 것인데 한 면에는 지역신 아폴로(Apollo)와 그의 쌍둥이 여

신 아르테미스(Artemis)의 상이 새겨져 있고 다른 면에는 양날 머리의 도
끼가 새겨져 있다. 양날의 도끼는 두아디라의 고대 영웅 티림노스(Tyrim-
nos)의 상징으로 알려진다(Blake와 Edmonds, 131-2; Thomas, 1992: 209).

　로마 시대에 두아디라는 도시로서 전성기를 맞이하게 되는데 세 개의
경기장(김나지움)을 가진 도시로 번성한다. 로마제국의 '팍스 로마나'(Pax
Romana) 덕에 지역에 전쟁의 위협이 없어졌기 때문이다(Ferguson, 64). 그
러나 이 지역은 비잔틴 제국 시대에는 비잔틴과 튀르키예(터키)의 전장이
었고 그 후에는 아랍과 십자군의 전쟁터이기도 하였다.

　두아디라의 주신은 퀴벨레(Cybele), 아폴로, 삼베쎄(Sambethe)다(ISBE
Online, "Thyatira"; R. Thomas, 1992: 208; 참고, Ramsay, 322-3). 그리고 퀴
벨레는 지구의 모신(Mother Earth)으로 오랫동안 아나톨리아 지역에서 숭
배되었던 여신이다(참고, Ramsay, 258, 264, 363-5). 퀴벨레는 출산, 생산의
여신이며 또한 산과 도시와 동물의 신이다. 에베소에서처럼 두아디라에서
도 퀴벨레와 아르테미스를 동일시하였을 것이다.

　반면에 태양(빛)의 신 헬리오스(Helios)로 추앙된 아폴로는 고대 영웅
티림노스와 동일시된다(참고, Ramsay, 320; Blake와 Edmonds, 131). 이 둘
이 혼합되어 티림노스 아폴로(헬리오스 티림나이오스 피씨오스 아폴로)라[93]
부르는데 양날의 도끼를 어깨에 맨 모습으로 그려진다(Ramsay, 318-21). 황
제 숭배(imperial cult)의 영향으로 로마의 시저(카이사르)를 티림노스 아폴

---

93. 피씨아(Pythia, Πυθία)는 본래 델피(Delphi)의 아폴로 신전의 신탁을 맡은 여사제를
　　가리킨다. 아폴로가 델피에서 괴물 피톤(Python)을 죽인 후 그의 이름이 Πυθαεύς(피
　　톤을 잡은 자)로 불렸던 신화에서 유래된다(LSJ, 37862). 헬라 시대에 델피는 '세상
　　의 중앙'(Omphalos)으로 생각되었다(Mavromataki, 64; Souli, 36). 고대 헬라에서
　　Pythia는 고대 스포츠 행사 중 하나로 아폴로를 기념하여 델피에서 열리는 Pythian
　　games를 가리키는 말이기도 하다(LSJ, 37864). 남성형 Phythios 역시 델피의 아폴로
　　를 가리키는 말인 셈이다.

로의 현현으로 보기도 하였다(Blake와 Edmonds, 132).

두 번째 여신은 삼베쎄(또는 삼바싸)인데, 갈대아(바벨론)의 시빌(Sybil)을 여신으로 삼은 것이다(TCT, "Thyateira"; 참고, Ramsay, 323).[94] 시빌은 신탁(oracle)을 맡은 여사제(priestess)를 가리키는데, 삼베쎄는 알렉산더 대왕에 대한 예언으로 유명한 시빌이다(Kaldellis, 309). 그녀는 페르시아 시빌 또는 바벨론 시빌이라고도 불린다. 고대로부터 헬라에서 가장 유명한 시빌은 델피(Delphi)의 아폴로 신전에 있던 시빌이다. 두아디라의 삼베쎄 신전에는 여사제(시빌)가 있어 그들의 주신이던 아폴로와 삼베쎄의 신탁을 전해주었을 것이다.

당시 헬라-로마 사회도 대부분 그러했겠지만, 두아디라에 신탁 중심 문화가 강했을 것으로 볼 수 있는 것은 지역의 불안정성 때문이다. 외부의 침략에 취약했던 지형적 특성 때문에 두아디라인들은 불안한 마음에 신탁에 더욱 의존하였을 것이다. 이런 사회적 기류가 두아디라 교회의 여선지자 이세벨의 시대적 배경이 된다. 이세벨을 '여선지자'라고 한 이유는 그녀가 교회에서 예언하는 역할을 하였기 때문일 수 있다. 두아디라 교회내에 그녀의 예언이 영향을 주고 있었을 것이다.[95] 사회의 신탁의 의존과 교회의 예언의 의존은 부분적으로 유사점이 있다. 불안정한 현재와 예측할 수 없는 미래에 대한 불안(불신) 때문에 미래의 일을 알고 싶어한다. 문제는 예언자였던 '이세벨'이 교인들을 심각한 성적, 종교적 타락의 길로 이끌어 간 것이다("내 종들이 음행하고 우상 제물을 먹도록 가르치며 현혹하고 있다", 2:20). 신탁 중독자는 사탄의 깊은 우물에 빠지기 쉽다.

---

94. 여사제(시빌) 삼베쎄 숭배는 유대교와 헬라교의 혼합된 것이라고 보는 견해도 있다 (Hengel, 308).

95. 신약성경이 확립되기 전까지는 교회에 예언자(선지자)들의 역할이 있었다(엡 2:20; 3:5; 4:11). 히에라볼리에서 있던 사도 빌립의 네 딸들도 여선지자였다고 전해진다 (Eusebius, *Eccl. Hist.* 3.31).

두아디라의 주신(主神) 셋 가운데 둘(퀴벨레와 삼베쎄)이 여신이라는
점에서 두아디라는 모계 중심 사회였을 가능성이 있다. 두아디라와 관련하
여 신약성경에 나오는 두 여인(계시록의 여선지자 이세벨과 사도행전의 루
디아)의 모습은 부정적이든(이세벨), 긍정적이든(루디아) 두아디라의 적극
적인 여성의 역할을 반영하는 것일 수 있다.

두아디라 출신의 루디아가 빌립보에 있을 때 바울과 실라를 강권하여
자신의 집에 머물게 한 것이 빌립보 교회의 효시가 되었다(행 16:13-15). 이
미 하나님을 경외하던(예배하는) 여인('하나님 경외자')이던 루디아의 헌
신은 빌립보 교회의 귀한 자산이었다. 후에 빌립보 교회는 사도 바울의 사
역에 많은 도움을 준 교회로 일컬어진다(빌 4:14-16). 바울 선교의 고귀한
후원 교회였다.

두아디라에서 자주색으로 염색된 옷감을[96] 들여다가 빌립보에서 팔던
옷감 상인인 루디아의 예에서 엿볼 수 있듯, 두아디라는 여러 물품의 생산
과 교역의 도시였다. 그곳은 직조 및 염색 기술, 리넨(세마포) 직물 등으로
유명하였다(Blake와 Edmonds, 132-3; McRay, 244-5). 그곳에서 나는 자주
색 옷감은 왕족을 위한 값비싼 옷감이었다. 또한 도자기, 양모, 놋쇠 제품과
피혁, 주조술 등의 산업이 활발하게 일어난 지역이었다.[97]

이 때문에 그 지역에 길드가 발달하였다(Blake와 Edmonds, 132-3;
Cimok, 70-71). 헬라-로마 시대의 길드는 같은 제품을 만드는 제조업자들
과 상인들로 구성되었다. 조합원들의 결속을 위해 특정 신을 섬기며 그 안
에 사제를 두어 정기적인 종교 행위를 하고 때때로 자체적인 축제도 열었

---

96. 자주색 옷감은 달팽이에서 추출된 진홍색 물질로 염색하는데 상당히 비싸서 주로
    왕족들의 옷을 만드는 데 사용된 옷감이다(Blake와 Edmonds, 132).
97. 오스만 투르크 제국 때에도 두아디라는 무역 중심지의 역할을 하였다(akhisar.com,
    "Akhisar").

다(Ferguson, 106, 110; Pate, 2019: 70). 함께 공동 신을 섬기며 종교적 의식을 갖는 것은 조합원들을 결속시키는 생존의 문화였다. 그 일에 참여할 수 없다면 조합원이 될 수 없다. 따라서 그리스도인들은 길드에서 배제될 수밖에 없었을 것이다. 그리스도께서 그들의 '믿음'과 '인내'를 칭찬하실 때 (2:19)는 이런 배경이 있을 것이다. 서로에 대한 '사랑'과 '섬김'으로 이겨내야 했다.[98]

사데: 고대 리디아 제국의 수도

사데(Sardis)는 고대 리디아 제국(주전 1200-546년)의 발상지이자 수도였다. 이곳은 상당한 연륜의 역사를 지니고 있는 도시였다.[99] 헤르무스(Hermus) 계곡과 트몰루스(Tmolus) 산은 외침을 막아내기에 적합한 지형을 이룬다. 팍톨루스(Pactolus)강이 흐르는 헤르무스(Hermus) 평원은 토양이 기름져 정착하기에도 적합하다(Strabo, *Geogr.* 13.4.5; McRay, 261). 미케네(Mycenaea) 용사들이 주전 1200년경 이곳에 이주하여 리디아 제국을 형성하였다(Herodotus, *Hist.* 1.7; 1.29). 이 제국의 왕들은 헤라클레스의 후손들(Heraclides)이라 주장하였다(Herodotus, *Hist.* 1.7).

리디아 제국 시대 팍톨루스 강에서 금이 발견되었기 때문에 사데는 부유한 도시가 되었고 리디아 제국이 금, 은, 호박금(금과 은의 혼합물)을 생산하고 주화를 제조하여 화폐 사용을 할 수 있게 된 기반이 되었다(Strabo,

---

98. 헬라-로마 시대에 교회는 길드(협회)나 다른 사회 집단을 대체할 수 있는 사회 조직이라 할 수 있었다. 기존의 사회 조직(예컨대 길드, 종교 집단, 철학 학파 등)이 각자의 신들을 숭배하던 상황에서 이에 참여할 수 없는 성도들은 교회를 통해 그들의(다른 집단과 다른) '정체성'(identity)을 세우고 서로에 대한 '사랑과 섬김'으로 사회 조직을 대체하려 하였을 것이다. Newton, 73-78, 89를 참고하라.
99. 리디아는 구약에서 셈의 아들 룻(Lud, 창 10:22; 대상 1:17; 사 66:19)과 루딤(Lydia, 렘 46:9)과 관련이 있다고 본다(Cimok, 73). 트로이보다 오래된 것은 아니지만 오래된 역사를 가지고 있었다(Strabo, *Geogr.* 13.4.5).

Geogr. 13.4.5; 참고, Plutarch, *Mor.* 25.2). 리디아 제국은 크로이수스(Croe-sus) 왕 때 금이 많이 채굴되어 한층 부유하게 되는데 이때 급작스러운 페르시아 고레스(Cyrus)의 침공을 받고 불식간에 무너지게 된다(Herodotus, *Hist.* 1.84-91).[100]

페르시아 시대에 사데는 이 지역의 중심지였다. 이 시대에 이곳을 지나 페르시아 수도인 수사(Susa)에 이르는 도로가 건설된다.[101] 이 도로를 통해 무역이 활발히 이뤄졌다. 헬라 제국인 셀류키드가 점령한 후에도 이 지역의 수도 역할을 하였다. 버가모 왕국 때에 잠시 경쟁 도시 버가모의 주도 아래 놓이게 되지만, 로마 시대에는 다시 그 역할을 회복한다(Ramsay, 378-9).

주후 17년 대지진으로 인해 사데의 건물들이 무너지는데, 티베리우스(Tiberius, 주후 14-37년) 황제에 의해 재건된다(Tacitus, *Ann.* 2.47). 이에 대한 감사의 뜻으로 사데는 황제 기념 주화를 제조했고, 이후 황제 숭배가 지역적으로 강화된다.[102] 로마 시대의 사데는 염색, 향수, 카펫 등 값진 산물의

---

100. 크로이수스(Croesus) 왕이 탐욕 때문에 동쪽으로 원정을 가서 금을 확보하려 하다가 주전 546년 페르시아의 고레스 왕과 전쟁을 하게 되었다는 설도 있다(참고, Cimok, 74-76).
101. '왕의 도로'(Royal Road)라고 불리는 이 도로는 에베소에서 사데를 거쳐 페르시아의 수도인 수사(Susa)에 이르는 약 2,700km에 달하는 도로인데 다리우스 1세(Darius I) 때 건설되었다. 역사상 최초의 고속도로라고 한다. 도보로는 90일 걸리는 길인데 고대 아나톨리아의 무역과 통상의 중심 도로였다. Cimok, 11을 참고하라.
102. 이 주화에는 '가이사의 사데'(Caesarean Sardis)라 새겼다. 가이사(Caesar)는 시저(Gaius Julius Caesar)의 이름에서 기원한다. Osborne은 사데의 복구를 도운 황제를 아우구스투스(Caesar Augustus, 주전 27년 – 주후 14년 재위)라고 한다(Osborne, 2002: 172). 그러나 복구 시기는 그의 양자이자 후계자인 티베리우스(Tiberius Caesar Augustus, 주후 14-37년 재위)가 정확할 것이다. 아우구스투스와 티베리우스가 모두 가이사의 이름을 가지고 있었고, 또한 티베리우스는 아우구스투스의 이름을 함께 간직했다.

생산과 거래로 부유한 도시였다(Harrill, 132).

사데는 고대로부터 지구의 모신(母神) 퀴벨레(Cybele)를 섬기는 지역
이었다. 그런데 모신 숭배는 에베소, 버가모의 경우처럼 아르테미스 숭배
로 바뀐다. 리디아 시대에 세워졌던 퀴벨레 신전이 헬라 시대에 아르테미
스 신전으로 재건(확장)되는데 그 크기는 약 100m(328ft) 길이로 그 시대
가장 큰 헬라 신전 가운데 하나였다. 목욕-김나지움(bath-gymnasium) 복합
건물도 발견되는데 그 길이는 91.4m가 넘는다(worldhistory.org/sardis/).
건물에 인접한 길은 아고라(Agora)로 길게 이어져 있다. 복합건물의 일부
는 유대교 회당이다. 회당의 위치나 규모(크기, 장식)로 볼 때, 유대교의 영
향력이 그 지역에 상당했음을 추측할 수 있다.

주전 4-5세기 이래로 사데에는 큰 규모의 유대인 공동체가 있었다.[103]
셀류쿠스의 안티오쿠스 3세(Antiochus III)가 2,000명의 유대인을 이곳에
거주시켰는데, 상당수의 유대인들이 후에 로마 시민권을 가지게 된 것으로
알려진다(Osborne, 2002: 172; Cimok, 81).

사데는 고대 리디아 제국의 중심지였고 힘 있고 부유한 도시라는 자부
심을 가지고 있었을 것이다. 그러나 요한의 시대에 사데 교회는 지역에서
별다른 영향력을 가지지 못했을 것이다. 깨어 있지 못했기 때문이다. 그래
서 성령의 역사가 활발히 일어나지 않은 곳이다. 결국 라오디게아 교회와
함께 주님의 칭찬이 없는 교회가 되었다.

---

103. 셀류쿠스 제국(주전 2-3세기)의 때에 이주된 유대인들의 상당수가 사데에 정착하였
을 수 있다. 혹자는 바벨론 포로 때 일부는 사데로 이주하였을 수 있다고 생각한다.
그래서 스바랏에 있는 자들이 유다로 돌아올 것을 예언한 오바댜(1:20)의 스바랏
(Sepharad, סְפָרַד)을 사데로 보기도 한다(Aune, 1997: 218-9; Cimok, 81). Osborne은
사데의 유대인들의 상당수가 로마 시민권을 소지하였을 것으로 추정한다(Osborne,
172). 소아시아 유대인 공동체에 대한 좀 더 종합적인 자료는 Aune, 1997: 169-72를
보라.

빌라델비아: 여러 이름의 도시

빌라델비아(Philadephia)는 트몰루스(Tmolus)산의 낮은 기슭, 헤르무스(Hermus)와 메안더(Meander) 계곡 사이에 흐르는 코가무스(Cogamus) 강의 강둑에 건설되었다. 빌라델비아라는 이름은 버가모 왕국 유메네스 2세(Eumenes II) 때 붙여졌다. '형제 사랑'(필라-델포스)이라는 뜻의 빌라델비아는 유메네스 2세가 그의 동생 아탈루스 2세(Attalus II Philadelphos)를 위하는 뜻으로 지은 이름이다(Cimok, 85; Ramsay, 391).[104] 그리고 빌라델비아는 버가모 왕국에 속했던 다른 도시들(버가모, 서머나, 사데 등)과 같이 로마제국에 이양된 지역이다. 주후 17년과 23년의 지진 때에 많은 건물이 파괴되는데 티베리우스 황제에 의해 재건되기도 했다(Tacitus, *Ann.* 2.47).[105]

일곱 교회 지역 가운데 가장 늦게 도시로 세워진 빌라델비아는 시대에 따라 이름이 바뀐 도시로 유명하다(Blake와 Edmonds, 137). 리디아 시대에는 칼레테부스(Calletebus), 버가모와 로마 시대에는 빌라델비아, 또 로마의 티베리우스(Tiberius Caesar) 때에는 네오-가이사랴(Neo-Caesarea)라는 이름도 부여된다(Blake와 Edmonds, 137-8). '가이사(Caesar)의 새 도시'란 뜻이다. 또한 베스파시안 황제 때에는 그의 이름을 따서 빌라델비아 플라비우스(Philadephia Flavius)라는 이름을 가진다(Ramsay, 398). 이는 빌라델비아가 시대의 권력자들, 특히 로마 황제들에 의존했음을 보여주는 증거다. 이 도시는 6세기에는 '작은 아테네'로 불리기도 하였다. 지금은 알라쉐히

---

104. 반대로, 형의 왕위를 계승한 아탈루스 2세가 그의 형 유메네스 2세를 위해 이름을 지었다는 설도 있다(Cimok, 85).

105. 헬라의 역사지리학자 스트라보(Strabo)는 고대로부터 빌라델비아는 수시로 벽이 갈라지는 등 지속적인 지진의 피해를 입었고 이를 피해 대부분의 시민들이 도시 밖에서 농작 일을 하였다고 전해준다(Strabo, *Geogr.* 13.4.10).

르(Alashehir, '신의 도시')로 불린다. 현재 빌라델비아(필라델피아)라는 이름은 세계의 많은 지역과 기관(기구)들이 가장 즐겨 사용하는 명칭이다.

빌라델비아는 곡물보다는 포도 생산에 적합한 토양이라 포도주의 생산지로도 유명한데, 포도주의 신인 디오니수스(로마의 박쿠스)가 주로 숭배된 지역이다(Cimok, 86; Blake와 Edmonds, 138). 또한 아나톨리아 서부에서 중부 프리기아(Phrygia, 브루기아)로 가는 길목에 위치하여 통상과 교역의 문이 된 지역이다. 빌라델비아는 에베소에서 동쪽으로 직선 거리에 놓여 있다. 이곳은 로마에서 육로로 마케도니아, 드로아, 버가모, 사데를 거쳐 중부 평원인 프리기아로 가는 길목에 있고, 해상으로도 에베소, 서머나를 거쳐 중부로 향하는 통로(gateway)가 된다(Ramsay, 405; Cimok, 86).[106]

현재는 주후 5-6세기에 세워졌을 요한 교회의 건물의 일부가 유적으로 남아 있다. 벽돌로 된 여섯 개의 기둥은 거대한데 그 가운데 세 개만이 하단이 묻힌 채 현재까지 남아 있다. 기둥을 굵게 한 것은 지진에 흔들려도 무너지지 않게 하기 위한 것이었다. 14세기 말 오스만 투르크의 침공에 기독교 계통의 도시들 가운데 가장 마지막까지 저항했던 도시로 알려져 있다(Ramsay, 400).

라오디게아: 통상과 금융의 도시

일곱 지역 가운데 마지막 도시인 라오디게아(Laodicea)는 메안더(Meander)강의 지류인 리쿠스(Lycus)강 계곡에 세워진 도시다. 골로새 서쪽으로 17km, 히에라볼리 남쪽으로 10km 떨어져 있다. 고대 미노스(Minoan) 계열의 헬라인들이 정착한 곳으로 현대 투르키예(터키)의 데니즐리(Deni-

---

106. 무시아 지역(버가모 포함)과 사데에서 라오디게아로 가려 하거나, 라오디게아를 지나 동부 프리기아로 가기 위해서는 반드시 빌라델비아를 거쳐야 한다(Cimok, 86). 다만 에베소에서 출발한다면 바로 라오디게아를 거쳐 프리기아로 나아갈 수 있다.

zli) 부근에 있었다. 본래는 디오스폴리스('제우스의 도시')로 불렸으나 셀류쿠스의 왕 안디오쿠스 2세(Antiochus II, 주전 261-246년 재위)가 그의 아내 라오디케(Laodice)를 기념하여 라오디게아로 이름을 개명했다 (McRay, 247; Cimok, 88). 주전 190년에 버가모에 병합되고, 이어 133년 로마에 부속된다(Cimok, 88).

라오디게아는 에게해와 160km 떨어진 에베소 방면에서 프리기아(브루기아)로 가는 동서 대로와 북쪽 리디아(Lydia)의 버가모와 사데를 거쳐 남쪽 가리아(Caria)로 가는 북남 대로의 교차로에 위치하고 있다. 이 도시는 에베소에서 동쪽 직선 거리로 160km에 있는데 북쪽 리디아(Lycia), 동쪽 브루기아(Phrygia), 남쪽 가리아(Caria)의 접경 지역에 있어, 에게해에서 비롯하여 동부 브루기아로 가는 동서 대로와 북부 리디아와 남부 가리아를 잇는 북남 대로의 교차로에 위치하고 있었다.[107] 스트라보는 라오디게아를 그 지역의 중심이 되는 교통의 요지로 소개한다(Strabo, *Geogr.* 14.2.29). 덕분에 라오디게아는 무역과 통상, 금융의 도시로 번성할 수 있었다. 토지는 비옥했고 이곳에서 생산되는 검은 양모는 그 색과 부드러움 때문에 값비싼 상품이 되었다(Strabo, *Geogr.* 12.8.16; Cimok, 90). 네로 시대인 주후 60년 파괴적인 지진이 있었으나 제국의 도움을 받지 않고 스스로 재건할 수 있었던 것은 그만큼 부유했기 때문이다(Tacitus, *Ann.* 14.27; Blake와 Ed-

---

107. 로마 시대에 통상 교역의 교차로에 있는 라오디게아는 크게 번성할 수 있었다. 특히 로마제국이 제공한 팍스 로마나는 지역의 안정과 번영을 가져왔다. 반면에 비잔틴 후기에 이곳은 비잔틴 제국과 오스만 투르크의 격전지가 된다. 또한 십자군과 이슬람의 전장터였다. 라오디게아와 히에라폴리스 사이에 있는 넓은 평원은 많은 군대의 집결지로 손색이 없다. Cimok, 90을 참고하라. 에베소에서 동방으로 가는 길을 '꼬이네 호도스'(κοινὴ ὁδός)라 하는데, 라오디게아에서 에베소로 가는 왼쪽 길은 '에베소 문'(Ephesian Gates)이, 동방으로 가는 오른쪽 길에는 '시리아 문'(Syrian Gates)이 각기 있었다. 이 길은 에베소, 라오디게아, 비시디아 안디옥, 이고니온을 거쳐 다소와 안디옥에 이르는 길이다. Ramsay, 414-5과 Cimok, 88을 참고하라.

monds, 140; Wilson, 2005: 179).

로마 시대에 주요 도시 가운데 하나였던 이곳에는 의술(의과) 학교가 있었다(Strabo, *Geogr.* 12.8.20). 버가모 출신 의사 갈레노스(Galen)는 청력을 강화시키는 약인 나드 향신료에서 만든 약이 라오디게아에서 만들어졌고 눈을 위한 약은 브루기아의 암석을 재료로 제조되었다고 하였다(Ramsay, 419; Blake와 Edmonds, 140).

주신으로는 제우스 아쥬스(Zeus Azeus), 제우스의 아들 아폴로(Apollo), 의술의 신 아스클레피우스(Asclepius), 달의 신 멘(Men)이 있었다. 라오디게아에서 에베소로 가는 길의 25km 되는 지점 부근에 유명한 멘 카루(Men Karou 또는 Carou) 신전이 있었는데, 달의 신으로 알려진 멘은 치유와 안전과 번영의 신이었다(Strabo, *Geogr.* 12.8.20; Ramsay, 417-8).[108]

라오디게아는 교통의 요지에 있는 부유한 도시였으나 물이 귀하였다. 그 때문에 10km 떨어진 온천 지대 히에라볼리(Hierapolis)에서 온수를, 17km 떨어진 골로새(Colossae)로부터는 냉수를 로마식 송수로(aqueduct)로 연결하여 공급받고 있었다(McRay, 248). 온수와 냉수는 송수로를 통해 흐르는 동안 미지근해졌는데, 이런 정황이 계시록 말씀에 반영된다. 본래 히에라볼리(히에라폴리스)의 온천수가 미지근해지면 온천 효과는 떨어지고 석회질이 섞인 미지근한 물이 된다(Cimok, 93). 당시에 히에라볼리는 라오디게아 못지않게 큰 도시였다.[109] 지금은 유네스코 세계 유산이자 온천으로 유명한 파묵칼레(Pamukkale)라는 유명한 관광지다.

라오디게아에도 유대인들이 많이 살고 있었다. 셀류쿠스의 안디오쿠

---

108. 멘 숭배는 후에 제우스와 아스클레피우스 숭배와 연관되는데 멘(μήν)이라는 말(헬라어)에는 '달'(moon)이라는 뜻이 있다(Cimok, 88-90).
109. 유세비오스는 히에라볼리에 사도 빌립과 빌립의 딸들의 무덤이 있다고 전해준다 (Eusebius, *Eccl. Hist.* 3.31).

스 3세(Antiochus the Great)가 바벨로니아에서 유대인 약 2,000명을 리디
아와 브루기아로 이주시킨 이래 라오디게아는 유대인이 많은 도시가 되었
다(Josephus, Ant. 12.3.145; Trebilco, 2004: 38).

　라오디게아가 성경에 처음 나오는 곳은 골로새서다. 바울은 골로새에
편지를 보내면서 라오디게아 성도들에 대해 자주 언급한다(2:1, "라오디게
아에 있는 자들"; 4:13, "라오디게아에 있는 자들과 히에라볼리에 있는 자
들"; 4:15, "라오디게아에 있는 형제들과 눔바와 그 여자의 집에 있는 교회
에 문안하고"; 4:16, "라오디게아인의 교회에서도 읽게 하고 또 라오디게아
로부터 오는 편지를 너희도 읽으라"). 이러한 언급은 바울의 시대에 이미
골로새 교회와 함께 라오디게아 교회가 있었다는 것을 보여주는 단서다.
오스본은 에바브라에 의해 골로새(골 1:7), 히에라볼리(골 4:13), 라오디게
아(골 4:13) 세 교회가 세워졌다고 본다(Osborne, 2002: 202). 일곱 교회 가
운데 바울과 관련된 교회는 첫 교회인 에베소 교회와 마지막 교회인 라오
디게아 교회다. 그런 점에서 라오디게아 교회는 제법 오래된, 유서 깊은 교
회라 할 수 있다.

제4장
계시록과 신구약 성경

요한계시록의 내용 중에서 구약과 신약과 공유되는 부분 및 보완되는 부분을 잘 이해해야 한다. 요한이 구약을 활용하여 계시록을 창작했다고 보는 것보다는 구약의 개념을 공유한다고 보는 것이 좋다. 요한계시록은 요한이 알고 있는 개념과 용어를 가지고 창작한 것이 아니라, 그가 보고 들은 것을 증언한 것이다. 계시록의 표현 중에 역시 하나님의 계시인 신구약의 개념과 용어가 나오는 것은 당연하다.

구약과 신약의 개념이 계시록에 산재한다. 계시록은 신구약 계시의 완성이므로(참고, Fanning, 8-12), 구약의 예언들의 성취가 계시록에 나오는 것은 당연하다. 학자들은 구약의 500구절 이상이 직간접적으로 계시록과 연관된다고 추정한다(Carter, 135, 145).[1] 그렇지만 요한이 계시의 완성이라

---

1. Fanning은 간접 인용이 15회이고(NA[28] 기준), 인유(allusion)나 반향(echo)을 포함하면 250회~1,000회까지 될 수 있다고 보았다(Fanning, 8). Beale과 McDonough는 대부분의 인유가 시편, 이사야, 에스겔, 다니엘에서 온다고 보았다(Beale과 McDonough, 1082). Beale은 특히 다니엘에서 많은 인유가 온 것으로 본다(Beale, 1984: 413). 한편, Mathewson은 에스겔을 계시록의 구조적 모델로 보면서, 인유는 저자의 의식적 활동의 반영이고 반향은 무의식적인 것으로 구분한다(Mathewson, 2003b: 311, 312).

는 면을 고려해서 스스로 구약의 예언들을 사용하여 계시록을 창작했다고 볼 수는 없다. 계시록은 기본적으로 요한이 보고 들은 그리스도의 계시다. 이러한 관점이 그렇다고 요한과 요한의 독자들이 공유하고 있던 구약과 신약의 표현들과 개념들이 계시록에서 활용된 것을 부인하는 것은 아니다.[2] 요한계시록에 나오는 신구약의 표현과 개념은 신적 계시의 결과다. 요한이 자신의 사전(신구약) 지식으로 계시록을 창작했다고 볼 수 없다는 것이다. 만일 그렇게 창작했다면, 계시록이 예수 그리스도의 계시일 수 없기 때문이다.

계시록이 신구약, 특히 구약 계시의 완성이라는 것은 구약 선지자들의 많은 미래 예언들의 성취가 계시록에 담겨있다는 것이다. 그 성취와 완성이 문자적으로 표현될 수도 있고 상징적(또는 요약적)으로 표현될 수도 있다. 예언된 모든 것이 그대로 반영되고 그대로 기록된 것도 아니다. 계시록이 미래에 관한 계시의 모든 것을 담은 책은 아니다. 그러나 성도들이 알아야 할 종말 계시의 가장 핵심적인 것들이 계시록에 담겨 있는 것은 부인할

구약 인유에 대한 자세한 논의는 Beale과 McDonough, 1081-161; Oladosu와 Alu, 221-34를 참고하라. 한편, Beale처럼 구약 인유를 지나치게 중시하면 계시록 자체에 대한 관심을 놓칠 수 있다고 한 Fletcher, 25의 지적과, 주관적이고 과장될 수 있는 인유 연구의 문제에 대해 경계한 Jauhiainen, 165의 지적도 참고할 만하다.

2. 계시록과 당대의 유대 문헌, 그리고 구약과의 관계에 있어, 계시록이 구약 성취라는 점은 중시하되, 요한의 유대 문헌 활용도가 그렇게 크지 않았다고 보는 것이 필자의 관점이다. 요한이 처한 90년대 소아시아 지역은 유대교와의 갈등이 고조된 때였다. 또 유대교에서 떨어져 나온 기독교회의 종교적, 사회적, 경제적 고립이 증강하던 때였다(참고, 김상훈, 2004: 118-141). 따라서 요한이 이들 유대 문헌에 의존하려 하지 않았을 것이라 추정된다. 요한에게 가장 중요한 자료는 그리스도의 계시 그 자체다. 요한이 보고 들은 계시를 기록하는 일에 필요한 표현과 어휘는 구약과 신약(사도들의 글)과 연관되어 나타날 수 있다. 계시록과 구약, 위경, 외경, 유대 문헌 등과의 연관성(인용, 인유 등)에 대해서는 Aune와 Beale의 주석과 함께 Evans, 2005: 404-9를 참고하라.

수 없다.

따라서 구약 예언서들을 통해 계시록을 보는 것은 의미 있는 일이다. 그렇지만 계시록의 예언들이 선지서들의 예언 내용에 의하여 제한되는 것은 아니다. 예언서의 잣대로 계시록의 계시를 평가하거나, 계시록 내용 해석을 좌지우지할 필요는 없다. 중요한 것은 어떤 맥락에서, 어떤 방식으로 활용되고 있는지를 서로 비교하며 살피는 것이다(참고, Hutchinson, 149).

또한 계시록을 통해 구약 예언서들을 볼 필요도 있다. 특히 어떤 점들이 계시록에서 성취되고 완성되는지를 보아야 한다.

그러므로 신구약, 특히 구약 선지서들의 글(예언)들과 계시록의 계시들을 비교할 때는 연속성(예언과 성취)과 불연속성(비슷해 보이나 다른 내용)의 관점을 동시에 갖고 있을 필요가 있다. 연속적인 것은 계시(선지서)와 성취(계시록)의 의미로 보고, 불연속적인 것은 그 차이에 주목하며 같은 것이 아니다(또는 다르다)라고 할 필요가 있다. 한쪽(계시록)이 다른 한쪽(구약 선지서)에 예속될 필요가 없다. 다른 것을 같다고 우길 필요는 더욱 없다. 이를 위해 같은지, 다른지를 주의 깊게 살펴보아야 한다. 모두 하나님의 계시다(참고, Jauhiainen, 8).

신약 종말 구절들

'그날'과 '그때'

복음서에는 '그날'(마 7:22; 11:22-23; 12:36)과 '그때'(마 7:23; 16:27)에 대한 예수의 말씀이 많다. '그날'은 '심판의 날'(마 11:22, 24; 12:36; 눅 17:34-35)이고 '인자의 재림'의 날(마 16:27; 눅 17:24, 30; 살후 1:10)이다. 때로는 천지격변의 날(마 24:29), 때로는 '환난의 날들'(막 13:19)을 가리키

기도 한다. '마지막 날'(요 6:39-40, 44, 54)로 불리기도 한다. 또한 이날은 '우리 주 예수의 날'(고후 1:14), '그리스도 예수의 날'(빌 1:6), '그리스도의 날'(빌 1:10; 2:16), '주의 날'(살전 5:2; 살후 2:2)로 불리기도 하며, 바울은 이날을 '은밀한 것을 심판하시는 그날'(롬 2:16)이라 했다.

'그때'는 '인자가 보좌에 앉을 때'(마 19:28), '심판의 때'(마 19:28; 눅 11:32)인데, '주님께서 오시는/강림하실 때'(마 23:39; 24:30; 막 13:26-27; 눅 21:27; 골 3:4; 살전 2:19; 3:13; 4:15; 살후 1:7)를 가리키기도 한다. '그때'는 천지격변의 때(막 13:24), 때로는 '추수의 때'(마 13:39), '세상 끝'(마 13:40)이라고도 하고, 그때는 '인자의 날/때'(눅 17:22, 26, 30), 즉 재림의 날을 가리키기도 한다.

베드로는 이날을 '만물을 회복하실 때'(행 3:21)라고 했다. 바울은 또한 이날을 '그가 모든 통치와 모든 권세와 능력을 멸하시고 나라를 아버지 하나님께 바칠 때'(고전 15:24)라 했다(이것은 계 19장의 사건을 가장 잘 가리킨다). 이때는 '이 썩을 것이 썩지 아니함을 입고 이 죽을 것이 죽지 아니함을 입을 때'(고전 15:54)다.

그날과 그때에 관한 이러한 표현들은 모두 마지막 종말의 때, 특히 그리스도의 재림의 날, 또는 그 전후의 때를 가리킨다는 점에서는 공통되면서 구절의 맥락에 따라 부각하고자 하는 초점의 차이가 있기도 하다.

그리스도께서는 '그날'과 '그때'는 알지 못하여도 늘 깨어 준비하라 하셨다(마 24:36, 42-44; 25:13; 막 13:33-35, 37; 눅 12:37; 21:36; 계 16:15). 예수 그리스도의 말씀에 따라, 사도들도 깨어 있어야 할 것을 반복 강조한다(고전 16:13; 엡 5:14; 골 4:2; 살전 5:6; 딤후 2:26; 벧전 5:8).

마태복음 24:45-51과 25장의 네 가지 비유/말씀은 모두 '때'에 대한 말씀이다. 그때를 준비하며 깨어 있을 것을 강조한다. '충성되고 지혜로운 종'의 비유(마 24:45-51)와 달란트 비유(25:14-30)는 '항상' 깨어 맡겨 주신 일을 감당하는 신실한 종이 될 것을 요구하신다. 열 처녀 비유(25:1-13)는 역시 항상 '깨어 있을 것'을 강조한다. 양과 염소에 대한 말씀(25:31-46)도 사실상 '그때'에 대한 말씀이다. 이 말씀은 재림의 때를 준비하며 항상 섬김의 일을 해야 한다는 것을 가르치고 있다.

'아직은 아니다'

복음서에는 종말의 일과 관련하여 '아직은 아니다'(not yet)라는 표현이 있다. 종말이 다가옴을 알리는 특정한 일(들)이 일어나도 아직은 그 끝이 아니란 것이다.

"이 천국 복음이 모든 민족에게 증언되기 위하여 온 세상에 전파되리니 그제야 끝이 오리라"(마 24:14), 그리고 "또 복음이 먼저 만국에 전파되어야 할 것이니라"(막 13:10)는 말씀은 만국에 복음이 전파되는 일이 먼저이고, 그렇게 되기 전까지는 세상의 끝이 아니라는 단언이다.

또한 "난리와 난리의 소문을 들을 때에 두려워하지 말라. 이런 일이 있어야 하되 아직 끝은 아니니라"(막 13:7), 그리고 "이 일이 먼저 있어야 하되, 끝은 곧 되지 아니하리라"(눅 21:9)의 말씀은 많은 재난이 일어나고 있는 때라도 아직은 끝 날이 아니란 점을 명확하게 한다. '마지막 날'은 아직 아닌 예들이다.

마태복음 24장을 보면, 종말의 많은 재난이 일어나는 때(3-22절)에 거짓 그리스도와 거짓 선지자들이 출현한다(23-26절). 그때 나타나는 자칭, 타칭 그리스도(들)는 모두 거짓된, 미혹하는 자들, 거짓 그리스도(들)이다. 반면에 특정한 천지격변의 일이 일어난 후(29절), 하늘에서 오시는 분은 바로 예수 그리스도 그분이시다(30-31절).[3] 그러니까 하늘과 땅의 격렬한 변

---

3. 예수 그리스도 자신의 가장 긴 종말 담화는 마 24-25장이다. 이에 대해 김상훈, 2016 을 참고하라.

동이 일어나는, 마지막 때의 천지격변의 현상이 일어나기 전에 세상에 나타나는 그리스도라 하는 존재는 일단 다 거짓 그리스도란 뜻이다. 또 천지격변이 일어난 후에 나오는 존재라도 모두가 볼 수 있게 하늘에서 오는 그리스도가 아니면 그 또한 가짜이다(30-31절). 아직 그리스도의 강림이 없는 것이다.

바울도 먼저 배교하는 일과 불법의 사람이 나타나기 전에는 '그날'이 이르지 않는다고 분명히 못 박았다(살후 2:3). 그리스도의 재림보다 불법한 자의 나타남이 먼저이고 그다음에 그리스도께서 재림하신다 하였다(2:8). 그리스도의 재림은 그를 죽이는 일과 관련이 있다(2:8).

그리스도의 재림 이전에 먼저 전조들이 발생한다. 1차 전조는 많은 재난이다. 그래도 그리스도의 강림은 아직 아니다. 천지격변의 2차 전조가 있은 후에야 그리스도의 재림이 있다. 그러나 이 또한 하늘에서 임하시는 그리스도의 모습이 아니면, 참된 그리스도의 강림이 아직 아닌 것이다. 그리스도는 마지막 때에 하늘에서 강림하신다(마 24:30-31; 막 13:26; 14:62; 눅 21:27; 행 1:9-11; 살후 1:7; 계 19:11-16).

재림 전 징조들

그리스도의 재림이 일어나기 전에 있게 될 사전 징조들이 있다. 이런 일들이 일어나지 않고는 그리스도의 강림이 없다, 또는 아직은 아니다. 그러면 그리스도의 재림 이전에 어떤 일들이 일어날까? 종말에 일어날 일에 대해서는 마태복음 24:3-28; 마가복음 13:4-23; 누가복음 21:8-24에 주로 나타난다.

첫째, 전쟁과 기근과 지진 등 이 땅에 많은 재난이 일어난다(마 24:6-7; 막 13:7-8; 눅 21:9-11). 연속된 재난의 진행이라 할 수 있다. 많은 재난은 종말적 징조일 뿐, 아직은 그때가 아니다. 그리스도의 재림은 그때를 여전히 기다리는 중이다.

둘째, 종교적, 신앙적 박해가 일어난다(마 24:9-10; 막 13:9-13; 눅 21:12-19). 그리스도 신앙이 핍박을 받는 일은 그리스도의 때부터 있었다. 그리스도의 재림의 때가 이를 때까지 국지적이고 지역적인 박해는 멈추지 않고 일어날 것이다. 그리고 특정한 때가 될 때까지는 전 세계적인 현상으로 나타나지는 않을 것이다. 전 세계적, 전방위적으로 편만하게 일어나는 핍박은 재림의 때에 가까워 일어나게 될 것이다.

마태복음 24:15-22; 마가복음 13:14-20; 누가복음 21:20-24에 기록된 '환난'(대환난)은 그 앞선 구절에서 예고된 이전의 환난들(마 24:9-10; 막 13:9-13; 눅 21:12-19)과 구별된다. 그 차이는 (1) 이전 단락과 따로 구별되어 구성된 단락이라는 점, (2) 자체적인 구성(구조)이 있는 점(마 24:15-22),[4] (3) 이전 단락에는 환난과 재난(전쟁과 기근 등)이 섞여 나온다면, 여기는 따로 떼어져 나타나는 점, (4) 극적인 특성(산, 지붕, 밭, 아이 밴 자, 젖 먹이는 자, 겨울, 안식일 등의 용어들)을 지닌 점 등이다.

누가는 '멸망의 가증한 것이 거룩한 곳에 선 것'(마 24:15), '멸망의 가증한 것이 서지 못할 곳에 선 것'(막 13:14)에 대해 '예루살렘이 군대들에게 에워싸이는 것'(눅 21:20)으로 기록한다. 따라서 이 사건은, 일차적으로 주후 70년에 있던 예루살렘 멸망 사건(제1차 로마-유대 전쟁)을 예고하는 것이라 할 수 있다. 누가의 기록에는 이 즈음의 장면으로 보이는 표현이 더 있다. "땅에 큰 환난과 이 백성에게 진노가 있겠음이로다"(눅 21:23); "그들이 칼날에 죽임을 당하며 모든 이방에 사로잡혀 가겠고 예루살렘은 이방인의 때가 차기까지 이방인들에게 밟히리라"(눅 21:24)는 내용이 그것들이다.

---

4. 마 24:15-22은 그 자체로 교차적 구조를 보여준다. 15절(a), 16절(b), 17-18절(c), 19절 (c′), 20절(b′), 21-22절(a′)의 교차적 특성은 15-22절이 하나의 독립된 단락(구조)일 개연성을 높여준다.

그런데 이 같은 일, 또는 유사한 일이 또다시, 마지막 때에 모형론적으로 반복될 수 있다. 그때의 일보다 더한(비슷하지만 더 큰) 일이 일어날 수 있다. 예수 그리스도께서 불과, 약 40년 후의 일만을 말씀하시지는 않으셨을 수 있다. 특히 "창세로부터 지금까지 이런 환난이 없었고 후에도 없으리라"(마 24:21; 막 13:19), "그날들을 감하지 아니하면 모든 육체가 구원을 얻지 못할 것이나 그러나 택하신 자들을 위하여 그날들을 감하시리라"(마 24:22; 막 13:20)는 말씀들을 주후 70년의 예루살렘 멸망의 때로 국한하기에는 과도한 표현이라 할 수 있다.

따라서, 예전의 유대 전쟁과 예루살렘 멸망과 함께 미래의 특정한 '대환난' 사건을 동시에(이중적으로) 예언하신 내용으로 보는 것이 더 타당해 보인다. 이전의 예루살렘 멸망은 미래의 대환난(계 13장)에 대한 예표적 기능을 한다.

셋째, 그리스도의 복음이 온 세계에 전파된다(마 24:14; 막 13:10). "그제야(그때) 끝이 오리라(온다)"(마 24:14). '모든 민족'(πᾶσιν τοῖς ἔθνεσιν), '온 세상'(ὅλη τῇ οἰκουμένῃ, 마 24:14), '만국(모든 민족)'(πάντα τὰ ἔθνη, 막 13:10)이라는 표현은 말 그대로 천국 복음이 지구상의 모든 민족에 전해짐을 뜻한다. 이전의 그 어떤 때보다 20세기는 문자적으로 모든 민족에게 복음이 전해진 세기라 할 수 있다. 아직 미전도 소수 민족(종족)이 남아 있으나, 20세기 이전의 상황과 비교한다면, 각 대륙의 종족들에게 복음이 전파되고, 이같이 모든 대륙의 많은 민족들이 구원받은 자의 대열에 합류된 때는 없을 것이다. 이제 충분한가? 다 되었는가? 그 답은 주님만 아실 것이다.

넷째, 거짓 선지자, 거짓 그리스도의 미혹이 전개된다(마 24:4-5, 11, 23-26; 막 13:5-6, 21-22; 눅 21:8). 먼저 일상적인 거짓 선지자, 거짓 그리스도의 미혹이 예고된다(마 24:4-5, 11; 막 13:5-6; 눅 21:8). 이런 미혹은 그날이 올 때까지 계속된다. 그리고 이런 종류의 미혹은 다른 재난들과 섞여 나타난다.

그런데 마태복음(24:23-26)과 마가복음(13:21-22)은 거짓 그리스도와 거짓 선지자가 오는 것과 그리스도 재림의 경우를 명확히 구별한다. 하나는 장소에 대해 말하는 부분이고(마 24:23, '여기', '저기'; 24:26, '광야', '골방' 등; 막 13:21, '여기', 저기'), 다른 하나는 거짓 그리스도들과 거짓 선지자들이 큰 표적과 기사를 행한다고 말하는 부분이다(마 24:24; 막 13:22).

반면에 그리스도의 강림은 이와 대별된다. '여기, 저기'의 장소가 아니다. 하늘에서 오신다. 또한 '큰 표적과 기사'를 행하는 식으로 자신을 그리스도로 내세우지 않으신다. 하늘에서 오시는 그 자체로 재림하시는 그리스도이심을 드러내신다. 그것이 마태가 24:4-14과 24:15-28을 구분하고 마가가 13:5-13과 13:14-23을 따로 구분해 놓은 이유일 것이다.

다섯째, 이스라엘의 황폐화가 예고되었다(눅 21:24; 마 23:38-39). 이 주제는 누가복음(21:24) 외에는 위의 구절들(마 24장; 막 13장)에 직접 나타나지 않지만, 제1차 로마-유대 전쟁에서 일어날 성전의 파괴는 예고됐다(마 24:2; 막 13:2; 눅 21:6). 특히 누가복음은 그 이후에 일어날 일, 즉 "칼날에 죽임을 당하며 모든 이방에 사로잡혀 가겠고 예루살렘은 이방인의 때가 차기까지 이방인들에게 밟히리라"(눅 21:24)는 사건을 언급하고 있다는 점에 주목할 필요가 있다. 마태는 이 부분을 23장에 기록하고 있다. "보라, 너희 집이 황폐하여 버려진 바 되리라. … 이제부터 너희는 찬송하리로다. 주의 이름으로 오시는 이여, 할 때까지 나를 보지 못하리라"(마 23:38-39).

이스라엘의 황폐화가 실제적으로 일어난 것은 제2차 로마-유대 전쟁(주후 132-135년)의 결과다. 그때 유대는 팔레스타인으로 이름이 바뀌고 유대인들은 나라를 잃고 유랑하게 된다. 그리스도의 예언이 문자적으로 적용된 것이다. 물리적인 황폐화가 일어났다.

이스라엘의 물리적인 황폐화는 1948년 독립과 함께 회복된다. 예루살

렘과 유다의 물리적인(외적) 회복은 그리스도의 재림이 가까웠다는 증거
일 수 있다. 그러나 영적(내면적) 황폐화는 아직도 지속되고 있다고 말할
수 있다. '주님을 보지 못하는'(마 23:39) 유대인들의 영적 황폐화가 아직도
지속되고 있다. 주님의 예언, "하나님의 나라를 너희는 빼앗기고 그 나라의
열매 맺는 백성이 받으리라"(마 21:43; 참고, 눅 13:28-30)는 말씀은 지속되
고 있는 것 같다. 하나님 나라의 잔치는 세계 모든 족속에게 활짝 열렸으나
(눅 13:29), 하나님의 백성이던 유대인들은 오히려 '밖에 쫓겨나 슬피 울며
이를 가는'(눅 13:28) 모습을 보이고 있지 않은가?

한편으로, "찬송하리로다. 주의 이름으로 오시는 이여, 할 때까지 나를
보지 못하리라"(마 23:39; 눅 13:35)는 말씀의 이면에는 언젠가는 그들도
주님을 뵙게 될 것이라는 점이 내재되어 있는 것은 아닐까? 그들의 영적 회
복은 언제 일어날까? 유대인들이 '찬송하리로다. 주의 이름으로 오시는 이
여'라고 하게 된다는 것은 이들도 재림하시는 그리스도를 인정하고 그분을
대망하게 된다는 뜻일 수 있다. 그때가 언제일까? 그때 유대인들의 영적 회
복이 일어날 수 있을 것이다.

마지막 때의 유대인들의 회복이 있을 것이라고 보는 것은 바울의 소망
이었다(롬 11:25-27). 이것은 그의 믿음이기도 했다. 13-24절에서 유대인(이
스라엘, 참감람나무)과 이방인(돌감람나무)을 대조하는 맥락으로 볼 때, 26
절의 구원받을 '이스라엘'을 영적인 이스라엘로 제한할 수 없다. 이 말씀은
미래에 있을 이스라엘의 회복에 대한 예언으로 보는 것이 타당할 것이다.
여기서 바울이 '신비'라 한 것(25절)은 바울 당시에는 숨겨져서 밝혀지지
않았지만 때가 되면 일어나게 될 일을 암시하여 알려주고 있다는 뜻이다.

여섯째, 마지막 때에 '불법의 사람'(ὁ ἄνθρωπος τῆς ἀνομίας)이 출현할
것이다(살후 2:3-12). 이 일은 앞의 '둘째' 항목의 대환난과 관련이 있을 것
이다. 특히 마태(24:15-22)와 마가(13:14-20)는 대환란에 대해 기록하고 있

다. 바울은 데살로니가후서에서 그리스도의 강림 이전에 '먼저'(2:3,
πρῶτον) 일어나야 할 일을 기록한다. 그것은 '불법의 사람', 곧 '멸망의 아
들'의 출현이다(2:3). 그는 '불법한 자'(2:8, 불법 그 자체라는 뜻)라고[5] 불린
다. 또한 '대적하는 자'이자 (자신을) '높이는 자'(2:4, ὁ ἀντικείμενος καὶ
ὑπεραιρόμενος)이다. 이 말은 자신 외에는 그 어떤 신들도 인정하지 않을
뿐 아니라, 모든 신들, 그리고 신적인 존재('예배의 대상', σέβασμα) 위에 그
자신이 존재한다고 주장한다는 뜻이다. 또한 하나님의 성전에 앉아 자신을
하나님이라고 선언한다(2:4). 3절에서 '사람', '아들'이라 한 것은 사람의 모
습을 가진 육체적 존재라는 뜻이다.

바울은 그 '불법의 사람'과 관련된 '불법의 비밀'이 이미 활동하고 있으
나(2:7), 아직은 그의 시기가 아님을 분명히 말하고 있다(2:7 직역, "지금은
그것을 막는 자가 있다"). 그러나 그 막는(제한하는) 일이 없어질 때가 올
것이다.[6] 그 '불법한 자'가 나타날 때(2:8)가 온다.

그의 중요한 특징은 사탄의 활동(작동함)을 통해 '모든 능력과 표적과
거짓 기적'을 행하는 것이다. 온갖 기적과 표적을 행하는 능력이 그에게 있
을 것이다. 또 하나의 특징은 이 불법의 존재는 '불의의 모든 속임'(2:10)을
베풀어, 많은 이들을 미혹하게 함이다. 실제로 미혹의 일이 작동할 것이다
(2:11).

일곱째, 천지격변에 대한 것이다. 주님은 그때에 하늘과 땅의 격렬한 변
동이 있을 것을 예고하신 바 있다(마 24:29; 막 13:24-25). 이것은 이전에 일
어났던 기근과 재난의 유가 아니다. 최소한 두 가지 차이가 있다. (1) '그날
환난 후'라고 시기를 분명하게 못 박고 있다. 그 전의 재난과 다른 점이다.

---

5. 2:9의 '악한 자'는 개역개정의 의역이다.

6. Thayer는 ἐκ μέσου γένηται를 '방해되지 않게 치워진다'(to be taken out of the way), '없
어진다'(disappear)로 해석한다(Thayer, 3411).

'그날 환난 후'(μετὰ τὴν θλῖψιν τῶν ἡμερῶν ἐκείνων)의 '그날'은 특정한 어떤 한 날(the day)이 아니다. '환난'은 단수이나, '그날들'이 복수로 된 것에 유념할 필요가 있다. 이것은 대환난의 연속된 날들(기간)이다. 그 이후에 일어날 사건이 천지격변의 일이다.

누가는 이것을 두 곳에 기록하고 있다. 한 곳은 다른 재난들과 함께 소개한다. "무서운 일과 하늘로부터 큰 징조들이 있으리라."(21:11) 여러 재난들을 포괄하여 열거하는 단락에 있는 것으로 보아, 이 내용은 대환난과 관련된 것은 아닐 것이다. 종말의 일반적인 재앙들을 가리킨다. 그런데 두 번째 나타난 것(21:25-26)은 대환난과 관련이 있다.

> 일월성신에는 징조가 있겠고 땅에서는 민족들이 바다와 파도의 성난 소리로 인하여 혼란한 중에 곤고하리라. 사람들이 세상에 임할 일을 생각하고 무서워하므로 기절하리니 이는 하늘의 권능들이 흔들리겠음이라(21:25-26).

누가도 해, 달, 별들의 변동을 언급한다. 다만 이 부분이 '징조'(signs)라는 말로 요약된다. 그리고 추가된 내용이 있는데, '바다와 파도의 성난 소리(문자적으로는 '소리', ἦχος)'를 지적한 것과 땅 위의 열방(ἐθνῶν)이 당혹해하며 경악하고, 심지어 세상에 임할 일을 (미리) 생각하며 무서워 기절하게 된다는 것이다. 누가의 기록이 마태복음 및 마가복음과 같은 부분은 '하늘의 권능들이 흔들리리라'는 것이다(마 24:29; 막 13:25).

(2) 이때의 천지격변은 이전의 재앙들과 다를 것을 지적한다. 마태(24:29)는 "해가 어두워지며 달이 빛을 내지 아니하며 별들이 하늘에서 떨어지며 하늘의 권능들이 흔들리리라"고 소개한다. 놀랍게도 개역개정은 마가의 구절(13:24-25)도 이와 똑같이 변역한다. 실제로 내용이 거의 유사하기 때문이다. 원문에는 작은 차이만 있다. 마태복음을 직역해 보자. "해

가 어두워질 것이다. 그리고 달이 그 빛을 주지 않을 것이다. 그리고 별들이 하늘에서 <u>떨어질</u> 것이다. <u>하늘의 권능들이</u> 흔들릴 것이다." 마가는 다음과 같다. "해가 어두워질 것이다. 그리고 달이 그 빛을 주지 않을 것이다. 그리고 별들이 하늘에서 <u>떨어지게 될</u>(떨어지는 일이 있을) 것이다. <u>하늘에 있는 권능들이</u> 흔들릴 것이다." 밑줄 친 부분들만 작은 표현의 차이가 있으나 두 부분 모두 같은 내용을 담고 있음은 분명하다.

해와 달과 별의 변동, 즉 천지격변의 현상이 일어난다. 이 천지격변은 이전의 재난이나 재앙과 차별되는 부분이다. 천지격변은 대환난과 깊은 관련이 있다. 대환난이 먼저고 그다음에 천지격변이 언급된다.

마태와 마가는 대환난(마 24:15-22; 막 13:14-20), 그리고 거짓 그리스도와 거짓 선지자에 대한 경고의 말씀(마 24:24-28; 막 13:21-23) 뒤에 천지격변을 소개한다면, 누가는 대환난(또는 70년 예루살렘 멸망, 21:20-24) 이후에 바로 천지격변을 소개한다.

복음서에 나타난 주님의 말씀에 주목하면, 천지격변이 먼저 있고 나서야 그리스도의 재림이 있다는 것을 알게 된다. 그러니까 이런 천지격변의 일이 없이는 그리스도의 재림이 아직 있지 않을 것이라 말할 수 있다. 누가에 의하면, 후에 올 것에 비해 상대적으로 '작은(작을)' 천지격변(눅 21:11, '하늘로부터의 큰 징조')은 아직 때가 되지 않았을 때, 즉 재림의 때가 이르기 전에 일어나는 현상이다. 그러나 누가가 제기한 '훨씬 큰' 천지격변(21:25-26)은 재림 직전에 일어날 것이다.

베드로가 인용한 요엘서에도 이런 표현이 있다.

> 또 내가 위로 하늘에서는 기사를 아래로 땅에서는 징조를 베풀리니 곧 피와 불과 연기로다. 주의 크고 영화로운 날이 이르기 전에 해가 변하여 어두워지고 달이 변하여 피가 되리라(행 2:19-20; 욜 2:30-31).

이 말씀이 오순절 성령 강림 사건만을 가리키는 것으로 보기는 어렵다. 베드로가 인용한 첫 부분(행 2:17; 욜 2:28-29)에 있는 말세에 하나님의 영을 부어 주셔서 자녀들이 예언하고 젊은이들이 환상을 보고 노인들이 꿈을 꾼다는 말씀과 마지막 부분(행 2:20; 욜 2:32)에 있는 주의 이름을 부르는 자는 구원을 얻을 것이라는 말씀이 오순절 사건과 직접 관련된 예언인 것은 분명하다. 그러나 한편 그 중간에 있는 부분(행 2:19-20; 욜 2:30-31)은 최소한 문자적으로는 그리스도 재림 전의 천지격변과 관련된 사건들을 가리키는 것으로 보인다. 그러니까 오순절 사건과 재림 때의 사건이 섞여 있는 예언인 것이다. 다시 말해, 요엘과 베드로는 오순절에서부터 그리스도 재림의 때까지를 모두 종말로 보고 있다고 할 수 있다. 오순절은 그 종말의 시작인 것이다. 그 끝은 그리스도의 재림과 심판이다.

그리스도의 재림과 성도의 부활

복음서에는 그리스도 자신의 재림에 대한 말씀이 상당히 많다. 또한 사도들도 그리스도의 재림에 대해 적지 않게 기록하고 있다. 그리스도의 재림의 때에 일어날 일을 정리하면 다음과 같다.

첫째, 그리스도는 하늘 구름을 타고 오신다. 그리스도의 재림과 구름을 연결시킨 구절들이 많다(마 24:30; 26:64; 막 13:26; 14:62; 눅 21:27; 행 1:9-11). 이때 그리스도는 큰 권능과 큰 영광으로 오신다(마 16:27; 24:30; 막 13:26; 눅 21:27; 살후 1:7).

둘째, 천사들과 함께 강림하신다. 이때 큰 나팔 소리가 하늘에서 울린다(마 24:31; 참고, 고전 15:51-52; 살전 4:16). 천사들과 함께 오신다는 말씀은 반복된다(마 16:27; 눅 9:26; 참고, 막 13:27; 살후 1:7). 특히 마태와 마가는 천사들을 보낼 것이고, 천사들을 통해 택하신 자들을 사방에서 모을 것이라 소개한다(마 24:31; 막 13:27; 참고, 눅 9:26).

셋째, 성도들이 영광스런 부활체로 변화된다. 썩어진 몸을 벗고 썩지 않을 몸을 입게 될 때다(롬 8:18, 23; 고전 15:23, 42-49, 51-54; 빌 3:20; 골 3:4).[7] 먼저, 죽은 성도들이 부활체로 변화된다. 변화된 후, 강림하시는 주님과 동행한다(살전 4:14, 16; 참고, 골 4:3; 유 14-15). 그다음 살아 있는 성도들이 부활체로 변화하여 주님을 맞이한다(살전 4:17; 살후 1:10; 요일 2:28). 바울은 '우리가 그 앞에 모일 것'(살후 2:1; 참고, 살전 4:17; 고후 4:14)이라고 했는데, 이 말은 성도들이 부활하여, 공중에서 강림하시는 그리스도를 맞이하는 장면을 가리키는 것으로 보인다. 바울은 또한 "우리 살아 남은 자들도 그들과 함께 구름 속으로 끌어올려 공중에서 주를 영접하게"(살전 4:17) 될 것을 기록하였다.

천사들을 통해 택한 자들을 모으실 때(마 24:31; 막 13:27), 택한 성도들이 부활의 몸을 입고 주님께 나아가게 될 것이다. 요한복음의 "마지막 날에 내가 다시 살리리라"(6:39, 40, 44, 54)는 말씀이 이것을 뜻하는 것일 수 있다.

재림 이후, 최후의 심판

그리스도의 재림 그 후에는 심판이 있다. 신약에는 심판에 대한 많은 말씀이 있지만, 이 가운데 그리스도의 재림과 함께 심판을 거론하고 있는 것

7.　고전 15:42-54는 부활체에 대한 말씀이다. 다섯 가지 대조로 부활체의 특성을 설명한다. 부활체는 (1) 썩지 않는다(42, 54절). 썩는 것과 대비된다. (2) 영광스러운 것이다(43절; 빌 3:20). 욕된 것과 대비된다. (3) 강한 것이다(43절). 따라서 약한 것(부위)이 없다. (4) 영적인 몸이다(44절). 육적인 면과 대비된다. (5) 하늘에 속한 이의 형상(모습)을 입는다(49절; 빌 3:20). 하늘에 속하지 않은 자(예, 사탄)와 차별된다. (6) 죽지 않을 것이다(54절). 죽을 몸과 대비된다. 이것은 (1)과 관련되기도 한다('썩지 않고 죽지 않는다').

들을 살펴보자.

마태복음의 가라지 비유(마 13:39-43)에서 주님은 '추수 때'를 말씀하셨다. 그때에 곡식을 추수할 뿐 아니라 가라지도 불 사르기 위해 거둘 것을 말씀하셨다(40절). 따라서 알곡의 추수와 가라지의 추수가 함께 일어난다. 주님은 천사들을 통해 그 일(불법을 행하는 자들의 추수)을 하실 것이다(41절).

그리스도의 재림 사건이 심판의 날로 묘사되기도 한다. 그리스도의 오심과 각 사람이 행한 대로 갚으시는 일이 연계된다(마 16:27; 딤후 4:1; 벧후 3:4, 7; 유 14-15; 참고, 약 5:9). 인자이신 그리스도의 보좌에 앉으시는 일도 심판의 일과 관련된다(마 19:28).

바울은 마지막(세 번째) 부활의 때가 그리스도께서 모든 통치와 모든 권세와 능력을 멸하시고 나라를 아버지 하나님께 바칠 때라고 하였다(고전 15:24). 그리고 모든 원수를 그 발 아래에 둘 때까지 왕 노릇하실 것을 말하였다(15:25). 특히 "맨 나중에 멸망 받을 원수는 사망(죽음)"(15:26)이라는 말은 최후의 심판 때의 판결을 가리킨다. 또한 바울은 그리스도의 재림이 '하나님을 모르는 자들과 복음에 순종하지 않은 자들'에게 형벌을 내리는 일(살후 1:8)로 나타남을 기록한다. 결국 그들이 '영원한 멸망의 형벌'을 받을 것을 예고한다(1:9).

신약의 종말 본문들과 계시록의 조화

신약성경에 나타난 종말에 대한 말씀들을 계시록 해석에 접목해 보자. 서로 어떻게 조화를 이룰까? 신약에 비춰 계시록을 이해하고, 계시록에 비춰 신약의 구절들을 살펴볼 필요가 있다.

그날들

그리스도의 재림과 관련하여 사용된 '그날'은 때로 단수로 사용되기도 하지만, 또 복수로 사용되는 경우도 많다.[8]

'그날'(때로 '그때'와 함께)이 단수로 쓰일 때는 그리스도의 재림의 날 (마 24:36, 42, 50; 25:13; 막 13:32; 눅 17:31; 21:34; 고후 1:14; 빌 1:6, 10; 살전 5:4; 살후 1:10; 2:2-3)이나, 심판의 날(또는 '심판 때'; 마 11:22, 24; 12:36; 눅 10:12; 11:32; 참고, 12:46; 요 12:48; 행 17:31; 롬 2:5, 16; 고전 3:13; 벧후 3:7-12; 요일 4:17) 또는 생명과 보상의 날(요 6:39-40, 54; 고후 1:14; 엡 4:30; 빌 2:16; 딤후 1:12; 4:8)을 가리킨다.

그런데 복수('그날들')로 쓰일 때(마 24:29; 막 13:17, 19-20, 24; 눅 21:23)에는 '환난의 날들'과 관련이 있다(마 24:29, '그날[들]의 환난'). 이것은 이때의 '환난'(또는 대환난)이 하루의 날(a day)이 아니라 어떤 '기간'(period)이 될 것을 전제한다.

예수께서 '인자의 날 하루를 볼 수 없다'(눅 17:22)고 하셨을 때, 복수형 '인자의 날들'이 사용되었다. 또 '인자의 날 하루'라 하신 것 자체가 그날들이 하루가 아님을 전제한다. 인자의 날들이 여러 날로 구성될 것임을 알려준다. '인자의 날들'에는 재림의 날뿐 아니라, 그 이전의 징조들(환난과 천지격변)이 포함된 날들이라 볼 수 있을 것이다. 또한 이러한 복수형 표현은

8.　'그때'에 관해서는 단복수의 용례를 찾는 것이 의미가 없다. '그때'는 두 가지로 나타난다. 하나는 부사인 '또떼'(τότε, '그때')를 사용하는 경우다. 이 경우는 단복수의 의미가 없다. 또 하나는 '시간'을 가리키는 '호라'(ὥρα)를 쓰는 경우인데, 신약에는 모두 단수로 사용된다. 복수로 사용되고 있는 두 가지 예외는 '열두 시간'를 가리킬 때(요 11:9)와 '세 시간'이 지났다고 표현할 때(행 5:7) 뿐이다. 종말과 관련해서는 이 단어의 복수형이 사용된 예가 없다. 따라서 '그날'의 용례만 살펴볼 것이다. 시간(때/기한)과 관련된 용어(예, 행 1:7; 살전 5:1)인 '크로노스'(χρόνος)와 '까이로스'(καιρός)는 논지의 맥락에 큰 관계가 없다고 판단되어 지면상 생략하겠다.

재림의 날 자체는 어느 한 날이 된다 해도, 그 전후 연속된 사건들이 있을 것임을 암시한다고 볼 수 있다.

천지격변과 환난의 때는 복수형으로 많이 쓰인다. 물론 단수로 쓰였다고 해서 꼭 특정한 날 하루를 가리킨다고 볼 필요는 없을 것이다. 단수형도 집합적인 의미를 가질 수 있다. 재림의 날과 심판/보상의 '날'이 단수형으로 쓰이는 것은 자연스럽다. 그리고 그 전에 있게 될 환난과 천지격변의 날들이 복수형으로 쓰인 것 또한 자연스러운 일이다. 재림 전후의 일련의 사건들이 있을 가능성을 암시하고 있다고 볼 수 있기 때문이다.

계시록을 보면, 재림의 과정이 하루에 다 끝나는 것이 아니다. 그리스도의 재림 그 자체는 하루에 일어난다고 해도, 그 전의 사건들(환난과 천지격변, 6-16장)과 그 이후의 사건들(아마겟돈 전쟁과 천년 나라, 19-20장)이 연속된다. 그렇다고 재림 그 자체가 여러 날에 걸쳐 일어난다는 뜻은 아니다. 그리스도의 재림은 일련의 연속된 사건들 다음에 일어날 것이고, 특정한 날에 그의 재림이 있은 후, 그 이후에도 연속된 일련의 일들이 후속될 것이다.

천지격변

마지막 날에 있을 대환난과 천지격변(하늘과 땅의 격렬한 변동)은 그 이전의 재앙들과는 다르다. 그 이전에도 어느 정도의 환난과 천지의 변동이 있다면, 마지막 때의 대환난과 천지격변은 이와 다르게 소개되고 있다는 점은 앞에서 살펴본 바 있다.

마태와 마가의 종말 담화에는 천지격변의 일이 한 곳에 기록된다(마 24:29; 막 13:24-25). 해의 어두워짐, 달이 빛을 잃음, 별들의 떨어짐, 그리고 하늘의 권능들이 흔들림이다.

누가에 의하면, 천지와 관련된 재앙은 두 차례 나온다. "무서운 일과 하늘로부터 큰 징조들"(눅 21:11)은 문맥상 여러 재앙들(예컨대, 큰 지진, 기근, 전염병 등)이 섞여 있는 상황(21:10-19)에 일어나는 일이다. 다음 단락인 21:20-28에, "일월성신에는 징조가 있겠고 땅에서는 민족들이 바다와 파도의 성난 소리로 인하여 혼란한 중에 곤고하리라. … 하늘의 권능들이 흔들리겠음이라"(눅 21:25-26)는 구절들은 대환난과 연계된 천지격변이라 할 수 있다.

계시록에서 천지격변은 여섯째 인 재앙의 때(6:12-17)부터 일어난다. 해가 흑암이 되고 달은 피같이 되고 별들이 떨어진다. 그리고 하늘은 두루마리처럼 말려 떠나가고 각 산과 섬이 자리에서 옮겨진다. 이런 천지격변 현상은 계시록에서 처음 등장하는 부분이다. 그런데 이런 현상이 영속적인가? 만일 이때의 천지격변이 변동되지 않는 성질이라면, 그 이후의 해와 달과 별의 이상적 격변 현상이 더 이상 없어야 할 것이다. 그러나 계시록은 또 다른 천지격변의 현상을 적지 않게 기록해주고 있다(예컨대, 이어진 나팔과 대접 재앙 등). 특히 예전의 하늘이 완전히 없어지는 것은 최후의 심판의 때(20:11)다. 그 이전이 아니다. 하늘이 한때 떠나갔으나(6:14), 여전히 하늘은 존재하였다(8:1, 10; 9:1; 10:1, 5 등). 별들이 떨어졌으나(6:13), 다 떨어진 것은 아니다(8:10-12). 그렇다면 여섯째 인 때의 천지격변은 임시적인 것이고 한시적인 것이다. 천지격변이 일어났다가, 다시 예전 상태로(또는 비슷한 상태로) 회복된 것이다. 따라서 천지격변(天地激變)보다는 천지격동(天地激動)이 더 적합한 말일 것이다.

그리고 이어 천지격동과 관련된 사건들이 계속된다. 땅의 변동(첫째 나팔, 첫째 대접), 바다의 변동(둘째 나팔, 둘째 대접), 강들과 샘들의 변동(셋째 나팔, 셋째 대접), 특히 해와 달과 별들의 변동은 넷째 나팔과 넷째 대접과 관련이 있다. 넷째 나팔의 때에는 해와 달과 별들의 1/3이 타격을 받고 1/3이 어두워진다(8:12). 넷째 대접의 때에는 태양의 열기로 사람들이 불로 태워진다(16:8). 그 후, 이제까지 일어난 일이 없는 큰 지진이 일어나고 (16:18), 모든 섬과 산들이 없어지고(16:20), 무게가 한 달란트가 되는 거대한 우박이 하늘에서 내린다(16:21). 천지격변(천지격동)은 이것이 끝이 아니다. 마지막 최후의 재판의 때에는 땅과 하늘이 피하여 발견되지 않는다 (20:11). 최후의 천지격변이 일어났다는 뜻이다. 이런 천지격변의 기간과 과정에서 "일월성신에는 징조가 있겠고 땅에서는 민족들이 바다와 파도의 성난 소리로 인하여 혼란한 중에 곤고하리라. 사람들이 세상에 임할 일을 생각하고 무서워하므로 기절하리니(혼절할 것이다)"(눅 21:25-26)라는 말씀이 이뤄질 것이다.

천지격변의 기간이 지나고야, 새 하늘과 새 땅의 신천신지의 세계가 펼쳐진다(21장). 천지격변은 역사상 (아무 때나) 반복되는 것이 아니라, 여섯째 인의 재앙에서 비로소 시작되고, 최후의 심판의 때에 최종적으로 마쳐진다. 베드로는 "하늘과 땅은 … 불사르기 위하여 보호하신 바 되어 … 심판과 멸망의 날까지 보존하여 두신 것"(벤후 3:7)이라 했고, "그날에는 하늘이 큰 소리로 떠나가고 물질이 뜨거운 불에 풀어지고 땅과 그중에 있는 모든 일이 드러나리로다"(3:10), 또 "그날에 하늘이 불에 타서 풀어지고 물질이 뜨거운 불에 녹아지려니와"(3:12)라고 했을 때, 그 모든 일은 최후의 심판 직전에 일어날 일을 예언한 것이라 할 수 있다. 하늘과 땅이 완전히 풀어질 때는 최후의 심판이 있기 직전이다. 어떤 육체적 존재도 살 수 없고 오직 부활된 존재들만이 살 수 있게 될 때일 것이다. 그때 최후의 심판이 있다.

대환란

종말은 환난의 때다. 그러나 종말의 일상적 환난과 종말의 마지막 때의 대환난은 다르다. 대환란은 전 세계적인 종교적, 신앙적 박해의 때다. 공관

복음서에서 종말의(일반적) 환난의 때(마 24:9-10; 막 13:9-13; 눅 21:12-19)
와 대환난의 때(마 24:15-22; 막 13:14-20; 눅 21:20-24)를 구별하여 기록하
고 있는 것은 그 때문일 것이다. 과거의 환난과 구별된, 마지막 때의 '큰 환
난'은 주님의 명백한 예언이었다(마 24:21-22; 막 13:19-20). 전무후무한 규
모의 환난, 그래서 '대환란'이라 부를 수 있을 것이다.

　계시록에서 일곱 교회에 대한 말씀(2-3장) 외에, 신앙적 박해와 관련된
내용이 처음 나오는 곳은 다섯째 인의 순교자들의 외침(6:9-11)이다. 죽임
을 당한 영혼들은 제단 아래에서 대주재이신 하나님께 그들의 피에 대한
공의의 집행을 호소한다. 그러나 하나님은 그들에게 "아직 잠시 쉬라"고 하
신다. 아직은 원수를 갚을 때가 아니라 하신 것이다.

　이때의 순교자들의 등장이 그때(다섯째 인)의 신앙적 박해 때문인지,
그동안 누적된 순교의 역사 때문인지 분명하지 않다. 다섯째 인 내용 그 자
체에는 대량의 순교를 야기할 그 어떤 사건적 소재가 없다. 그런데 일곱 인
과 관련해서 나타나신 어린 양은 '죽임을 당한' 모습으로 등장하신다(5:6).
'피 흘려 죽임을 당하신' 어린 양 이미지는 다시 반복된다(5:9, 12). 왜 피 흘
리신 어린 양의 모습으로 나타나신 것일까? 그리스도의 대속의 죽음을 부
각하시면서, 자신과 핍박 받는 교회를 동일시하시는 모습이라 할 수 있다.
그의 몸 된 교회가 이 땅에서 그리스도의 고난에 참여하기 때문이다.

　핍박 받아 피 흘리는, 그리스도 교회의 이미지가 다섯째 인에서 죽임을
당한 순교자들로 대표되어 등장한다는 점에서, 이미 교회는 숱한 환난의
지난한 과정을 거쳐왔고 그 과정에서 순교의 피를 적잖게 흘렸을 것이라
짐작할 수 있다. 그것은 또한 첫째 인에서 넷째 인의 과정 가운데 일어난 일
들이라 볼 수 있겠다.

　이런 점은 7장의 '흰 옷 입은 큰 무리'에 대한 묘사에서도 찾아지는데,
그들에 대해 "큰 환난에서 나오는 이들이고 어린 양의 피로 그들의 옷을 씻

어 희게 하였다"(7:14)는 표현에서 발견된다. 그리스도 신앙으로 많은 핍박과 고난을 받았다는 뜻이다. 그들이 "더 이상 배고프거나 목마르지 않을 것이고 … 그들의 눈에서 모든 눈물을 씻어 주실 것"(7:16-17)이라는 말에서 이들이 순교적 상황과 위협적 난관을 거쳐왔을 것이라 짐작하게 된다.

그럼에도, 이때(여섯째 인의 때)를 '대환란'으로 동일시하는 데에는 다소 주저할 수밖에 없다. 그 이후(심지어 일곱 나팔 재앙 이후)에 전개되는, 두 증인의 고난과 죽음(11:7-10), 그리고 여자의 남은 자손들과 용과의 싸움(12:17), 특히 13장의 짐승의 때에 있게 될 대박해의 장면들(13:7-10, 15)이야말로 '대환난'으로 보기에 조금도 무리가 없기 때문이다. 6-7장의 환난과 11-13장의 환난의 규모를 비교하는 데에는 주어진 정보의 제한이 있다. 그럴 때는, 마지막 환난을 가장 큰(전무후무한) 것(대환란)으로 보거나, 아니면 환난이 6-7장에서 시작하여 11-13장에서 대환란으로 마무리된다고 보는 것도 하나의 해결책이 될 것이다. 박해(대환난)의 상세한 묘사와 극적 현상은 13장에서 최고조에 이른다.

중요한 것은 이들 대환난은 아직, 우리 시대에는 볼 수 없는 장면이라는 것이다. 이 일이 재림이 가까운 때 일어날 일인 것은 분명하다. 그리고 여섯째 인의 천지격동의 현상에서 보듯, 하늘과 땅의 격동적 징조들과 함께 섞여, 교호적으로 일어날 것이라는 점이다. 아직은 그때가 아니다. 그러나 그때는 온다. 그리고 대환난과 천지격동이 일어나면, 그리스도의 강림이 물밀듯 온다. 최후의 날들이다(참고, 단 12:1-3). 막을 수 없다.

짐승의 등장

계시록에 따르면 대환란과 관련해서 빼놓을 수 없는 존재는 짐승(또는 짐승들)이다(13장). 짐승은 사탄인 용을 뒷심으로 삼아 세계('온 땅', 13:3)의 지배자가 된다(13:3-4, 7). 사람들이 상처에서 회복되어 다시 살아난 그

를 경배하게 되는데, 그는 하나님을 모독하는 자다(13:6, 8). 교회를 대대적
으로 핍박하며 많은 순교자들을 양산한다(13:7, 10, 15). 그는 마지막 때에
인격적인 존재로 역사에 출현할 것으로 예상된다.

　짐승에 대해 직접 거론하고 있는 신약 저자는 바울이다. 하나님을 대적
하는 자들을 가리켜, 다른 본문에서는 '거짓 그리스도들과 거짓 선지자들'
(마 24:11, 24; 막 13:22; 벧후 2:1; 요일 2:22; 4:1)이라고 포괄적으로 기록한
다면, 바울은 마지막 때에 등장하는 이 짐승을 특정한 인격체로 구별하였
고 이에 대해 상세히 묘사하고 있다. 바울은 그를 '불법의 사람', '멸망의 아
들', '대적하는 자' 등으로 불렀다(살후 2:3, 7-8).

　계시록 13장에 나오는 '짐승'에 대한 묘사와 데살로니가후서 2:3-12에
기록된 '불법의 사람'의 유사성은 최소한 여섯 가지로 나타난다.

　첫째, 그는 사탄의 지상 대행자다. 바울은 사탄의 역사(활동)를 따라 불
법의 사람이 나타날 것을 말씀한다(살후 2:9). 요한은 사탄인 용이 짐승에
게 그의 능력과 권세를 부여하여 그의 대행자로 세울 것이라 묘사한다(계
13:2, 4).

　둘째, 그는 종교적으로 경배의 대상이 된다. 바울은 그를 '불법의 사
람'(살후 2:3, 8), '멸망의 아들'(3절), '대적하는 자'(4절), '(자신을) 높이는
자'(4절)로 부르면서, 자신을 하나님으로 내세운다고 하였다(4절). 그렇게
종교적인 경배의 대상이 될 것을 말해주고 있다. 요한은 그를 신성 모독의
'짐승'(계 13:1-2)인 것과 경배의 대상(13:3-8, 12, 14-15)이 될 것, 그리고 그
의 권력의 장악과 세계의 지배(13:7, 16-17)에 대해 말해준다.

　셋째, 그는 많은 능력과 기적을 행사한다. 바울은 불법의 사람이 '모든
능력과 표적과 거짓 기적'(살후 2:9)을 행사할 것을 말해준다. 요한은 짐승
이 다시 살아나는 기적(계 13:4, 12, 14)을 행사하고, 또 다른 짐승을 통해 큰
이적이 일어나 하늘에서 불이 내려오는 일까지 이뤄질 것(13:13-14)을 말해

준다.

넷째, 그는 만국을 속이는 자다. 바울은 '불의의 모든 속임'(살후 2:10)
이 있을 것을 예언한다. 요한은 짐승의 '과장되고 신성 모독을 말하는 입의
비방'(계 13:5-6), 또 다른 짐승을 통한 '미혹'(13:14)에 대해 말하고 있다. 종
교적인 미혹은 많은 이들을 멸망과 심판으로 이끈다(살후 2:10-12). 계시록
13장도 많은 이들이 그 앞에 굴복하고 경배하게 될 것을 시사한다(13:4, 8,
12, 15-17). 그렇게 그들은 멸망을 향해 나아가게 된다(참고, 14:9-11).

다섯째, 그때에 그에 의한 큰 박해가 있을 것과 이에 뒤따르는 배교 가
능성에 대해 예고된다. 이것은 불법의 사람(짐승)의 종교적인 속임과 관련
이 깊을 것이다. 바울은 불법의 사람의 미혹(속임)으로 인한 배교의 가능성
에 대해 경계한다(살후 2:3, 10-11). 계시록은 그때 발생할 큰 위협과 엄청
난 규모의 박해(계 13:8-10, 15-17)를 예고한다. 이러한 때는 한마디로 대환
란의 때다.

여섯째, 결국 그는 그리스도 재림의 때에 죽임을 당할 것이다. 바울은
그리스도의 강림 때에 주님께서 불법의 사람을 죽이실 것을 예고한다(죽
임과 폐함, 살후 2:8). 이러한 일이 발생하는 때는 계시록에서 그리스도의
재림의 때에 일어나게 될 아마겟돈 전쟁(계 19:20-21)의 때에 해당한다. 짐
승 둘이 결국 마지막 형벌인 불못에 던져진다(19:20). 그리스도의 재림이
불법의 사람을 폐하는 일과 직접 관련된다는 바울의 성구는 계시록 19장
의 말씀의 맥락에 적합하다.

그리스도의 재림이 있기 전에 일어나게 될, 불법의 사람이 등장한다고
하는 바울의 묘사는 그리스도의 재림 이전에 특정된 대환난의 때가 있으며
짐승이 등장한다고 예고하고 있는 계시록의 말씀과 조화가 된다. 이러한
대환난의 발생과 짐승의 등장은 그리스도의 재림 이전에 일어나야 할 일
가운데 대표적인 것이다.

그리스도의 재림과 성도들의 부활

계시록에서 그리스도의 재림은 여러 번 반복, 강조된다(1:7; 3:11; 16:15; 22:7, 12, 20). 계시록이 그리스도의 재림에 대해 강조하고 있음은 분명하다. 비록 그의 재림 자체에 대해 뚜렷하게 제시하지 않는 것처럼 보이기도 하지만, 그리스도의 강림하시는 장면이 19:11-16에 분명히 드러난다. 그리고 이 부분은 복음서에 나타난 재림에 대한 묘사와 잘 어울린다. 조금 분명하지 않은 점은 그때의 성도들의 부활이 어떻게 발생하느냐에 대한 것이다. 또 재림 사건이 아마겟돈 전쟁으로 이어지는 부분(19:17-21)은 다른 신약 본문에서 찾을 수 없다는 점에서 해석의 어려움을 더한다.

앞서, 신약의 구절들을 살펴보면서, 그리스도의 재림이 (1) 하늘 구름을 타고 오신다는 점, (2) 천사들과 함께 오신다는 점, (3) 성도들이 부활체로 주님을 맞이하게 된다는 점을 지적하였다.

이러한 주제에 관하여 계시록은 어떻게 기록할까? 첫째, 계시록에도 그리스도께서 구름을 타고 오실 것에 대해서 분명하게 기록한다(1:7). 다만, 구름을 타고 오시는 장면 자체는 찾기 어렵다. 그렇지만 하늘에서 임하시는 장면은 19:11-16에서 엿볼 수 있다. 하늘이 열려 있고(19:11) 백마를 타신 그리스도는 열방(만국)과 싸우시고 철장으로 다스리신다(19:15). 흰 구름을 타고 오시는 재림의 모습은 백마를 타고 전쟁하러 오시는 그리스도의 모습과 중첩된다.

둘째, 그리스도는 강림하실 때 천사들과 함께 오실 것이라는 여러 본문들(마 16:27; 막 13:26-27; 눅 9:26; 살후 1:7)은, 계시록에서 희고 깨끗한 세마포 옷을 입고 백마를 타고 그리스도를 따르는 하늘의 군대를 묘사하는 장면(계 19:14)에 그대로 반영된다. 계시록에서 그리스도께서 천사들(천군)을 동반하고 나타나시는 장면은 이곳(19:14) 한 군데뿐이다. 그래서 이 부분이 그리스도의 재림을 가리키는 것임을 부정할 수 없게 한다.

셋째, 그러면 성도들은 어떻게 부활체를 입게 되고, 또 어떻게 재림하시는 그리스도를 맞이하게 되는가? 또 천사들은 성도들을 어떻게 모을까? 계시록은 이에 대해서 직접 답한 것이 없는 것 같다. 다만, 개역개정에 '어린 양의 혼인 잔치'라는 부제가 달린 본문인 계시록 19:1-10에 간접적인 정보가 담겨 있다.

하늘에 '많은(허다한) 무리'(19:1, 6)가 이미 있다. 이들은 하나님을 찬양하며 그의 의로우신 심판과 그의 통치를 노래한다(19:1-3, 6). 여기서 주목해야 하는 것은 그들의 찬양에 담긴 특이한 내용이다. "어린 양의 결혼(혼인) 예식이 이르렀고 그의 신부가 자신을 준비하였다"(19:7)는 것과 "그녀에게 빛나고 깨끗한 아마포(세마포)를 입는 것이 허락되었다"(19:8)는 내용이다. 더 나아가 그 준비된 이들을 "어린 양의 결혼 잔치에 초대된(청함을 받은), (복된) 이들"(19:9)이라 부른다.

결혼 예식을 위해 자신을 준비한 신부는 그리스도의 교회를 가리킨다. 이 교회를 집합적으로 부를 때는 단수형 '신부'라 하고 개개인에 대하여는 복수형 '초대된 이들'로 부르는 것이 마땅할 것이다. 이들은 하늘의 많은 무리들이 부르는 찬양의 소재라는 점에서, 찬양을 부르는 주체인 '많은 무리들'은 이미 하늘에 있던 이들(이미 낙원에 있는 성도들)이고 찬양의 소재가 된 '신부'와 '초대된 이들'은 지상의 교회를 가리킬 가능성이 높다. 물론 이들이 지상의 교회만을 지칭하는 것이 아닐 수 있다. 하늘과 땅의 모든 그리스도인들을 가리키는 것으로 보는 것도 좋다. 중요한 것은 이들이 모두 그리스도를 위하여 준비되었다는 사실이다.

하늘의 집단과 땅의 집단이 언제, 어떻게 재림하시는 그리스도를 함께 맞이하게 되는지에 대한 내용이 계시록에는 생략되어 있다. 바울이 예언하고 있는 것처럼, 먼저 잠자던 성도들이 일어날 것이고(살전 4:14, 16) 그 후에 땅에 남은 성도들이 부활체를 입고 주님께 나아갈 것이다(살전 4:17). 이들이 다 주 앞에 모이게 되는데(살전 4:17; 살후 2:1), 그들이 어떻게 그리스도를 맞이 하는지에 관해서는 계시록은 묘사하지 않는다.

그리스도의 재림과 아마겟돈 전쟁

계시록은 그리스도의 재림(19:11-16)과 마지막 때의 전쟁인 아마겟돈 전쟁(19:17-21)을 연계한다.[9] 여기서 두 가지를 생각해 볼 수 있는데, 하나는 천군(하늘의 군대)이 등장할 때 부활한 성도들은 어디에 있느냐 하는 것과, 또 하나는 신약에 나타난 재림의 장면이 어떻게 아마겟돈 전쟁과 맞물릴 수 있느냐 하는 점이다.

계시록에는 부활한 성도들이 어디에 있는지 분명하게 기록되어 있지 않지만, 그렇다고 이에 대해 추정할 수 없는 것은 아니다. 재림하시는 그리스도를 백마를 타고 따르는 천군들은 과연 누구일까? 천사들이 이때 주님을 따를 것이라는 점은 의문의 여지가 없다. 그러나 과연 그들이 천사들로만 구성된 집단일까? 천사들과 함께 부활한 성도들도 하늘의 군대로 편성될까? 그렇게 된다는(또는 될 수 있다는) 단서가 계시록 본문에 있는가?

계시록 17-18장은 짐승과 함께 주도적인 역할을 하던 영적 바벨론 음녀의 패망에 대해 기록하는 장들이다. 짐승이 지배력을 가질 때는 대환난의 때이고 그때 승승장구하던 세력들이 있게 된다. 이런 이들이 결국 어떻게 패망하게 되는지를 기록하고 있는 부분에서, 이들 집단이 어린 양이신 그리스도와 싸워 패하게 될 것을 예언하는 구절이 17:14다.

이들은 어린 양과 더불어 전쟁을 할 것이고 어린 양은 그들을 이길 것이다.

---

9.   계시록은 아마겟돈 전쟁을 '최후의 전쟁'이라 말한 적이 없다. 다만 '큰 날에 있을 전쟁'(16:14)이라고 표현한다.

그는 주(들) 중의 주시며 왕(들) 중의 왕이시기 때문이다. 그와 함께 부르심을 받고 택하심을 받은 신실한 자들도 그리할 것이다.

대환난의 시기와 관련하여 볼 때, 짐승의 집단이 그리스도와 전쟁하게 되는 일은 언제 일어날까? 19:17-21에 있는 아마겟돈 전쟁을 미리 예고한 부분으로 보는 것이 가장 적절한 설명이 될 것이다. 즉, 그리스도의 재림의 때에 있게 될 아마겟돈 전쟁의 때다. 그리스도를 '주 중의 주'와 '왕 중의 왕'으로 표현하고 있는 부분은 오직 두 군데(17:14; 19:16)다. 이러한 표현은 재림하시는 그리스도의 모습에 관한 적합한 묘사다.

그런데 17:14에는 그리스도와 함께 전쟁에 참여하여 승리하는 이들이 소개되고 있다. '그와 함께 부르심을 받고 택하심을 받은 신실한 자들'이 성도들을 가리키는 것이라 할 때, 이때는 그리스도 재림의 때이므로 하늘과 땅에서 부활한 성도들을 가리키는 것이라 할 수 있지 않을까? 그렇다면 흰옷을 입고 백마를 탄 채 그리스도를 따르는 하늘의 군대(19:14)는 하늘의 천사들과 부활한 성도들이 함께하는 군단일 수 있다(19:14 주해를 보라).

그리스도의 재림과 함께 아마겟돈 전쟁이 일어날 것임을 계시록은 예언한다. 아마겟돈 전쟁은 갑자기 나타날 것이 아니다. 먼저 짐승이 온 세계를 지배하는 때가 있게 될 것이다(13장). 마지막 대접 재앙의 과정에서 짐승의 지배 아래 있는 세계는 더욱 하나님에 대한 원망과 증오심을 가지게 된다(16:9, 11). 그렇게 짐승 주도의 역사가 흐르는 가운데, 여섯째 대접의 때에 악의 삼두(용과 두 짐승)에 의해 아마겟돈 전쟁이 준비된다(16:12-14, 16). 그리고 이 전쟁이 그리스도의 재림과 관련이 있을 것이라는 점이 예고된다(16:15). 전쟁을 준비하는 와중에 음녀는 짐승 집단의 내부에 의해 파멸된다(17:16-18; 18장). 하늘과 땅의 그리스도의 교회는 재림하시는 신랑을 맞을 준비가 완료된다(19:1-8). 왕 중의 왕, 주 중의 주이신 그리스도는 재림하시고, 하늘의 군대가 흰 옷을 입고 백마를 타고 그를 따른다(19:1-16). 그날은 '하나님의 큰 날'(16:14; 참고, 습 1:14)이다. 그리스도와 그의 군대는 아마겟돈 전쟁에서 승리하고, 짐승의 군대는 패망하며, 그들 모두는 죽음을 맞이한다(19:17-21). 그때 두 짐승은 불못에 던져진다(19:20).

복음서에는 그리스도의 재림의 때에 열방이 슬퍼할 것을 예고하신 내용이 담겨있다. 마태는 "땅의 모든 족속들이 통곡(애곡)할 것이다"(마 24:30)라고 하였다. 누가는 "사람들이 세상에 임할 일을 생각하고 무서워하므로 기절할 것이다"(눅 21:26)라고 기록하였다. 이 말씀들은 그들이 받을 심판에 대한 것을 가리키는 것이라 볼 수 있지만, 한편 재림의 때가 많은 이들이 아마겟돈 전쟁으로 죽게 될 때고 따라서 이 일로 인해 결국 천하 열방이 모두 애곡하게 될 것을 시사해 주는 것은 아닐까? 그렇지 않다면, 그리스도의 재림의 때에 열방이 애곡할 일이 무엇일까? 그들이 온 힘을 모아, 재림하시는 그리스도와 싸우려 했기 때문이 아닐까?

바울은 재림의 때, 그리스도께서 '호령으로', 그리고 천사장의 소리와 하나님의 나팔소리로 내려오신다고 하였다(살전 4:16). '호령'(κέλευσμα)은 전쟁을 할 때 군대에 신호를 주는 사령관의 외침이다(BDAG, 538). 이 부분은 그대로 계시록 19:11-13의 그리스도의 모습을 연상시킨다. 그리스도께서 직접 주도하시는 전쟁의 장면은 계시록을 통틀어 19장 외에는 뚜렷이 나타나지 않는다.

또 바울이 "주 예수께서 자기의 능력의 천사들과 함께 하늘로부터 불꽃 가운데에 나타나실 때에, 하나님을 모르는 자들과 우리 주 예수의 복음에 복종하지 않는 자들에게 형벌을 내리시리니"(살후 1:7-8)라 했을 때, 이는 재림의 때에 있을 아마겟돈 전쟁의 참혹함을 일부 표현하고 있다고 말해도 좋을 것이다. 이때의 전쟁에서 죽은 자들은 아직 불못에 던져지지 않는다. 마지막 심판의 때에 부활해 최후의 심판을 받게 될 것이다(계 20:11-

15; 살후 2:9).

계시록은 재림과 관련된 두 차례의 거대한 죽음을 말해준다. 하나는 아마겟돈 전쟁의 죽음(19:17-21)이고, 또 하나는 최후의 심판(20:11-15)이다. 만일 천년 나라 직후의 전쟁(20:7-10)의 결과까지 포함하면 세 차례가 된다. 19:17-21과 20:7-10은 육체적 죽음이고 20:11-15은 불못에 던져지는 죽음을 가리킨다.

천년 나라와 대심판

계시록 외의 다른 신약 본문은 천년 나라에 대해 기록한 것이 없다. 유일하게 계시록만이 천년 나라를 소개한다(20:1-10). 그러나 다른 신약 본문이 천년 나라에 대해 언급하지 않았다는 이유로 계시록에 소개된 천년 나라의 기록을 소홀히 취급할 수는 없다.[10]

천년 나라의 물리적 실재를 인정하지 않으려면 그리스도의 재림 후에 바로 최후의 심판이 있다고 전제해야 한다. 이러한 관점에서는 재림 이후의 그 어떤 사건들(아마겟돈 전쟁을 포함해서)도 인정할 수 없을 것이다. 물론 그리스도의 재림과 최후의 심판을 연계하고 있는 신약 구절들이 적지 않다(요 5:28-29; 롬 2:16; 고전 4:5; 15:24; 살전 5:2-3; 살후 1:7-10; 벧후 3:7, 10-13 등). 그렇지만 이 구절들이 재림과 심판 사이에 그 어떤 사건도 있을 수 없다거나, 미래적 천년 나라의 실재를 부정하는 결정적인 증거는 아니다.

바울은 부활의 순서에 대해, "각각 자기 차례대로 되리니 먼저는 첫 열매인 그리스도요, 다음에는 그가 강림하실 때에 그리스도에게 속한 자요, 그 후에는 마지막이니"라고 말한 바 있다(고전 15:23-24). 바울은 세 번의

---

10. 여기서는 천년 나라의 실재에 대해서는 다루지 않겠다. 앞에서 다룬 "천년 나라" 항목을 참고하라.

부활에 대해 말한 것이다. 첫째('먼저')는 그리스도의 부활이다. 둘째('다음')는 재림 때에 있을 성도들의 부활이다. 셋째('그 후')는 모든 이들이 하나님의 심판대에서 심판 받기 위해 부활하게 될 '마지막' 때를 가리킬 것이다. 그리스도의 부활(첫째 부활)과 그리스도인의 부활(둘째 부활) 사이에는 역사적인 큰 간극이 있다. 시간적인 차이다. 그렇다고 볼 때, 둘째 부활과 셋째(마지막) 부활 사이에도 역사적, 시간적 간극이 존재할 가능성이 있는 것이 아닐까?

　바울은 그 '마지막' 때(세 번째 부활의 때)가, 그리스도께서 "모든 통치와 모든 권세와 능력을 멸하시고 나라를 아버지 하나님께 바칠 때"(15:24)라고 분명히 못 박았다. 그때는 25절의 "그가 모든 원수를 그 발 아래에 둘 때"일 것이다. 그런데 여기서 바울이 이어서, "~ 때까지 반드시 왕 노릇 하실 것이다"(15:25)라고 쓴 이유는 무엇일까? 이는 마지막 심판 이전에 있을 (계속될) 그리스도의 왕 노릇을 가리키는 것이 분명하다. "그가 왕 노릇 하셔야 한다"(δεῖ … αὐτὸν βασιλεύειν)는 것은 그리스도의 부활 이후, 하늘과 땅의 왕으로 나타나신 그리스도의 왕권과 그의 통치를 가리키는 것으로 보는 해석이 타당할 것이다. 그런데, 한편으로 문자적인 면에서, 그의 왕 노릇이 천년 나라에서 더 부각된다고 볼 수는 없을까? 천년 나라의 통치는 '왕 중의 왕'이신 그리스도의 왕권 회복의 일환이기 때문이다.

　재림의 주님께서 나타나시는 계시록 19:11-16의 장면에서 왕 중의 왕이신 그리스도는 전쟁만 수행하시는 것이 아닌 것 같다. 15절에는 이런 표현이 있다. "또한 그가 직접 철장으로 그들을 다스리실 것이다." '다스리실 것이다'(ποιμανεῖ)는 문자적으로 '목양하실 것이다'(L&N, 44.3)와 '다스리실 것이다'(L&N, 37.57)가 다 가능하다. 이러한 표현은 아마겟돈 전쟁을 넘어서, 왕 중의 왕으로서 세계를 다스리시고 목양하시는 천년 나라의 통치를 전제하는 것이 아닐까?

계시록에서는 아마겟돈 전쟁의 완전한 승리, 이어지는 천년 나라의 왕권 행사 등 그의 실제적인 왕권의 회복이 먼저 있은 후에야, 최후의 심판이 이뤄지게 된다고 말해준다. 이렇게 보면, 그의 왕 노릇(통치)이 있은 후에야 최후의 심판이 있을 것이라는 바울의 글이 더 잘 이해되지는 않을까?

옛 세상의 변동, 새 하늘과 새 땅

그리스도의 재림을 앞두고 하늘이 바뀌고 땅이 변동하는 천지격동의 일들은 계시록에서는 여섯째 인의 현상이지만, 그때부터 시작되는 것일 뿐, 연이어 나팔 재앙과 대접 재앙에서 연속적으로 나타난다. 그러다가 기존의 하늘과 땅이 완전히 바뀌어 새 하늘과 새 땅으로 전환되는데, 그 일이 일어나는 것이 계시록 21장의 신천신지의 시작이 된다.

예전의 하늘과 땅이 없어지는 때는 최후의 심판의 때다.

> 또 내가 크고 흰 보좌와 그 위에 앉으신 이를 보았다. 땅과 하늘이 그 면전에서 떠나갔고 어떤 공간도 그들(땅과 하늘)에게서 찾을 수 없었다(20:11).

하나님 면전에서 하늘과 땅이 '떠났다'(피했다)는 것은 하늘과 땅이 더 이상 존재하지 않고, 예전의 공간이 더 이상 아니라는 뜻이다. 그 이전 세계의 시공간이 아니다. 그 이상 어떻게 설명할 수 없는 것은 그런 예를 역사 어디서도, 세계(우주) 어디서도 찾아 설명할 수 없기 때문이다. 사람의 이해를 넘어서는 장면이다.

이때 최후의 심판이 있게 된다(20:11-15). 그리고 나서야 새 하늘과 새 땅이 이뤄진다(21:1). 최후의 심판은 옛 세상에 대한 심판이라는 점에서 심판이 끝나기 전까지는 새 하늘과 새 땅이 출현하지 않는 것이 아닐까?

히브리서는 '하늘의 진동'에 대해 말해준다. 거기서 학개 2:6, "내가 하늘과 땅과 바다와 육지를 진동시킬 것이요"를 인용한다. "내가 또 한 번 땅만 아니라 하늘도 진동하리라"(히 12:26). '진동하다'($\sigma\varepsilon i\sigma\omega$)는 '흔들어 놓다'다. 여기서 '흔들리지 않는 것들'과 '흔들리는 것들'을 대조한다(12:27). 흔들리지 않는(않을) 것만이 영원할 것을 강조하며, 언젠가 흔들릴 수밖에 없는 현재의 세상은 결국 변동될 것을 알려준다.

베드로는, 하늘과 땅이 '심판과 멸망의 날'에 불살라지기 전까지 보존될 것이라고 하였다(벧후 3:7). 그 말은 옛 하늘과 땅은 심판의 날에 불살라질 것을 강조한 것이다. 베드로는 그때에 일어날 일을 다음과 같이 예언한다.[11]

> 하늘이 큰 소리로 떠나가고 물질이 뜨거운 불에 풀어지고 땅과 그중에 있는 모든 일이 드러나리로다(3:10).
> 하늘이 불에 타서 풀어지고 물질이 뜨거운 불에 녹아지려니와(3:12).

세 가지 특징이 강조된다. (1) 하늘이 떠나간다. (2) 물질이 뜨거운 불에 풀어진다. (3) 땅과 그중에 있는 모든 것이 드러난다(또는 발견되지 않는다).[12] 그리고 나서야 '새 하늘과 새 땅'이 있게 될 것을 베드로는 알려주고 있다(3:13).

계시록은 옛 하늘과 땅이 사라진 후(20:11), 최후의 심판이 이뤄지고 (20:11-15), 그리고 나서야 새 하늘과 새 땅의 신세계가 펼쳐진다(21:1)고 소

---

11. 베드로가 말하는 '주의 날'(벧후 3:10)은 심판의 날이다. 그리스도의 재림(벧후 3:4)과 관련된 말씀이지만 베드로의 초점은 이 세상이 영원한 것이 아님을 강조하고 부각하는 것이다.

12. 벧후 3:10에서, '땅과 그중에 있는 모든 것이 드러난다'($\varepsilon\upsilon\rho\varepsilon\theta\eta\sigma\varepsilon\tau\alpha\iota$, ℵ B P 1175. 1448. 1739^{txt}. 1852 s$^{yph\ mss\ txt}$ sy^{hmg})보다는 '땅과 그중에 있는 모든 것이 발견되지 않는다'($o\upsilon\chi\ \varepsilon\upsilon\rho\varepsilon\theta\eta\sigma\varepsilon\tau\alpha\iota$, sy$^{ph\ mss}$ sa cv^{vid})는 독법이 계 20:11을 더 잘 반영하는 것 같다.

개하고 있다. 새 하늘과 새 땅에 대한 예언은 구약의 선지자 이사야의 글에
도 담겨 있다.

> 보라 내가 새 하늘과 새 땅을 창조하나니 이전 것은 기억되거나 마음에 생
> 각나지 아니할 것이라(개역개정, 사 65:17).
>
> 내가 지을 새 하늘과 새 땅이 내 앞에 항상 있는 것 같이 너희 자손과 너희
> 이름이 항상 있으리라 여호와의 말이니라(개역개정, 사 66:22).

구약 종말 구절들

천상의 네 생물

계시록 4장에 나오는 천상의 네 생물과 비슷하게 묘사되는 구약의 존
재는 이사야 6장의 스랍과 에스겔 1장과 10장에 나오는 그룹일 것이다. 신
약에는 이와 관련된 본문이 없다.

이사야가 받은 계시 속에 등장하는 스랍은 단수 '사라프'(שָׂרָף, saraph),
복수 '세라핌'(שְׂרָפִים, seraphim)으로 '불에 태우다'(burn)의 뜻의 동사 '사
라프'(שָׂרַף)의 명사형(שָׂרָף) 복수다. 이는 '타는 존재들'(burning ones)의
뜻을 갖는다.

반면에 에스겔이 그발 강가에서 본 천상의 존재, 그룹은 단수 '케루
브'(כְּרוּב, cherub), 복수 '케루빔'(כְּרוּבִים, cherubim)이다. 케루브의 어원
은 분명하지 않다. 고대 아카디아어(Akkadian)의 '복주다'(bless), '은혜롭
다'(be gracious to)의 뜻인 '카라브'(karâbu)에서 왔다거나, 형용사 '카루
부'(karûbu, 능력 있는, 큰)에서 왔을 것이라 추정할 뿐이다(참고, BDB,
4646).

세라핌(스랍)이 이사야서에만 등장한다면, 케루빔(그룹)은 구약에 빈번히 등장한다. 하나님께서는 에덴동산 동편에 케루빔을 두시고 그들로 생명나무의 길을 지키게 하셨다(창 3:24). 그리고 하나님께서는 모세에게 명하여, 성막을 제작할 때, 속죄소 끝부분에 금으로 만든 케루빔 둘이 서로 마주보게 하고 그 날개들을 높이 펴서 속죄소를 덮게 하라고 하셨다(출 25:17-22). 성전의 지성소에는 두 케루빔의 형상을 만들고 그 위에 금으로 입혀 그 얼굴을 내전을 향하여 서 있게 하고, 펼친 날개의 길이를 다섯 규빗(약 1.5m)이 되게 하였다. 서로 연이어 있는 두 케루빔이 펼친 날개 길이는 모두 이십 규빗(약 6m)이 된다(대하 3:7-14). 한 케루브의 높이가 십 규빗(약 3m)이니(왕상 6:23-28) 그 규모가 어떠한지 짐작할 수 있을 것이다.

하늘이나, 땅이나, 땅 아래 물 속에 있는 그 어떠한 형상도 만들지 못하게 하신 하나님(출 20:4; 신 4:16-18)께서 케루빔의 형상만은 제작하게 허용하신 이유는 무엇일까? 아니, 도리어 만들라 명하신 이유는 무엇 때문일까? 구약 시대에 케루빔은 곧 하나님의 임재와 영광을 상징하기 때문이었을 것이다.

하나님의 임재와 케루빔의 관계를 잘 보여주는 본문이 에스겔 1장과 10장이다. 여기에는 케루빔 넷이 등장한다. 케루빔 위에 수정 같은 궁창(넓은 층)이 펼쳐져 있다(1:22; 10:1). 그 궁창 위에 보좌가 있고(1:26; 10:1), 그 보좌 위에 계신 분이 불과 빛으로 자신을 나타내시는 하나님이시다(1:27-28; 10:1). 케루빔은 하나님의 명령을 수행하기 위해 각기 네 바퀴를 통해 사방으로 움직이는 존재이기 때문에(10:9-17), 한 자리에 머물러 있지 않다. 당연히 하나님께서도 그들 위에 자신의 임재를 제한해 놓지 않으신다(예, 10:18).

그럼에도 케루빔은 하나님의 명령을 수행하며 또한 하나님의 임재를 알려주는 역할을 하는 천상의 존재(천사)들을 대표하여 구약 이스라엘에게 소개되었을 것이다. 그래서 이스라엘은 성막과 성소의 케루빔을 생각할 때, 이와 같은 천상의 존재들이 하늘에서 하나님을 섬기고 수행하고 있음을 상기했을 것이다.

반면에 세라핌(스랍)은 구약에서 낯설다. 세라핌과 케루빔의 공통적인 점은 하나님을 모시고 있는 특수한 천사 집단이라는 것과 복수의 날개가 있고(사 6:2) 하나님의 영광과 깊은 관련이 있다(사 6:3; 겔 1:28; 10:4, 18)는 점이다.

그러나 둘 사이에는 차이점도 많다. 첫째, 세라핌의 날개는 여섯이고 케루빔은 날개가 넷이다. 따라서 이들은 다른 존재다. 세라핌은 두 날개로 얼굴을 가리고 둘로는 발을 가리며 나머지 둘로 날아 다닌다(사 6:2). 케루빔은 날개 둘로 몸을 가리고 다른 날개 둘로 케루빔끼리 서로 연결한다(겔 1:11). 날개 밑에 손도 있다(겔 1:8; 10:8, 21). 둘째, 세라핌이 날개로 날아 다닌다면(사 6:2), 케루빔은 각기 네 바퀴가 있고 그 안에 영이 있어, 영을 따라 바퀴를 사용하고 또한 날개를 활용하여 사방으로 다닌다(겔 1:16-21). 셋째, 네 세라핌의 얼굴을 이사야는 기록하고 있지 않다. 그런데 에스겔이 알려주는 네 케루빔은 각기 네 얼굴(사람, 사자, 소, 독수리)을 모두 가지고 있다(겔 1:10; 10:14). 넷째, 세라핌은 이사야에서 하나님을 찬양하는 역할을 하고(사 6:3; "거룩하다, 거룩하다, 거룩하다") 케루빔은 하나님의 임재 아래에서, 그 명령을 받아 사방에 다니며 그 뜻을 수행하는 존재다(겔 1:14-25; 10:1-17).

계시록 4장의 네 생물은 세라핌일까, 케루빔일까? 또는 다른 존재일까? 세라핌이라 볼 수밖에 없는 것은 다음과 같은 이유 때문이다. 첫째, 네 생물의 얼굴이 각기 다르기 때문이다(계 4:7). 이러한 모습은 한 생물이 각기 네 개씩의 얼굴을 갖고 있는 케루빔과 같을 수 없다. 그런데 사람, 사자, 소(송아지), 독수리의 모습이 세라핌과 케루빔 모두에게서 발견됨은 그 역할의 유사성과 관련되는 듯하다. 둘째, 네 생물이 여섯 날개를 가지고 있는 점(계 4:8)도 세라핌과 같다. 반면에 케루빔은 네 날개를 가진다. 셋째, "거룩하다, 거룩하다, 거룩하다"의 거룩송을 하는 역할(4:8)도 세라핌의 경우와 같다(사 6:3). 넷째, 네 생물이 날개 안과 밖에 많은 눈을 가지고 있는데 (계 4:8), 케루빔은 몸과 등과 손과 날개 외에도 바퀴에 많은 눈을 가지고 있다(겔 1:18; 10:12). 따라서 계시록에 나오는 네 생물은 케루빔은 아니다.

여기서 핵심은 한 생물이 가진 날개의 개수와 한 생물이 가진 얼굴의 개수 및 그것들의 역할일 것이다. 계시록의 내용과 이사야의 기록에는 차이가 없다. 반면에 에스겔의 기록과는 차이가 적지 않다. 특히 세라핌(스랍) 은 하늘 보좌 주위에 옹위해 있고(사 6:1-2; 계 4:6) 케루빔은 그 보좌 아래 궁창 밑에 위치해 있다(겔 1:26; 10:1, 18).

재앙들

계시록의 재앙들은 출애굽 때의 열 재앙과 다르다. 같은 소재가 있으나, 많이 다르다. 소재도 다르고, 나오는 방식도 다르고, 무엇보다 일어나는 상황이 다르다(이에 대해서는 일곱 인, 일곱 나팔, 일곱 대접에 대한 주해와 해설을 보라).

네 말

계시록에서는 일곱 인의 재앙 가운데 첫째-넷째 재앙에 네 마리의 말과 그 위에 탄 자들이 나온다(6:1-8). 흰 말과 그 위에 탄 자, 붉은 말과 그 위에 탄 자, 검은 말과 그 위에 탄 자, 회녹색(청황색) 말과 그 위에 탄 자, 이렇게 네 가지 색깔의 말들과 그들 말에 탄 자들이다.

계시와 환상에서 네 종류의 말이 등장하는 구약은 스가랴 1장(7-17절) 과 6장(1-8절)이다. '말'이라는 상징이 뜻하는, 신속하게 사방으로 다니며 특정한 임무를 수행한다는 측면(예, 슥 1:10; 6:5-8)은 스가랴서와 계시록에서 공통적이다. 그러나 계시록의 네 말과 스가랴에 나타난 말들 사이에는 다른 점이 많다. 따라서 계시록에 나오는 말들에 관한 기록을 스가랴의 말들에 대한 기록에서 그대로 가져온 것이라고 볼 근거가 없다. 이 기록들 사이에는 다음처럼 공유되지 않는 면이 크다.

첫째, 말의 종류가 다르다. 계시록은 흰 말, 붉은 말, 검은 말, 회녹색 말인데, 스가랴가 언급하는 말은 붉은 말이 최소한 둘, 그리고 밤색의 말과 흰 말이다(슥 1:8).

둘째, 더군다나 스가랴에는 말이 네 마리만 있다고 할 수 없다. 개역개정에는 "붉은 말 … 그 뒤에는 붉은 말과 자줏빛 말과 백마"(슥 1:8)로 번역하여 네 마리의 말을 가리키는 것 같으나, 본래 원문을 직역하면, "붉은 말을 탄 한 사람 … 그 뒤에 붉은 말들, 밤색의 것(말)들, 그리고 흰색의 것(말)들"이 된다. 그러니까 처음의 붉은 말 다음에는 각기 복수로 된 말들이 등장한다. 칠십인역(LXX)은 종류와 색깔에 대해 조금 다르게 번역하여, "그 뒤에 붉은 말들과 얼룩덜룩한 것(말)들과 여러 종류의(또는 아롱진/어룽진) 것(말)들과 흰 것(말)들"(ὀπίσω αὐτοῦ ἵπποι πυρροὶ καὶ ψαροὶ καὶ ποικίλοι καὶ λευκοί)이라 했는데, 다른 말들을 모두 복수로 번역한 것은 히브리어 본문과 같다. 네 마리로 제한되지 않는다.

셋째, 스가랴 6장에 가면 더 다르다. 그곳에는 네 병거(마차)가 나온다(6:2-3). 네 마리의 말이 아니다. 붉은 말들, 검은 말들, 흰 말들, 어룽지고 건장한 말들이다. 즉, 네 종류의 각기 다른 말들을 가리키고 있다(참고, Jauhiainen, 63).[13] 특정한 색상을 가진 단수의 말이 네 종류(마리)인 것이 아니라

---

13. 슥 6장의 칠십인역(LXX)은, 앞(슥 1장)의 세 종류의 말들(붉은 말들, 검은 말들, 흰 말들)은 같으나 네 번째 말들은 '어룽지고 얼룩덜룩한 말들'(ἵπποι ποικίλοι ψαροί)로 번역한다. 따라서 1:8의 '얼룩덜룩한 것(말)들과 여러 종류의 것들'(ψαροὶ καὶ

각 색상의 복수의 말들이 네 종류(집단)인 것이다. 계시록의 것과 다르다.

최후의 전쟁들, 아마겟돈 전쟁

아마겟돈이라는 말이 사용된 곳은 계시록 밖에 없다(16:16). 계시록에서 히브리어를 음역하여 '아마겟돈'(Ἀρμαγεδδών)이라 한다(16:16)고 했으므로 이곳을 이스라엘의 산 므깃도(הַר מְגִדּוֹן)로 추정하게 된다.[14] 므깃도(Megiddo, מְגִדּוֹ)는 구약에 12회 나타난다. 이곳은 므낫세 지파에 할당된 지역으로 이스라엘 역사상 적지 않은 전투가 일어난 지역이다(삿 5:19-20; 왕하 9:27; 대하 35:20-25 등).

아마겟돈 전쟁이 앞으로 이스라엘의 므깃도 지역에서 일어날 것인지, 또는 전쟁 빈발 지역으로서의 므깃도라는 상징성 때문에 그렇게 이름이 붙여진 것인지는 알 수 없다. 또한 계시록에서도 실제 전쟁이 일어나는 장소로 아마겟돈이 지목된 적은 없다. 재림 때의 대전쟁을 위해 세계의 왕(지도자)들이 모이는 곳으로 거명되었을 뿐이다(계 16:16).

최후의 전쟁은 크게 두 차례 일어난다. 첫 번째는 그리스도의 재림과 함께 일어나는 대전쟁(제1차)이다. 그 뒤 천년 나라가 마친 후에 일어나는 대전쟁(제2차)이 있다. 그리스도의 재림 때의 전쟁을 아마겟돈 전쟁이라 부르는 이유는 이 전쟁을 아마겟돈이라는 곳에서 준비하게 되기 때문이다(16:16). 용과 두 짐승의 주도 아래 천하만국의 왕(지도자)들이 아마겟돈에 모이게 된다. 일종의 만국 회의다. 그곳에서 그들은 하나님을 대적하는 대전쟁을 모의하고 준비하게 될 것이다. 계시록은 이 전쟁을 "전능하신 하나

ποικίλοι)이 사실은, '어룽지고 (동시에) 얼룩덜룩한 말들'을 가리키는 것일 수 있다. 접속사 καί(또, 그리고)를 어떻게 해석하느냐에 따라 이 표현들이 어떤 말들을 가리키는지에 관한 해석이 달라진다.

14. 현대 히브리어 성경(MHT)은 여기서 '하르 메깃돈'(므깃도 산, הַר מְגִדּוֹן)으로 번역한다.

님의 큰 날에 있을 전쟁"으로 표현한다(16:14). 이 때문에 아마겟돈 전쟁이라 부르는 것 같은데, 전쟁이 그곳에서 일어날지, 다른 곳에서 일어날지 알려주시는 바 없다.

또한 이 전쟁은 '하나님의 큰 날에 있을 전쟁'이긴 하지만, 최후의 전쟁이라 부를 수는 없다. 천년이 끝난 후 있게 될 마지막 전쟁(20:7-10)이 사실상 최후의 전쟁이다. 다만 이 두 전쟁을 같은 특성의 전쟁이라 할 수 있는 것은 (1) 둘 다 사탄의 집단과 하나님의 집단의 전쟁이라는 특성, (2) 두 집단이 모든 것을 걸고 하는 대전쟁이라는 점 때문이다. 사탄(용)의 집단이 자신의 이름을 내걸고 하나님께 노골적으로 대항하여, 그것도 전 세계적으로 전쟁을 일으키는 경우는 두 전쟁 외에는 역사상 없다. 그리스도께서 직접 하나님의 이름을 내걸고 하늘의 모든 세력을 이끌고 전쟁에 참여하는 예도 두 경우 외에는 없다. 따라서 두 전쟁은 비슷한 성격의 전쟁이고 1차와 2차라는 특성을 가진다. 좀 더 정확한 이름은 제1차 대전쟁과 제2차 대전쟁이 될 것이다. 최후의 전쟁은 이렇게 두 개로 나뉜다.

에스겔 38-39장은 이들 최후의 전쟁에 대한 예언이라 할 수 있다. 마곡과 곡이라는 이름이 등장한다(38:2, 14, 16, 18; 39:1, 6, 11). 계시록에서 마곡과 곡의 거명은 제2차 대전쟁 때 나온다(20:8). 사탄이 "땅의 사방에 있는 열방, 즉 곡과 마곡을 미혹하려고 또 전쟁을 위해 그들을 모으려고 나올 것이다." 곡과 마곡은 최후의 심판의 대상이 될 이들을 상징하는 이름일 뿐이다. 사탄의 미혹을 받는 이들은 곡과 마곡 족속일 것이라는 뜻이 아니라, 그때의 멸망이 에스겔의 예언과 같이 곡과 마곡의 멸망이 될 것이라는 점에서 그같이 이름이 붙여진 것이다.

에스겔이 이때의 전쟁을 예언하고 있는 것은 맞다. 그런데 에스겔은 천년 이후의 제2차 대전쟁만 예언하고 있는 것이 아니라, 천년 전에 있을 제1차 대전쟁도 예언하고 있다. 특히 에스겔 39:17-20은 계시록의 19:17-21에 반영되고 있다. 아마겟돈 전쟁의 참혹한 실상이 묘사된다. 많은(모든) 새들이 전쟁의 시신들을 먹게 된다. 또 많은 시신들이 골짜기에 그대로 매장되고 수많은 무기들이 오랫동안 불살라진다(겔 39:9-16).

에스겔 38-39장의 예언이 한 번의 동일한 전쟁을 예언하는 것으로 볼 수도 있지만, 반대로 계시록의 두(제1차, 제2차) 전쟁을 병합해 예언한 것, 즉 서로 중첩된(overlapping) 예언이라 볼 수도 있다. 계시록의 시차적 전개를 존중한다면, 에스겔 예언의 중첩성을 전제하지 않을 수 없다. 에스겔의 예언은 제1차 전쟁과 제2차 전쟁의 일과 그 참상을 함께 예언하고 있다고 볼 수 있다. 계시록은 이들 전쟁이 이렇게 천년을 두고 두 차례 일어나게 될 것을 말해주고 있다. 최후의 심판 직전에 제2차 대전쟁이 마친다. 그때는 사탄인 용이 잡혀 불못에 던져질 때다(계 20:10). 그 불못은 제1차 대전쟁 때 잡혀 이미 그곳에 던져진 두 짐승이 있는 곳이다(19:20; 20:10).

마지막 때의 전쟁과 관련된 에스겔의 예언은 아직 성취되지 않았다. 예컨대, "북쪽 끝에서 많은 백성 곧 다 말을 탄 큰 무리와 능한 군대와 함께 오되, 구름이 땅을 덮음 같이 내 백성 이스라엘을 치러 오리라"(겔 38:15-16)는 구절은 역사상 이뤄진 바 없다. 유대인들은 로마와의 제2차 유대 전쟁(주후 132-135년)에서 모든 것을 잃고 유랑하게 된다. 비록 로마가 유대의 북쪽에 있으나, '북쪽 끝의 무리'는 아니다. 반면에 계시록에서 예언하고 있는 최후의 제1, 2차 대전쟁은 세상의 모든 족속이 참여한다는 점에서 '북쪽 끝'도 포함될 것이다. 그 전쟁이 아직 남아 있다.

이마의 표

이마에 표를 표식하는 것은 에스겔 9장에 나온다. 하나님께서는 예루살렘에 심판적 형벌을 가하시길 원하실 때, 그 가운데 모든 가증한 일 때문에 탄식하는 이들에 대해서는 이마에 표식하게 하셨다(겔 9:4). 그리고 표식이 있는 자는 건드리지 않고 형벌을 피하게 하셨다(9:6).

계시록에는 이마에 표식하는 일이 두 차례 등장한다. 첫째는 '인치다'(σφραγίζω)는 말로 사용된다. 하나님의 종들의 이마에 인치게 하셨다(7:3; 9:4). 모든 성도들의 이마에 하나님의 인이 표식되었을 것이다. 그때 이스라엘 각 지파 가운데 인침을 받은 자들은 144,000명이다(7:4).

두 번째의 경우는 세계를 장악하게 된 짐승에 의해 이마에 표식하게 된 경우다. 대환난의 때다. 짐승을 따르는 자들에게 주는 표식인데, 계시록은 하나님의 인을 치는 일과 구별하기 위해, '표'(χάραγμα)라는 용어를 사용한다(13:16-17; 14:9, 11; 16:2; 19:20; 20:4). 이 용어는 소유된 동물을 구별하기 위해 몸에 새겨 놓는 표식을 가리키기도 하고, 문서 위에 찍는 도장(스탬프)을 가리키기도 하는 단어다. 신약에서 계시록 외에 유일하게 사용된 경우는 바울이 아테네에서 우상에 대하여 논증할 때(행 17:29)다. 금이나 은이나 돌의 우상은 '새겨진' 형상이라는 것이다. 이 단어는 계시록에서 우상의 표라는 점을 부각시킨 것으로 보인다(참고, 행 17:29).

이마에 표식하는 일은 자기 소유라는 것을 명확하게 하기 위한 목적을 가진다. 하나님께서 자기 사람을 챙기실 목적으로 그 이마에 인을 치게 하신 것이다. 짐승도 이를 따라 '그의 표'를 이마에 받게 한다. 짐승이 하나님을 따라 하는 것은 그의 권력이 이미 종교적 영역으로 넘어갔다는 뜻이다. 흉내 내기 좋아하는 사탄은 하나님을 모방하여, 그를 추종하는 사람들을 양산해 내는 방식을 만들었다.

우리는 두 가지 점에 주의해야 한다. 하나는 아무것이나 짐승의 표라고 단정하는 것이다. 명심해야 할 것은 짐승의 표는 우리가 모르게 찍힐 수 있는 것이 아니라는 점이다. 사람들은 짐승에게 경배하고 표를 받는 것이다. 짐승에 대한 숭배가 우선된다. 짐승을 신앙적 대상으로 경배하는 행위 없이 표를 받는 일은 없다.

둘째는 짐승의 표를 주는 짐승의 정부에 대한 그릇된 주장이다. 아직 이뤄지지 않은 세계 정부를 두려워할 필요는 없다. 또 세계 정부의 출현 그 자체가 적그리스도 예언의 성취는 아니다. 문제는 세계 정부의 역할이다. 그 역할이 하나님을 대적하는 것이 될 때, 그것은 계시록의 예언의 성취를 의미한다. 그러한 세계 정부는 인과 나팔 재앙 중에 출현될 것이다. 그리고 그 목적은 지구적 위기에 대처하기 위함일 것이다. 지구적 재앙이 계시록 재앙의 실현이라는 면에서 세계인들이 결집되는 것은 하나님에 대항하기 위해 힘을 모으는 의미를 갖는다.

다니엘의 환상

계시록과의 연관성에 있어 논란이 있는 본문은 다니엘서일 것이다. 이 두 책의 관계와 관련하여 두 가지 점을 살펴보고자 한다. 첫째는 다니엘의 환상 가운데 계시록과 직접 관계된 것은 어떤 것인가? 둘째는 다니엘서에서 비슷해 보이는 2장과 7장의 환상은 같은 것인가, 다른 것인가? 둘째 질문은 첫째 질문과 관계가 있다.

다니엘 2장과 7장에는 비슷해 보이는 환상이 나타난다. 이는 특정한 역사적 전개를 알려주는 예언적 환상이다. 2장의 환상(31-35절)은 느부갓네살 왕의 것으로 다니엘의 해석(36-45절)이 덧붙여진다. 큰 신상이 보였는데, 그 머리는 순금, 가슴과 팔은 은, 배와 넓적다리는 놋, 종아리는 쇠로 되었고, 그 발들은 쇠와 진흙이 섞인 것이다. 주목해야 할 부분은 '손대지 아니한 돌'이 나와 신상의 쇠와 진흙의 발을 쳐서 부서뜨리는 장면이다. 우상을 친 돌은 태산을 이루고 온 세계에 가득해진다.

다니엘의 해석을 통해, 순금 머리는 느부갓네살 왕을 가리키고 은과 놋, 쇠 등으로 된 부분은 그다음에 이어질 나라들을 가리킨다는 것을 알게 된다. 쇠와 진흙의 시대가 될 때, 하나님께서 한 영원한 나라를 세우신다. 이

때 손대지 아니한 돌이 나와 모든 것을 무너뜨린다. 이 환상이 메시아에 대한 것임을 아는 것은 어렵지 않다. 그리스도의 영원한 나라가 세워질 것이라는 예언이다.

다니엘 7장에 나오는 네 짐승의 환상(1-8절)이 이와 비슷한 측면이 있다. 특히 예언의 내용이 역사적 전개로 나타날 것이라는 점에서 그렇다. 7장의 환상에는 짐승 넷이 등장한다. 첫째 짐승은 사자 같은 모양을 하고 있다. 독수리 날개를 가졌으나 그 날개가 뽑힌다. 그리고는 두 발로 서 있고 사람의 마음을 가지고 있다. 강력하고 용맹한 사자의 형상을 가졌으나 날 수 있는 날개를 펼 수 없게 되고 인간적인 한계를 가진 존재로 등장하는 듯하다. 둘째 짐승은 곰과 같다. 몸 한쪽을 들고 있으면서 이 사이에 세 개의 갈빗대를 물고 있다. 이때 "일어나서 많은 고기를 먹으라"는 말을 듣는다. 폭력적이고 잔혹하고 전쟁에 능한 모습을 그리고 있는 것 같다. 셋째 짐승은 표범과 같다. 그 등에 네 날개를 가지고 있고 머리도 넷이다. 곧 권세가 주어졌다. 강력한 권세를 가지되 연합 세력을 구축해 있다는 뜻으로 보인다.

다니엘의 환상은 넷째 짐승에 특히 초점을 맞춘다. 어떤 형상인지는 나타나지 않은 대신, 다른 설명이 더 많다. '무섭고 놀랍다', '매우 강하다', '쇠로 된 큰 이로 먹고 부서뜨리고 발로 밟는다', 다른 세 짐승과 다르다', '열 뿔을 가지고 있다'. 이전 세 짐승보다 더 강력하고 더 큰 힘을 가진 짐승으로 세 짐승과는 '다르다'. (셋째 짐승도 강한 능력을 소유했으나, 넷째 짐승보다는 약할 것이다. 숫자, '넷'과 '열'의 차이처럼 그러하다.) 이 짐승에게는 힘과 권한에 제한이 없을 것이라는 뜻일 것이다. 주목되는 것은 열 뿔과 그다음에 나오는 작은 뿔이다. 열 뿔 사이에서 한 작은 뿔이 나온다. 세 개의 뿔이 뿌리까지 뽑힌 것은 이 작은 뿔과 관련이 있을 것이다. 뿔은 눈을 가졌고 말하는 능력을 가지고 있다('큰 말', 7:8; '큰 목소리', 7:11).

다니엘은 네 짐승의 해석을 얻는다(7:16-27). 네 짐승은 네 왕이다. 그런데 넷째 짐승을 '나라'(kingdom, מַלְכוּ, 7:23)라고 한 것으로 보아, 네 짐승은 특출한 네 왕이 대표하는 네 나라일 것이다. 특히 넷째 짐승으로 대표되는 네 번째 나라는 열 명의 왕(지도자)이 참여하는 연합체적 특성을 띤 나라일 것 같다. 그 가운데 세 명의 왕을 제치고 새로운 뿔이 등장한다. 8절에서 예고한 '작은 뿔'이다. 그의 핵심은 '입'이다. 그 말로 하나님을 대적하며 성도들을 괴롭히고 때와 법, 즉 나라의 제도(시스템)를 고친다(25절). 이때 성도들은 3년 반 동안 고통을 겪는다. 그러나 결국은 성도들의 영원한 나라가 회복된다(18, 22, 26-27절). 이 내용은 삼중 사이클로 되어 있다. 짐승 이야기 – 성도의 회복 순으로 세 번 반복된다(A1[17절] – B1[18절] – A2[19-21절] – B2[22절] – A3[23-25절] – B3[26-27절]). 아무리 짐승의 강력한 지배가 있어도, 결국 성도들이 그들의 나라를 얻게 될 승리를 한다는 사실을 잊지 말라는 예언의 말씀이다.

　2장과 7장의 환상은 서로 다르다. 소재가 다른 것은 별도로 칠 수 있다. 특히 중요한 차이는 2장의 '손대지 아니한 돌'과 7장의 '작은 뿔'의 역할이 다르다는 점이다. '손대지 아니한 돌'은 하나님 나라를 세우는 메시아적 존재인 반면에, '작은 뿔'은 적그리스도적인 존재로서 성도들을 핍박하고 괴롭게 한다. 그는 짐승을 위해 존재하며 하나님을 대적한다. 정확하게 계시록 13장과 17장의 짐승에 대한 장면과 일치한다.

　열 뿔을 가진 네 번째 짐승에 대한 묘사는 열 뿔과 일곱 머리를 가진, 계시록의 첫째 짐승과 같다. 열 뿔이 열 왕을 가리킨다는 점도 같다(단 7:24; 계 17:14). 그리고 등장하는 새로운 뿔의 역할은 계시록의 둘째 짐승의 것과 비슷하다. 짐승을 위해 말하고, 하나님을 대적하고 성도들을 괴롭힌다

(단 7:25; 참고, 계 13:11-17).[15] 그것의 역할은 거짓 선지자의 역할이다. 심지어 짐승의 우상(형상)을 만들고 이에 경배하게 하고 사람들이 짐승의 표를 받게 한다(계 13:14-17). 이것은 짐승을 위해 제도적 장치를 만드는 것이다(단 7:25). 그러나 그 일은 결국 실패하고 망한다(단 7:22, 26-27).

다니엘 2장과 7장의 환상은 같은 것이 아니다. 2장의 것은 시대를 특정한다. 신상의 머리가 느부갓네살 왕을 지칭한다. 따라서 역사적 전개가 어떻게 될지 추정하는 것은 어렵지 않다. 바벨론에서 시작하여 로마제국 때까지의 일을 예언한 것이다. 로마 시대에 그리스도의 출현으로 본격적인 하나님 나라가 시작된다. 반면에 7장의 환상은 시대를 특정하지 않는다. 특히 '작은 뿔'의 역할을 역사상 찾을 수 없다. 이것은 로마제국에서 일어난 바 없다. 특히 이 예언과 관련하여 중간에 하나님의 최후의 심판의 모습(7:9-10)이 기술된 것은 중요한 의미가 있다. 넷째 짐승의 사건이 최후의 심판과 관련이 있을 가능성이 높다. 계시록 19장에서 20장으로 이어지는 마지막 때의 사건들과 같은 맥락에 있다고 할 수 있다.

짐승이 성도들을 괴롭히는 때를 한 때, 두 때, 반 때(단 7:25; 12:7, 11-12), 즉 3년 반으로 규정하고 있는 것도 계시록의 마흔두 달(계 13:5)이라는 기간과 맥락을 같이 한다.[16]

---

15. 단 12:7의 '성도의 권세가 다 깨지기까지'란 3년 반을 지나면서 성도의 권세가 다 무너진다는 뜻일 것이다. 그래도 인내하라는 뜻이다. 그리스도의 재림의 때가 오기 때문이다. 회복의 때가 오기 때문이다.
16. 단 7:11-12의 1,290일은 3년 반인 1,260일 보다 조금 많고 1,335일은 1,290일 보다 한 달 반, 즉 45일 더 많다. 조금 더 참고 인내하란 뜻이 된다.

제5장
구조[1]

요한계시록의 구조를 파악하기 어려운 이유는 단순한 구조로 되어있지 않기 때문이다.[2] 본문 안에 반복적인 어구(표현)와 내용(의미)이 많이 등장하는데 그런 것들이 문체적으로 병행을 이뤄 특정한 구조를 이루고 있을 가능성이 크다.[3] 어구와 내용이 적지 않은 부분에서 반복되는 이유가 무얼까? 연계성이 없는 단순한 반복인가, 의미 있는 의도된, 연계를 고려한 반복인가? 그렇다면 그렇게 해서 어떤 구조를 구성하려 했던 것일까? 계시록이 단순히 시간적 순서로 되어 있는지, 혹은 논리적 배열이나 교차적(또는

---

1. 이 부분은 필자의 논문 2010: 33-74를 개정, 발췌, 활용한 것이다.
2. Bauckham은 계시록을 역사 비평의 분할된 자료적 관점에서 보는 것을 반대하면서도, "extraordinarily complex literary composition"(유별나게 복잡한 문학적 구성)이라 규정한다(Bauckham, 1993a: 1). Beale은 계시록 구조에 대해 다양한 제안이 있으나 동의된 것이 없고 일종의 '해석적 혼란의 미로'라 했다(Beale, 1999: 108; 참고, Smalley, 19; Mangina, 30; Koester, 2015: 39). Johnson은 난해한 퍼즐("puzzle complex")을 맞추는 것에 비유했다(Johnson, 25-26).
3. 이런 반복적 특성은 다중 저작권 또는 편집 비평의 빌미가 된다. Fiorenza를 보라 (Fiorenza, 160; 참고, Aune, 1997: cxviii-cxxxiv; Osborne, 2002: 27-29).

평행적) 배열로 배열되어 있는지 논란이 많다.[4]

우선 단락들을 나눠보자. 연속된 묶음이나, 서로 연계된 내용들을 따로 떼어낸다(예컨대, 2-3장; 8-9장; 10:1-11:13; 12-13장; 17-18장; 19:11-20:10; 21:1-22:5 등). 요한계시록의 각 장을 주제별로, 순차적으로 대지를 나눌 필요가 있다. 먼저 도입부를 나눈다.

> 1. 그리스도와 성부의 계시(도입부, 1:1-8)
>
> 2. 나타나신 그리스도(1:9-20)

1:1-8을 계시록의 도입부로 보는 것은 어렵지 않다. 이 부분은 하나의 단락으로 볼 수 있고 계시록의 도입부 역할을 하는 것이 분명하기 때문이다. 문제는 그다음 단락인 1:9-20도 그 도입부(또는 서론부)에 포함된 것으로 볼 것이냐는 것이다. 두 단락(1-8절, 9-20절) 모두를 서론부로 볼 필요가 제기되는 이유는 두 단락의 유기적 연계성 때문이다(Thomas, 1992: 44). 두 부분 모두 삼위 하나님이 등장하는 점(4-5절과 8-11절), 성부와 성자 모두 '에고 에이미'(ἐγώ εἰμι) 선언을 하신다는 점(8절, 17절), 두 분 모두 시작과 마지막 되심이 부각된다는 점(8절, 17절)이 공유된다(S. Kim, 2021: 17-19).[5]

---

4. Charles처럼 시간적 순서로 되어 있다고 주장하는 학자들도 있다(Charles, xxiii-xxv). 구조 전체가 일곱 개의 구조로 되어 있다고 보는 학자들도 이런 부류에 속한다고 할 수 있다(Bowman, 440-3; 참고, Mounce, 1977: 46). 순차적 구조로 배열한 학자 가운데 Mounce의 예를 보자(Mounce, 1977: 47-49). I. 1:1-20(프롤로그); II. 2:1-3:22(일곱 교회 편지); III. 4:1-5:14(하늘의 자리에서의 경배); IV. 6:1-8:1(일곱 인); V. 8:2-11:19(일곱 나팔); VI. 12:1-14:5(교회와 악의 세력 간의 갈등); VII. 15:1-16:21(일곱 대접); VIII. 17:1-19:5(바벨론 멸망); IX. 19:6-20:14(마지막 승리); X. 21:1-22:5(새 하늘과 새 땅); XI. 22:6-21(에필로그). 역시 Desrosiers, 23-24도 그러하다.
5. 그런 이유로 1장 전체를 서론부로 볼 여지도 있다. 하지만 계시록이 맞붙은 단락들

하지만 1-8절을 도입부로 보는 것이 나은 이유도 분명하다. 첫째, 도입부를 두 단락(1-8절, 9-20절)으로 보는 것보다 한 단락(1-8절)으로 보는 것이 나은 이유는 종결부가 한 단락(22:6-21)이기 때문이다. 둘째, 도입부를 1-8절로 제한할 필요가 있는 추가적인 이유는 (1) 그리스도의 나타나심(9-20절) 단락이 그다음 이어지는 2-3장의 일곱 교회와 상당히 밀접하기 때문이다. 2-3장은 1장에 나타나신 그리스도께서 일곱 교회에 말씀하시는 부분이다. 특히 그리스도 현현(나타나심)의 세부 내용의 대부분이 2-3장의 일곱 교회 말씀 서두에 반복하여 나타난다는 점은 1:9-20과 2-3장의 분리를 어렵게 한다. (2) 또한 그리스도의 나타나심(9-20절)의 세부적 묘사 방식은 종결부(22:6-21)에서보다는 새 예루살렘을 세부적으로 묘사하는 부분(21:1-22:5 단락 내, 특히 21:9-21)과 상당 부분 유사한 점 또한 주목해야 할 요소다.

3-9. 일곱 교회(2:1-3:22)

일곱 교회(2-3장)는 전체적으로 하나로 묶을 수 있다. 일곱 교회에 대한 전체 단락이 평행법으로 구성되어 있기 때문이다(일곱 교회 주해의 구조를 보라). 전체적인 분량이 많아 하나씩 구분해 보는 게 좋겠다. 4장 하늘의 예배에는 지상의 교회(2-3장)에서 하늘로 장면이 이동하며 계시적 환상 장면이 발생한다.

의 상호 연계성이 뚜렷하다는 특징을 가진다면(이 때문에 단락의 경계 구분에 어려움이 있다), 두 단락 간에 연계된 요소(들)가 있다고 해서 두 단락을 하나의 묶인 단락으로 보긴 어려울 것이다. 오히려 1-8절을 도입부로 따로 떼놓는 것이 기능적으로 더 낫다고 볼 수 있다. 9-20절은 1-8절과도 연관되지만, 뒤의 2-3장과도 깊은 연관성이 있다.

10. 하늘의 예배(4:1-11)

11. 인봉된 책과 어린 양(5:1-14)

12. 여섯(첫째-여섯째) 인(6:1-17)

4장과 5장은 하늘의 장면(장소)과 성부와 어린 양에 대한 경배라는 주제로 연결되어 있으나, 5장 장면이 일곱 인을 떼시는 어린 양 계시의 배경이라는 점(4장의 성부에서 5장의 성자로 주체가 바뀐다)에서 어린 양에 의해 일곱(여섯) 인이 떼어지는 6장과의 깊은 연계성 또한 무시할 수 없다. 다만 6장에는 여섯 가지 인들(4+2)만 소개된다.

13. 구원받은 이들(7:1-17)

14. 일곱째 인(8:1-5)과 여섯(첫째-여섯째) 나팔(8:6-9:21)

15. 요한이 받은 책(10:1-11)

16. 두 증인(11:1-13)

17. 일곱째 나팔(11:14-19)

독자들이 일곱째 인을 기대하게 되는 자리(여섯째 인과 일곱째 인 사이)에 7장이 있다. 7장에는 144,000명과 관련된 구원받는 이들에 대한 내용이 등장한다. 7장이 지나고야 일곱째 인(8:1-5)이 나온다. 그런데 일곱째 인은 자체적으로 재앙적 요소가 없다. 오히려 일곱 천사의 일곱 나팔(8:6-9:21, 11:14-19)을 여는(opening) 역할이다. 먼저 여섯 나팔 재앙(4+2)이 연속된다(8:6-9:21). 그리고 일곱째 나팔(11:14-19)이 있기 전에 두 가지 막간이 들어가 있다. 하나는 요한이 책을 받는 장면(10:1-11)이고 또 하나는 두 증인 에피소드(11:1-13)다. 이들 막간들은 일곱 인, 일곱 나팔, 일곱 대접 사이에 끼여 들어가 재앙 에피소드들을 보충하며 주제와 사건을 확장해 보여준다. 두 막간 이후에 일곱째 나팔(11:14-19)이 울린다.

18. 용과 여자, 그 후손(12:1-17)

19. 두 짐승(13:1-18)

일곱째 나팔(11:14-19) 다음, 또 다른 두 개의 막간이 나타난다. 하나는 용과 여인의 전쟁(12장)을 그려준다. 상징적인 용어들이 많이 등장한다. 용과 여인의 전쟁은 두 짐승의 출현 장면(13장)으로 넘어간다. 하늘 세력과 땅 세력의 연속된 전쟁이다. 용과 여인의 전쟁(12장)에서 짐승과 교회의 전쟁(13장)으로 전환된다.

20. 구원받은 이들(14:1-5)

21. 두 가지 추수(14:6-20)

7장에 이어, 144,000명과 관련된 구원받은 이들의 두 번째 기사가 14:1-5에 나온다. 그 내용은 비록 짧지만 그다음에 이어지는 두 가지 추수(구원과 징벌)에 대한 단락(14:6-20)과는 다소간 구별된다(참고, 14:6-20의 구조). 반복되는 구원받은 이들에 대한 기록(7장, 14:1-5)은 말세의 재앙들 가운데 하나님과 어린 양의 구원 사역이 지속적으로 진행되고 있음을 상기시켜 준다. 반면에 재앙(보상)과 보응의 두 추수 주제는 모든 종말 사건의 핵심적 요약이다. 모든 사건은 누구를 경배하느냐(참 하나님이냐, 거짓 신이냐)와 그에 대한 대가(보상과 보응)가 무엇이냐와 직간접적으로 관련되기 때문이다.

22. 일곱 천사의 일곱 재앙(15:1-8)

23. 일곱 대접(16:1-21)

그 다음 다시 일곱 대접 에피소드로 전환된다. 일곱 천사의 일곱 재앙 (15장) 단락은 이어지는 일곱 대접 단락들(16장)의 서론적 역할을 한다. 이 것이 15장과 16장을 연속적으로 보아야 할 이유다. 일곱 대접 단락들에는 인과 나팔과 달리 첫째-일곱째 내용(3+2+2)이 연속적으로 나타난다.

24. 음녀 바벨론과 짐승(17:1-18)
25. 바벨론의 파멸, 애가(18:1-24)
26. 어린 양 잔치(19:1-10)

음녀 바벨론에 대한 두 개의 장(17-18장)은 하나의 묶음이면서 두 가지 내용을 담는다. 17장은 바벨론과 짐승의 관계에 대해 서술하는 내용이다. 반면에 18장은 바벨론 멸망과 그에 대한 애가를 싣고 있다. 어린 양 잔치 (19:1-10)에 대한 기사는 앞의 멸망하는 바벨론에 대한 내용(특히 음녀와 신부의 대조)과 그리스도 재림 준비인 혼인 잔치에 대한 기사로 구성된다. 그리하여 앞 장(바벨론 사건)과 뒤의 내용(그리스도 재림)을 연결한다.

27. 그리스도의 재림, 아마겟돈 전쟁(19:11-21)
28. 천년 나라(20:1-10)

그리스도의 재림(19:11-16)은 아마겟돈 전쟁(19:17-21)과 병합되어 기 록된다(19:11-21). 재림은 전쟁과 분리될 수 없다. 그런 후에는 천년 나라가 펼쳐진다(20:1-10). 이때 보응과 보상의 실현이 일어난다. 많은 이들이 죽 고 많은 이들이 산다.

29. 최후의 심판(20:11-15)

30. 새 하늘과 새 땅, 새 예루살렘(21:1-22:5)

31. 마지막 계시(종결부, 22:6-21)

보응과 보상의 실현은 천년 나라에서 다 이뤄지지 않는다. 천년 나라는 이 땅에서 이뤄지는 이상향(유토피아)이다. 반면, 최후의 심판과 보상은 이 땅(하늘과 땅)이 사라질 때 일어난다(20:11; 21:1). 최후의 보응과 보상이 최후의 심판(20:11-15)과 새 하늘과 새 땅의 실현, 완성된 새 예루살렘(21:1-22:5)에서 이뤄진다. 종말의 모든 계시는 이제 밝혀졌고 이들 계시에 대해 인증하는 말씀으로 계시록은 종결된다(22:6-21).

구조(의미망)에 대한 질문

위의 대지 구분은 순차적인 내용(흐름)을 드러낸다. 또한 내용(주제) 간의 관계를 일부 보여줄 수 있다. 이러한 구분은 주제의 차서(순서)에 따른 내용의 흐름을 이해하기에 좋다. 그런데 내용(주제)끼리 어떤 설계로 구성되어 있는지(의미의 네트웍, 의미망) 역시 더 연구될 필요가 있다. 내용 간의 입체적 관계를 보여주는 전체 구조에 대한 이해가 필요하다.

예컨대, 구조와 관련해서 다음과 같은 질문이 가능하다.

첫째, 도입부(1:1-8)와 종결부(22:6-21)에 비슷한 표현과 어휘가 많이 등장하는 이유는 무엇인가? 둘째, 왜 7장과 14:1-5에 144,000명이 나오는가? 셋째, 막간 가운데 14:6-20은 다른 막간들(예, 10장; 11:1-13; 12장, 13장, 17장, 18장 등)과 달리 특정한 사건의 기술로 이루어지지 않은 이유는 무엇인가? 넷째, 왜 일곱째 인에는 자체 내용이 없는가? 단지 일곱 나팔을 소개하는 이유는 무엇인가? 다섯째, 연속된 두 개씩의 막간 에피소드(10장과 11:1-

13; 12-13장; 17-18장)는 어떻게 연결되는가? 예컨대, 12장과 13장은 용과 짐 승 에피소드고 17장과 18장은 바벨론 에피소드라면 10장(요한의 책)과 11:1-13(두 증인)은 어떤 관계가 있는가? 여섯째, 일곱 인, 일곱 나팔, 일곱 대접의 관계는 어떤 것인가? 반복적인가, 순차적인가? 일곱째, 일곱 인, 일 곱 나팔, 일곱 대접과 막간들의 관계는 무엇인가? 이들 막간들의 기록 목 적은 무엇인가? 여덟째, 그리스도의 재림과 아마겟돈 전쟁이 병행되어 나 타나는 이유는 무엇인가? 아홉째, 천년 나라는 왜 기록되어 있는가? 천년 나라와 새 하늘과 새 땅의 관계는 무엇인가?

병행 단락들

도입부(1:1-8)와 종결부(22:6-21)의 비슷한 표현과 어휘의 등장은 두 단 락이 병행적 쌍(corresponding pair)을 이룬다는 것을 의미한다. 이것은 수 미상관법(*inclusio*)의 특성이다. 그런데 계시록에서 단락 간의 공통적 요소 들(표현이나 어휘, 주제)을 가지고 있는 단락들은 도입부와 종결부만이 아 니다. 여러 단락들이 그런 특성을 보인다. 서로 공통된 부분을 가진 병행적 쌍(paired pairs)의 단락들이 어떤 것들인지 살펴볼 필요가 있다.

가. 도입부(1:1-8)와 종결부(22:6-21)

1장에서 도입부를 형성하고 있는 부분은 1:1-8이다. '예수 그리스도의 계시'임을 드러낸 후 인사말이 있고 하나님의 '알파와 오메가' 선언이 있다. 계시록의 종결부는 22:6-21로 본다. 계시의 마무리라 할 수 있는, 앞의 계시 들에 대한 보증적 성격이 강하다. 그러면 이 두 부분은 어떤 공통적인 요소 를 가지고 있는가? 최소한 열 개의 공통점을 가지고 있다.[6]

---

6. Johnson의 1:1-8과 22:6-21의 비교를 참조하라. 그는 여섯 개의 공통점을 제시한다 (Johnson, 27). Resseguie도 두 부분이 공통 어구를 가지면서 계시록 전체의 수미상관

① 계시 또는 예언이라는 단어가 강조된다(1:1, 2, 3; 22:7, 10, 18, 19). ② 두 부분 모두에 "속히 일어나야 할 일(들)"(ἃ δεῖ γενέσθαι ἐν τάχει)이란 어구가 등장한다(1:1; 22:6). ③ "그의 종들에게 보이시려고"(δεῖξαι τοῖς δούλοις αὐτοῦ), "그의 천사를 보내셨다"(ἀπέστειλεν τὸν ἄγγελον αὐτοῦ)라는 표현이 나타난다(1:1; 22:6, 16). ④ 이 일들의 증인이 요한이고 그가 증언한다는 사실이 강조된다(1:1-2; 22:8, 18). ⑤ 말씀을 '지키는 자'와 그런 자의 복됨(μακάριος)이 반복된다(1:3; 22:7). ⑥ 예수께서 어떤 분이신지 그분의 정체성에 대한 내용이 나온다(1:4-7; 22:16). ⑦ "나는 알파와 오메가이다"(ἐγὼ τὸ ἄλφα καὶ τὸ ὦ)라는 표현이 한 번은 성부(1:8), 다른 한 번은 성자(22:13)에 대해 쓰인다. ⑧ 주님께서 다시 오실 것(ἔρχεται)이 예고된다 (1:7; 22:20). ⑨ 성령이 성부와 성자와 함께 나오거나(1:4-5), 성령과 성자가 함께 등장한다(22:16-17). ⑩ 한 곳에는 하나님에 대한 기원(1:6)과 성도에 대한 축원(1:5)이 있고 다른 쪽에는 성도들에 대한 축원(22:21)이 있다.

1:1-8과 22:6-21의 연계성은 매우 분명하다. 계시의 도입부는 그 종결부가 있음으로 마무리된다. 이 부분이 계시록의 시작과 마지막이므로 전체 구조를 감싸는 A와 A′(수미상관)로 할 수 있겠다. 도입부와 종결부가 서로 공통적인 요소(어구나 표현)를 함께 소유하는 방식으로 서로 쌍(A와 A′)이 되는 연계성을 가진다면, 이런 특성이 다른 단락(단원)에서도 발견될 가능성이 크다고 볼 수 있다.

    A. 계시의 도입부(1:1-8)

    A′. 계시의 종결부(22:6-21)

법(*inclusio*)을 형성한다고 봤다(Resseguie, 2009: 27). Bauckham도 1:1-3과 22:6-7에는 강한 문자적 연계가 있다고 지적했다(Bauckham, 1993a: 3).

나. 그리스도와 일곱 교회(1:9-3:22),
심판(20:11-15)과 새 하늘과 새 땅(21:1-22:5)

1:9-20의 그리스도에 대해 묘사한 부분이 일곱 교회의 서문에 계속 등장한다는 점에서 이 단락은 2:1-3:22과 밀접한 단락임을 알 수 있다.[7] 그리고 1:9-3:22과 상응되는 부분은 20:11-15과 21:1-22:5라 할 수 있다. 그 이유는 다음과 같다. 첫째, 일곱 교회에 대한 말씀(2:1-3:22)에는 각 교회의 행위에 대한 상급과 심판이 예고되고 있고(2:7, 11, 17, 26-28; 3:5, 12, 21), 20:11-15는 마지막 날의 심판에 대해 기록하고 있다. 이 두 부분이 심판의 예고와 심판의 성취란 점에서 상응한다고 볼 수 있다.[8] 둘째, 새 하늘과 새 땅, 그리고 새 예루살렘 등을 기록하고 있는 21:1-22:5은 교회와 성도의 미래적 상급을 언급한다는 측면에서 일곱 교회에 대한 말씀(1:9-20을 포함해서)과 밀접하게 관련된다. 셋째, 이와 같은 주제적 연계성뿐 아니라, 실제로 많은 어구와 내용의 공통점을 두 본문이 가지고 있다.[9]

① 한쪽에는 예수 그리스도의 모습을 상세히 그려주고 있고(1:12-20;

---

7.   에베소 교회의 "일곱 별"과 "일곱 금 촛대"는 1:12-13, 20; 서머나 교회의 "처음과 마지막인 이, 죽었으나 살아난 이"는 1:17-18; 버가모 교회의 "양날의 예리한 검을 가진 이"는 1:16; 두아디라 교회의 "하나님의 아들, 불꽃 같은 눈을 가진 이, 그 발이 빛나는 청동 같은 이"는 1:14-15; 사데 교회의 "하나님의 일곱 영과 일곱 별을 가지고 있는 이"는 1:16, 20(참고, 5:6); 빌라델비아 교회의 "거룩한 이, 참된 이, 다윗의 열쇠를 가진 이"는 1:18에 나온다. 단, 라오디게아 교회의 "아멘이 되는 이, 신실하고 참된 증인, 하나님의 창조의 시작인 이"는 1:9-20에 나타나지 않고, 1:5; 21:6; 22:13에 나온다.

8.   2-3장이 교회의 보상과 심판을 다루고 있고 그 쌍이 되는 최후의 심판(20:11-15)이 2-3장의 심판의 결말이라 해도 교회가 심판을 받는다는 뜻은 아니다. 교회, 특히 생명책에 기록된 자는 심판에서 제외되기 때문이다(20:12, 15). 그러나 교회에 대한 그리스도의 평가 그 자체가 면제되는 것은 아닐 수 있다.

9.   비교된 방식과 결과가 다르지만, Swete도 계시록 첫 세 장과 마지막 세 장의 유사한 어구에 주목했다(Swete, xlvi-xlvii).

2-3장 시작 부분) 다른 쪽에는 새 예루살렘의 모습이 상세하게 그려져 있다(21:11-27). ② 심판에 대한 내용이 나온다(2-3장; 20:12-13; 21:8 참조). ③ 보상과 상급이 예고되고 시행된다(2-3장; 21:3-4, 7-8, 27; 22:3-5). ④ 같은 뜻의 비슷한 표현 '처음과 마지막'(ὁ πρῶτος καὶ ὁ ἔσχατος, 1:17; ἡ ἀρχὴ καὶ τὸ τέλος, 21:6)이 나타난다. 1:17은 성자에게 21:6은 성부에게 사용된다. ⑤ '쓰라'(기록하라)는 단어가 반복된다(1:11, 19; 2:1, 8, 12, 18; 3:1, 7, 14; 21:5). ⑥ 생명나무와 그 열매에 대해 쓰고 있다(2:7; 22:2). ⑦ "이기는 자"(주격 Ὁ νικῶν, 또는 여격 Τῷ νικῶντι)에 대한 말씀이 기록되었다(2:7, 11, 17, 26; 3:5, 12, 21; 21:7). ⑧ 보상과 심판에 있어 사람들의 행위(일들)("너의 행위[들]", τὰ ἔργα σου, "그들의 행위[들]", τὰ ἔργα αὐτῶν)이 강조된다(2:2, 19; 3:1, 8, 15; 20:12, 14). ⑨ '간음하는 자'와 '음행하는 자'라는 어구가 나온다(2:22; 21:8). ⑩ 보상으로서 왕권이 언급된다(3:21; 22:5). ⑪ 둘째 죽음(사망)에 대한 기록이 있다(2:11; 21:8). ⑫ 성전에 대해 나온다(3:12; 21:22). ⑬ 하나님과의 동행이 약속되었고 또한 성취된다(3:20; 21:3, 7). ⑭ "보좌에 앉게 할 것이다"(3:21)와 "상속을 받을 것이다"(21:7)도 유사한 내용이다.

1:9-3:22과 20:11-22:5의 주제적 연관성과 어구적 연관성은 매우 뚜렷하다. 그리스도와 그의 지상의 교회에 대한 말씀이 심판과 심판 이후의 새 하늘과 새 땅에서 완벽하게 실현된다. 새 예루살렘은 일곱 교회의 완성된 미래다. 생명수 강이 흐르고 생명나무가 열두 가지 열매를 맺는 그곳에서, 또 하나님과 그 어린 양의 보좌가 있는 그곳에서 승리한 그들은 약속된 대로 영원토록 왕 노릇하게 된다.

    B.   그리스도와 일곱 교회(1:9-3:22)

    B′. 최후의 심판(20:11-15)

       새 하늘과 새 땅, 새 예루살렘(21:1-22:5)

다. 하늘의 예배(4:1-11)와 새 하늘과 새 땅(21:1-22:5)

앞에 지적한 대로, 그리스도와 그의 교회(1:9-3:22)와 새 하늘과 새 땅, 그리고 새 예루살렘 등을 묘사하고 있는 21:1-22:5가 병행을 이루고 있는 것은 분명하다. 그런데 흥미로운 것은 일곱 교회에 대한 본문 직후에 기록된 4:1-11의 '하늘의 예배' 부분 또한 21:1-22:5와 병행을 이루고 있다는 점이다(단, 20:11-15의 심판과는 연계되지 않는다). 두 부분 모두 '하늘'이라는 공간적 소재를 가진다는 공통점이 그렇고 하나님께 경배 드리는 주제에서도 그 연계성을 찾을 수 있다. 그뿐 아니라, 다음과 같이 어구와 내용의 일치점도 발견된다.

① "하늘"과 "새 하늘"의 공통점이 있다(4:1; 21:1). ② "보좌"와 "보좌 위에 앉으신 이"에 대한 기록이 반복된다(4:1, 2, 3-6, 9-10; 21:3, 5; 22:1, 3). ③ "내가 네게 보일 것이다"(δείξω σοι)가 나온다(4:1; 21:9).[10] ④ 각종 보석과 관련된 용어들이 많이 나오는데, 특히 공통된 단어들이 보인다(4:3-4, 6; 21:11, 18-21). 이들 단어들은 이 두 부분 외에는 쓰이지 않는다. ⑤ 숫자 24와 12가 각각 등장한다(4:4; 21:12, 14). ⑥ 성령에 대해 언급한다(4:5; 21:10). ⑦ 한쪽에는 하나님에 대한 찬양과 경배(4:8, 10-11), 다른 쪽에는 하나님에 의한 선언과 그 성취(21:3-8; 22:3-5)가 나타난다. ⑧ '일곱'이라는 숫자가 나타난다(4:5; 21:9). 그런데 흥미롭게도 4:1-11에 나온 네 생물과 이십사 장로들이 21:1-22:5에서는 더 이상 등장하지 않는다.[11]

4:1-11과 21:1-22:5의 연계성은 어구적(표현의) 반복보다는 하늘이라는

---

10. '내가 네게 보일 것이다'는 표현이 17:1에도 나온다. 음녀 바벨론(17:1-18:24)과 신부 새 예루살렘(21:9-27)을 대조하려는 목적 때문일 것이다.

11. 네 생물은 5-6장과 7:11; 14:3; 15:7; 19:4에 나온다. 네 생물의 등장은 하나님에 대한 경배와 재앙의 실현과 관계가 있다. 20장 이후로는 네 생물이 더 이상 나오지 않는다.

공간적 연계가 더 크다고 할 수 있다. 4:1-11에서 시작된 하늘의 예배가 21:1-22:5의 새 하늘-새 땅의 예배로 전환되고 완성된 것이다. 그런 점에서 4:1-11의 예배는 21:1-22:5에 이뤄질 새 하늘과 새 땅에서의 이상적인 하나님-성도 예배 관계의 시작이자, 미래에 완성될 예배를 예고하는 모형이다. 하늘에서 있던 네 생물과 이십사 장로의 하나님에 대한 예배적 관계가 종국에는 '이기는 자'(21:7; 또한 2:7, 11, 17, 26; 3:5, 12, 21)가 새 하늘과 새 땅에서 누리게 될 하나님과의 관계로 마무리된다.

1:9-3:22(그리스도, 일곱 교회)와 20:11-22:5(최후의 심판과 새 하늘과 새 땅, 새 예루살렘)가 상관성이 있고, 동시에 4:1-11(하늘의 예배)과 21:1-22:5(새 하늘과 새 땅, 새 예루살렘)가 상관성이 있다면, 이들 관계를 어떻게 구조화할 수 있는가?

첫째, 1:9-3:22(그리스도와 그의 교회들)와 4:1-11(하늘의 예배)은 두 개의 큰 단락이다. 이와 마찬가지로 마지막 심판을 다루고 있는 20:11-15와 심판 이후의 세계를 그려주는 21:1-22:5도 크게 두 단락이다. 둘째, 1:9-3:22과 함께 연속된 4:1-11을 B라 하자. 1:9-4:11(B)은 '현재의 일들'(일곱 교회와 하늘의 예배)에 대한 기록이다. 그리고 20:11-15과 21:1-22:5을 B′라 하자. 20:11-22:5(B′)는 최후의 심판과 (새 우주의) 보상에 대해 소개해준다. B와 B′는 현재와 현재를 완성하는 미래를 병행시켜 보여준다. 미래는 현재의 완성이다.

> B. 그리스도와 일곱 교회(1:9-3:22)
>   하늘의 예배(4:1-11)
> B′. 최후의 심판(20:11-15)
>   새 하늘과 새 땅, 새 예루살렘(21:1-22:5)

라. 일곱 인, 일곱 나팔, 일곱 대접의 삼중 재앙

일곱 인(6:1-17; 8:1-5), 일곱 나팔(8:6-9:21; 11:14-19), 일곱 대접(15:1-16:21)의 연계성은 너무도 분명하다. 동일한 숫자 '일곱'의 반복, 그것도 재앙이라는 동일 주제의 반복은 세 재앙군의 상관성을 뚜렷하게 보여준다.

첫째, 일곱 인 가운데 첫 인이 시작하기 전, 일곱 나팔 가운데 첫 나팔이 시작하기 전, 일곱 대접 가운데 첫 대접이 시작하기 전에, 일곱 인에 대해, 일곱 나팔에 대해, 일곱 대접에 대해, 각각 도입부에 해당되는 단락들이 있다. 5:1-14(인 도입부), 8:1-5(나팔 도입부), 15:1-8(대접 도입부)이다. 이들 부분은 일곱 인, 일곱 나팔, 일곱 대접의 단락들과 결합해 볼 수 있다. 다만, 일곱 나팔의 도입부 8:1-5는 일곱째 인과 중첩된다. 일곱째 인은 일곱 나팔을 소개하고 견인한다(8:1-2). 반면에 일곱째 나팔(11:14-19)과 일곱 대접의 도입부(15:1-8)는 중첩되지 않는다. 오히려 여러 단락이 그 사이에 있다.

둘째, 일곱 인, 일곱 나팔, 일곱 대접의 본문들만 묶고 다른 주제를 다룬 본문들을 일단 생략한다면, 일곱 인(5:1-6:17, 8:1-5), 일곱 나팔(8:1-5, 8:6-9:21, 11:14-19), 일곱 대접(15:1-8, 16:1-21)의 본문들은 이렇게 배열된다.

a. 일곱 인 도입부 (5:1-14)	b. 첫째-여섯째 인 (6:1-17)	c. 일곱째 인(8:1-5)						
		a'. 일곱 나팔 도입부 (8:1-5)	b'. 첫째-여섯째 나팔 (8:6-9:21)	c'. 일곱째 나팔 (11:14-19)				
					a". 일곱 대접 도입부 (15:1-8)	b". 첫째-여섯째 대접 (16:1-16)	c". 일곱째 대접 (16:17-21)	

셋째, 일곱 인 도입부(a, 5:1-14)와 첫째-여섯째 인(b, 6:1-17)은 바로 연

속되어 있는데, 그다음의 일곱째 인(c, 8:1-5) 사이에 7:1-17(구원받은 이들)
이 있다. 역시 일곱 나팔 도입부(a′, 8:1-5)와 첫째-여섯째 나팔(b′, 8:6-9:21)
은 연속되는데, 그다음의 일곱째 나팔(c′, 11:14-19) 사이에는 10:1-11(요한
과 작은 책)과 11:1-13(두 증인)의 단락이 놓여 있다. 일곱 대접 도입부(a″,
15:1-8)와 첫째-여섯째 대접(b″, 16:1-16), 그리고 일곱째 대접(c″, 16:17-21)
은 모두 연속된다.

넷째, 일곱 인, 일곱 나팔, 일곱 대접을 연속해 놓으면, a-b-c-a′-b′-c′-a″-
b″-c″란 평행 구조를 보게 된다. 그러나 인과 나팔과 대접의 관계는 다음과
같은 점이 서로 다르다. ① 일곱째 인(c)과 일곱 나팔 도입부(a′)가 중첩된
반면, 일곱째 나팔(c′)과 일곱 대접 도입부(a″)는 중첩되지 않는 점, ② 오히
려 일곱째 나팔(c′)과 일곱 대접 도입부(a″) 사이에 여러 단락, 최소한 네 개
의 단락(12:1-17, 13:1-18, 14:1-5, 14:6-20)이 있는 점, ③ 첫째-여섯째 인(b)
과 일곱째 인(c) 사이에 다른 단락(7장)이 들어 있는 점, ④ 첫째-여섯째 나
팔(b′)과 일곱째 나팔(c′) 사이에도 다른 단락(두 단락: 10장, 11:1-13)이 들
어 있는 점, ⑤ 첫째-여섯째 대접(b″)과 일곱째 대접(c″)에는 그 어떤 단락
도 있지 않은 점. 이것들은 저자가 '일곱 인-일곱 나팔-일곱 대접'이라는 삼
중의(triple) 평행 구조를 구조적 골격으로 삼고 있으나, 또한 다른 단락들
과 합쳐 그 이상의 다른 구조를 형성하는 데 관심을 두었다고 판단할 수 있
게 한다.[12]

---

12. Roloff에 따르면, 이 삼중 반복 구조에 있어 가장 처리하기 어려운 부분은 12:1-14:20
과 17:1-19:10이다. 그는 이 두 부분 때문에 결국 난관에 빠지고 만다는 점을 지적했
다(Roloff, 15). 또한 그는 요한이 사용한 다른 전통과 문학적 예술성(artistry) 때문에
차이가 생겨난다고 주장했다(Roloff, 103-5). 그가 이렇게 본 것은 이들 재앙이 순환
적 반복이 아닌 점을 이해하지 못했기 때문이다.

마. 일곱 나팔(8:1-9:21, 11:14-19)과 일곱 대접(15:1-16:21)

8:1-5(일곱 나팔 도입부), 8:6-9:21(첫째-여섯째 나팔), 11:14-19(일곱째 나팔)의 단락에는 15:1-16:21(일곱 대접) 단락과 유사한 내용과 반복이 많다.

첫째, 일곱 나팔의 마지막 부분인 11:14-19(일곱째 나팔)에는 일곱 대접 도입부인 15:1-8과 아래와 같은 유사점이 있다.

a	일곱 나팔1(8:1-9:21)	일곱 대접 도입부, 첫째-여섯째 나팔
b	일곱 나팔2(마무리, 11:14-19)	1) 주의 진노, 2) 세상 나라, 3) 하늘에 큰 음성, 4) 찬양과 경배, 5) 왕 노릇 하심, 6) 하늘에 있는 하나님의 성전이 열림
b′	일곱 대접1(서막, 15:1-8)	1) 하나님의 진노, 2) 만국, 3) 어린 양의 노래를 부름, 4) 찬양과 경배, 5) 만국의 왕, 6) 하늘의 성전이 열림
a′	일곱 대접2(16:1-21)	첫째-일곱째 대접

이런 유사점들을 고려하여 8:1-9:21, 11:14-19와 15:1-16:21을 묶으면 a-b-b′-a′의 구조가 가능하다. 설령 이런 구조로 보지 않더라도, 일곱 나팔의 끝부분이 일곱 대접의 첫 부분과 특정한 연계성을 보인다는 것은 간과될 수 없다.

둘째, 일곱 인과 일곱 나팔 그리고 일곱 대접 가운데 그 재앙적 성격이 비슷하거나 연계성이 가장 뚜렷한 것은 일곱 나팔과 일곱 대접이다. 특히 첫째-여섯째 나팔의 재앙과 첫째-여섯째 대접의 재앙 사이에 그 유사성이 크다.

셋째, 흥미롭게도 첫째 나팔(8:7)과 마지막 일곱째 대접(16:17-21)의 연계성도 보인다. 첫째 나팔의 재앙은 우박과 불로 땅의 1/3이 타게 되는 것인데, 일곱째 대접의 재앙은 큰 지진으로 성들이 무너지고 섬과 산악이 없어지는 것이다. 둘 다 인적 재해에 대한 것이 아니라, 자연 재해에 대한 것이고 모두 땅의 변동에 대한 예언이라 할 수 있다. 첫째 나팔에서 땅의 재앙이 시작되고, 일곱째 대접에서 땅의 재앙이 마무리된다. 그렇다면 이 두 재앙은 일곱 나팔과 일곱 대접을 묶는 일종의 수미상관적(*inclusio*) 표식일 수 있다.

넷째, 위의 연계성을 포함해서 두 부분의 공통점을 찾으면 다음과 같다.[13] ① 일곱 천사와 일곱 재앙이 나온다(8:2; 15:1). ② 천사의 등장과 금으로 만든 기구들이 나온다(8:3; 15:6-7). ③ 성도의 기도와 성도의 노래가 나온다(8:4; 15:2-3). ④ 연기(καπνός)가 언급된다(8:4; 15:8). ⑤ 첫째 나팔과 첫째 대접은 땅의 재앙이다. ⑥ 둘째 나팔과 둘째 대접은 바다의 재앙이다. ⑦ 셋째 나팔과 셋째 대접은 강과 물샘의 재앙이다. ⑧ 넷째 나팔과 넷째 대접은 해(태양)의 재앙이다. ⑨ 다섯째 나팔과 다섯째 대접에서 사람들은 고통(메뚜기와 종기로)을 겪게 된다. ⑩ 여섯째 나팔과 여섯째 대접은 전쟁의 재앙이다. ⑪ 그러나 그들은 여전히 회개하지 않는다(9:20-21; 16:9, 11, 21). ⑫ 일곱째 나팔과 일곱째 대접이 있을 때 하늘에서 큰 음성이 들린다(11:15-18; 16:17). ⑬ 번개와 음성들과 천둥과 지진과 우박이 있다(11:19; 16:21).

다섯째, 일곱 인과 일곱 나팔, 또 일곱 인과 일곱 대접 사이에는 일곱 나팔과 일곱 대접 사이에 있는 것 같은 재앙과 관련된 유사적 연계성이 존재하지 않는다.[14] 반면에 일곱 나팔과 일곱 대접의 상응적 관계는 더욱 뚜렷

---

13. 일곱 나팔과 일곱 대접의 연계성, 또는 반복성에 대해 Aune, 1997: xci을 보라. Aune 의 문제는 일곱 나팔과 일곱 대접의 반복성에 주목했으나, 이들 재앙과 일곱 인과의 차이점에 대해서는 간과한 것이다. Richard의 구조에도 이 둘의 연계성이 언급된다 (Richard, 1-2).

14. 일곱 나팔과 일곱 대접은 일곱 인의 단순히 반복된 의미나 표현이 아니다. 일곱 나팔과 일곱 대접이 밀접하게 연계되고 있으나 일곱 인은 이들과는 내용 전개가 다르다는 점이 그것을 말해준다. 그래서 recapitulation(반복 또는 재현)이라는 단어를 쓰는 것이 이런 경우에는 정당하다 할 수 없다(참고, Michaels, 53-54). Beale은 세 타입의 재앙의 유사성을 그룹별로 묶어 구분하려 했으나, 일곱 나팔과 일곱 대접의 연계성에 비해 일곱 인이 많이 다르다는 점을 부인할 수 없었다(Beale, 1999: 127-8).

하다.

바. 악의 세력(12:1-13:18)과 바벨론 심판(17:1-18:24)

상호 연계성을 주목하게 되는 또 다른 단락은 12:1-13:18(용과 짐승)과 17:1-18:24(바벨론 패망과 애가)다. 두 부분 사이에는 상당한 공통점이 있다. 첫째, 주제에 있어, 모두 악의 주축 세력에 대한 내용을 담고 있다. 둘째, 특히 두 부분이 모두 두 장(묶음)씩(12:1-17과 13:1-18; 17:1-18과 18:1-24) 구성되어 있는 점도 공통점이다. 셋째, 어구적 반복과 유사성이 많다. 두 부분의 연계성은 다음과 같이 뚜렷하다.

① 서로 다른 "여자"(γυνή)에 대한 기록이 나온다(12:1-6, 13-17; 17:1-9, 15-18). 이들 여자에 대한 자세한 묘사가 있다(12:1; 17:4-5).[15] ② "광야"(ἔρημος)라는 공간이 등장한다(12:6; 17:3). ③ 예수 그리스도를 가리키는 인물이 등장한다(12:4-5; 17:14). 그는 만국을 다스리는 만주의 주시다(12:5; 17:14). ④ 악의 세력을 가리키는 용과 짐승이 등장하고 그들과 관련해서 일곱 머리, 열 뿔, 열 왕 등의 표현이 나온다(12:3-4, 7, 9, 13-15, 13:1-2; 17:7, 9-10, 12, 16). ⑤ 하늘의 영적 세력 간의 전쟁이 묘사된다(12:7, 17; 17:14). ⑥ 하늘에서 음성이 있고 '내쫓겼다'(ἐβλήθη, 12:10), '무너졌다'(ἔπεσεν, 18:2)라는 말이 나온다. ⑦ 하늘에서 음성이 나와, 성도들이 즐거워할 것을 말씀한다(12:11-12; 18:20). ⑧ '화가 있다'(οὐαί)는 표현이 나온다(12:12; 18:10, 16, 19). ⑨ 짐승에게 권세가 주어진다(13:2, 4, 11; 17:13). ⑩ 짐승이 사람들을 놀라게 한다(13:3, 12-13; 17:8). ⑪ 성도들의 이김이 기록됐다(12:11; 17:14). ⑫ 용이 쫓겨나고(12:10), 음녀는 심판을 받고(17:1), 그와

Resseguie의 시도도 참고하라(Resseguie, 2009: 55-56).

15. 물론 이 둘은 다른 여자다. 전자는 구약 이스라엘(12:1-5)이고 후자는 바벨론(17:5)이다.

함께 했던 자들에게 화가 있다(18:3-11, 17-19). ⑬ 짐승에게 미혹된 사람들이 있다(13:4, 7-8, 12; 17:2, 8; 18:3, 9, 11, 15, 19, 23). ⑭ 성도들의 죽음이 예고되어 있다(13:7, 10, 15-18; 17:6; 18:20, 24).

넷째, 12:1-13:18에는 악한 무리(용-짐승의 무리)와 선한 무리(여자-아이-미가엘-성도 등)의 갈등(전쟁)이 나타난다. 그런데 17:1-18:24에서는 음녀(바벨론)와 짐승의 내분이 일어난다. 12:1-13:18에서 고조됐던 선악 간의 전쟁은 17:1-18:24에서 악의 내분과 음녀의 패배로 일차 마무리가 된다.[16]

사. 일곱 나팔과 증언들(8-11장), 악의 세력(12-13장),
일곱 대접(15-16장), 바벨론 심판(17-18장)

일곱 인(5-6장; 8:1-5), 일곱 나팔(8:6-9:21, 11:14-19), 일곱 대접(15-16장)의 맥락에서 그 사이 또는 전후에 삽입되면서 두 개씩 제시된 막간 부분은 증언들(10장, 11:1-13)과 악의 세력(12-13장), 그리고 바벨론 심판(17-18장)이다. 여기서 '증언들'은 일곱 나팔 부분 사이에 있고 '악의 세력'은 일곱 나팔 뒤에 위치하며 '바벨론 심판'은 일곱 대접 뒤에 나온다. 이들 막간들은 나팔과 대접 재앙들과 어떤 구조적 관계에 있을까?

첫째, 앞에서 살펴본 것처럼, 여섯 나팔(도입부 포함, 8-9장)과 일곱째 나팔(11:14-19)이 일곱 대접(15-16장)과 상응되고, 용과 두 짐승(12-13장)이 바벨론 패망과 애가(17-18장)와 상응한다. 문제는 요한과 책, 두 증인(10:1-11:13)이 왜 이곳에 위치해 있느냐는 것이다.

둘째, 10:1-11:13이 들어가 있는 일곱 나팔 소재의 8:1-11:19는 그다음의 12:1-13:18과 묶을 때 다음과 같은 평행 구조를 형성한다.

---

16. 이 전쟁은 19:11-20:10에서 완결된다. 짐승과 거짓 선지자는 먼저 잡혀 유황 불못에 던져지고(19:20), 천년 나라가 끝난 후 사탄인 용조차 유황 불못에 던져진다(20:10). 그런데 더 이른 선악 간의 전쟁의 갈등은 11:1-13(두 증인)에서 발견된다.

a   8:1-9:21, 일곱 나팔(도입부, 첫째-여섯째)

b1   10:1-11, 요한과 책

b2   11:1-13, 두 증인

a′   11:14-19, 일곱 나팔(일곱째, 연속)

b′1   12:1-17, 용과 여자

b′2   13:1-18, 두 짐승

첫째-여섯째 나팔(8-9장, a)은 일곱째 나팔(11:14-19, a′)과 연속된 본문이다. 8-9장 다음에 오는 두 본문(b1-b2)과 11:14-19 다음의 두 본문(b′1-b′2)은 자체 안에 연계된 주제를 보여준다. 요한의 책(b1)과 두 증인(b2)은 모두 증언(예언)이라는 주제로 관련된다. 용과 여자(b′1)와 두 짐승(b′2)은 적그리스도적인 용과 짐승이라는 연계성이 있다.

셋째, 두 증인(11:1-13, b2)과 두 짐승(13장, b′2)은 서로 대조적이면서 두 단락 안의 연계적 특성(특히 짐승과 교회의 대립이라는 면)이 상당 부분 발견된다. 그리하여 두 단락이 밀접한 단락임을 보여준다.

그렇다면, 요한의 책과 두 증인(10:1-11:13)은 용과 두 짐승(12-13장)과 함께 큰 단원(8-13장)을 형성한다고 볼 수 있다.

넷째, 15:1-16:21(일곱 대접)과 17:1-18:24(바벨론 패망과 애가)는 다음과 같은 구조를 가진다.

a1   15:1-8, 일곱 천사-일곱 재앙

a2   16:1-21, 일곱 대접

b1   17:1-18, 바벨론 패망

b2   18:1-24, 바벨론 애가

일곱 대접의 도입부(15:1-8)와 연속된 일곱 대접(16:1-21)을 a1과 a2로 놓고, 음녀(바벨론)의 패망을 묘사하는 부분(17:1-18)을 b1으로, 음녀의 애가를 다루고 있는 부분(18:1-24)을 b2로 놓자. 그렇게 하면, 이 부분은 유사한 또는 연계된 본문이 두 개씩 배열된 경우(일종의 이중[dual] 구조)임을 알 수 있다.

다섯째, 결국 15-18장을 하나의 묶음 대단락(단원)으로 보고, 8-13장을 하나의 묶음 대단락(단원)으로 보는 것이 타당하다는 결론에 이른다. 그리고 일곱 나팔과 일곱 대접의 밀접한 상관성을 고려할 때, 일곱 나팔 중심 묶음(8-13장)과 일곱 대접 중심 묶음(15-18장)은 서로 상응되는 대칭 관계인 것을 볼 수 있다.

> E. 여섯 나팔, 요한과 책, 두 증인(8:1-11:13)
>
>   일곱째 나팔, 용과 두 짐승(11:14-13:18)
>
> E′. 일곱 대접(15:1-16:21)
>
>   바벨론 패망과 바벨론 애가(17:1-18:24)

아. 어린 양과 일곱 인(5-6장) 및 재림-승리와 용의 패퇴(19:11-20:10)

5-6장은 두 개의 내용, 어린 양과 봉인된 책(5장), 그리고 일곱 인(첫째-여섯째 인, 6장)으로 되어 있다. 이 부분은 19:11-20:10과 상응성이 보인다.

첫째, 5장의 어린 양과 19:11-21의 '백마를 탄 분'은 모두 그리스도를 가리킨다. 재앙의 일곱 인을 떼셨던 그리스도는 마지막 단계의 최종적인 싸움에서 완전한 승리를 거두신다. 5-6장에서 시작된 인이 종말의 시작이라면, 그 마무리는 그리스도의 재림과 아마겟돈 전쟁, 그리고 천년 나라

(19:11-20:10)에서 마무리가 된다. 더 이상의 재앙은 없다. 그 이후에는 단지 심판(20:11-15)과 보상(21:1-22:5)이 있을 뿐이다.

둘째, 동시에 5장의 어린 양은 20:1-10의 용 마귀와 적대적 대조를 이룬다. 한때 "일찍이 죽임을 당한"(5:6) 어린 양은 끝내 승리를 거둔다. 사탄인 용은 완전히 패퇴하고 불과 유황 못에 던져진다(20:10). 알파와 오메가이신 분을 통해 시작한 것이 이렇게 완전히 마무리된다.

셋째, 일곱 인의 첫 번째 재앙은 흰 말과 그 탄 자의 재앙이다(6:2). 흥미롭게도 마지막 전쟁에 나타나신 그리스도는 흰 말(백마)을 타고 나타나신다. 재앙의 시작(일곱 인의 첫 재앙)과 재앙의 마지막(마지막 전쟁)에 똑같은 표현 "흰 말과 그 탄 자"(6:2; 19:11)가 등장하는 것은 주목할 만하다.[17]

넷째, 어구 간, 표현상의 유사점이 다음과 같이 발견된다.

① '보좌에 앉으신 분'(5:1)과 '보좌에 앉은 자들'(20:4)이란 비슷한 표현이 있다. ② 그리스도가 등장하고 그분의 여러 이름들이 나타난다(5:5-9, 12-13; 19:11, 13, 16). ③ '큰 음성'이 있다(5:2; 19:17). ④ 천사가 등장한다 (5:2, 11; 20:1). ⑤ '보라, 흰 말과 그 위에 탄 자'(καὶ ἰδοὺ ἵππος λευκός, καὶ ὁ καθήμενος ἐπ' αὐτὸν)라는 표현이 똑같이 등장한다(6:2; 19:11). ⑥ 전쟁이 시작되고(6:4) 전쟁이 마무리된다(19:15; 20:8-10). ⑦ 진노의 대상이 비슷하다(왕들, 장군들, 종들, 자유인들 등, 6:15; 19:18). ⑧ 검과 죽음과 관련된 말 탄 자가 나온다(6:8; 19:20-21). ⑨ 순교자들이 거론된다(6:9-11; 20:4). 앞에서 그들의 억울함을 풀어주실 것을 구하는데, 뒤에서 그들의 보상이 끝내 실현된다. ⑩ '큰 진노의 날(진노의 큰 날)'이 이르렀고 끝내 마무리된다(6:17; 19:15, 17-18). ⑪ 성도들이 왕 노릇 하게 될 것이 예고된다 (5:10; 20:4, 6).

---

17. 첫째 인 재앙의 백마 탄 자와 19장의 백마 탄 그리스도는 동일 존재로 보기 어렵다. 이에 대해서 6:2와 19:11의 주해를 참고하라.

다섯째, 5-6장의 두 본문을 각각 C로 하고, 19:11-20:10의 두 본문을 C′
로 하자.

C. 인봉된 책과 어린 양(5:1-14)

여섯 인(6:1-17)

C′. 그리스도의 재림, 아마겟돈 전쟁(19:11-21)

천년 나라(20:1-10)

자. 구원받은 이들(7장, 14:1-5), 두 가지 추수(14:6-20), 어린 양 혼인 잔치(19:1-10)

두 개씩 쌍으로 제시된 막간들(10장과 11:1-13; 12-13장, 17-18장) 외에
특별히 구원받은 자들을 언급하고 있는 막간들이 있다. 144,000명과 관련
된 7장과 14장, 그리고 19:1-10이 그것들이다. 이들 사이에는 중요한 점들
이 공유되며 또한 서로 연계된다.

첫째, 14:1-20은 두 개의 단락으로 되어있다. 144,000과 관련된 구원받
은 이들(14:1-5)과 그다음 부분(14:6-20)이다. 비교적 긴 뒷부분(14:6-20)을
하나의 단락으로 볼 수 있는 이유는 두 추수, 즉 추수(보상)와 보응이라는
주제가 함께, 또 교차적으로 나타나기 때문이다(14:6-20의 구조를 보라).

둘째, 14:1-20을 기점으로 해서 마지막 추수와 심판이 가속화된다. 재
난과 재앙, 특히 나팔 재앙 때에 성도들은 고난과 환난을 겪는다. 또한 죽
임을 당한다. 성도들의 고난은 두 증인의 고난(11:1-13)과 짐승의 표(13:1-
18) 부분에서 최고조에 달한다. 그러다가 구원받은 이들(14:1-5)과 추수와
심판(14:6-20)의 메시지가 있는 14장을 고비로 성도들의 고난은 더 이상
나타나지 않는다. 반면에 일곱 대접에서는 성도들의 피를 흘리게 했던 자
들의 징벌적 고통이 격화된다(15-16장). 이때 바벨론의 심판이 이뤄진다

(17-18장). 그러고 나서야, 그리스도의 재림과 아마겟돈 전쟁과 용의 심판으로 모든 역사가 마무리된다(19-20장).

셋째, 유사한 어구와 표현이 7장과 14장과 19:1-10에서 상당수 발견된다.

① 어린 양 등 예수에 대한 명칭이 나타난다(7:9, 10, 14, 17; 14:1, 4, 14; 19:7, 9-10). ② 천사가 등장한다(7:1-2; 14:6, 8, 9, 15, 17, 18; 19:9). 특히 '네 천사'와 다섯 번째 '다른 천사'는 7:1-2과 14:6, 8, 9, 17-18에 있다. ③ 144,000명(7:4, 5-8; 14:1, 3), 또는 많은 무리가 나온다(7:9; 19:1, 6). ④ 하나님에 대한 비슷한 찬양이 있다(7:10, 12; 14:3; 19:1, 5; 특히 7장과 19장). ⑤ 네 생물과 장로들, 그리고 보좌가 등장한다(7:9, 11; 14:3; 19:4). ⑥ 하늘의 "보좌 앞"(ἐνώπιον τοῦ θρόνου)이라는 표현이 보인다(7:9, 11, 15, 17; 14:3; 참고, ἐπὶ τῷ θρόνῳ, 19:4). ⑦ 큰 소리의 외침이 있다(7:10; 14:2; 19:1). ⑧ 성결된 성도들에 대한 표현이 있다(7:9, 13-14; 14:4; 19:8). ⑨ 성도와 어린 양의 관계가 묘사된다(7:14, 17; 14:1, 4; 19:7, 9). ⑩ 하나님의 성도들과 관련된 표현이 있다(7:3, 14-15; 14:4-5, 12-13; 19:5). ⑪ 하나님을 경배한다(7:11; 14:7; 19:4, 10). ⑫ 하나님의 보상이 성도들에게 있다(7:15-17; 14:12-13; 19:6-9).

이런 반복성, 유사성은 7장과 14장과 19:1-10이 특별한 연계성을 가지고 있음을 드러낸다.[18] 구원받는 이들에 대해 반복해서 언급하고 있는 본문들이다.

---

18. 7장은 여섯째 인(6:12-17)과 일곱째 인(8:1-5) 사이에 들어간다는 점에서 Beale처럼 일곱 인에 포함시켜 볼 수도 있지만(Beale, 109; Pate, 1998: 15-16), 그와 함께 14장과 19:1-10의 연관성을 고려해야 한다. Michaels는 7장과 10:1-11:13을 막간(interlude)이라 하는 것에 반대한다(Michaels, 55-56). Smalley는 interlude(막간) 대신에 interval(중간 휴식)이라는 용어를 쓴다(Smalley, 21-22. Bauckham은 이 부분을 intercalation(삽입)이라 불렀다(Bauckham, 1993a: 12-22).

넷째, 14:1-20(특히 14:6-20)과 19:1-10은 앞의 공통점 외에도 몇 가지 공통점이 더 있다.

① '연기가 영원히 올라간다'(καὶ ὁ καπνὸς … ἀναβαίνει εἰς τοὺς αἰῶνας τῶν αἰώνων)는 표현이 있다(14:11; 19:3). ② 하나님의 심판과 바벨론 패망에 대한 기사가 공유된다(14:7-11, 17-20; 19:2-3). ③ 성도들의 피흘림과 관련된 소재가 나타난다(14:13, "주 안에서 죽는 자들"; 14:8, 10, 19, "진노의 포도주"; 19:2, "자기 종들의 피를 그 음녀의 손에 갚으셨도다"). ④ 14:6-20의 두 추수(보상과 보응)는 19:1-10에서 성취된다(패망한 바벨론, 잔치에 참여한 자들). ⑤ "기록하라(쓰라)"는 명령(14:13; 19:9)이 나타난다. ⑥ '복이 있다'는 표현이 공유된다(14:13; 19:9). ⑦ '행한 일들'(14:13, τὰ ἔργα)과 '의로운 행위'(19:8, τὰ δικαιώματα)라는 서로 유사한 의미를 가진 표현이 나온다.

이처럼 7장과 14장과 19:1-10의 밀접성은 상당한데, 세 단락은 삼각 구조를 형성한다. 7장과 19:1-10이 좌 꼭짓점과 우 꼭짓점이 되고, 14장은 위 꼭지점을 이룬다. 특히 구원받는 이들에 대해 초점을 둔 14:1-5에서 14:6-20, 두 추수(구원과 보응)로의 전환이 일어나는 14장의 전개 방식은 7장의 구원받는 이들에 대한 초점에서 19:1-10의 구원(잔치 참여)과 보응(바벨론 패망)의 전환이 일어나는 방식과 비슷하다. 7장, 14장, 19:1-10의 상관성은 다음과 같이 구조에 반영될 수 있다.

> D. 구원받은 이들(7:1-17)
>> X. 구원받은 이들(14:1-5)
>>> 두 가지 추수(14:6-20)
> D'. 어린 양 잔치(19:1-10)

전체 구조에 대한 이해

요한계시록의 구조는 전체적으로 교차 구조(chiastic structure)의 특성을 보여준다. 앞의 가. 항목에서 자. 항목까지 논의된 부분을 전체 구조와 관련하여 정리하면 다음과 같다. 계시의 도입부(1:1-8)와 계시의 종결부(22:6-21)가 연계되므로 이것들은 각각 A와 A′로 표기한다.[19] 그리스도와 일곱 교회(1:9-3:22)와 하늘의 예배(4:1-11) 단락이 뒷부분의 최후의 심판(20:11-15)과 새 하늘과 새 땅, 새 예루살렘(21:1-22:5)과 연계되기 때문에 각기 B와 B′로 한다. 어린 양과 봉인된 책(5:1-14)과 첫째-여섯째 인(6:1-17)이 동시에 최후의 승리, 천년 나라(19:11-20:10)와 연계된다. 이를 C와 C′로 한다. 구원받은 이들(7:1-17)과 연계된 것은 구원받은 이들, 두 추수(14:1-20)와 어린 양의 혼인 잔치(19:1-10)로 삼각 구도를 형성한다. 여기서 교차 상응 관계(좌우 꼭짓점)인 7장과 19:1-10을 D와 D′로 하고 가운데 있는 14장을 X로 한다. 14장은 전체적인 구조에서 가운데 위치한다. 이 부분은 전반부(1-13장)와 후반부(15-22장)를 잇는 연계부의 특성을 갖는다. 8-13장과 15-18장 각각의 내적 결합성과 두 단원(8-13장과 15-18장) 간의 상응성(대조)을 고려하여 E와 E′로 본다. 단원 C-D-E(5-13장)는 X(14장)를 중심으로 E′-D′-C′(15장-20:10)와 대칭이 된다. C-D-E는 일반 재앙과 함께 성도의 고난에 초점을 두고 있고, E′-D′-C′는 악의 세력이 받는 재앙에 중점을 둔다. 성도의 고난은 더 이상 나오지 않는다.

전체 단락을 다시 '부'(part)로 나눌 수 있다. 일종의 단원 개념이다. 제1부는 도입부(1:1-8, A)로 하고, 그다음 현재의 일들(1:9-4:11, B)을 제2부로 한다. 제2부는 그리스도의 나타나심과 일곱 교회, 그리고 하늘의 예배를 범위로 한다. 모두 요한의 현재 시점의 일이다. 제3부는 종말의 시작(5-6장,

---

19. 도입부와 종결부가 상응하는 방식(비슷한 어구나 표현의 반복)이 다른 단락(단원)의 병행 쌍들에게도 유사하게 나타나고 있는 것은 그리 놀랄 일이 아니다.

C)이다. 어린 양에 의한 봉인의 개방은 종말의 시작과 그 과정을 담고 있다. 제4부는 종말의 일들(7-19장, DE-X-E′D′)을 차서에 따라 세부적으로 다룬다. 이 부분을 하나로 볼 수 있는 이유는 구원받은 이들과 두 가지 추수와 관련된 세 단락(7장, 14장, 19:1-10)의 삼각 구도 때문이다. 또한 종말에 일어날 사건들을 14장을 중심으로 대칭하여 구성한 점도 이 부분을 하나로 묶을 수 있는 이유가 된다. 제5부는 종말의 끝(19:11-20:10, C′)이다. 그리스도의 재림으로 시작하여 아마겟돈 전쟁, 그리고 천년 나라의 일들로 종말의 끝에 있게 될 사건들을 보여준다. 제6부는 최후의 심판과 보상(20:11-22:5, B′)이다. 종말 이후의 일들을 알려준다. 마지막 제7부는 종결부(22:6-21, A′)다. 이러한 구조는 다음과 같이 정리할 수 있다.

1부.　A.　1. 그리스도와 성부의 계시(도입부, 1:1-8)

2부.　　B.　2. 나타나신 그리스도(1:9-20)

　　　　　　3-9. 일곱 교회(2:1-3:22)

　　　　　　10. 하늘의 예배(4:1-11)

3부.　　　C.　11. 인봉된 책과 어린 양(5:1-14)

　　　　　　12. 여섯(첫째-여섯째) 인(6:1-17)

4부.　　　　D.　13. 구원받은 이들(7:1-17)

　　　　　　　E.　14. 일곱째 인, 여섯(첫째-여섯째) 나팔(8:1-9:21)

　　　　　　　　15. 요한이 받은 책(10:1-11)

　　　　　　　　16. 두 증인(11:1-13)

　　　　　　　　17. 일곱째 나팔(11:14-19)

　　　　　　　　18. 용과 여자, 그 후손(12:1-17)

　　　　　　　　19. 두 짐승(13:1-18)

　　　　　　　X.　20. 구원받은 이들(14:1-5)

21. 두 가지 추수(14:6-20)

E′. 22. 일곱 천사의 일곱 재앙(15:1-8)

23. 일곱 대접(16:1-21)

24. 음녀 바벨론과 짐승(17:1-18)

25. 바벨론의 파멸, 애가(18:1-24)

D′. 26. 어린 양 잔치(19:1-10)

5부.   C′. 27. 그리스도의 재림, 아마겟돈 전쟁(19:11-21)

28. 천년 나라(20:1-10)

6부.   B′. 29. 최후의 심판(20:11-15)

30. 새 하늘과 새 땅, 새 예루살렘(21:1-22:5)

7부.   A′. 31. 마지막 계시(종결부, 22:6-21)

교차 구조에 따른 신학(해석)적 메시지

계시록의 교차 구조(chiastic structure)는 다음과 같은 신학적 의미가 있다.

첫째, 도입부(1:1-8, A, 1부)와 종결부(22:6-21, A′, 7부)를 통해, 계시의 시작이 계시의 종결로 나타난다. 시작된 계시는 결국 종결된다. 만사에 시작할 때와 끝날 때가 있는 법이다.

둘째, 일곱 교회와 하늘 예배(1:9-4:11, B, 2부)와 최후의 심판, 새 하늘과 새 땅의 보상(20:11-22:5, B′, 6부)은 이 땅의 교회에 예고하셨던 보상과 심판(B)이 최후의 심판 및 새 하늘과 새 땅의 보상으로 이뤄지는 것(B′)을 보여준다. 지상의 교회는 하늘의 새 예루살렘으로 변화된다. 약속하신 대로 언젠가 반드시 심판이 있을 것이고 보상도 주어질 것이다.

셋째, 종말의 시작(5-6장, C, 3부)과 종말의 끝(19:11-20:10, C′, 5부)의 연계 속에서, 종말을 위해 재앙의 인을 떼신 어린 양(C)은 마지막 순간에 백마를 타신 승리자로 나타나신다(C′). 종말의 재앙을 시작하신 그분(C)이 모든 징벌적 재앙(심판)을 마무리 지으신다(C′). 외적으로는 나약해 보이는 어린 양(C)과 더 이상 강력해 보일 수 없는 사탄인 용(C′)의 대조는 한정된 역사의 기간에 나타날 현상을 반영한다. 역사의 종국(끝)에 용은 패퇴하고 파멸된다(C′). 종말의 시작은 어린 양에 의한 일곱 인의 재앙으로 시작된다(C). 그런데 그 재앙은 결국 그리스도의 승리와 용의 패배로 귀결된다(C′).

넷째, 가운데 위치한 단원(7:1-19:10, 4부)은 가장 길다. 종말에 일어날 일들에 대해 상세히 알려준다. 4부는 그 안에 교차 구조를 가진다. 첫 부분(7:1-17, D)과 마지막 부분(19:1-10, D′), 그리고 중간 부분(14:1-20, X)이 서로 깊은 연계를 보이고 삼각 구조를 형성한다. 삼각 구조는 두 가지 메시지를 담는다. 하나는 구원받은 이들에 대한 것이고, 다른 하나는 두 가지 추수(보상과 보응)에 대한 것이다.

인침 받은 144,000과 능히 셀 수 없는 큰 무리(7:1-17, D)는 하늘에 있는 허다한 무리(19:1-10, D′)로 통합되어 나타난다. 모두 신적 구원을 받은 수많은 무리들을 뜻한다. 전반부에 한 번(D), 후반부에 한 번(D′), 그리고 전체 구조의 중심(X, 특히 14:1-5)에 구원받은 이들에 대한 내용이 반복되는 것은 계속되는 재앙의 역사에서 '성도의 구원'이라는 중심 주제를 반복, 강조하려는 목적 때문일 것이다. 또한 두 가지 추수(보상[구원]과 보응)라는 주제가 특히 14:6-20과 19:1-10에서 반복되며, 이들 단락에서 두 번째 주제(테마)를 형성한다.

다섯째, 어린 양에 의해 시작된 종말의 시작(5-6장, C, 3부)이 극한 대립과 극한(최고조의) 재앙의 형태를 보이다가(7:1-19:10, DE-X-E′D′, 4부), 악한 세력이 완전히 패퇴되면서 마무리된다(19:11-20:10, C′, 5부).

여섯째, 8-18장은 종말의 일들(7:1-19:10, 4부)에서 일어날 세부 내용이다. 일곱 나팔을 통해 지상에 내리는 재앙이 점차 심화되어 갈 때(8-13장,

E), 그 초점은 일반 재앙에서 성도의 고난에 맞춰지게 된다. 이때 악의 세력을 대표하는 용과 짐승은 최고의 힘을 발휘한다(12-13장, 특히 13장). 그러다가 전체 구조의 중심인 14장(X)을 넘어서서, 일곱 대접 재앙이 일어날 때는 악한 세력의 패퇴와 그들에 대한 징벌의 장면으로 그 흐름이 전환된다(15-18장, E'). 그런 의미에서 8-13장과 15-18장은 대조적이다. 14장(구원받은 이들과 두 가지 추수[보상과 보응], X)을 가운데 두고 고통받는 주체가 역전된다. 한때 교회가 고난을 받았으나(8-13장) 그 고난은 영원한 것이 아니다. 오히려 고난을 가했던 자들에게 더 큰 징벌이 있게 될 것이다(15-18장).

일곱째, 14장(X)의 역할은 계시록의 초점을 교회-성도의 고난에서 악한 자들의 징계로 전환하는 것이다. 하나님의 추수(구원)와 심판(징벌)이라는 맥락에서 종말의 끝(마지막)으로 건너가는 징검다리 역할을 한다.

여덟째, 성도가 받을(받는) 고난은 5장의 "죽임을 당하신 어린 양" 장면에서 예견된다.[20] 6장의 일곱 인 기간에 교회와 성도는 고난에 참여하는 일이 있다(예, 6:9-11). 또한 두 증인 에피소드에서 이들의 죽음이 예고된다(11:7-10). 이때는 나팔 재앙 때일 것이다. 14장(X)에 이르기 직전, 용과 두 짐승 단락(12-13장)에서 그 고난이 최고조에 달하게 된다. 그러나 14장 이후에는 더 이상의 성도의 고난이 나타나지 않는다.[21]

아홉째, 반면에 악의 세력은 14장 직전에 최고조로 득세하다가, 14장

---

20. 5장에서 고난 당하신 어린 양과 관련된 묘사는 다음과 같다. "죽임을 당하신 것 같았고"(ὡς ἐσφαγμένον, 5:6); "죽임을 당하셨고… 그 피로 사셔서…"(ἐσφάγης καὶ ἠγόρασας … ἐν τῷ αἵματί σου, 5:9); "죽임을 당하신 어린 양"(τὸ ἀρνίον τὸ ἐσφαγμένον, 5:12).

21. 예외가 되는 구절들(16:6-7; 17:6; 18:24; 19:2)은 모두 대접 재앙 때 성도의 고난을 가리키는 것이 아니라, 대접 재앙을 촉발하게 된 배경적 요인(그 전의 일들)을 말해주는 것이다.

(X) 이후, 15-16장의 일곱 대접에서부터 '하나님의 진노'(15:7; 16:1)의 직접 대상자가 된다. 그들에 대한 재앙은 17-18장(바벨론 심판)을 거쳐, 19:11-20:10(최후의 승리, 용의 패퇴)에서 최고조가 됐다가 20:11-15(최후의 심판)에서 마무리된다.

열째, 다시 말해, 14장(X)을 전환점으로 해서, 시작된 종말은 마지막을 향해 달려간다. 성도들은 추수되고, 악한 무리는 심판된다.[22] 종국적인 승리는 그리스도와 그의 백성의 몫이다. 추수된 자들은 새 하늘과 새 땅에서 새 예루살렘의 주체가 된다. 그러나 심판된 무리는 불못에 던져진다. 결코 새 하늘과 새 땅을 밟을 수 없다. 예고된 대로 그날에는 성도들이 왕 노릇 하게 될 것이다.

계시록 구조에 대한 다른 견해들

계시록 구조에 대한 다양한 의견들이 존재한다. 여기서 몇 가지 주요 견해들을 소개하려 한다. 이들 견해에 대한 문제점 지적과 비판은 생략하겠다(이들에 대한 문제 지적과 비판은 김상훈, 2010b: 33-74를 참고하라).

비일(Beale)은 1-16장의 구조에 대해 비교적 일치된 견해가 있다고 하며 다음과 같이 소개한다(Beale, 1999: 108-9).[23] ① 1:1-8(프롤로그); ② 1:9-

---

22. 계시록의 중간에 위치한 14장(특히 14:6-20)에서 두 추수(즉, 추수와 심판)가 나오는 것은 바로 이 때문이다. 14장을 기점으로 성도에 대한 추수가 이뤄진 것이므로 더 이상 성도의 고난은 출현하지 않는다. 반면에 14장을 기점으로 악의 세력에 대해 심판의 재앙이 시작된다. 14장에서 바벨론에 대한 심판(14:8)과 악을 따르던 무리에 대한 심판(14:9-11)이 예고된다. 이에 따라, 15장부터 하나님의 진노의 표현인 일곱 대접 재앙이 펼쳐진다.

23. 이런 구조는 칠중(sevenfold) 구조의 범주에 해당되는데, Bowman, Lohmeyer, Collins 등이 주장했다(Guthrie, 1987: 25). Collins는 다음과 같이 주장한다(A. Collins, 1976: 14; Aune, xciv-xcv). ① 프롤로그, ② 일곱 메시지, ③ 일곱 인, ④ 일곱 나팔, ⑤ 일곱 세지 않은 비전들, ⑥ 일곱 대접, ⑦ 일곱 세지 않은 비전들, ⑧ 에필로그. Guthrie는

3:22(일곱 편지); ③ 4:1-8:1(일곱 인; 때로 4:1-5:14는 분리된 도입부로 보임); ④ 8:2-11:19(일곱 나팔); ⑤ 12:1-14:20(일곱 표적, 15:2 포함);[24] ⑥ 15:1-16:21(일곱 대접). 비일이 그같이 보는 이유는 비교적 명확한 세 개의 '일곱' 사이클(일곱 인, 일곱 나팔, 일곱 대접) 때문일 것이다. 17장 이후의 본문에 대한 논의에서 비일이 지지하고 있는 구조는 기블린(C.H. Giblin)의 구분이다(Giblin, 1974: 489; 1991: 16-18; 참고, Beale, 109-10). 그것은 17:1-19:10, 19:11-21:8, 21:9-22:21의 구조다.

피오렌자(E. S. Fiorenza)는 칠중 교차 구조를 제안한다(Fiorenza, 175-6). A(1:1-8) - B(1:9-3:22) - C(4:1-9:21; 11:15-19) - D(12:1-15:4) - C'(15:1, 5-19:10) - B'(19:11-22:9) - A'(22:10-21).[25] 피오렌자가 계시록의 구조를 교차적인 것으로 이해한 것은 바른 방향이지만, 단순 교차 구조로 이해한 것에는 문제가 적지 않다.

반면에 포이쓰레스(Vern S. Poythress)는 다음과 같은 교차 구조를 제안했다(Poythress, 64-65): A(1:1-11, 도입부) - B(1:12-20, 그리스도 현현) - C(2:1-3:22, 전투적 교회) - D(4:1-5:14, 보좌 비전) - E(6:1-8:1, 일곱 인-타는 자의 심판) - F(8:2-11:19, 일곱 나팔) - G(12:1-6, 구속받은 자들) - H(12:7-17, 미혹하는 대적자-사탄) - I(13:1-10, 파괴적 대적자-짐승) - H'(13:11-18,

---

이 구조의 문제는 ⑥과 ⑦에 바벨론 단락과 예루살렘 단락이 있는 것을 설명하지 못하는 점이라고 비판한다(Guthrie, 1987: 25).

24. 12-14장의 칠중 구조는 Farrer, Thompson, Collins에 의해 주장된다. 이들은 "그리고 나는 본다"(Καὶ εἶδον) 또는 그와 비슷한 어구로 시작된다고 했다(Farrer, 47-50; Thompson, 1969: 333; A. Collins, 1976: 47-49). 반면에 Bauckham은 12:1-15:4가 칠중 구조가 아니라고 했다. 그는 계시록에 여덟 개의 Καὶ εἶδον이 있다고 주장한다(Bauckham, 1993a: 17; 참고, Beale, 1999: 109, fn. 2).

25. 구조를 숫자 일곱으로 풀기 원하는 학자 가운데 Charles가 있다. 그는 프롤로그와 에필로그를 제외하고 내용을 일곱으로 나눴다(Charles, xxiii-xxviii). 역시 Talbert, 12를 참고하라.

거짓 선지자) - G′(14:1-20, 구속받은 자들) - F′(15:1-19:10, 일곱 대접) -
E′(19:11-20:10, 백마-타는 자의 심판) - D′(20:11-15, 보좌 비전) - C′(21:1-8,
승리하는 교회) - B′(21:9-22:5, 하나님 현현) - A′(22:6-21, 종결부).[26]

   뉴포트(J. P. Newport)는 순차적 구조로 보는 예를 보여준다(Newport,
16-21). ① 1:1-8(프롤로그); ② 1:9-3:22(요한의 첫 번째 비전); ③ 4:1-
16:21(두 번째 비전: A. 4:1-11[창조주 비전]; B. 5:1-8:1[일곱 인]; C. 8:2-
14:20[일곱 나팔, 두 개의 중간 단락]; D. 15:1-16:21[일곱 대접]); ④ 17:1-
21:8(세 번째 비전: A. 17:1-18[바벨론 신비]; B. 18:1-19:5[바벨론 패망]; C.
19:6-21:8[마지막 승리와 완성]); ⑤ 21:9-22:5(네 번째 비전- 하늘의 예루살
렘); ⑥ 22:6-21(에필로그).[27] 이렇게 나누는 중요한 근거는 '성령 안에'(ἐν

---

26. Poythress는 실제로 여러 구조들(Formal Clues, Rhetorical Structure, Complex
    Structure, Simple Chiastic Structure, 마지막으로 Chiastic Thematic Structure: Especially
    War)을 제안하고 있다. 여기에 인용된 구조는 마지막 구조다(Poythress, 57-66).

27. Wilcock은 여덟 장면으로 본다(Wilcock, 15-18). ① 1:1-8(Prologue); ② 1:9-3:22(Seven
    Letters dictated); ③ 4:1-8:1(Seven Seals opened); ④ 8:2-11:18(Seven Trumpets
    sounded); ⑤ 11:19-15:4(Seven Visions of cosmic conflict); ⑥ 15:5-16:21(Seven Bowls
    poured out); ⑦ 17:1-19:10(Seven Words of justice); ⑧ 19:11-21:8(Seven Visions of
    ultimate reality); ⑨ 21:9-22:19(Seven final Revelations); ⑩ 22:20-21(Epilogue).
    Wilcock과 비슷한 구조는 Boxall, 19-20에서 보인다. 좀 더 단순한 견해는 Murphy다.
    Murphy는 6:1-22:5를 두 개(6:1-11:19; 12:1-22:5)의 종말적 비전의 사이클(cycles)로
    봤다(Murphy, xvii). Summers도 Murphy와 유사하다(Summers, ix-xii). Thomas의 단
    순 구조도 참고하라(Thomas, 1992: 44-45; 비교, Blount, 20-22; Mangina, 32;
    Beasley-Murray, 1974a: 32; Newell, vi-vii; Ladd, 1972: 15-17). ① 1:1-20(The
    Preparation of the Prophet: His Past Vision); ② 2:1-3:22(The Preparation of the People:
    Their Present Condition); ③ 4:1-22:21(The Publication of the Prophecy: Its Future
    Expectation: A. 4:1-8:1, The Source of the Scroll; B. 8:2-11:19, The Sounding of the
    Seven Trumpets; C. 12:1-18:24, The Pouring Out of the Seven Bowls); D. 19:1-22:5,
    The Closing Visions of John; E. 22:6-21, Epilogue). 이들과 다르게 다소 특이한 관점
    으로 본 구조는 Roloff의 것이다. 4:1-5:14를 키로 보고 이 본문에서 세 개의 본문 그
    룹이 나온다고 보았다(Roloff, 15-17). ① 6:1-11:19(the lordship of Jesus Christ over
    history); ② 12:1-19:10(God's adversary and the demonic powers employed by him);

πνεύματι)라는 반복된 표현 때문이다. 이 어구가 1:10("나는 성령 안에 있었다", ἐγενόμην ἐν πνεύματι); 4:2("내가 성령 안에 있게 되었다", ἐγενόμην ἐν πνεύματι); 17:3("성령 안에서 나를 … 데리고 갔다", καὶ ἀπήνεγκέν με … ἐν πνεύματι); 21:10("성령으로 나를 데리고 … 갔다", καὶ ἀπήνεγκέν με ἐν πνεύματι)에 나온다.[28]

구조 연구의 의미

구조 연구에 큰 의미를 두지 않는 사람들도 있다.[29] 그러나 구조 연구는 매우 중요하다. 구조를 파악하지 않고 본문을 연구하는 것은 골격을 이해하지 않고 집을 짓거나 이를 해체하는 것과 같다. 맥락을 떠나 해석할 수 있고 심지어 왜곡할 수도 있다(Guthrie, 1987: 20; Estes, 110).

문제는 어떤 글은 구조를 파악하기가 어렵다는 것이다. 어떻게 구조를 파악했느냐에 따라 해석이 상당 부분 달라질 수밖에 없다. 구조를 다르게 본다면 그 때문에 본문 해석이 달라지는 것은 당연하다. 어떤 글도 구조가 없을 수는 없다. 그러나 계시록은 쉽게 밝혀내기 어려운 구조를 가지고 있다. 그래서 구조를 보는 학자들의 견해가 다양하다.

---

③ 19:11-22:5(the church). Court는 순차적, 평면적 구조로 봤다(Court, 1994: 21-23; 역시, Keener, 44-46; Montague, 9; Maxwell, xi-xiii). 가장 단순한 구조는 계시록을 프롤로그(1:1-18)와 에필로그(22:18-21)를 빼고 두 개(Act 1: 1:19-11:19; Act 2: 12:1-22:17)로 나눈 Smalley의 구조다(Smalley, 21-22).

28. Bauckham의 구조 분석도 이 반복 표현에 근거한다(Bauckham, 1993a: 3-22; 역시, Smith, 1994: 384-7; Koester, 2015: 39-40; Thomas와 Macchia, viii-x). Bauckham처럼 Giblin도 17:1-19:10과 21:9-22:11의 평행성을 지적했다(Giblin, 1994: 90, 94). 좀 더 자세한 비교는 Aune과 deSilva를 보라(Aune, 1997: xcv-xcvii; deSilva, 2009: 292-4; 참고, Witherington, 2003: 15-22).

29. 구조를 다루지 않는 학자들도 있다(Lenski, 1963; Caird, 1966; Barnhause, 1971; Thompson, 1988; P. Hughes, 1990; Mounce, 1992; Lupieri, 1999).

최고의 구조는 무엇인가? 한눈에 보이는 구조가 다 좋은 구조는 아니다. 해석자와 독자의 눈에 맞는 구조가 본문의 좋은 구조가 아니라(설교에 좋은 구조일 수는 있으나), 저자가 의도한 구조가[30] 가장 좋은 구조다. 그것이 단순한 것이 아니라, 복잡한 것이라 해도 저자가 의도한 구조라면 당연히 발견해야 마땅하다.[31]

그런데 저자가 의도한 것인지를 어떻게 알 수 있을까? 이렇게 말할 수 있다. 첫째, 밝혀진 구조는 그를 뒷받침하는 정당한 증거를 가지고 있어야 한다. 즉, 그 구조를 받쳐주는 본문의 증거들이 많아야 한다. 둘째, 밝혀진 구조는 다른 구조로 이해한 것보다 저자의 의도가 잘 드러나야 한다. 셋째, 밝혀진 구조는 연계적 조직성(예컨대, 주제적 짜임새, 이슈 간의 짜임새 등)이 적절히 나타나야 한다. 그럴 때 '발견된' 구조는 '밝혀진' 구조가 된다.

구조가 단순하지 않다고 해서 구조가 없는 것은 아니다. 단순하지 않고 복잡하다고 해서 그런 구조는 저자가 의도한 것이 아니라 할 수 없다. 중요한 것은 그 '발견된' 구조가 본문을 해석할 때 정당한가 하는 것이다. 그 구조를 지지하는 내적 증거(internal evidences)가 견실한가 하는 점과, 책(계시록)의 목적과도 부합하고 내용을 이해할 때도 해석적 도움이 되는가 하는 점이다.

---

30. 그것이 인간 저자(human author)이든 신적 저자(Divine author, 성령)에 의한 것이든 그렇다. 실제 해석에 있어, 인간 저자와 신적 저자의 구분은 사실상 가능하지 않다. 모든 성경은 영감된 계시의 말씀이다.

31. Bauckham과 Knight은, 1:3에 근거하여 계시록이 구어적인 글이라고 이해하고 그런 전제에서 구조를 찾아야 한다고 했다(Bauckham, 1993a: 2-3; 1993b: 4; Knight, 143-9). 그러나 구전성과 관련된(또는 그런 측면을 두드러지게 하려는) 표면적 구조와 실제적인 주제를 담은 내면적 구조가 반드시 일치해야 하는 것은 아니다. 특히 듣는 사람(hearers)의 관점을 강조하는, 계시록의 구전성(orality, 또는 oral delivery)을 고려한다 해도 전체적, 문학적 구조(틀)가 없거나, 단순해야 한다고 주장할 수는 없다.

계시록을 살펴보면 시작한 것이 마무리됨을 볼 수 있다.[32] 처음이 되신 분께서 모든 역사를 마무리하신다. 재앙의 시작과 재앙의 끝이 있다. 처음에 예고된 상급과 심판이 있고, 끝날 때 약속대로 상급과 심판이 있다. 재앙의 인을 떼신 어린 양은 마지막 승리자로 모든 재앙을 마무리하신다. 고난받은 교회는 종국에는 더 이상 고난과 죽음을 당하지 않을 것이다. 완전한 승리를 얻을 것이다. 박해한 악의 세력들은 결국 쫓겨나고 종국에는 불못에 들어가는 징벌을 받게 될 것이다.

계시록 교차 구조는 '알파와 오메가'(1:8; 21:6; 22:13) 또는 '처음과 마지막'(21:6; 22:13)이라는 말씀과 관련된다는 점을 발견할 수 있다.[33] 성부 하나님과 성자 예수 그리스도에 대한 호칭인 이 이름들은 하나님께서 역사의 시작과 종말을 주관하시는 분이라는 뜻이다. 알파와 오메가이신 하나님이 역사를 시작하시고 그 역사를 마치신다. 따라서 시작하는 일이 있으면 마치는 일이 있다. 시작하는 사건이 있으면 그 사건의 종국이 있다. 그런데 시작도 종국도 모두 그분에 의해서다. 재난과 재앙의 시작도 그분에게서

---

32. 계시록의 모든 시작과 마무리는 하나님의 '알파와 오메가' 되심에서 나온다. 알파와 오메가의 특성을 가진 계시록의 교차 구조는 앞부분(A, 1:1-8; B, 1:9-3:22과 4:1-11)에서 시작된 것이 뒷부분(B′, 20:11-15과 21:1-22:5; A′, 22:6-21)에서 마무리가 되는 것만을 뜻하는 것이 아니다. 중간 부분을 형성하는 C(5:1-14과 6:1-17)에서 시작된 주제가 C′(19:11-21과 20:1-10)에서 마무리되는 것도 포함한다. 물론, 시작된 D(7:1-17)가 D′(19:1-10)에서 마무리되고, 또 시작된 E(8:1-11:13과 11:14-13:18)가 E′(15:1-16:21과 17:1-18:24)에서 마무리되는 것, 특히 교차 구조의 센터인 X(14:1-20)를 정점으로 해서 그렇게 쌍이 맞춰진 계시록의 계시 사건들이 일어나는 것도 뜻한다. 그런 점에서 '알파와 오메가'가 계시록의 키워드가 된다.
33. 이것은 Resseguie의 U-shaped(U 모양의) 구조나 그의 'stable-unstable'(안정-불안정) 개념과는 다르다. Ressguie는 내러티브 분석을 통해 계시록의 구조를 I. Stable Condition(1, 4, 5장); II. Instabilities(6-19장); III. New Stable Condition(20-22장)으로 분석했다. 그는 계시록의 각 장을 플롯 개념으로 해석해 가는데, 그 기준은 'stability'(안정성)다(Resseguie, 1989: 166-92; 2005: 213-40). 알파와 오메가의 반복 개념에 대해 Bauckham, 1993b: 25-28을 참고하라.

시작해서 그분이 마칠 때 끝마친다.

시작이 있고 마지막이 있다는 말은 시작과 마지막이 병행적 쌍(corre-sponding pair)을 이룬다는 뜻이기도 하다. 어떤 시작과 그와 관련된 끝은 내용이든, 표현이든 서로 쌍(pairs)을 이룬다. 둘 사이에 서로 공통된 요소들이 발견될 수밖에 없다. 그러므로 특정한 주제나 사건이 시작됐을 때 독자가 생각해야 할 점은 그 주제나 사건이 끝날 때가 있다는 사실이다. 그리고 그 시작과 끝이 서로 상응하며 종말에 모든 역사가 완결된다.

본문 주석

제1부
도입부: 예수 그리스도의 계시록
요한계시록 1:1-8

계시록 1:1-8은 도입부다.[1] 계시록 전체의 서론 역할을 하는 1-8절은 그리스도와 하나님의 계시임을 강조하는 내용과 요한의 인사말(축원과 송축)을 담고 있다. 1-8절을 '프롤로그'(prologue)라 할 때, '에필로그'(epilogue)인 22:6-21과의 연관성이 주목된다. 따라서 1:1-8과 22:6-21, 이 두 단락이 계시록 전체 본문을 감싸는 구조를 수미상관법(*inclusio*)이라 부를 수 있다(Osborne, 2002: 50; Resseguie, 2009: 27).

실제로 1-8절과 22:6-21은 서로 연관된 내용이 적지 않다. 첫째, 계시 또는 예언이라는 용어가 등장한다(1:1, 2, 3; 22:7, 10, 18, 19). 둘째, "속히 일어나야 할 일(들)"(1:1; 22:6)과 "그의 종들에게 보이시려고" 등(1:1; 22:6, 16)이 반복된다. 셋째, 요한의 증인됨이 강조된다(1:1-2; 22:8, 18). 넷째, 말씀을 지키는 자의 복됨이 반복된다(1:3; 22:7). 다섯째, 예수의 정체성이 부각된

---

1. Aune의 예처럼 1:7-8을 후대에 첨가된 것으로 간주하는 편집설(Aune, 1997: 51-52)은 지나친 주장이다. 또 1-3절과 4-8절을 나누는 Beale의 경우는 1-8절의 유기적 구조를 이해하지 못하기 때문에 일어난다(Beale, 1999: 186; 또한 Smalley, 21; P. Hughes, 17; Mangina, 47; R. Mounce, 1977: 67; Pattemore, 220 등).

다(1:4-7; 22:16). 여섯째, "알파와 오메가"(1:8; 22:13) 표현이 등장한다. 일곱째, 주님의 재림이 강조된다(1:7; 22:20). 여덟째, 성도들에 대한 축원이 나온다(1:5; 22:21). 아홉째, 성령을 포함하여 삼위일체 하나님에 대한 표현이 담겨 있다(1:4-7; 22:6-7, 12-13, 16-17, 20; 참고, Wilson, 2019b: 86). 이처럼 도입부(1:1-8)와 종결부(22:6-21)는 내용과 표현을 공유하므로, 서로 깊은 연관성을 갖고 있음이 분명하다.

제1장
요한계시록 1:1-8[1]
예수 그리스도와 성부 하나님의 계시

도입부(프롤로그, 1-8절)는 세 부분으로 나뉜다. 앞부분(1-3절)과 마지막 부분(7-8절)에서 계시를 다룬 반면, 가운데 부분(4-6절)은 축원과 송축의 글이다. 1-3절과 7-8절의 계시는 모두 예수 그리스도와 성부 하나님의 계시라는 점이 부각된다(Kim, 2021: 12-14). 1-3절이 미래에 일어날 종말 계시를 포괄하고 있다면, 7-8절은 이들 계시 가운데서 예수 재림의 계시와 하나님의 자기 선언(계시)이 나타난다. 재림 계시(7절)는 미래의 종말 계시의 요약이라 할 수 있고 하나님의 자기 계시(8절)는 계시록의 가장 중요한 핵심 주제가 될 것이다. 그 가운데 위치한 4-6절은 삼위일체 하나님에게서 기원하는 은혜와 평화의 축원(4-5a절)과 구속자 그리스도에 대한 송축(5b-6절)을 담고 있다.

> A. 예수 그리스도의 계시, 하나님의 계시(1-3절)
>
> X. 요한의 (교회에 대한) 축원과 (그리스도에 대한) 송축(4-6절)
>
> A′. 예수 재림의 계시, 하나님의 자기 선언(7-8절)

---

1. 이 부분의 일부는 필자의 논문 S. Kim, 2021: 5-20에서 발췌, 활용하였다.

그리스도와 하나님의 계시는 교회와 성도의 삶과 깊이 연관이 된다. 종말의 계시는 성도들의 복됨(3절)과 은혜와 평화의 기원(4-5a절)과 관련이 있을 뿐 아니라, 교회의 구속(속량)과 '나라와 제사장' 됨(5b-6절)을 상기하게 한다.

A. 요한계시록 1:1-3 (예수 그리스도의 계시, 하나님의 계시)

세 개의 초점이 있다. 성자와 성부의 계시(1절), 이 계시의 증언자 요한(2절), 읽고 듣고 지키는 자의 복(3절)을 각각 말씀한다. 계시는 예수 그리스도와 성부 하나님으로부터 온다(1절). 요한은 단지 이 모든 말씀을 증언하는 역할을 한다(2절). 이 계시의 말씀은 '읽고 듣고 지키는' 목적을 위해 있다(3절). 때의 임박성이 앞뒤에 강조된다(1a절, "속히 되어야 할 일"; 3b절, "때가 가까웠기 때문이다").

번역

1 예수 그리스도의 계시이다. 하나님께서 속히 일어나야 할 일(들)을 그의 종들에게 보이시려고 그(예수)에게 주시고, 그의 천사를 보내셔서 그의 종 요한에게 알려 주신 것(계시)이다. **2** 요한은 하나님의 말씀과 예수 그리스도의 증거, 즉 그가 본 모든 것을 증언하였다. **3** 이 예언의 말씀을 읽는 자와, 그 말씀을 듣고 그 안에 기록된 것을 지키는 자들은 복이 있다. 때가 가까웠기 때문이다.

주해

1절 (예수 그리스도의 계시, 하나님의 계시) 요한계시록의 첫 부분은 "예수 그리스도의 계시"(원문 순서는 '계시, 예수 그리스도의')로 시작한다. 계시(ἀποκάλυψις)는 전치사 '~부터'(ἀπό)와 동사 '감추다'(καλύπτω)가 합쳐져 '감춰진 것을 드러내다'가 되고, 그래서 '계시하다'의 뜻이 된다. 그 명사형 '아뽀깔륍시스'는 계시(revelation)다.[2] 계시는 결국 드러내는 것이다. 감추고 숨기는 것이 아니라, 드러내고 알리는 데 목적이 있다. 계시록이 '숨겨진 책'이 아니라, 계시의 뜻을 드러내고 '알리는 책'이라는 점에 주목하자.

"예수 그리스도의 계시"는 예수 그리스도에 대한 계시(계시의 대상/내용)인가, 그분으로부터 오는 계시(계시의 출처/기원)인가? '예수 그리스도의'를 전자는 목적어적 소유격으로, 후자는 주어적 소유격으로 본 것이다. 목적어적 소유격은, 계시의 내용(목적)을 예수 그리스도로 보는 것('예수

---

2. 계시와 묵시는 어떻게 다른가? 첫째, 묵시라는 말이 정당한가? 묵시(默示)는 잠잠할(또는 입을 다물) 묵(默)과 보일 시(示)를 쓴다. 그 뜻은 "직접적인 말이나 행동이 없이 은근히 자신의 뜻을 나타내 보임"(고려대한국어대사전)이다. 반면에 열(또는 일깨워줄) 계(啓)와 보일 시(示)를 쓰는 계시(啓示)는 "사람의 지혜로는 알 수 없는 진리를 신이 깨우쳐 알게 함"(고려대한국어사전)의 뜻이다. 계시록을 가리킬 때는 묵시가 아니라 계시가 바른 용어가 아닐까 한다. 둘째, 장르 구분에서, 계시록을 묵시문학의 범주에 넣을 수는 있다 해도(필자는 '예언서'를 선호한다) 다른 묵시문학인 유대 문헌들과 비슷하게 취급될 수 있는가? 셋째, 계시와 묵시의 차이는 예언(성경)과 신탁(세속)의 차이만큼 다른 것이 아닐까? 따라서 계시록을 묵시록이라고 하기보다는 계시록으로 부르는 것이 정당하다 할 수 있다. 계시록은 하나님께서 직접 말씀하시고 직접 드러내시고 직접 알리신 예언적 계시다(참고, Carter, 137). 오히려 구약 예언과 같다(참고, Thigpen, 36-40, 51-52). Roloff는 계시록이 묵시 문학과 다른 점에 관하여, 첫째, 묵시 문학의 애매한 환상과 뒤잇는 해설 방식이 아니고, 둘째, 계시의 감춰짐이 아니라 드러냄을 강조하며, 셋째, 저자가 공개되어 있는 점을 제시한다(Roloff, 6-7).

그리스도에 대한')이다. 주어적 소유격은, 계시를 주신 분(주체)이 예수 그리스도라고 보는 것('예수 그리스도께서 주신')이다. 계시록의 내용을 보면, 이 둘이 다 포함된다. 예수 그리스도 그분 자신의 계시(계시의 주체)이면서, 그분에 대한 계시, 또 그분과 관련된 계시(계시의 객체)다.

계시록이 "예수 그리스도의 계시"라고 선언하고 있으므로, '요한계시록'은 정확한 말이 아니다.[3] '예수 그리스도의 계시록' 또는 '그리스도 계시록'이 더 맞다. 요한이 이 책이 요한계시록으로 불릴 것이라는 것을 알았다면, 나서서 말렸을 것이다. 신약성경을 각 저자와 관련해서 이름을 붙이는 관례(마태복음, 베드로전서 등)에 따라 '그리스도의 계시록'도 '요한계시록'이라 불리게 되었다. 그러나 요한은 이 책이 "예수 그리스도의 계시(록)"로 불리길 원했다. 그래서 계시록의 첫 부분을 "계시, 예수 그리스도의"('아뽀칼륍시스 이에수 크리스뚜')로 시작했다. 요한이 예수 그리스도로부터 받은 계시이지, 요한의 계시가 아니다. 요한이 창의적으로 제작한 글이 아니다. 요한은 단지 도구 역할을 한 '그의 종'일 뿐이다.[4]

계시록은 예수 그리스도의 계시이지만, 그분만의 계시는 아니다. 동시에 성부 하나님의 계시이기도 하다. 계시의 주체가 또한 하나님이심을 연이어 강조한다. '계시'를 선행사로 받는 관계대명사(ἥν, '헨')를 써서 계시와 관련된 하나님의 행위를 드러낸다. 성자와 성부가 이 계시의 주체라는 점을 부각한 것이다.

---

3.   Allen은 '요한계시록'으로 불리게 된 연유에 대해, 1:1 문장의 첫 글자 '계시'(Ἀποκάλυψις)와 마지막 글자 '요한의'(Ἰωάννῃ)를 조합한 것이라 설명한다(Allen, 609). 첫 글자는 장르를, 마지막 글자는 저자를 가리키는데 시내산 사본과 알렉산드리아 사본의 예를 따랐다고 하였다.

4.   종(δοῦλος)은 노예를 가리킨다. 주인이신 하나님께 속해 있다는 뜻이다. 요한은 자신("그의 종")과 다른 성도들("그 종들")을 다 '종'이라 부른다. 종의 칭호는 계시록에서 하나님과 성도의 관계를 가리키는 중요한 개념이다(1:1; 2:20; 7:3; 10:7; 11:18; 15:3; 19:2, 5; 22:3, 6). Koester, 2008: 768-9를 참고하라.

계시   – 예수 그리스도의

　　　 – 하나님께서 … 주시고 … 알게 하신

　하나님께서 하신 일은 두 가지 동사("주셨다", "알려 주셨다")에 나타난
다. 첫 번째 동사는 "주셨다"(ἔδωκεν)다. 그의 아들 그리스도에게 계시를
'주신' 분은 성부 하나님이셨다. 그 목적은 "그의 종들"에게 나타내시기 위
한 것이다. 그의 종들은 하나님의 뜻을 따라 그분의 일을 감당해야 한다
(2:20; 7:3; 10:7; 11:18; 19:2, 5; 22:3; 22:6).[5] '속히 일어나야 할 일들'(ἃ δεῖ
γενέσθαι ἐν τάχει)은 이뤄질 계시의 임박성, 즉 그리스도의 계시가 지체 없
이, 곧 이뤄지게 될 것을 의미한다. 그리스도 자신이 종말의 임박성을 강조
하신 바 있다(마 24:42-44; 25:13). 믿는 이들이 '늘' 깨어 있게 하기 위한 것
이다(마 24:42-44; 25:1-13). '속히 일어나야 할 일들'이란 표현은 1:1과 22:6
에만 등장하는데, 서론부와 종결부의 첫 구절이다. '속히'가 빠진 '일어나야
할 일들'('하 데이 게네스싸이')은 4:1에도 나온다(1:19 참고).[6] 1:1과 22:6과
함께 4:1을 계시록의 중요 축으로 보고 있는 비일과 오스본의 주장에는 동

5.　계시록에서 종(δοῦλος)이 선지자와 함께 쓰일 때나 모세와 같이 특정 인물과 함께
　　쓰일 때는 특정 사역자들을 가리킬 수 있다(10:7, 11:18; 참고, '종 모세', 15:3). 그러
　　나 여기서 요한은 자신이 사역자 신분인 것을 강조하는 목적으로 쓰고 있는 것 같지
　　않다. 그리스도의 종('우리는 그의 종, 그리스도는 우리의 주인')이라는 일반적 의미
　　로 쓴 것이다.
6.　계 1:1과 단 2:28-29, 45-47의 연관성을 지적한 Beale의 견해는 일리가 있다(Beale,
　　1999: 181-2). 예컨대, ἃ δεῖ γενέσθαι는 2회(LXX 단 2:28, 29), σημαίνω(알리다)는 4
　　회(LXX 단 2:15, 23, 30, 45) 나온다. Theodotion역에는 '계시하다'(ἀποκαλύπτω)가 5
　　회(Theod. 단 2:19, 22, 28, 29, 30) 나타난다. 그렇지만, 서로 용어적 일치가 부분적
　　으로 있다고 해서 다니엘을 그대로 따온 것이라 할 필요는 없다. 다니엘과 계시록의
　　계시적 특성이 공유되고 있다고 보는 것이 좋겠다. 다니엘이 다른 데서 따와서 자신
　　의 계시를 창작한 것이 아니듯, 요한도 다른 계시의 내용을 베낀 것이 아니다.

의하기 어렵다(Beale, 1999: 181-2; Osborne, 2002: 54). 1:1과 22:6은 의도적인 어휘 '속히'의 선정을 통해 둘의 상호 연관성을 더욱 강화한다(전치사 구인 '속히'['엔 따케이'])는 이 두 구절에만 쓰인다). 아버지 하나님께서 그의 아들 예수에게 계시를 주셨다. 그리스도는 계시의 매개자이자(요 5:19-20, 30; 8:28, 38) 그의 계시를 직접 수여하시는 계시자가 되신다(요 8:14-18, 45-47, 51).

두 번째 동사는 "알려 주셨다"(ἐσήμανεν)다.[7] 계시에 대한, 하나님의 두 번째 행위다. 하나님께서 계시를 알려 주신 방법은, 그분의 천사를 보내셔서 그의 종 요한에게 알려 주신 것이다.[8] 천사를 활용하여 그리스도의 계시가 알려지게 하신 것이다. 여기서 '천사'는 '사자'(메신저)라 번역할 수 있으나, 인간 전달자는 아니다(자료비평에 근거한 Buchanan, 37, 54, 647에 반대함). 하나님과 요한 사이의 다른 인간 전달자는 없다. 그러므로 '천사'로 번역하는 것이 맞다. 하나님께서 특정 천사를 활용하여 사도 요한에게 그리스도의 계시를 알려 주셨다. 이 천사를 통해 계시를 전달받은 요한은 두 번이나 그에게 경배하려 하였다(19:10; 22:8-9). 계시를 담당하고 있던, 그 천사가 신성적 존재처럼 체감되기 때문일 것이다. 그러나 요한처럼 천

---

7. '세마이노'(σημαίνω)는 '신호를 주다'(to give signs), '지시하다'(signify, indicate)는 의미가 강하다. 따라서 '알게 하다'(개역개정) 보다는 '(분명히) 알려 주다'가 더 적절하다(L&N, 33.153, 'to indicate clearly'; 행 25:27). 이 단어에서 '세메이온'(σημεῖον, 표적/sign)이 나왔다. 영어 signifier(기표/기호표현, 표식어), semantics(의미론)의 어원이다.

8. 부정과거분사 ἀποστείλας(보내셔서)는 의미상으로는 '그의 천사'를 목적어로 두고 있으나 그 앞에 전치사 διὰ(통하여)를 쓴 것은 '천사를 통해 알려주신 계시'라는 점을 부각하려는 것 같다. ἀποστέλλω(보내다/파송하다)라는 동사 뒤에 διά를 쓴 경우는 구약 LXX(70인역)의 에 3:13(ἀπεστάλη διὰ …, '~ 통해 보내진') 외에 없다. 그런데 이것은 수동태로 사용된 경우다.

사도 하나님의 도구에 불과하다(히 1:7, 14; 고전 6:3).[9]

예수 그리스도의 계시를 이루시는 주체가 바로 성부 하나님이신 것을 강조한다. 계시의 기원(하나님께서 아들에게 주신 것)과 목적(그의 종들에게 나타내시는 것), 그리고 계시의 방법(천사를 통해 알리신 것)과 과정(요한에게 계시를 알려 주신 것)의 주체가 하나님이시다. 요한은 계시록의 계시가 예수 그리스도의 계시인 동시에, 성부 하나님의 계시임을 강조한다. 특히 하나님의 주도적인 계시 사역을 말하고자 했다. 하나님께서 그 계시를 드러내시길 원하셨고 이 목적을 위해 그의 천사를 '그의 종' 요한에게 보내셔서 그에게 알려 주셨다.

2절 (계시의 증언자 요한) 1절이 하나님께서 하신 일(계시를 주시고 알려 주심)에 초점을 둔다면, 2절은 그 계시를 받은 요한이 한 일("모든 것을 증언하였다")을 말해준다. 계시를 받은 요한이 해야 할 일은 당연히 그 계시를 빠짐없이 다 드러내는 것이다. 그것이 그에게 계시를 주신 하나님의 뜻이기 때문이다(1절, "그의 종들에게 보이시려고").

하나님께서 주신 예수 그리스도의 계시를 다른 말로 하면, "하나님의 말씀"(하나님께서 계시하신 것)과 "예수 그리스도의 증거"(예수 그리스도께서 주신 계시, 또는 그리스도에 대한 계시)가 된다. 성부와 성자가 함께 밝히시는 신적 계시(1절)이기 때문이다. 두 가지(하나님의 말씀과 그리스도의 증거)가 서로 다른 것이 아니다. '하나님의 말씀, 곧 예수 그리스도의 증거'라 볼 수 있다(Blount, 2000: 402). 요한계시록은 하나님과 그리스도 공동의 계시 사역의 결과다.

---

9. 천사(ἄγγελος)라는 말 자체가 전령(심부름꾼)이라는 뜻이다. '전하다'(ἀγγέλλω)에서 나온 말이다. 천사는 하나님의 전령이자 수종을 드는 종일 뿐이다. 따라서 천사는 경배의 대상이 아니다(골 2:18; 계 19:10; 22:8-9). 오히려 천사는 구원을 상속받을 우리를 돕고 지원하는 역할을 한다(히 1:14).

여기서 계시록의 계시가 그리스도의 계시라는 점과 하나님의 계시(말씀)라는 점을 각각 2회씩 교호적으로 강조한다. 예수(그리스도)의 증거(1:2, 9; 12:17; 19:10; 20:4)와 하나님의 말씀(1:2, 9; 6:9; 17:17; 19:9-10; 20:4)은 진리의 주체와 관련된 두 표현이다. 성부와 성자는 함께 진리, 특히 계시의 주체가 되신다. 하나님의 말씀과 예수의 증거가 함께 쓰이는 예는 계시록 1:2, 9; 20:4(6:9 참고)이다. 그리고 요한은 자신에게 주어진 계시 가운데 그 어느 것 하나도 빼놓지 않고("본 모든 것")[10] 증언하였음을 강조한다. 요한은 계시의 주체가 아니라 계시의 도구였다. 주체(계시자)는 하나님이신 성부와 성자이시다. 계시는 성부와 성자의 공동 사역이다. "하나님의 말씀"과 "예수 그리스도의 증거"라고 부각하는 것은 계시록의 신적 기원에 대해 강조하는 표현이다(Tabb, 97-99).

    a. 예수 그리스도의 계시

        b. 하나님께서 … 주시고 … 알게 하신 계시

        b′. 하나님의 말씀

    a′. 예수 그리스도의 증거(증언)

3절 (읽는 자, 듣고 지키는 자들의 복) 3절은 계시록에 대한 교회의 책임(읽고 듣고 지키는 것)과 그 복됨을 기록한다. 계시록이 "예언의 말씀(들)"인 이유는 그 말씀들이 하나님으로부터 주어졌고, 인류와 교회의 현재(현재의 일을 알려줌)와 미래(미래의 일을 예언함)의 일들을 말해주고(예언하고) 있기 때문이다(1:9; 19:10; 22:7, 10, 18, 19). 계시록의 예언적 특성은 계시록 자체가 강조하고 있는 바(19:10; 22:7, 10, 18-19)다. 계시록은 다른 신

---

10. 관계대명사 목적격 중성 복수 ὅσα(~만큼 많이/크게)가 동사 εἶδεν(그가 보았다)을 만나, '그가 본 대로 다'의 의미를 부각한다.

약성경보다 예언서(선지서)에 가까운 예언의 책이다. 시작 부분(1-3절)이, 하나님께서 저자(선지자) 자신에게 예언의 말씀을 전하라고 주셨다는 과정을 소개하는 선지서들의 서두와 형식상 비슷한 면이 있다(사 1:1; 렘 1:1-4; 호 1:1; 욜 1:1; 암 1:1; 욘 1:1; 미 1:1; 습 1:1; 슥 1:1 등).

　"읽는 자"는 단수고 "듣는 자(들)"와 "지키는 자(들)"는 복수다. 초대교회의 모임(예배)은 두루마리에 기록된 말씀을 한 사람이 대표로 읽고(낭독하고) 다른 사람들(회중)이 듣는 형태의 모임이었다.[11] 따라서 읽는 자는 단수가 되고, 듣는 자(들)는 복수가 된다. 듣는 자(들)와 지키는 자(들)를 하나의 정관사('호이', oi)로 묶은 것은 듣는 자(들)가 곧 지키는 자(들)가 되어야 하기 때문이다. 듣고도 지키지 않는 일이 없어야 한다. 진리의 말씀을 듣고 행하는(지키는) 것을 강조하셨던 주님의 말씀(마 7:24-27; 눅 6:47-49; 8:15; 11:28; 요 14:21, 23-24; 15:10, 14; 참고, 약 1:22-25; 신 17:19)을 기억하게 한다. 읽는(읽어 주는) 자와 듣고 지키는 자들이 다 복이 있다. 복된 말씀을 읽는 자가 얼마나 복이 있는가. 복된 말씀을 듣고 그것을 지키는 자는 또 얼마나 복된 존재인가. 지켜야 할 말씀은 주로 일곱 교회에 대한 말씀(2-3장, 특히 명령체)에 나타난다.[12] '듣다'와 '지키다'가 함께 쓰인 말씀이

11.　예수께서 나사렛 회당에서 말씀을 선포하신 장면(눅 4:16-22)을 생각하면 쉽게 이해될 것이다. 예수께서 이사야 글을 읽으셨고 회중들은 이를 들었다. 그리고 이들에게 말씀을 해석하셨다. 초대 교회도 이런 방식으로 모였는데, 대표자 한 사람이 구약의 말씀이나 사도들의 글을 읽을 때 청중은 귀담아 들었다. 당시의 책은 주로 '크게 읽는'(reading loud) 목적으로 쓰여진 점을 기억해야 한다(Barr, 1986: 243, 256; Gerhardsson, 163-4; Ryan, 5). 한 사람이 읽고 복수의 사람이 듣는 이유는 성경 원본(또는 사본)을 구하기 어려운 당시의 상황과도 관련된다.

12.　명령체의 2-3장 외에도 계시록의 많은 말씀이 '지켜야' 할 말씀일 것이다. 명령된 것만 지켜야 하는 것이 아니라, 진리 그 자체를 지켜야 하는 것도 필요하기 때문이다. 온전히 믿는 것도 지키는 것이다. 따라서 계시록의 모든 말씀이 사실상 '듣고 지키는' 말씀이다. 해석이 어렵다 해도, 마땅히 지킬 것을 지키는 것은 충분히 가능하다. 예컨대, 계시록 말씀에 가감해서는 안 된다는 말씀(22:18-19)은 지킬 수 있지 않은

많다(예, 출 19:5; 신 12:28; 렘 11:6; 눅 8:15; 11:28). 말씀을 듣고도 지키지 않으면 아무런 유익이 되지 않기 때문이다(약 1:22-25). 계시록에서 지키는 것의 중요성이 반복된다(1:3; 2:26; 3:3, 8, 10; 12:17; 14:12; 16:15; 22:7, 9).

읽는 자와 듣고 지키는 자(들)를 복되다 강조하는 목적이 있다. 교회가 할 일은 이 계시록을 읽는 것과 듣고 지키는 것이다. 계시록은 특정인이 해독해 주지 않으면 읽거나 들을 수 없는 비밀스런 책이 아니다. 그 말씀을 지킬 수 없는 것은 더욱 아니다. 계시록의 말씀을 모두다 이해할 수는 없을지라도,[13] 성도는 누구나 읽을 수 있고 누구나 그 말씀을 듣고 지킬 수 있다. 특히 하라고 하신 것, 지켜야 할 것은 지켜야 한다. 그러나 그릇된 해독(解讀, 해석)은 모두에게 해독(害毒)이 된다. 교회의 읽는 것과 듣고 지키는 것에 심각한 해를 끼친다. 특정인(계시의 매개자)이 주는 해석(해설) 없이는 계시록을 이해할 수 없다고 주장하는 자들은 모두 거짓되고 스스로 미혹된 이들이다. 하나님께서는 어느 특정인에게 '그만이 계시록을 해석할 수 있는 해석권'을 주신 바 없다. 계시록의 말씀에 없는 주장을 덧붙이면 안 된다. 해석을 그럴 듯하게 할 수 있는 어떤 '사람'(집단)이 중요한 것이 아니라, 이 말씀을 '듣고 지키는 모든 사람(성도)'이 중요하다.

'때가 가까웠다'를 덧붙인 것은 종말의 임박성(긴급성)을 부각하기 위한 것이다. 임박한 종말에 대한 예고는 주님 자신에게서 시작된다(마 24:32-34, 42-44; 참고, 눅 19:11). 늘 그날을 준비하며 깨어 있게 하기 위한 것이다. 때가 가까웠다는 말씀은 계시록의 반복된 주제다. 보링(M. E. Bor-

---

가.

13. 사실상 어느 누구도 계시록의 모든 말씀을 다 이해할 수는 없을 것이다. 아직 이뤄지지 않은, 미래의 일들이 많기 때문이다. 미혹하는 자들(이단)이 자신들(만)은 다 이해한다고 속이며 또 스스로 착각하고 그같이 주장해도 미래의 모든 것을 '다' 알 수 있는 것은 아니다. 모든 일이 계시의 말씀대로 펼쳐지고 이뤄질 때 그때야 '다' 이해할 수 있게 될 것이다. 계시된 말씀들이 모두 환히 밝혀질 것이다.

ing)은 요한계시록에서 관련된 17개의 본문을 찾아냈다(1:1, 3; 2:16, 25; 3:11, 20; 6:11; 10:6; 11:2-3; 12:6, 12; 17:10, 22:6, 7, 10, 12, 20; Boring, 1989: 68-70). 시작 부분(1:1, 3)과 종결 부분(22:6, 7, 10, 12, 20)에만 일곱 차례 반복된다. 일곱 교회에 주시는 말씀(2:16, 25; 3:11, 20)을 포함하면 열한 차례 반복된다(Osborne, 2002: 73).

해설

1절의 "속히 일어나야 할 일(들)"의 '속히'는 과거주의 해석의 근거가 될 수 있을까? '속히'(ἐν τάχει)가 계시의 임박성을 부각하고 있는 것은 사실이지만, 그렇다고 과거주의 해석의 근거가 될 수 있는 표현은 아니다. 다시 말해, '속히' 때문에, "속히 일어나야 할 일(들)"이 요한 시대에, 또는 그 직후에 속히 이뤄질 일에 대한 계시라고 제한하는 것은 곤란하다.

첫째, 22:6에도 나오는 이 표현은 요한계시록 전체의 계시에 대한 것이다. 둘째, 전치사구 '엔 따케이'(속히, 2회)와 같은 뜻인 부사 '따퀴'(ταχύ, 속히)는 계시록에 6회 (2:16; 3:11; 11:14; 22:7, 12, 20) 사용된다. 이 가운데 최소한 4회(3:11; 22:7, 12, 20)가 그리스도의 재림의 임박성에 대한 것이다. 그리스도께서 '속히' 오시겠다는 것이다. 그리스도의 재림이 요한 시대, 또는 그 직후에 이뤄질 수 없다는 점에서 2절의 '엔 따케이' 또한 요한 시대, 또는 그 직후에 일어날 계시에 대한 것이라는 과거주의적 해석에 동의할 수 없다. 다만 '일어나야 할 일들'이 그리스도의 재림만을 가리키는 말이 아니라, 요한 시대부터(예컨대, 2-3장) 그리스도의 재림, 또 그 이후의 일들을 모두 포함할 수 있다는 점에서 '속히'의 의미를 파악할 수 있겠다(Osborne, 2002: 55).

3절의 '읽는 자'는 누구인가? 특정인일 수 있는가? '읽는 자'가 단수로 되어 있고, '듣고 지키는 자(들)'는 복수로 되어 있다는 점에서, '읽은 자'가 역사상 특정인(예컨대, 특정 교주)이 아닐까 하는 오해가 있는 것 같다. '읽는 자'가 특정인을 가리키는 말이라 할 수 없는 이유들은 분명하다.

첫째, 역사적인 근거다. 유대교 회당마다 회집 때 성경을 읽는 자가 있었다(예, 행 15:21). 회중 앞에 한 사람이 대표로 말씀을 읽는 것이다. 예수 그리스도께서도 종종 회당에 들어가 말씀을 낭독하셨는데, 한 번은 나사렛 회당에 들어가 이사야서를 읽으신 적이 있으셨다(눅 4:16-18). 그리스도의 승천 이후에 그리스도의 교회들은 예배 때마다 말씀을 낭독하는 일을 중요하게 여겨왔다. 대표자가 말씀을 읽고 청중이 듣곤 하였다. 시대에 따라 읽는 방식은 다소간 차이가 있었으나, 예배 때 성경을 읽는 교회 전통은 지금까지 지속되고 있다. 특정된 성경 말씀을 한 사람(단수)이 대표로 읽고 여러 사람(복수)이 듣는 것은 예배의 한 요소다.[14] 그러나 '읽는 자'는 특정한 어떤 한 사람('교주')을 가리키는 말이 아니다.

둘째, 말씀의 맥락으로 볼 때, 특정인만이 해설할 수 있다는 말씀이 아니다. 예배 때 회중 대표로 '읽는 자'가 설교자라면 그 읽은 말씀을 회중 앞에 해석할 수 있다(느 8:8). 읽은 그 말씀을 회중이 듣고 지킬 수 있게 하는데(렘 11:6) 도움이 되도록 읽은 바를 풀이하는 것이 해석이다. 그렇다고 특정 설교자만이 특정한 말씀을 해석할 수 있는 것은 아니다. 계시록이 말하는 그리스도의 계시('아뽀깔륍시스', 1:1)는 이미 계시록으로 쓰여, 우리에게 '드러난 것'('아뽀깔륍시스')이지 감춰진 것(비밀, '뮈스떼리온')이 아니다. 그러므로 어떤 비밀을 다시 드러낼 특정인을 필요로 하지 않는다. 그렇게 주장하는 자는 오히려 하나님께서 드러내신 계시를 흑막의 안개로 가리고 있는 자다. 하나님의 영감으로 쓰여진 성경 자체가 어둠을 비추는 등불

---

14. 인쇄술이 발달된 근대 이후에는 개인이 성경을 소지하는 일이 가능해졌으나, 그 이전에는 예배 때 성경을 읽고 듣는 자체가 더욱 중요할 수밖에 없었다.

이 된다(벧후 1:19-21). 성경 해석은 특정인이 독점할 수 없다. 혼자 독점하려는 그 특정인이 바로 거짓의 아비(또는 거짓의 자손)다(요 8:44).

셋째, 또한 문법적으로 '듣고 지키는 자들'은 같은 부류(회중/청중)를 가리킨다. 듣는 자들과 지키는 자들이 다른 부류가 아니다. 듣는 자들은 세상 사람들이고 지키는 자들은 구원된 사람들을 각기 말하고 있는 것은 더욱 아니다. 헬라어 문법에서, 공통된 복수 정관사('호이')에 두 개의 분사('아꾸온떼스'와 '떼룬떼스')가 연이어 사용될 때, 문법적으로 이는 같은 대상을 가리킨다. '듣고 지키는 자들'은 같은 이들을 가리킨다. 즉, 계시록을 접하게 되는 모든 성도들이다. '읽는 자'도 계시의 말씀을 듣고 지켜야 하는 회중에 속한다. 읽는 자, 듣는 자, 지키는 자를 인위적으로 구분하고 다시 계층화하려는 시도는 그 자체로 그릇된 것이다. 특히 문법적으로 그렇다. 읽는 자나 듣고 지키는 자들이 다 같이 복되다 하셨다(1:3). 그 복된 정도의 차이가 전혀 없다. 저자 요한은 교회들에 이 말씀을 전한다. 특히 예배 드릴 때, 계시록의 말씀을 '읽고', 그 말씀을 '듣고 지키라'는 것이다(참고, 느 8:1-18). 이 말씀 사역에 참여한 모든 이들이 복이 있다는 것이다.

넷째, 요한 시대의 예배적 상황을 드러내기 위해 '지키는 자들'('호이 … 떼룬떼스')이 복수로 쓰였지만, 두아디라 교회에 주는 편지에는 단수 '지키는 자'('호 테론')로 쓰고 있다(2:26). 집합적 교회를 지칭하기 때문이다. 역시 계시록 종결부에서도 단수 '지키는 자'('호 테론')를 다시 쓴다(22:7). "이 책의 예언의 말씀을 지키는 자가 복이 있다." 이처럼 단수로 사용하고 있는 것은 교회를 집합적 의미로 보고 말씀하고 있기 때문이다. 2:26과 22:7의 '지키는 자'가 특정인을 가리키는 것이 아닌 것처럼, 1:3의 '읽는 자'가 특정인을 가리키는 것이 아님은 분명하다.

B. 요한계시록 1:4-6 (요한의 축원과 송축)

4-6절은 두 부분으로 되어 있다. 요한의 축원(4-5a절)과 송축(5b-6절)이다. 축원은 일곱 교회를 대상으로 하고 은혜와 평화를 기원한다. 은혜와 평화를 주실 분은 삼위 하나님이시다(4-5a절). 요한의 송축은 그리스도에게 드려진다. 그리스도께서 하신 일들을 드러내며, 그분께 영광과 능력이 영원하기를 송축한다(5b-6절).[15]

번역

4 요한이 아시아에 있는 일곱 교회에게 (쓴다). 지금도 계시고 전에도 계셨고 또한 오실 분과, 그의 보좌 앞에 있는 일곱 영과, **5** 신실한 증인이며 죽은 자들 가운데서 먼저 나신 분이시고 땅의 왕들의 통치자이신 예수 그리스도로부터 오는 은혜와 평화가 여러분에게 있기를 원한다. 우리를 사랑하시고 우리를 그의 피로 우리의 죄에서 풀어 주신 그분, **6** 우리를 그의 하나님 아버지께 (그의) 나라와 제사장이 되게 하신 그분께 영광과 능력이 영원하시기를 원한다. 아멘.

---

15. 그런데 요한은, 왜 여기서 삼위 하나님 가운데 그리스도에 대한 송축만 언급하는 것일까? 계시록 자체가 그리스도 중심의 계시라는 점 때문일 수 있으나, 그보다는 그리스도께서 4b-5a절의 순서상, 삼위 하나님 가운데 마지막에 거론되는데 그리스도에 대한 송축 부분은 이와 연결됐기 때문일 것이다. 성부는 8절에 가서 기록될 것이 고려되었을 것이다. 예수 그리스도에 대한 부분(5b-7절; 개역개정은 5-7절) 다음에 성부 하나님에 대한 부분(8절)이다.

주해

4-5a절 (일곱 교회에 대한 요한의 축원) 요한은 은혜와 평화를 기원한다. 은혜(χάρις)는 값없이 주시는 사랑이고 평화(εἰρήνη)는 관계의 회복이다. 당시 헬라 사회에서 대면해 만날 때 서로 주고받는 인사말은 '기뻐하다'(χαίρω)에서 온 말로, 개인일 때는 명령법 단수 '카이레'(χαῖρε; 마 26:49; 27:29; 막 15:18; 눅 1:28; 요 19:3), 대중과 인사할 때는 명령법 복수 '카이레테'(χαίρετε; 마 28:9)를 사용하였다. 편지(글)에 쓰는 인사말은 부정사 '카이레인'(χαίρειν)이었다. 당시의 서신 관행에 따른 야고보서의 인사말이 '카이레인'(문안한다)이다. 신약의 다른 곳에도 그 흔적이 있다(행 15:23; 23:26; 요이 1:10-11; 참고, 마 26:49). 그런데 바울의 서신을 보면, 모든 서신의 인사말에 '은혜와 평화'를 사용한다.[16] 이때 은혜('카리스')는 당시 문안할 때 사용하던 '카이레/카이레테'(대면할 때) 또는 '카이레인'(서신에서) 대신 사용한 것이다. '카리스'(은혜)와 '카이로'(기뻐하다)는 발음이 비슷한 데다, '카이로'는 '카리스'의 결과라는 어의적 관계도 가능하다. 평화('에이레네')는 유대인의 인사법인 '샬롬'(שָׁלוֹם)에서 나왔다. 이를 헬라어로 쓴 것이다. 바울이 '은혜와 평화'라는 인사말을 시작한 첫 인물인지는 분명하지 않다. 다만 현존하는 글(신약) 가운데 바울이 사용한 예가 가장 오

---

16. 바울이 인사말로 '은혜와 평화'를 사용한 것은 초기 서신인 갈라디아서(1:3)와 데살로니가전후서(살전 1:1; 살후 1:2)부터였다. 그의 "은혜와 평화가 너희에게"(χάρις ὑμῖν καὶ εἰρήνη) 형식(formula)은 바울의 열 서신(롬, 고전, 고후, 갈, 엡, 빌, 골, 살전, 살후, 몬)에 나타난다. 이 형식은 베드로전후서의 인사말에도 동일하게 나타나고 계시록 1:5에도 사용된다. 바울의 목회서신에는 작은 차이가 있다. 디도서에는 "카리스 까이 에이레네"(은혜와 평화가)만 사용되며 '휘민'(너희에게)이 빠진다. 서신의 수신자가 디도("디도에게")이기 때문이다. 반면에 디모데전서와 후서에는 "은혜, 긍휼, 평강이"(χάρις ἔλεος εἰρήνη)로 긍휼('엘레오스')이 덧붙여지고 형식이 조금 바뀐다. 김상훈, 2013: 50-51을 참고하라.

래된 것은 분명하다. 요한이 계시록을 쓸 때는 '은혜와 평화'라는 인사말이 교회에 보편적으로 쓰였을 것이라 추정된다. 요한은 요한이서에서 '은혜와 긍휼과 평화'를 기원한 바 있다(요이 1:3; 참고, 딤전 1:2; 딤후 1:2).

참된 은혜와 평화는 사람에게서 나오지 않는다. 오직 삼위 하나님으로부터 온다. '~(로)부터'라는 뜻을 가진 전치사 '아뽀'(ἀπό)가 세 번 쓰인다. 세 번의 '아뽀'는 참된 은혜와 평화의 원천이 어디서 비롯되는지 밝히 드러낸다. 첫째는 성부, 둘째는 성령, 셋째는 성자다. 삼위일체 하나님을 부각하는 표현이다.

첫째, 성부를 "지금도 계시고 전에도 계셨고 또한 오실 분"으로 묘사한다. 이 이름은 출애굽기 3:14의 하나님의 이름, '에흐예'(계속 있는[존재하는] 자)에서 유래한다.[17] '지금도 계시는 분'(ὁ ὤν)은 관사(ὁ)와 함께 '있다'(εἰμί)의 현재분사(ὤν)를 사용하였는데, 그분의 지속적 현존(continuous presence)을 가리킨다.[18] '전에도 (계속) 계셨던 분'(ὁ ἦν)은 관사(ὁ)와 함께 '있다'(εἰμί)의 미완료형(ἦν)을 썼다. '있다'라는 동사의 과거분사형이 없기 때문일 수 있지만, 주목해야 할 것은 요한복음에 그리스도의 선재적 사실을 가리킬 때 주로 쓴 동사가 '엔'(ἦν)이라는 점(요 1:1-2, 4, 9-10)이다. 과거의 지속성(계속성) 의미도 있다. 즉, 그분은 과거에 존재하지 않으실 때가

---

17. 출 3:14에서 '나는 스스로 있는 자'(I AM WHO I AM)는 히브리어로 '에흐예 아쉐르 에흐예'(אֶהְיֶה אֲשֶׁר אֶהְיֶה)다. 이 말을 70인경(LXX)에서 헬라어로 ἐγώ εἰμι ὁ ὤν(나는 계속 있는[존재하는] 자다)이라 번역하였다. 계 1:4, 8의 '지금도 계시는 분(이)'은 바로 이 이름, '호 온'(ὁ ὤν)이다.
18. '아뽀'(ἀπὸ, from) 뒤에 소유격 명사/대명사가 와야 하는 곳에, 요한은 주격 호칭들을 쓰고 있다. 주격 호칭들이 하나님을 가리키는 것이기 때문일 것이다. 특히 '호 온'(ὁ ὤν)은 전통적으로 유대인들에게 하나님의 이름을 가리키는 것이라 문법적 사항을 변경할 수 없는 것이라 여겼을 것이다. 그다음으로 이어지는 주격 호칭들인 '호 엔'(ὁ ἦν)과 '호 에르코메노스'(ὁ ἐρχόμενος)는 '호 온'의 용례를 따른 것이다(참고, Turner, 1963: 230; Wallace, 62-64, 237; Porter, 146).

없었다. '오실 분'(ὁ ἐρχόμενος)에는 동사 '오다/가다'(ἔρχομαι)를 사용한다. '있다'의 미래형 '에스따이'(ἔσται)가 있으나, 여기서 사용하지 않은 것은 그의 오심(임재)의 지속적 특성을 드러내려 한 것일 수 있다.[19] 언제든 '오시는'(임재하시는) 분이지, (어느 특정한 때에만) '오실' 분, 또는 '오실 수 있는' 분이 아니시다. 역시 하나님을 가리키는 이 세 번째 표현은 재림하시는 그리스도에 대한 것이 아니다. 미래적 표현이지만, 미래 언제든 우리에게 계시는 분, 또 오시는 분, 즉 미래 역사의 개입자, 종말 계시를 이루시고 종결하시는 주체가 되신다는 뜻이다. 이들 이름은 다시 8절과 4:8에서 반복되고, 11:17('오실 분'이 없음)과 16:5('오실 분'이 '거룩하신 분'으로 대체됨)에 부분적으로 나타난다. 이들 이름은 성부 하나님을 가리키는 중요한 칭호이다.

둘째, "일곱 영"은 성령을 가리킨다(참고, Wilson, 2019b: 84-89). 일곱이라는 복수로 표현된 이유는 성령께서 일곱 교회 모두에 보냄을 받았다는 점을 강조하려는 것이다. 성령이 '일곱 영'으로 나오는 부분은 이 구절 외에 4:5과 5:6이다. 4:5에서는 보좌 앞에 켠 등불 일곱으로 "하나님의 일곱 영"으로 소개된다. 5:6에서는 "온 땅에 보내심을 받은 일곱 영"이라고 나오는데, 온(모든) 땅에 보냄 받았다는 점을 강조하기 위해 역시 일곱 영으로 쓰였을 것이다(참고, Bauckham: 1993a: 35, 165). 어린 양의 '일곱 눈'으로 소개될 때(5:6)는 모든 것을 살펴보시는 그리스도의 사역과 관련된다. 이

---

19. εἰμί(be)의 미래분사 독립적 용법의 ὁ ἐσόμενος(계실 이/분)도 쓸 수 있었다(Aune, 1983: 32). 'will be'를 'is to come'으로 전환한 이유는 그분의 역사적 개입이 곧 있을 것을 바라보았기 때문일 수 있다(참고, Osborne, 2002: 61; deSilva, 2009: 109). 개역개정의 '장차 오실 이'는 좋은 번역이 아니다. 재림하실 그리스도를 가리키는 것으로 오해되기 때문이다. 재림의 뉘앙스로 이해되지 않게 하자. 눅 19:38의 예루살렘 입성 때에 사람들은 예수를 가리켜 '오시는 분'(ὁ ἐρχόμενος)이라 하였다. 인용된 LXX 시 118:26의 관점에서는 미래적('앞으로 오실')이지만, 예루살렘 입성의 시점에서는 현재적인('지금 오시고 있는') 의미의 표현이다.

러한 표현은 그리스도와 성령의 밀접한 관계를 가리키고 있다. 반면에 일곱 영이 "보좌 앞에 있는 일곱 영"으로 나타날 때(4:5)는 성부 하나님과의 밀접성을 가리킨다. 이때는 '켜져 있는 등불'인데, 이는 진리와 계시의 빛을 드러내는 성령의 역할(요 14:26; 15:26; 16:13)을 가리킬 것이다.

셋째, 그리스도에 대해 세 가지로 소개한다.[20] 그리스도는 "신실한 증인",[21] "죽은 자들 가운데서 먼저 나신 분", "땅의 왕들의 머리(통치자)"로 묘사된다. 이 세 가지는 각기, 그리스도의 참됨(증언하시는 분), 부활의 승리, 주권적 통치(권세)를 가리킨다.[22] 이 땅에 계실 때, 예수 자신이 "신실한 증인"(ὁ μάρτυς ὁ πιστός)이셨다(특히, 요 8:14, 17-18, 26, 28-29, 38, 40). 또한 하늘에 승천하여 계신 이후에도 요한을 통해 증언하셨다. 그래서 그 증언은 '예수 그리스도의 계시'(1:1)다. 신실하다는 것은 진실되고 참되며, 충성되고 끝내 지속된다는 뜻일 것이다(2:10, 13; 3:14; 17:14; 19:11; 21:5-6).

'먼저 난 자'(ὁ πρωτότοκος)라는 말은 본래 장자(맏아들)를 가리키는 말이다(눅 2:7; 히 11:28). 또한 메시아를 가리키는 구약적 개념일 수 있다(예, LXX 시 89:27; K. Kim, 231). 그리스도를 가리키는 이 표현('쁘로또또꼬스')은 바울이 쓴 바 있다(롬 8:29; 골 1:15, 18; 참고, 히 1:6). 그런데 '죽

---

20. 4b절에 성부에 대한 소개가 세 가지였다. 모두 현재, 과거, 미래의 초월적 존재성에 초점을 맞췄다. 성부 하나님께서 모든 역사를 주관하시는 살아 계신 하나님이심을 강조하였다. 성부에 대해 세 가지로 말한 것처럼, 성자에 대한 것도 세 가지가 강조된다. 역시 세 가지는 주격으로 쓰였다(참고, Blount, 2000: 405).

21. "신실한 증인"(ὁ μάρτυς ὁ πιστός)은 형용사 '삐스또스'(πιστός)를 관형적 용법으로 번역한 것인데(ESV, RSV, NIV), 독립적 용법으로 보고 중간에 쉼표를 넣어 '증인, 신실한 분'(ὁ μάρτυς, ὁ πιστός)으로 번역할 수도 있다(NA²⁸; UBS⁴). 그러나 3:14의 '신실하고 참된 증인'(ὁ μάρτυς ὁ πιστὸς καὶ ἀληθινός)의 용례는 전자로 보는 것이 더 타당하다는 근거가 될 수 있다(참고, 2:13; Osborne, 2002: 62, 각주 19).

22. 5a절의 그리스도에 대한 세 가지 명칭은 시 89:27, 37의 성취와 관련이 있을 수 있다(Beale, 1999: 190-1).

은 자 가운데서 먼저 나셨다'는 것은 그의 부활을 가리킨다. 특히 '먼저' 나셨다는 것은 그를 따르는 성도들이 나중에 뒤따라 부활하게 될 것임을 암시한다. 그리스도는 그의 부활로 '잠자는 자들의 첫 열매'(고전 15:20-23)가 되셨다. 이 역시, 그리스도의 부활 후에 뒤따르는 부활의 열매들이 있게 될 것이라는 말씀이다. 결국 그를 믿는 이들을 일으켜 그의 부활에 참여하게 하실 것이다. 맏아들이신 그리스도께서 양자된 많은 이들을 이끌고 성부 하나님께 나아가시는 것이다(히 2:10-11). 이 부활은 믿는 자들의 최종적 승리를 가리킨다.

'왕들의 통치자'는 예수께서 그 어떤 땅의 왕들보다 뛰어나신 분이라는 것(머리가 되심)과 그 모든 왕들이 그분께 무릎을 꿇어야 하고, 또 꿇게 될 것이라는 점을 밝힌 것이다(엡 1:21-22; 빌 2:9-11; 히 2:8-10). '통치자'(ὁ ἄρχων)는 '지배자', '머리'로도 번역될 수 있다.[23] 그리스도의 증언('참된 것을 말씀하셨다, 그의 계시가 참되다')과 부활('죽음/사망을 이기셨다')과 통치('진정한 통치자가 되신다')는 성도들을 미래의 소망으로 이끈다.

언제나, 영원히 계시는 역사의 주관자 성부 하나님, 어디에나 보냄을 받아 그곳에 함께 계시는 성령 하나님, 모든 일(계시)에 대해 신실하게 증언하시고 그를 믿는 자들을 결국 부활(승리)로 이끄시며 모든 권세 위에 홀연히 뛰어나신 성자 그리스도께서 요한계시록 전체의 핵심 주제가 되신다. 이 같은 삼위일체 하나님의 특성, 즉 성부, 성령, 성자에 대한 진리가 요한계시록을 푸는 열쇠다(참고, Duvall, 31). 이 진리의 기본 틀(하나님 중심성)

---

23. 19:16에 나오는 그리스도의 이름이 '왕들의 왕'(βασιλεὺς βασιλέων), '주들의 주'(κύριος κυρίων)다. 왕들과 주들의 통치자이심을 드러내는 이름이다. 그리스도께서 통치자 되심을 재림 때의 일에 국한한 비슬리-머리(Beasley-Murray, 1974a: 56)의 견해에는 동의하기 어렵다. K. Kim(김규섭)은 "먼저 난 자"(ὁ πρωτότοκος)라는 그리스도의 호칭도 자칭 '신의 아들'(divi filius)이라 주장하는 로마 황제보다 우월함의 의미, 즉 세상의 왕들을 통치하는 분이라는 개념을 가진다고 본다(K. Kim, 242).

을 벗어나, 특정인이나 특정 조직을 부각하는 것은 모두 거짓이다.

5b-6절 (그리스도에 대한 요한의 송축) 요한은 4-5a절에서 은혜와 평화가 독자(성도)들에게 있기를 기원한다. 성도에 대한 기원에 이어, 5b-6절에서 예수 그리스도께 초점을 두고 그분을 송축한다.

요한은 먼저 그리스도께서 행하신 일, 특히 그의 사랑과 속량의 사역을 강조한다(5b절). 앞서(5a절) 그리스도의 계시, 부활, 권세(통치)를 언급했던 요한은 5b절에서 대명사 '우리를'(ἡμᾶς) 두 번 반복 사용한다('우리를' 사랑하셨다; '우리를' 풀어주셨다). 그리스도와 우리의 관계를 강조하면서 그분이 우리에게 하신(하시는) 일(사랑과 속량의 사역)을 부각하고 있다. 예수 그리스도는(주체) 그의 사랑 때문에(동기) 우리를(대상) 그의 피로(수단) 우리의 죄에서 속량하셨다(내용).[24] 그런데 '사랑하다'는 현재 분사(ἀγαπῶντι)로 쓰고, '풀어주다'는 과거 분사(λύσαντι)로 쓴 것은 그리스도의 사랑의 현재(지속)성과, 단번에 우리를 속량하신 일(이미 성취하신)을 함께 강조하는 것이라 볼 수 있다.

그리스도의 사랑하심과 속량하심(5b절)은 우리를 "나라와 제사장"으로 만드시는 후속 사역으로 이어진다(6절).[25] 그리스도께서는 구원받은 우

---

24. '죽임당하신 어린 양'(5:6, 12; 13:8; 참고, 7:14; 12:11)과 '그리스도의 피'(5:9; 7:14; 12:11; 19:13)는 계시록의 중요한 테마다(Osborne, 2002: 64-65).

25. 5b-6절의 구문을 좀 더 자연스럽게 만들려면, 6절의 ἐποίησεν(하셨다/만드셨다)을 분사형 ποιήσαντι(하신/만드신)로 하는 것이 더 나을 것이다(10-11세기 일부 사본들: 예, 046 1854). 그래야 5b절의 ἀγαπῶντι(사랑하시는)와 λύσαντι(풀어 주신)에 이어 어형 조화가 이뤄지기 때문이다. 즉 '아가폰띠'와 '뤼산띠'에 이어 세 번째 여격 분사('뽀이에산띠')가 되는 것이다. 4b-5절이 세 부분(성부, 성령, 성자)으로 된 것과 5b-6절이 '사랑하시는', '풀어주신', '만드신' 이렇게 세 부분으로 된 것이 어울리는 듯하다. 따라서 분사(ποιήσαντι)가 자연스러운 것이 사실이다. 그러나 만일 부정과거 동사 ἐποίησεν('에뽀이에센')이 본래 요한이 의도한(사용한) 것이 맞다면, 이는 그리스도께서 행하신 특별한 일(우리를 나라와 제사장으로 삼으신 일, 6절)을 특히 강조하려는 목적으로 직설법 동사로 쓴 것이라고 할 수 있다. Thomas는 분사에서 직설

리를 그의 나라로 삼으셨다(5:10; 벧전 2:9; 참고, 출 19:6). 모든 성도들이 그의 나라가 된다. 지상에서 우리는 하나님 나라를 이룬다. 하나님과 아들이 통치하시는 그 나라는 계시록에서 세상 나라와 차별된다(16:10; 17:12, 17). 6절의 "그의 하나님 아버지께"는 아들 그리스도와 성부 하나님의 특별한 부자 관계를 부각하기 위한 것이다(요 8:19, 49; 14:7; 15:23-24; 20:17). 또한 '하나님께'라고 한 것은 '세상에' 대한 것과 차별화하기 위한 것이다(주님 자신이 그의 나라와 세상 나라를 구별하심, 요 18:36). 현재의 하나님 나라는 지상의 교회를 통해 구현된다. 또한 믿는 우리를 '제사장(들)'으로 삼으신 것(5:10; 벧전 2:9; 참고, 출 19:6; 사 61:6)은 우리를 통해 세상의 많은 이들을 하늘의 구원과 빛에 참여할 수 있게 하기 위해서다. 하나님께서 다른 이들을 돌보는 그리스도의 제사장 사역을 성도들에게 맡기셨다. 예수 그리스도는 땅의 인간 제사장들을 대체하신 하늘의 대제사장이시다(히 2:17; 3:1; 4:14-15; 5:5, 10; 6:20; 7:24-26; 8:1; 9:11). 참 제사장이신 그리스도께서 우리 성도들을 제사장으로 삼으신 것이다(롬 15:16; 벧전 2:5, 9; 계 1:6; 5:10; 20:6). 우리 성도가 '나라'란 뜻은 현재 하나님의 임재와 통치 아래 있다는 뜻이고,[26] '제사장'이란 뜻은 우리가 세상의 구원을 위해 진력하

법 동사로의 전환을 히브리어식 용법이라 한다(R. Thomas, 1992: 75). Osborne은 이 직설법 사용이 '행하신 것'(5b)에서 '삼으신 것'(6a)으로 초점을 바꾸기 위한 것으로 본다(Osborne, 2002: 65, 각주 22).

26. Beale은 성도들의 '나라됨'을 성도들의 '왕권'으로 간주한다(Beale, 1999: 192-3). 그러나 그렇게 볼 필요는 없다. 5절은 그리스도의 통치권('통치자')을 부각한 반면, 6절은 성도들이 그리스도의 나라가 된 사실을 강조한다. 출 19:6("너희가 내게 대하여 제사장 나라가 되며 거룩한 백성이 되리라", 개역개정)의 성취다(참고, 벧전 2:9). 성도의 왕 노릇이 미래적 사건이라 볼 수 있는 구절은 5:10; 20:6; 22:5일 것이다. 하나님께서는 확실히 통치하시지만(11:17; 19:6; 부정과거형), 성도들은 미래 통치에 참여한다(5:10; 20:6; 22:5; 미래형). 부정과거로 쓰인 20:4의 경우는 미래에 일어날 일을 요한이 계시 중에 역사적 사건으로 보고 쓴 것이다.

는 일꾼이란 의미다. 나라됨은 제사장됨의 선결이다. 그런데 나라됨은 제사장됨을 위해 존재한다. 한편, 대제사장이신 그리스도의 대속적 희생은 우리 교회의 제사 임무의 기반이다.

요한은 이제 그리스도에게 "영광과 능력"이 영원히 있으시기를 송축한다. 영광(δόξα)은 그분의 신성적 본질(하나님 되심)과 관련이 있고 능력(κράτος)은 그분의 신성적 사역(행하심)과 관련이 있다. 예수 그리스도는 신성적 영광과 초월적 능력을 가지고 계신다. '영광과 능력'은 그리스도에게 드려야 마땅한 찬양이다(5:13, "찬송과 존귀와 영광과 능력"). 그 어떤 인간도 영광과 능력의 그리스도에 비하면 보잘것없고 하잘것없다. 로마 황제라도 그러하다.

해설

4절의 "지금도 계시고 전에도 계셨고 또한 오실 분"이라는 이름을 성부 하나님을 가리키는 것으로 보아야 하는 이유는 다음과 같다.

첫째, 삼위 하나님께서 4-5절에 순서대로 나온다. 성부, 성령, 성자 순이다. 모두 전치사 '~(로)부터'(ἀπό) 다음에 각기 나온다. 따라서 첫째 이름(성부)과 셋째 이름(성자)을 동일시할 수 없다. '성부로부터', '성령으로부터', '성자로부터'의 순으로 나온 것에 유의할 필요가 있다. 성부, 성령, 성자의 출현 순서는 다시 8절 이하에 나타난다. 성부(8절), 성령(10절), 성자(13절) 순이다.

둘째, 성부의 이 이름은 1:8과 4:8에 다시 언급된다. 두 부분 모두 성부에 대한 명칭이다. 1:8과 4:8의 '빤또끄라또르'(παντοκράτωρ, 전능자)라는 용어는 성경에서 성부 하나님께만 사용되는 명칭이다. 구약의 '만군의 여호와'('아도나이 체바옷')의 '만군'에 해당되는 헬라어 번역이다(1:8의 해석과 각주 참조).

또한 4절의 "일곱 영"은 성령을 가리킨다고 볼 타당한 이유가 있다. 성부와 성령과 아들 그리스도의 삼위일체적 의미가 후대적 개념이라는 자신의 전제 때문에 일곱 영을 성령으로 보지 못하고, 유대 문헌에 의지하여 일곱 대천사라고 주장하는 아우니의 주장은 문제가 적지 않다(Aune, 1983: 33-35, 40; 1997: 33-35).

첫째, 삼위일체적 개념은 기독교 초기에도 있었다(예, 마 28:19, '아버지와 아들과 성령의 이름으로'). 둘째, 삼위 하나님(성부, 성령, 성자)의 출현 순서를 주목해야 한다. 다시 말해, 하나님 > 성령 > 그리스도의 출현순은 4-5절과 9-12절에 반복된다. 셋째, 계시록은 천사들이 신적 경배의 대상이 아님을 강조하고 있다(19:10; 22:8-9). 따라서 어떤 천사도 '은혜와 평화'의 근원이 될 수 없다. 넷째, LXX(칠십인역) 이사야 11:2-3에서, 성령의 특성을 강조하는 소유격이 모두 일곱 번 출현한다(지혜의, 총명의, 모략의, 능력의, 지식의, 경건의, 경외의). 성령의 역할에 대한 일곱 가지 이름이라 할 수 있다. 다섯째, 더 중요한 것은 성령께서 일곱 교회 모두에 보내졌다는 점에서 일곱 영으로 불려질 수 있다(3:1; 4:5; 5:6).

특히 사데 교회의 편지 서두에 나타나신 그리스도의 모습은 '일곱 영과 일곱 별을 가지고 계신' 분이다. 일곱 별이 일곱 교회의 사자(천사)를 가리키고 일곱 영은 일곱 교회에 보냄 받은 영이라는 의미로 해석할 때 가장 자연스럽다. 물론 소아시아의 일곱 교회는 모든 교회를 대표하여 말씀을 받았다. 그래서 일곱 영은 '온 땅'에 보내심을 받으신 성령이시다(5:6; 참고, 슥 4:10). 일곱 영을 유대 일부 전승에서 비롯된 일곱 천사장(우리엘, 라파엘, 라구엘, 미가엘, 사라카엘, 가브리엘, 레미엘)으로 보는 견해도 있으나(참고, Osborne, 2002: 74), 일곱 영이 천사를 가리키는 것이라면 요한이 이를 '천사'라고 직접 쓰지 않을 이유가 없다(Osborne, 2002: 74).

한편, 이사야 11:2-3의 "여호와의 신"에 대한 구절이 성령을 가리키는 말로 해석된다는 점에서 요한계시록의 "일곱 영"을 성령의 일곱 명칭으로 간주하는 학자들(예컨대, Osborne, 2002: 61)이 있다. 마소라 사본(MT)에는 여섯 개로 등장하지만, 칠십인역(LXX)에는 성령의 특성을 강조하는 소유격이 모두 일곱 번 출현한다('지혜의', '총명의', '모략의', '능력의', '지식의', '경건의', '경외의'). 이들 표현이 성령의 역할에 대한 일곱 가지 이름이라 할 수 있다. 이런 해석이 일리가 있기는 하고, 계시록에서 일곱 영은 성령의 일곱 가지 역할을 강조하는 측면을 배제할 필요는 없지만, 그보다는 충만한 수의 의미, 즉 모든(일곱) 교회에 보내진 성령을 가리키는 의미로 보는 것이 좀 더 타당할 것이다. 5:6에는 일곱 영이 어린 양의 '일곱 눈'으로 나타나는데, 그 설명은 "온 땅에 보내심을 받은 일곱 영"이다. 보냄을 받지 않은 곳이 없다는 뜻이다. 즉 편재(omnipresent)의 의미를 담은 표현이다.

C. 요한계시록 1:7-8 (예수 재림의 계시, 하나님의 자기 선언[계시])

7절의 그리스도의 재림 계시와 8절의 하나님 자기 계시는 앞의 1-3절(특히 1절)의 예수 그리스도의 계시, 하나님의 계시 부분과 연결하여 1-8절 단락을 마무리하는 부분이다(S. Kim, 2021: 11-14).[27] 그리스도의 재림 계시(7절)는 예수 그리스도의 계시의 종결이 되고 하나님의 자기 선언(8절)은 1절에서 강조한 개념, 즉 하나님께서 모든 계시의 주도자시라는 사실을 확

---

27. 7-8절을 '더해진 계시'로 본 Aune의 견해는 맞지 않다. 그는 13:9; 14:13; 16:15; 19:9; 21:5-8; 22:12-15; 22:18-20도 그렇게 간주하고 있다(Aune, 1997: 51-52). 그는 이들 구절을 확대 또는 설명의 목적으로 추가된 것으로 보고 있다.

증한다.

1절　　　　a. 예수 그리스도의 계시(1절)[28]

　　　　　　　b. 하나님께서 주시고 알게 하신 계시(1절)

7-8절　　　a′. 예수 재림의 계시(7절)

　　　　　　　b′. 하나님의 자기 계시(8절)

번역

7 보라. 그가 구름을 타고 오실 것이다. 모든 눈과 그를 찌른 자들이 볼 것이다. 땅의 모든 족속이 그분 때문에 애곡할 것이다. 그렇다. 아멘. **8** "나는 알파와 오메가이다." 주 하나님께서 말씀하셨다. "지금도 있고 전에도 있었고 또한 올(오는) 전능자이다."

주해

7절 (예수 재림의 계시) 주의를 환기하는 '보라'(Ἰδοὺ)[29]로 시작하는 7절

---

28. 좀 더 세부적으로 볼 수도 있다. 1절의 예수 그리스도의 계시(a), 하나님의 계시(b); 2절의 하나님의 말씀(b′), 예수 그리스도의 증거(a′); 그리고 7-8절의 예수 재림의 계시(a″)와 하나님의 자기 계시(b″)로 보는 것이다.

29. '이두'(보라)는 βλέπω/ὁράω(보다)의 부정과거형 εἶδον(보았다)의 명령법 중간태 2인칭 단수(ἰδοῦ)에서 유래한 단어로 여기서는 감탄사로 쓰였다. '이두'가 그리스도의 재림과 함께 강조되어 쓰인 경우는 16:15; 22:7, 12다. 주님 자신이 '이두, 에르코마이'(ἰδοῦ ἔρχομαι, 보라, 내가 올 것이다)를 반복하신다. Seal은 '보라' 등의 표현은 독자로 의사소통에 참여하게 하는 작용을 한다고 본다(Seal, 92-93). 그는 7절이 시적 표현(형태)을 가지고 있다고 분석하며 이를 통해 저자의 예언자적인 권위를 보여준다고 주장한다(Seal, 2020a: 89-90, 96-97).

은 종말 계시의 핵심인 재림에 대한 말씀이다. 1-3절에서 종말 계시에 대한 서론(도입)적 사항을 나타낸 반면, 7절은 특히 그리스도의 재림에 초점을 둔다. 종말 사건의 축은 예수 그리스도의 재림이다. 이 구절은 재림에 대한 그리스도 자신의 말씀(마 24:30; 26:64; 막 13:26; 14:62; 눅 21:27)을 기억하게 하는데, 다니엘 7:13과 스가랴 12:10의 말씀이 부분적으로 인용된다. 두 말씀의 성취를 강조하는 내용이라 할 수 있다. 다니엘서에서는 구름 타고 오시는 부분이, 스가랴서에서는 그때 땅의 모든 족속이 애곡하게 된다는 점이 각각 부각된다.

"모든 눈이 … 볼 것이다"(7절)는 예수 그리스도의 재림이 모든 이들이 볼 수 있게 이루어진다는 뜻이다(마 24:27, 30; 행 1:9-11). 특히 그리스도께서 구름과 함께 임재하시는 것은 그의 초월적, 신성적 현현(나타나심)과도 관련이 있으나(단 7:13; 마 17:5; 막 9:7; 눅 9:34-35), 그리스도께서 우리의 눈('모든 눈')에 보이게, 모두가 알 수 있게 오신다는 점(마 24:27, 30; 막 13:26; 눅 17:24)을 강조하는 것이기도 하다. 일부만 알 수 있게 재림한다는 주장은 옳지 않다. 일부 성도든, 일부 특수 집단이든 그들만 알게 임하시는 그리스도의 재림이 아니다. 성도들을 포함해 모든 이들이 그리스도의 재림을 목격하게 될 것이다. "여기 있다, 저기 있다", '이미 오셨다, 우리는 그걸 안다' 할 수 없다(마 24:23, 26). "그가 구름을 타고 오실 것이다. 모든 눈과 그를 찌른 자들이 볼 것이다"(계 1:7).

"그를 찌른 자들"은 일차적으로 예수께서 십자가에서 죽으실 때 창으로 찌른 자와 이에 합류한 자들(요 19:31-37)을 가리키는 말로 보인다. 그런데 이들을 언급하는 이유는 두 가지일 수 있다. (1) 주님의 말씀(마 24:33-34)과 같이, 임박한 재림을 강조하려는 뜻이다. (2) 그리스도의 십자가형에 참여한 그들이 결국 후회하게 될 것을 예고한 것이다. 즉, 그리스도를 찌르고 죽인 자들이 승리한 것이 아니다. 잠시 승리한 것처럼 보여도 결국 패배할 것이다.

　　그런데 십자가 현장에서 그리스도를 찌른 자들은 요한이 계시록을 쓸 때에는 이미 세상에 없지 않은가? 그런데 왜 이 말씀을 다시 강조하는 것일까? 그리고 찌른 자는 한 사람 아닌가?

　　스가랴 12:10은 3인칭 복수 '(그들이) 찔렀다'(דָּקָרוּ)를 사용한다. 3인칭 복수 형태는 그다음에도 계속되는데, '(그들이) 애곡하였다'(סָפְדוּ)이다. 스가랴 히브리어 본문은 찌른 주체(그들)가 계속 애곡하는 주체(그들)가 된다. 반면 그들이 찌른 자(대상)와 애곡의 대상이 되는 자는 같다(עָלָיו, 그에 대해). 그리스도의 십자가 사건의 집행자가 된 복수의 '그들'(찌른 자들)이 그리스도 때문에 애곡하는 '그들'(애곡하는 자들)이 된다. 스가랴의 예언이 그리스도의 십자가 사건에서 일어난 것을 기록한 것이 요한복음 19:37이라면, 이 일이 그리스도 재림의 때에 일어날 것을 기록한 것이 계시록 1:7이다. 하나는 죽음과 부활을, 또 다른 하나는 재림과 심판을 강조한다. 따라서 계시록 1:7의 '찌른 자들'은 십자가 처형의 현장에 있던 특정인(들)만을 가리키는 말이기보다는, 그리스도를 거부함으로 사실상 그리스도의 십자가 사건('찌른 일')에 동참하게 된, 재림의 때의 모든 이들(민족들)의 애곡함을 일컫는 말이라 할 수 있겠다. 즉 심판의 통곡이다(Ladd, 1972: 29; Mounce, 1977: 73; Osborne, 2002: 70-71; Witherington, 2003: 77).

　　그때는 땅의 모든 족속이 애곡하게 될 것이다. '애곡하다'(κόπτω)는 '가슴을 치며 후회하며 슬퍼하다'라는 뜻이다(눅 8:52; 23:27; 계 18:9).[30] 따라

30.　'애곡하다'는 계시록에서 1:7과 18:9에만 쓰였는데, 두 단어를 쓰고 있는 구문이 유사하다. 구문의 순서를 고려하여 다시 번역하겠다. 1:7, "애곡할 것이다, 그(분) 때문에, 땅의 모든 족속이"; 18:9, "애곡할 것이다, 그녀 때문에, 땅의 왕들이". 이와 관련된 사항은 Thompson, 2000: 683-703을 보라. 그런데 Thompson의 문제는 1:7과 18:9의 '애곡'을 고대 영웅 또는 반신(半神, semi-gods)에 대한 '애곡 의식'(ritual

서, '통곡하다', '애곡하다', '가슴을 치다' 등으로 번역될 수 있다. 재림의 때
에 많은 이들이 후회하며 통곡하게 될 것이다. 그때 이후로는 구원의 문이
닫히고 큰 재앙이 뒤따를 것이기 때문이다.[31] 주님이 다시 오시면, 그때는
늦는다. 누구도 돌이킬 수 없다. 요한은 '네'(그렇다, yes)하고 '아멘'을 하였
다. 이는 너무도 분명한 진리이기 때문이다. 그리스도 자신이 말씀하셨고
모든 사도들이 일치하여 증언한다. 그리스도는 다시 오신다(계 1:7; 16:15;
22:7, 12, 20). '네, 아멘이다.'

8절 (하나님의 자기 선언) 그리스도 재림에 대한 말씀(7절) 이후에 하나
님의 자기 계시적 선언(8절)이 나온다.[32] 하나님께서 자신을 분명히 드러내

---

devotion of lamentation)으로 본 것이다(Thompson, 2000: 693-5, 703). 그럴 필요는
없다.

31. 이러한 애곡은 그리스도의 재림 때에 있을 아마겟돈 전쟁(19:17-21)과 관련이 있을
    것이다. 이때 전쟁에 참여한 많은 이들이 죽게 된다(참고, 슥 12:9). Thompson은 계
    1:7과 슥 12:9-14를 연결시킨다. 두 본문이 '보다', '애곡하다', '찌르다'를 공유하고
    있음을 지적한다(Thompson, 2000: 684-5). 슥 12:11에서 '므깃도'라는 말이 나오는
    데, 이는 계시록의 '아마겟돈'(16:16)과 관련이 있을 수 있다. 16:12-16이 아마겟돈 전
    쟁의 준비라면 아마겟돈 전쟁(19:17-21)은 그리스도 재림 장면(19:11-16)과 함께 나
    온다. 따라서 그리스도 재림 때, 일어나게 될 열국의 애곡은 아마겟돈 전쟁과 긴밀
    하게 관련될 가능성이 크다.

32. 그리스도의 재림을 거론한 7절 다음에 8절이 나온다고 해서 문맥상 8절의 '주 하나
    님'을 예수 그리스도라 간주하면 곤란하다(예컨대, Caird 1966: 19; Boring, 1989:
    78; Witherington, 2003: 77). 그렇게 하는 것은 요한의 구조와 문체 작법을 오해하
    는 것이다. 특히 계시록에서 8절의 '전능자'(전능하신 분)라는 명칭은 모두 성부 하
    나님에 대한 칭호다(4:8; 11:17; 15:3; 16:7, 14; 19:6, 15; 21:22). 그러면 그리스도에
    대한 내용(7절)이 나온 후, 갑자기 성부 하나님에 대한 내용(8절)이 나온 이유는 무
    엇일까? 7-8절이 1-3절과 연계되고 있음(병행적인 구성)에 주목할 필요가 있다. 예
    수 그리스도의 계시이면서 동시에 하나님께서 그 계시의 주체가 되신다는 것을 강
    조하고 있는 부분이 1-3절(특히 1절)이다. 7-8절에 다시 그리스도와 성부께서 함께
    부각되는 것은 이런 맥락에서 자연스럽다. 8절의 선언의 주체가 성부 하나님이시라
    는 보다 상세한 논증은 S. Kim, 2021: 7-10에 있다.

신다(ἐγώ εἰμι, 나는 ~이다).[33] "알파(τὸ ἄλφα)와 오메가(τὸ ὦ)"는[34] 헬라어 알파벳의 첫 글자와 끝 글자다. 시작과 마지막이 되신다는 뜻이다(참고, '처음과 마지막', 사 44:6; 48:12; 계 21:6). 모든 역사, 모든 사건, 모든 일의 시작과 마지막은 하나님에게서 비롯된다. 그분이 허락하지 않고 시작된 일이 없고, 그분의 허락 없이 마무리되지 않는다. 모든 불의와 어리석음과 타락의 종결이 우리 눈에 보이는 것과 같지 않을 것이다. 하나님의 관여하심이 있을 것이다. 모든 믿음과 선행에 대한 결과도 그러하다. 그분이 시작하시고 그분이 마무리하신다.

"주 하나님"(κύριος ὁ θεός)은 구약에 빈번하게 나타나는 '여호와 하나님'(יְהוָה אֱלֹהִים)의 헬라어(LXX) 상응어다. 따라서 성부에게 쓰이는 용어다(막 12:29; 눅 1:32, 68; 행 2:39; 3:22 등).

4절에서 나왔던 하나님의 호칭("지금도 계시고 전에도 계셨고 또한 오실 분")이 다시 나왔다. 존재의 영속성, 임재의 특성을 드러낸다. 4절에 나왔던 동일한 표현이[35] 하나님의 존재성을 강조한다면, 그 위에 더해진 "전

---

33. '에고 에이미' 형식(formula)은 계시록에서 다섯 차례(1:8, 17; 2:23; 21:6; 22:16) 나온다. 성부 하나님의 '에고 에이미'는 1:8과 21:6이고 1:17; 2:23; 22:16은 예수 그리스도의 '에고 에이미'다. M. Moore는 1:8의 '에고 에이미'를 그리스도의 것으로 오해한다(M. Moore, 83). 반면에 Seal은 신적 1인칭 담화(speech) 방식은 회중에게 하나님의 임재(presence)를 느끼게 하는 예언적 장치라 생각한다(Seal, 2020a: 97-99).

34. 흥미롭게도 알파는 알파벳 명칭(τὸ ἄλφα)을 오메가는 알파벳(τὸ ὦ) 자체만 사용했다.

35. 4절은 요한이 하나님을 칭하는 것이고 8절은 하나님께서 자신을 칭하는 것이니, 번역이 달라야 한다. 그래서 4절은 "지금도 계시고 전에도 계셨고 또한 오실 분"으로 8절은 "지금도 있고 전에도 있었고 또한 올 이"로 번역할 수 있다. 한편 4절과 8절에 이 명칭이 사용된다고 해서 두 구절을 수미상관법(inclusio)라고 한 Beale의 견해는 본문의 구성을 오해한 것이다(Beale, 1999: 196). 첫째, 이 이름이 4절의 첫 부분과 8절의 끝부분을 형성하지 않는다. 둘째, 오히려 7-8절은 1-3절과 쌍(또는 '인클루지오')을 이루며 '아들과 아버지의 계시'라는 주제를 공유한다.

능자"(παντοκράτωρ)는 그의 무한한 능력을 부각한다. '전능자'라는 호칭은 본래 구약에서 '만군의 여호와'라는 명칭을 70인경에서 헬라어로 번역할 때 쓴 용어다. 이 말은 신약에서 한 군데(고후 6:18)를 제외하고 모두 계시록에만 나온다(1:7; 4:8; 11:17; 15:3; 16:7, 14; 19:6, 15; 21:22). 계시록의 중심 사상이 반영된 용어다(참고, Boring, 1986: 259). '모든'(παντο-)과 '능력자'(κράτωρ)가 합쳐, '모든 능력을 가지신 분'('빤또끄라또르')이 되었다. 오직 성부 하나님께 걸맞은 명칭이다. 하나님의 전능성(omnipotence)은 그의 전지성(omniscience)과 함께 하나님의 하나님 되심을 적절히 반영하는 말이다. 전능하신 하나님만이 온 세계(우주)의 심판자와 주권자가 되신다. 모든 전쟁의 승패를 좌우하시는 하나님이시다. 그분만이 참 하나님이 되신다는 사실을 드러내신 것이다. 모든 힘과 권세와 능력이 하나님께 귀속된다(4:11; 7:12).

해설

그리스도의 재림에 대한 말씀에서 '찌른 자(들)'(1:7)를 강조하는 목적은 그리스도의 재림이 열국의 멸망과 통곡 사건을 예고하는 스가랴 12:9-14의 완성이라는 점을 드러내기 위함일 것이다. 스가랴 12:10에 '찔렀다'(דָּקָרוּ)는 표현이 있다. 계시록 1:7의 '찔렀다'(ἐξεκέντησαν)는 그리스도의 죽으실 때의 장면을 묘사하며 군인이 찌른 사건이 스가랴의 예언을 성취했음을 강조하는 요한복음 19:37('엑세껜떼산', 찔렀다)에서 온 것이 맞다. 그런데 계시록 1:7에서 '찌른 자들'을 가리킬 때 사용된 관계대명사 '호이띠네스'(οἵτινες)는 '~ 자는 다'(whoever, everyone who)의 뜻으로 관계된 자들(복수)을 '다' 부각하는 말이다. 앞 어구 '모든/각인의 눈'(πᾶς ὀφθαλμὸς)과 뒤에 나오는 '땅의 모든 족속'(πᾶσαι αἱ φυλαὶ τῆς γῆς)이라는 표현을 통해 복수성이 더욱 강조된다. 반면에 요한복음 19:37은 찌른 자 한 사람을 가리킨다. 요한복음은 특정인(로마 병사)의 '찌른 행위'를 부각한 반면, 계시록 1:7은 찌른 일에 동참하고 편승한 모든 이들(복수)을 염두에 둔다고 할 수 있다. 한편, 스가랴 12:10의 히브리 성경은 칼 완료형 '찔렀다'('다카루')를 쓰고 있지만, 헬라어 번역(70인역)은 전혀 다른 단어 (κατωρχήσαντο, 모욕하였다/조롱으로 대했다)를 사용한다(참고, Thompson, 2000: 686-8).

8절에서 성부 하나님의 이름인 "주 하나님"은 구약의 '여호와 하나님'을, "전능자"('빤또끄라또르')는 구약의 '만군의 여호와'의 헬라어 상응 표현이다.

우리가 '여호와'라고 부르는 이름(יהוה)은 유대인들이 거룩한 이름이라 하여 지금까지도 소리 내어 발음하지 않고 있다. 그 대신 간접적으로 '그 이름'의 뜻인 '핫쉠'(הַשֵּׁם, the Name)이라 읽거나 또는 '나의 주님'의 뜻인 '아도나이'(אֲדֹנָי, my Lord)로 읽고 발음한다. '여호와'(יהוה, Jehovah)는 자음만의 글자(יהוה)에 '아도나이'의 모음을 붙여 발음한 것이다. 히브리 성경에 '예흐바'(יְהוָה)로 모음이 정해진 것과 관련하여 '야웨'(Yahweh)로 발음하기도 하는데 정확한 발음은 후대에 알려지지 않았다. 반면에 하나님을 뜻하는 단어(אֱלֹהִים)는 그대로 '엘로힘'으로 발음한다. 유대인들은 전통적으로 여호와 하나님(יְהוָה אֱלֹהִים)을 '아도나이 엘로힘' 또는 '하쉠 엘로힘'이라 발음한다.

'빤또끄라또르'는 '만군의 여호와 하나님'(יְהוָה אֱלֹהֵי צְבָאוֹת, 삼하 5:10), '만군의 여호와(יְהוָה צְבָאוֹת, 삼하 7:8)의 70인역 번역(κύριος παντοκράτωρ)에서 '만군'(또는 '만군의 하나님')에 해당되는 단어다.[36] '만

---

36. 구약에서 '전능자'(Almighty)라는 표현은 '아도나이 체바옷'(또는 '차바') 외에 '엘
    솨다이'(אֵל שַׁדַּי, 전능하신 하나님)가 있다(예, 창 17:1; 28:3; 35:11; 43:14; 48:3;

군'(צְבָאוֹת)은 '전쟁', '군대'를 가리키는 말로, 하나님께서 전쟁의 승리자, 또는 모든 군대(용사들)의 주관자이심을 강조하는 의미가 있다. LXX(70인역)에서 '아도나이 체바옷'(만군의 여호와)의 음가를 그대로 딴 '뀌리오스 사바옷'(κύριος σαβαώθ)으로 번역하는 곳은 오직 이사야에서만(33회) 발견된다. 신약은 로마서 9:29과 야고보서 5:4에 나타난다. 한편 '만군의 여호와'를 70인역에서 '능력의 주'(κύριος τῶν δυνάμεων)로 번역하기도 하는데, 7회(왕상 18:15; 왕하 3:14; 시 23:10; 46:7, 11; 습 2:9; 렘 40:12) 가량 사용된다.

로마 황제들의 기념비에는 '아우또끄라또르'(αὐτοκράτωρ, 스스로 능한 자/통치자, self-ruler)라는 말이 쓰였다(Wikipedia, "autokrator"). 이 용어는 특히 비잔틴 제국에서 로마 황제(imperator)를 뜻하는 헬라어 상응어로 사용된다(Aune, 1998b: 946). 에베소서 6:12에는 '꼬스모끄라또르'(κοσμοκράτωρ)란 말이 나오는데 개역개정에서 '세상 주관자'로 번역된다. 그 뜻은 '세상을 통치(주관)하는 자'(L&N, 37.73)다. 하나님을 가리키는 '빤또끄라또르'는 '아우또끄라또르'(황제)나 '꼬스모끄라또르'(세상의 통치자)와 비교할 수 없는 이름이다. 하늘의 권세를 가지시고 만물을 통치하시는 유일하신 하나님을 가리키기 때문이다. 칠십인역(LXX)에 '빤또끄라또르'가 사용되었다는 것은 로마 시대 이전에 이미 이 단어가 사용되었음을 암시한다.

49:25; 출 6:3 등). 동의어인 '엘 솨다이'(또는 '솨다이', 전능자)는 LXX에서 대부분 '빤또끄라또르'로 번역되지 않는다. 오직 욥기에서만 7차례(11:7; 22:17, 25; 23:16; 27:2; 34:12; 35:13) '빤또끄라또르'로 번역된다.

제2부
현재의 일들
요한계시록 1:9-4:11

제2부(1:9-4:11)의 초점은 현재의 일들이다(1:19, "현재 있는 것들"). 이 부분은 요한에게 그때(현재) 나타나신 그리스도의 모습과 명령(1:9-20), 그때의 일곱 교회에 주신 말씀들(2-3장), 요한이 열린 하늘에서 본 하나님 경배의 장면(4장)을 다룬다.[1] 계시된 현재의 일들에 대한 말씀들은 오늘을 사는 교회에게 영원한 진리의 메시지가 된다.

1:9-20은 2장 이후에 계시될 내용에 길을 열어준다. 1:9-20은 2-3장과 그리스도의 묘사, 그리스도의 '쓰라'는 명령과 계시의 주체 되심, 또한 일곱 촛대와 일곱 별의 주관자 되심이라는 소재를 공유한다. 특히 그리스도께서 요한에게 '쓰라'고 하신 "네가 본 것(들)과 현재 있는 것(들)과 그 (일들) 뒤에 앞으로 일어날 일(들)"(1:19)에 대한 것들이 2-3장과 더불어 4장

---

1. 인봉된 책과 어린 양(5장)도 현재의 계시에 속한다 할 수 있지만, 5장은 앞의 4장(하나님 경배)과도 다음의 6장(일곱 인)과도 연속된 내용이다. 6장과의 연속성을 좀 더 고려하여 뒤에 포함시키려 한다. 좀 더 자세한 것은 본서 서론의 "구조" 항목을 참고하라.

이하에 전격적으로 나타난다. 1:9-20 때문에 2장 이후의 일들의 전개가 가능해진다.

제2장
요한계시록 1:9-20
계시의 시작, 나타나신 예수 그리스도

1:1-8과 9-20절이 모두 계시의 주체로서 삼위 하나님을 거론하는 공통점을 보인다. 다만, 두 부분 모두 삼위 하나님의 사역 가운데 성자 예수 그리스도의 역할에 좀 더 초점을 맞추고 있다. 첫 부분이 계시자(Revealer) 예수 그리스도의 사역(하신[실] 일)을 강조한다면, 둘째 부분은 계시자 그리스도의 현현(나타나심)을 부각한다.

1:1-8과 9-20절의 상관성에도 불구하고 9-20절을 1-8절과 떼어 보는 것이 좋은 이유는 첫째, 도입부 1-8절이 한 단락이고 종결부 22:6-21이 한 단락이기 때문이다. 도입부(서론부)가 두 단락인데 종결부가 한 단락인 것은 자연스럽지 않다. 둘째, 1:1-8과 22:6-21의 상응적 밀접성이 다른 단락(예, 1:9-20)과의 관계보다 훨씬 더 강하다는 점 때문이다. 더 나아가, 셋째, 9-20절이 뒤이어 나오는 2-3장과 직접적인 관계에 있기 때문이기도 하다.

오스본은 1:9-20과 2-3장의 관계에서 '그리스도 환상'의 연속성을 강조한다("1:12-3:22은 하나의 문학적 단위", Osborne, 2002: 85). 래드도 1:9 이하를 도입부인 1:1-8과 분리해서 따로 놓고 본다(Ladd, 1972: 29). 비일 또한 1:9-3:22을 묶어서 본다(Beale, 1999: 224).

9-20절은 크게 세 부분으로 이뤄진다. 그리스도의 출현과 요한의 반응 1(9-13절, A), 나타나신 예수 그리스도의 모습(14-16절, X), 그리스도의 나타나심과 요한의 반응 2(17-20절, A′)다. 전체적으로 아름다운 교차 구조를 보인다.

    A. 그리스도의 출현과 요한의 반응 1 (9-13절)

        X. 나타나신 예수 그리스도의 모습 (14-16절)

    A′. 그리스도의 나타나심과 요한의 반응 2 (17-20절)

9-13절에서 요한은 계시 사건의 목격자(증인)로 부르심을 받는다(9-10, 12절). 14-16절에는 그리스도의 신성적 모습이 드러난다. 17-20절에서, 요한은 그리스도께서 나타나실 때 그 발 앞에 엎드려진다. 요한은 그렇게 앞뒤(9-13절과 17-20절)에 등장한다. 그리스도의 현현 자체가 계시다. 계시와 관련하여 "쓰라(기록하라)"는 말씀이 요한에게 두 번 주어진다(11, 19절).[1] 그리스도의 나타나심(현현)이 13절부터 시작되지만, 14-16절을 앞의 9-13절과 17-20절과 구분할 수 있는 이유 가운데 하나는 주체의 변화다. 12절에서는 요한이 주체가 되고("돌아볼 때에", "보았다"), 14-16절에서는 요한이 아니라 그리스도가 주체다. 반면에 17절에서는 다시 요한이 주체가 된다("볼 때에", "엎드렸다"). 9-13절(A)과 17-20절(A′)의 깊은 연계성을 보여주는 증거는 다음과 같다. 첫째, 요한이 등장하고 요한의 행동들(9-10절, "있었고 … 들었다"; 17a절, "볼 때 … 엎드렸다")이 나오는 부분이다. 둘째,

---

1. '쓰라'('그랍손')는 그리스도의 동일한 명령이 나온다는 점에서 11절과 19절을 수미상관(*inclusio*)으로 볼 수도 있지만, 더 큰 단위(범위)인 9-13절(A)과 17-20절(A′)의 상응성에 더 주목할 필요가 있다. 19절을 따로 떼어내면, 17-20절(그리스도의 말씀)의 연속성(결집성)을 놓칠 수 있다.

요한과 그리스도의 만남이 있다. 주님께서 말씀하시고 요한은 듣는다(10-11, 17-20절). 셋째, "쓰라(기록하라)"는 명령(11, 19절)이 반복된다. 넷째, 두 부분 모두 일곱 교회에 대한 언급(11, 20절)을 공유한다.

A. 요한계시록 1:9-13 (그리스도의 출현과 요한의 반응 1)

9-13절은 세 개의 소단락으로 구성되는데, 계시를 받는 요한의 소개(9-10절), 그리스도의 말씀(11절), 그리스도의 나타나심과 요한의 반응(12-13절)이다.

> a. 계시를 받는 요한과 성령(9-10절)
> x. 그리스도의 말씀(명령)(11절)
> a′. 그리스도의 현현과 요한의 반응(12-13절)

그리스도의 명령(11절)이 계시를 받는 요한에 대해 그려주는 두 부분(9-10절과 12-13절) 사이에 껴 있다. 교차 배열이다. 계시를 받는 요한이 어떤 자인지(9a절), 어떤 상황에 처해 있었는지(9b절), 또 계시를 받을 때 어떤 일이 있었는지(10절), 그리고 그리스도께서 나타나실 때 그가 무엇을 했는지(12절)를 전해준다. 그리스도의 명령인 말씀은 가운데 위치한다(11절).

번역

9 여러분의 형제이고 예수 안에서 환난과 나라와 오래 참음에 함께하는 자인 나 요한은 하나님의 말씀과 예수의 증언 때문에 밧모라 하는 섬에 있었

다. **10** 나는 주일에 성령 안에 있었고, 내 뒤에서 나팔 소리 같은 큰 음성을 들었다. **11** (이같이) 말씀하셨다. "네가 보는 것을 책에 쓰라. 그리고 일곱 교회, 즉 에베소, 서머나, 버가모, 두아디라, 사데, 빌라델비아, 라오디게아에 있는 교회들에 보내라." **12** 그래서 내가 내게 말하는 음성을 알아보려고 돌아보았다. 내가 돌아볼 때에 일곱 금촛대를 보았다. **13** 그리고 그 촛대들 사이에 발에 닿는 옷을 입고 가슴에 금띠를 띠고 계신 인자 같은 분이 계신 것을 보았다.

주해

9-10절 (요한의 소개와 반응, 성령) 9절은 요한에 대한 기록이다. 요한은 '에고'(ἐγώ, 나)를 넣어 자신을 소개한다(Ἐγὼ Ἰωάννης, 나 요한은). 자신에 대해 '에고'를 써서 소개하는 이유는 요한 자신이 그리스도 계시의 확실한 증인인 것과 자신의 증언의 참됨을 강조하기 위한 목적일 것이다. 마지막까지 남아 있던 사도인 요한은 자신을 수신자들의 형제라 말한다. 이 형제됨(brotherhood)은 예수 그리스도로 비롯된다. 그리스도께서 그의 제자들을 형제라 하셨다(마 12:49-50; 히 2:11-12, 17). 계시록에서 계시를 전하는 천사도 자신을 "네 형제들과 함께 종 된 자"(19:10; 22:8-9)으로 소개한다. 계시를 전달하는 하늘의 천사나 땅의 요한, 그 누구라도 결코 경배의 대상이 되거나, 우상화될 수 없다는 뜻이 내포된 표현이다.

요한은 "예수 안에서" "환난과 나라와 오래 참음에 함께하는 자"로 자신을 소개한다. 환난, 나라, 오래 참음의 모든 일이 예수 안에서 일어났다. 모두 그리스도와 관련이 있다. "함께하는 자"는 '쉉꼬이노노스'(συγκοι-νωνός), 즉 '함께('쉉[쉰]') 참여하는 자('꼬이노노스')'다. 그 당시 교회와 성도에 닥친 정치적, 사회적, 신앙적 '환난'(고난)이나, 성도에게 주어진 영광스러운 하나님의 '나라'(또 그 나라 됨, 1:6)나, 그 모든 일을 위해 '참는 일'(인내로 참는 것)에, 요한은 다른 형제들과 '함께 참여하는 자'임을 말하고 있다. 그리고 이 모든 것이 예수 안에서 이뤄지고 있다고 하는 것이다.

요한은 "하나님의 말씀과 예수의 증언" 때문에 밧모섬에 있게 되었다 (9절). 하나님의 말씀과 예수의 증언은 2절에서 요한계시록을 가리켰다. 그런데 9절에서 이 표현은 요한이 하나님과 예수에 대해 증언한 이전의 말씀들(예컨대, 요한복음과 요한서신 등)을 뜻할 수 있다. 즉, 요한복음, 요한서신, 요한계시록이 모두 하나님의 말씀과 예수의 증언이라는 점에서 같은 특성을 가지고 있다고 할 수 있다. 특정한 목적과 상황에 따라, 위로부터 적합하게 주어진 계시이자, 참된 진리에 관한 신실한 증언들이다.

그런데 만일 요한이 2절의 용례처럼 "하나님의 말씀과 예수의 증언"으로 계시록 자체를 가리키려고 한 것이라면, 그것은 그가 밧모섬에 있게 된 하나님의 섭리를 드러내고자 함이었을 수 있다. 요한이 밧모섬에 있게 된 표면적인 이유는, 로마가 그를 핍박하여 밧모섬에 유배한 일('*deportatio ad insulam*', deSilva, 1992b: 388; Witherington, 2003: 9, 80) 때문인 것이 맞다. 그러나 하나님의 말씀과 예수의 증언 때문에 밧모섬에 있게 되었다는 그의 말(9절)은 그가 밧모섬에 있게 된, 그렇게 '알려진' 이유를 넘어선 그 이상의 큰 목적, 즉 하나님께서 요한을 밧모섬에 있게 하시어 그가 그 섬에서 계시록을 기록하게 하시기 위한 목적이 있다는 뜻을 담고 있다.

개역개정은 이 부분을 '증언하였음으로'라고 과거의 시제 의미를 담아 번역하고 있으나, 전치사 '디아'(διά, 때문에)는 시제를 갖고 있지 않다. 직역하면 '증언 때문에'가 된다. 이 표현은 두 가지로 해석할 여지가 있다. '환난과 나라와 오래 참음'도 이 전치사와 연결되므로, 세상의 환난(유배)(증언의 결과)과 하나님의 섭리(증언의 목적), 둘 다 요한의 유배의 원인으로 제시되고 있다고 보는 것이 자연스럽다.

9절과 10절의 연속된 두 개의 '있었다'(ἐγενόμην)는 요한이 처한 상태
를 잘 보여주는 동사다. "밧모라는 섬에 있었다", "성령 안에 있었다".[2] 전
자는 그의 외적(육체적) 상태, 즉 그가 어디에 있었는지를 보여준다. 후자
는 그가 어떤 영적 상태에 있었는지 알려준다. 요한은 주님의 날(주일)에
성령 안에 있었다(또는 '있게 되었다', 10절)고 말한다. 성령 안에 있었다는
것은 성령의 임재로 인해 특별한 영적 상태에 있게 된 것을 뜻한다.[3] 4:2에
도 이 표현, "내가 성령 안에 있었다"가 반복된다.[4] "주의 날"(ἡ κυριακὴ
ἡμέρα)이라는 말은 신약에서 이곳에 처음(단 한 번) 등장한다. 요한의 때 즈
음에는 이 용어(주의 날, 주일)가 교회에 보편화되었을 것이다.

밧모섬에 있는 요한은 주일에 성령 안에서 계시를 받는다(ἤκουσα, "나
는 들었다"). 그는 자신의 뒤쪽에서 나팔 소리같이 큰 음성을 들었다. "나팔

---

2.   요한이 '있었다' 할 때, εἰμί(be) 동사의 미완료 ἤμην(있었다)을 쓰지 않고 γίνομαι의
      (되다/있다)의 부정과거형('에게노멘')을 쓴 이유는 두 가지로 생각해 볼 수 있다. 첫
      째는 의미의 수동성이다. 밧모섬에 있게 된 것이나 성령 안에 있게 된 것은 모두 신
      적 뜻에 의해 된 것이라는 뉘앙스를 부각한다고 볼 수 있다. 둘째는 계시록에서 '에
      이미'의 미완료형 3인칭 단수 '엔'(ἦν)이 하나님(1:4, 8; 4:8; 11:17; 16:15)의 존재적
      영원성과 관련하여 쓰고 있다는 점(요한복음에서도 그리스도와 관련하여 주로 쓰
      였다. 예, 1:1-2, 4, 9-10, 15 등), 또는 반대로 사탄적 존재에 대해 쓴다는 점(13:2; 17:4,
      8, 11) 때문일 수 있다. 요한은 자신과 관련해 이 표현을 쓰고 싶지 않았을 수 있다.
      계시록에는 미완료 1인칭 단수 '에멘'(ἤμην)은 쓰이지 않는다.
3.   '성령 안에 있었다'는 표현은 예수께서 시험을 받으실 때(마 4:1; 눅 4:1)의 상태와
      비슷한 것 같다. 마 4:1, "성령에 의해 이끌리셨다"(ἀνήχθη … ὑπὸ τοῦ πνεύματος); 눅
      4:1, "성령으로 충만하여 … 성령으로 이끌리셨다"(πλήρης πνεύματος ἁγίου … καὶ
      ἤγετο ἐν τῷ πνεύματι).
4.   계시록에서 '성령 안에(서)'는 네 번 나온다(1:10; 4:2; 17:3; 21:10). 1:10과 4:2이 '성
      령 안에' 있게 된 상태를 가리키고 있다면, 17:3과 21:10은 요한을 '성령 안에서' 어
      딘가로 데려가는 장면들이다. 그래서 1:10과 4:2에서 ἐγενόμην(있었다)이 동사로 쓰
      인 반면, 17:3과 21:10에서는 서술부가 ἀπήνεγκέν με(나를 데리고 갔다)다. 이렇게
      1:10과 4:2의 표현이 같고, 17:3과 21:10의 표현이 같다.

소리 같은 큰 음성"은 4:1에 다시 나온다.[5] 나팔 소리는 장엄한 신적 임재를 묘사할 때 등장하곤 한다(출 19:16, 19; 20:18; 마 24:31; 살전 4:16). 이 음성은 그리스도의 음성일 것이다(Osborne, 2002: 84). 비일은 이 음성의 주체가 그리스도와 그의 계시를 소개하는 천사일 것으로 본다(Beale, 1999: 203). 비일이 천사로 보는 이유는 "나팔 소리 같은 그 음성"이 4:1에 다시 등장하기 때문인데, 그는 4장에서 요한을 하늘로 이끈 이를 천사라고 본다. 그러나 4:1의 음성도 그리스도의 음성으로 볼 수 있다. 또한 1:11에서 시작되는 말씀의 내용은 그리스도 자신의 말씀으로 보아야 한다는 점에서 나팔 소리 같은 음성을 그리스도의 음성으로 보는 것에 문제는 없다(물론 그리스도 말씀을 대언하는 특정 천사의 음성으로 볼 수도 있다). 그리스도의 "쓰라"(그리고 일곱 교회에 "보내라")는 11절의 명령은 2-3장에서 일곱 교회의 사자에게 "쓰라"고 하는 반복된 명령(2:1, 8, 12, 18; 3:1, 7, 14)으로 다시 나타난다.

11절 (그리스도의 말씀[명령]) 그리스도는 "나팔 소리 같은 큰 음성"으로 요한에게 명령하신다. '나팔 소리'(σάλπιγγος)는 신약에서 그리스도 재림의 신호로 주로 쓰였다(마 24:31; 고전 15:52; 살전 4:16). 계시록 외에 다섯 차례의 용례에서 세 번이 그리스도 재림 때와 관련된 쓰임새이다. 또 한 번은 하나님께서 나타나실 때의 현상과 관련된 나팔 소리고(히 12:19; 참고, 출 19:16-19; 20:18) 다른 한 번은 전쟁의 나팔 용례다(고전 15:52; 참고, 민 10:9; 수 6:5; 7:18-20). 계시록에는 여섯 차례 사용되는데 두 번이 그리스도의 음성과 관련되고(1:10; 4:1), 네 번은 '나팔' 재앙에서 나타난다(8:2,

---

5. 주님께서 십자가 상에서 '큰 소리'로 외치시고 떠나가신 일이 있다(막 15:37). '큰 소리'에 관해서는 계 5:2, 12; 6:10; 7:2, 10; 8:13; 10:3; 11:12, 15; 12:10; 14:7, 9, 15, 18; 16:1, 17; (18:2, '힘센 음성'); 19:1, 17; 21:3을 보라. 계시록에서 '소리'(음성)는 주로 '큰'과 관련해서 나온다(참고, '많은' 물소리, 1:15; 14:2; 19:6 등).

6, 13, 14). 나팔 재앙의 나팔 소리는 종말의 심화된 재앙이 본격적으로 시작되고 진행된다는 의미의 팡파르(fanfare)다. 전쟁을 알리는 팡파르의 성격이다. 따라서 10절의 '나팔 소리 같은 큰 음성'은 신성적 능력을 가지신 그리스도의 나타나심을 부각하면서 동시에 세상에 닥치는 종말의 때의 심각성을 드러내고자 하는 의미가 있을 것이다.

나팔 소리 같은 큰 음성은 요한에게 "쓰라"(γράψον), "보내라"(πέμψον) 하고 명령한다. 즉각적인 수행을 요구하시는 주님의 명령이다. 그 음성은 요한이 보는 것을 쓰라 하였고[6] 이를 일곱 교회들(에베소, 서머나, 버가모, 두아디라, 사데, 빌라델비아, 라오디게아)에 보내라 명령한다.[7] 모든 계시를 기록하라는 것과 그 계시의 말씀을 일곱 교회에 모두 보내 그들로 알게 하라는 말씀이다. '기록하라'(쓰라)는 명령은 일곱 교회에 관한 부분 서두에 반복하여 나온다(2:1, 8, 12, 18, 3:1, 7, 14). 또한 이 명령은 뒤에 중요한 계시의 순간에 반복된다(14:13; 19:9; 21:5).

---

6. 11절의 '보는 것'(ὃ βλέπεις)은 관계대명사 중성 단수('호')로 쓰였고 19절의 '보는 것'(ἃ εἶδες)은 관계대명사 중성 복수('하')로 쓰였으나, 이를 구별할 필요는 없다. 관계대명사 중성 단수(ὃ)의 경우는 집합적 의미로 쓰였다. 일곱 교회에 대한 말씀 안에서도 특정할 수 있는 선행사가 없을 때, 중성 단수 '호'(2:25; 3:11)와 중성 복수 '하'(ἃ, 2:10)가 함께 쓰였다. Osborne은 11절과 19절을, 12-18절을 에워싸는 '인클루지오'(inclusio) 구조로 보는데(Osborne, 2002: 84), 그렇게 보게 되면 앞의 9-10절과 뒤의 20절의 역할을 규정하기가 어려워진다. 그보다는 앞서 제시한 9-20절의 교차 구조에서 보듯, 9-13절(A)과 17-20절(A')의 '인클루지오'(수미상관법) 또는 병행적 특성으로 인해 그 안의 11절과 19절의 반복적 현상('쓰라')이 나온 것으로 보는 게 낫다.
7. 일곱 교회는 요한의 순회 사역지였을 것으로 추정되지만, 일곱 교회의 선택이 예수 그리스도에게서 나온 것(11절)임을 잊지 말아야 한다. 소아시아에 다른 지역(예컨대, 히에라볼리, 골로새, 드로아, 밀레도 등)에도 교회가 있었을 가능성이 높다. 계시록에서 일곱 교회는 전체 교회를 대표하는 것이 분명하다. Repp, 133-134; Beale, 1999: 204를 보라. 일곱 교회의 지역적 특성과 역사적 배경에 대해서는 서론의 "역사적 배경"을 보라.

12-13절 (그리스도의 나타나심과 요한의 반응) 요한이 돌이켜서 본 그분은 예수 그리스도셨다. 여기서 '돌아보다'가 두 번 반복된다("돌아보았다", "돌아볼 때에"). 독자로 하여금 그분을 주목하게 하는 반복의 의미다. 그리스도는 "인자(사람의 아들) 같은 분"(ὅμοιον υἱὸν ἀνθρώπου)으로 묘사되는데(14:14), 이 표현은 다니엘 7:13-14의 메시아에 대한 예언에서 비롯된다.[8] 예수 그리스도께서는 자신을 '인자'(사람의 아들)로 자주 지칭하셨다. 그리스도께서는 그분 자신이 다니엘서에 나오는 '인자 같은 이'로서의 메시아임을 암시하시고자 이 표현을 사용하셨을 것이다(뒤의 '인자'에 대한 해설을 참고하라).

큰 음성을 발하여 말씀하신 분은 예수 그리스도셨다. 그리스도께서 일곱 금촛대 사이를 거닐고 계셨다. 요한은 주님께서 일곱 교회(촛대) 사이에 거니시는 장면을 본 것이다. 그리스도께서 그의 몸된 교회들에 대해 깊은 관심을 가지고 계시고 또한 이들 교회들을 직접 돌보고 계심을 드러내는 장면이다.

이 장면에서 교회의 의미는 적어도 세 가지로 이해된다. 첫째, 교회가 '금' 촛대로 나타난 것(1:12, 20; 2:1)은 그만큼 고귀하다는 뜻이다.[9] 주님의 몸된 교회의 고귀함을 인식해야 한다. 둘째, 교회가 금 '촛대'라는 것은 교회가 지역에 빛을 비추는 존재임을 뜻한다(참고, Aune, 1966: 143). 이 표현은 교회가 세상의 빛으로 존재하는 모습을 그려낸다. 그 빛은 그리스도의

---

8.   Thomas는 이 표현이 단 7:13의 칠십인역(LXX)의 ὡς υἱὸς ἀνθρώπου에서 왔다고 보면서 두 본문들에 모두 '휘오스'(아들) 앞에 정관사가 없음을 지적하였다(R. Thomas, 1965: 242). 12절과 같은 표현을 쓰고 있는 14:14의 ὅμοιον υἱὸν ἀνθρώπου도 참고하자.

9.   그리스도는 금띠를 띠셨다(1:13). 하늘의 이십사 장로는 금 면류관을 쓰고 있다(4:4). 성도들의 기도는 금 대접과 금향로에 담긴다(5:8; 8:3). 하나님의 단은 금으로 된 것으로 묘사된다(9:13). 인자이신 그리스도께서 금 면류관을 쓰신 채 나타나기도 하신다(14:14). 하나님의 마지막 재앙인 일곱 대접은 금으로 된 것이다(15:7).

빛이다. 세상에서 교회의 역할은 진리의 빛을 비추는 일이다. 셋째, 주님께서는 교회 사이로 다니시며 돌보신다. 그분은 결코 교회를 떠나지 않으신다. 제사장이신 그리스도의 역할은 촛대를 돌보는 일이다(Beale, 1999: 208). 그리스도는 그의 교회를 깊은 사랑과 관심을 가지고 언제나 살피신다. 이 부분에서 그리스도와 교회의 불가분리의 관계, 뗄 수 없는 밀접한 관계가 드러난다. 책망을 받은 사데 교회나 라오디게아 교회라도 주님께서 떠나신 적이 있던가. 주님은 지금도 교회 사이에 다니신다.

"발에 닿는 옷을 입고 가슴에 금띠를 띤(두른)" 것은 어떤 의미인가? 주님이 입으신 '뽀데레스'(ποδήρης)는 '발에 끌리는(닿는) 긴 옷'을 가리킨다 (L&N, 6.175). '뽀드'(ποδ-)는 발(πούς)이라는 단어에서 온다.[10] '뽀데레스'는 구약 칠십인역(LXX)에 9회 등장한다. 출애굽기에서의 5회는 모두 제사장의 옷을 가리킨다(출 25:7; 28:4, 31; 29:5; 35:9). 에스겔에서는 에스겔의 환상에서 허리에 서기관의 먹 그릇을 차고 표식 임무를 맡게 된 자가 입은 옷이다(9:2, 3, 11; 3회). 그의 표를 받은 자는 심판에서 면제된다. 스가랴서에서는 하나님께서 대제사장 여호수아에게 입히신 새 옷이다(3:4). 출애굽기와 스가랴서에서는 제사장들이 입을 옷을 가리키고 있고 또 에스겔에서도 제사장적 사역을 맡은 자가 입은 옷임을 알 수 있다(참고, Wis 18:24; Sir 27:8; 45:7-8).

따라서 그리스도께서 발에 닿는 옷을 입은 것과 가슴에 금띠를 띤 것(참고, 단 10:5, '세마포 옷', '우바스의 순금 띠')은 특히 그분의 제사장직과 관련이 있을 것이다.[11] 신약에서 그리스도의 제사장 되심은 최소한 다음 네

---

10. 3변화 명사 '뿌스'(발)의 소유격이 '뽀도스'(ποδός, 발의)다.
11. Blount는, 긴 옷은 제사장적인 의미가 있고 금띠는 왕적 권세를 가리킨다고 보았다 (Blount, 2009: 44; Barnhill, 246) Thomas는 단 10:5의 금띠를 띤 위치와 계 1:13의 금띠를 띤 위치가 다름에 주목한다. 그리스도의 금띠가 더 높은 곳(가슴)에 띤 것은 가슴에 금띠를 띤 일곱 대접 천사(15:6)와 연관하여 그리스도의 심판적 의미를 가리

가지로 드러난다. 첫째, 그리스도께서는 자신을 희생제물로 드리는 제사장 직을 수행하셨다(엡 5:2; 히 7:29; 9:12, 26-28; 10:10). 죄 사함을 위한 속량의 사역이다. 둘째, 제사장들이 감당해야 했던 직무는 성막과 성전 사역이었다. 성막과 성전은 하나님의 임재와 만남을 위한 곳이다. 임마누엘이신 그리스도는 몸소 새 성전이 되셨다(요 1:14; 2:21). 셋째, 제사장이 또 다른 직무인 율법을 가르치는 것처럼(대하 17:7-19), 예수 그리스도는 하나님 나라의 새 율법을 세우고 이를 제자들에게, 또 많은 이들에게 가르치셨다(예, 마 5-7장). 넷째, 그리스도는 많은 연약한 자들을 돌보시고 치유해 주셨다. 제사장의 긍휼 사역이다(예, 신 14:22-28; 26:12-13; 민 18:21-32). 그분은 인간의 연약함을 체휼하신 분이셨고 긍휼과 자비는 그분의 속성이셨다.

제사장의 모습으로 등장하시는 그리스도는 우리를 제사장 삼으신 분이셨다(계 1:6; 5:10; 20:6). 제사장이신 그리스도는 자신만의 역할로 제한하시지 않고 그의 제자들을 이끌어 그들도 제사장 역할을 감당하기를 원하셨다. 제사장은 사람을 위해 존재한다. 사람 편에서 하나님께 나아간다. 그리스도는 교회의 제사장이시다(히 2:17; 4:14-15; 5:1-10; 6:20; 7-8장). 일곱 촛대를 돌보는 역할을 하시는 그리스도는 교회를 참으로 위하는 제사장이시다. 그분을 따라 교회는 세상의 제사장이 된다(계 1:6; 5:10; 20:6; 벧전 5:9). 그리스도의 남은 사역을 이 땅에서 수행한다.

그리스도의 나타나심은 요한이 받은 계시가 예수 그리스도의 계시인 것을 확증해 준다. 그리스도의 계시에 그리스도 자신의 역할 비중이 상당하다. 그리스도는 계시자셨다. 요한을 선택하여 계시하신 분은 그를 직접 제자로 삼으셨던 그리스도 자신이셨다. 또한 예수 그리스도의 신성적 현현(나타나심)은 그를 믿고 따르는 성도에게 굳은 확신과 소망을 갖게 해주는

킨다고 보았다(R. Thomas, 1965: 243-4).

계기가 될 것이 틀림없다.

해설

계시록은 우리 성도들이 그리스도로 인해 하나님의 '나라'가 되었음을 강조한다(1:6, 9; 5:10; 11:15). 성도들이 하나님의 나라가 된다는 사실은, 비록 세상에 있으나, 온전히 하나님의 통치 영역 안에 있다는 뜻이다. 하나님께서 돌보시고 관할하시는 하나님의 영역이라는 의미다. '세상 나라'와 다르다. '짐승의 나라'에 관해서는 16:10; 17:12, 17-18을 보라. "환난과 나라와 오래 참음에"에서 전치사 '엔'(ἐν, 안에)과 정관사 하나(여격 τῇ)에 세 단어 (환난, 나라, 오래 참음)가 모두 연계되지만, 이 셋을 같은 의미의 동격으로 볼 필요는 없다. 서로 연관성은 있으나 내용(의미)이 다르기 때문이다. 다만 저자와 독자가 환난과 나라, 그리고 오래 참음에 함께 연대하고 있음을 보여주려는 표현일 수 있다(Wallace, 287). 또 요한식 교차법일 수 있다. 즉 환난(a), 나라(x), 오래 참음(a')의 교차다. '나라'를 둘러싸고 '환난'과 '오래 참음'이 있다. 환난과 오래 참음은 보완적 관계다. 교차 구조로 볼 때, 오스본이 세 가지 개념 가운데 중심 개념이 '나라'라고 한 말은 맞다(Osborne, 2002: 80). '나라'의 참여를 비일처럼 성도의 왕 노릇에 국한할 필요는 없다(Beale, 1999: 201-2). 나라(1:6, 9; 5:10; 11:15; 12:10)에 참여하는 데는 역시 환난(1:9; 2:9-10; 7:14)과 오래 참음(1:9; 2:2, 3, 19; 3:10; 13:10; 14:12)에 참여하는 일 또한 필요할 것이다. 본문은 요한과 당시 독자들이 여러모로 환난의 상황에 있음을 암시한다.

소아시아 순회 사역을 감당하던 요한 사도는 도미티아누스 황제 때에 밧모섬에 유배를 당한다. 밧모섬은 에베소에서 82km 정도 떨어져 있다. 요한이 밧모섬에 유배되었고 그곳에서 계시록을 기록하였다는 전승은 뚜렷하다(Kourtara 외, 26-29, 48-49; Schaff, 1996[1858a], 420; Meinardus, 69). 로마 시대에 밧모섬이 유배지로 사용된 바에 대한 고대의 문헌적 근거가 없다는 주장도 있다(Thompson, 1990: 172-3). 그러나 로마 문헌의 현존 기록이 없다는 것이, 유세비우스의 증언(*Eccl. Hist.* 3.18-20)에서 보듯 소아시아와 여러 지역에서 오랫동안 전승되어온 요한 유배설을 배척할 만한 충분한 증거는 되지 못한다. 한시적, 제한적, 국지적 의미의 유배가 있을 수 있기 때문이다(Osborne, 2002: 81). 요한의 유배가 혹독한 지하감옥 생활의 유배는 아니었을 것이다(Osborne, 2002: 81-82). 그러나 주된 사역지인 내륙(소아시아)의 교회들로부터 지리적, 물리적으로 격리된 것은 맞다.

　10절에 "주일"(주의 날)이라는 말이 나오는데, 신약에 주일을 가리키는 비슷한 말은 '안식 후 첫날'(마 28:1; 막 16:2, 9; 눅 24:1; 요 20:1, 19)이다. 반면에 다른 본문(행 2:20; 살전 5:2; 살후 2:2; 벧후 3:10)의 '주의 날'(ἡμέρα κυρίου)은 주님의 재림의 날, 심판의 날을 가리킨다. 계시록 1:10에 '주일'이 사용된 것은 요한의 때에는 이 용어가 교회에 이미 정착되었거나, 정착되고 있다는 것을 보여주는 단서다. 로마 시대(특히 아우구스투스 황제 이후)에는 일주일을 단위로 하여 첫날을 '태양의 날'(Sunday, the Sun's day)이라 하였다. '주님의 날'과 '태양(태양 신)의 날'은 대조적인 개념을 가진다. 요한이 '주일'이라 한 데에는 이런 의도가 있는 듯하다. 로마 시대에, 주일(일요일)을 공식적인 휴일로 한 것은 콘스탄틴 황제 때인 321년부터로 알려진다(Schaff, 1996[1858b], 201-5, 특히 201, 각주 2; 참고, Court, 2000: 86-88).

　다니엘 7:13의 '사람의 아들 같은 이'는 히브리어로 '케바르 에나쉬'(כְּבַר אֱנָשׁ)로 70인역에서 ὡς υἱὸς ἀνθρώπου(사람의 아들 같은 이)로 번역된다. 주님께서 자신을 가리켜 '인자'(人子)라고 자주 지칭하셨는데, 이는 그리스도 자신의 메시아 인식에서 비롯된 것이다. 예수께서 복음서에서 자신을 '인자'로 지칭하실 때는 주로 다니엘 7:13-14의 초월적 신적 메시아를 암시하는 맥락에서 쓰고 계시기 때문이다(예, 마 10:23; 12:8; 13:41; 16:27-28; 19:28; 24:27, 30, 33, 37, 39, 44; 25:31; 26:64 등). 그 외에 그의 죽으심과 부활을 말씀하실 때(예, 마 12:40; 17:12, 22; 20:18, 28; 26:2, 24, 45 등), 또 죄 사함의 권세에 대해 말씀하실 때(예, 마 9:26; 막 2:10; 10:45; 눅 5:24; 19:10; 요 6:53 등) '인자'라는 표현을 쓰셨다.

예수께서 지상에 계실 때는 그의 사도들이 그분을 '인자'로 부른 적이 없다. 주님의 승천 이후, 스테반은 순교의 현장에서 하늘에 계신 그리스도를 뵙고 그분을 '인자'로 부른다(행 7:56; 참고, 히 2:6; 1 En. 46:3-4; 48:2; 62:5, 7, 9, 14; 63:11; 69:26-29; 71:13-16; 2 Esd 13). 한편 칠십인역(LXX) 다니엘 7:13의 "인자 같은 이"를 "옛적부터 항상 계신 이"와 동일한 존재로 보는 견해는 아우니에 의해 제기되었다(Aune, 1997: 91-92). 그러나 그렇게 볼 필요가 없는 것은 두 가지 이유 때문이다. 첫째, 다니엘 7:13의 문장(ὡς υἱὸς ἀνθρώπου ἤρχετο καὶ ὡς παλαιὸς ἡμερῶν παρῆν)은 평행법 문장으로 "인자 같은 이가 왔고, 또한 옛부터 계신 분 같은 이가 계셨다"로 직역하는 것이 좋다. 두 개의 미완료 동사 '에르케또'(ἤρχετο, 왔다)와 '빠렌'(παρῆν, [그곳에] 있다)이 다른 주어를 가지고 병렬되고 있다고 보는 것이 자연스럽다. '옛적부터 계신 이'는 이미 다니엘 7:9에 나온 바 있다. 그는 보좌에 '앉아 계셨다'(ἐκάθητο'). '앉아 있다'('에까쎄또')는 '왔다'('에르케또')보다 '계셨다'('빠렌')에 어울린다. '에까쎄또'(앉아 있다)와 '빠렌'(계셨다)이 같은 주체('옛적부터 계신 이')의 동사이고 '에르케또'(왔다)의 주어는 다른 주체로 보는 것이 자연스럽다. 둘째, 그다음 구절인 7:14의 수동태 동사 '주어졌다'(ἐδόθη)는 '인자 같은 이'에게 수여하는 주체가 있음을 전제한다. 그 주체가 9절의 '옛적부터 (항상) 계신 이'일 수밖에 없다. 따라서 13절의 '옛적부터 계신 이'는 '인자 같은 이'와는 다른 주체라 할 수 있다.

12절의 일곱 금촛대의 이미지가 스가랴 4:2, 10에서 온 것이라고 보는 견해(예, Beale, 1999: 206-7)를 부정하기는 어렵다. 그러나 스가랴의 등잔대(촛대) 환상과 계시록의 일곱 촛대의 차이는 분명하다. 스가랴에는 하나의 촛대(λυχνία)에 일곱 등잔(λύχνοι)이 있는 것이고 계시록에서는 촛대('뤼크니아') 자체가 일곱 개이므로 차이가 있다. 교회가 촛대라는 것은 구약의 성전 이미지(출 25:31-37; 37:17-24; 왕상 7:49; 슥 4:2)와 관련이 있다는 견해도 있다(Newton, 80-81). 즉, 교회가 각 지역의 성전이라는 의미를 가질 뿐 아니라, 각 지역의 이방 신전들과 대조된다는 것이다. 물론 이러한 성전적 의미의 유사성과 대조성은 인정할 수 있다. 그러나 계시록의 일곱 촛대는 스가랴의 환상을 그대로 가져온 것은 아니다. 다만, 스가랴의 성전 의미가 계시록에서 공유된다고 간주할 때, 일곱 촛대는 그리스도의 몸된 교회들의 복수성, 교회의 전체성을 반영하는 의미를 가진다는 점을 고려하지 않을 수 없다.

B. 요한계시록 1:14-16 (예수 그리스도의 신성적 모습)

그리스도의 모습은 이미 12-13절에 드러나기 시작하였다. 14절 이하는 그리스도의 좀 더 상세한 모습을 그려준다. 그분의 모습에 대한 묘사는 머리에서 시작하여 얼굴을 마지막으로 마무리된다. 이 부분의 구조는 교차 방식으로 보인다. 머리(머리카락, a)는 얼굴(a′)과 연계되는데 둘 다 신성을 드러낸다. 눈(b)과 입(b′)이 병행되는데, 불꽃 같은 눈과 입의 검은 모든 숨긴 것을 드러내는 역할을 한다. 발(c)과 손(c′)은 세상과 교회에 대한 그리스도의 능력(주권)을 드러낸다. 음성(x)은 특히 로고스(말씀)이신 그리스도의 신적 힘을 드러낸다. 여기서 '같다'는 표현이 많은 것은 지상의 언어로 그리스도의 모습을 다 드러낼 수 없기 때문일 것이다(Koester, 2001: 53).

    a. 머리, 머리카락 - 흰 양털과 눈 같음

      b. 눈 - 불꽃 같음

        c. 발 - 광택 나는 청동 같음

          x. 음성 - 많은 물 소리 같음

        c′. 손 - 일곱 별을 가지심

      b′. 입 - 양날의 검이 나옴

    a′. 얼굴 - 비취는 태양 같음

예수 그리스도께서 나타나실 때의 모습(13-16절) 가운데 구약의 내용과 연계된 것들은 다음과 같다. 이 표는 토마스(Robert L. Thomas)의 견해를 도표화한 것이다(R. Thomas, 1965: 242-6).[12]

"인자 같은 분"(1:13)	"인자 같은 분"(단 7:13)
"발에 닿는 옷('뽀데레')을 입고"(1:13)	"발에 닿는 옷('뽀데레')을 입고"(겔 9:2, LXX)
"가슴에 금띠를 띠고"(1:13)	"허리에 우바스 순금 띠를 띠었다"(단 10:5)
"그의 머리와 머리카락은 흰 양털과 흰 눈처럼 희었다"(1:14)	"그의 머리털은 깨끗한 양의 털 같고"(단 7:9)
"그의 눈은 불꽃 같았다"(1:14)	"그의 눈은 횃불 같고"(단 10:6)
"용광로에 제련된 것처럼 빛나는 청동과 같았다"(1:15)	"그의 팔과 발은 빛난 놋과 같고"(단 10:6)
"그의 음성은 많은 물 소리와 같았다"(1:15)	"하나님의 음성이 많은 물 소리 같고"(겔 43:2)
"그의 입에서 양날의 예리한 검이 나오고 있었다"(1:16)	"그의 입의 말씀(로고스)으로 땅을 치며"(사 11:4, LXX)

---

12. 구약을 직접 인용하지 않고 단지 어떤 표현이나 의미를 간접적으로 나타내는 것을 '인유'(引喩, 암시, allusion)라고 한다. 계시록에는 직접 인용 구절이 없고 모두 암시된 것만 있다고 보는데, Beale과 McDonough는 계시록이 구약 가운데 특히 이사야(46곳), 다니엘(31곳), 에스겔(29곳), 시편(27곳)의 인유가 많다고 본다(Beale과 McDonough, 1082).

| "그의 얼굴은 힘있게 비취는 태양과 같았다"(1:16) | "주를 사랑하는 자들은 해가 힘 있게 돋음 같게 하시옵소서"(삿 5:31) |

번역

14 그의 머리와 머리카락은 흰 양털과 흰 눈처럼 희었다. 그의 두 눈은 불꽃 같았다. **15** 그의 두 발은 용광로에서 제련된 것처럼 빛나는 청동과 같았다. 그의 음성은 많은 물 소리와 같았다. **16** 그의 오른손에 일곱 별을 가지셨고 그의 입에서 양날의 예리한 검이 나오고 있었다. 그리고 그의 얼굴은 힘있게 비취는 태양과 같았다.

주해 및 해설

14절 (그리스도의 머리, 머리카락, 눈) 그의 머리와 머리카락이 희다는 것은 성결과 거룩, 순수와 순전을 가리킨다(14절). 계시록에서 '희다'는 깨끗함과 의로움과 순수함과 관련 있는 경우가 많다(참고, 3:4-5, 18; 4:4; 6:11; 7:9, 13; 19:11, 14; 20:11). 모든 깨끗함이 그분에게 있다. 구약에서 백발은 영예의 상징으로 나타나기도 했다(예, 잠 16:31; 20:29; 레 19:32). 다니엘이 뵌 보좌에 앉으신 분(심판의 하나님)은 "그 머리털이 깨끗한 양의 털"(단 7:9) 같았다. 그리스도의 모습이 이와 비슷하다. 성부와 성자께서 함께 공유하시는 부분이다. 그리스도의 눈이 불꽃 같음(1:14; 2:18; 19:12)은, 그의 눈으로 그 어떤 존재나, 그 어떤 마음의 깊은 것이라도 꿰뚫어 보실 수 있는 신성적 혜안을 가지고 계심을 말해준다('탁월한 지성'[surpassing intelligence], R. Thomas, 1965: 244). 불꽃은 의와 거룩(순결), 그리고 통찰을 가리킨다. 주님은 모든 일곱 교회에 대해 "내가 안다"(οἶδα)는 말씀을 하신다(2:2, 9, 13, 19; 3:1, 8, 15). 그 앞에 숨길 수 있는 게 없다. 그런 점에서 불꽃 같은 눈은 그리스도의 보상과 보응의 권한과 관련될 것이다(2:18-29; 19:12; 사 66:15; 애 2:3; 단 10:6; 비교, Sir 45:19). 한편 불꽃은 구약에서 하나님의 임재나 현현(나타나심)과도 관련이 있다(출 3:2; 시 104:4; 사 10:17; 29:6; 단 7:9; 참고, 행 7:30; 살후 1:7). 이런 맥락에서, 불꽃 같은 눈은 그리스도의 신성(divinity)을 가리키는 표현이면서 또한 그리스도의 심판권을 가리키는 것이라 할 수 있다('신적 심판자', Beale, 1999: 209, 259). 요한은 14-15절의 그리스도에 대한 묘사에서 부사어를 형성하는 접속사 '같이', '처럼'(ὡς)이란 단어를 5회 사용한다(14절 3회, 15절 2회). 그리스도를 직접 묘사하기에 사용할 어휘가 한계가 있었을 것이다. 일반적으로 잘 알려진 개념 가운데 비슷한 표현을 사용하여 그가 뵌 그리스도의 모습을 그려내려고 하였다.

15절 (그리스도의 두 발, 음성) 그리스도의 발은 용광로에서 제련된 것으로 "빛나는 청동"과 같다고 묘사된다. 구리(동)는 고대로부터 활용되던 금속이다. 구리가 다른 금속(예, 철)보다 더 일찍, 널리 쓰인 이유는 구리가 연성(길게 늘어나는 특성)과 전성(넓게 펴지는 특성)이 뛰어나 그 활용도가 높기 때문이다. 또한 주석, 아연, 니켈 등과 배합하여 무르기(강도) 등을 조절할 수 있다. 주석을 넣으면 청동(bronze)이 되고 아연을 넣으면 황동(놋, brass), 그리고 니켈을 넣으면 백동(nickel)이 된다. 이들 합금은 주조하기 용이하고 구리보다 견고하며 내구성 또한 뛰어나고 보기에도 좋다. 15절의 "빛나는 청동"(χαλκολίβανον)은 구리를 뜻하는 '칼꼬스'(χαλκός)와 '붓다', '녹다'의 뜻인 동사 '레이보'(λείβω)의 명사형 '리바논'(λίβανον)이 합쳐진 합성어로 추정된다(BDAG, 1076). 신약에서 계시록 1:15과 2:18에만 나오는 이 단어는 칠십인역(LXX)에는 나오지 않는데, 그 뜻의 정확한 의미가 무엇인지 알려지지 않는다. 다만 구리와 다른 금속(주석, 아연 등)이 배

합된 합금으로 추정된다(Osborne, 2002: 90-91). '칼꼬스'는 개역개정에
놋(출 25:3; 27:2, 6; 31:4; 신 33:25; 삼상 17:5 등; 참고, 막 6:8) 또는 동(민
31:22; 신 8:9; 수 6:19, 24; 대하 2:7, 14; 욥 28:2)과 구리(창 4:22; 수 22:8;
겔 1:7; 슥 6:1; 고전 13:1; 계 18:12)로 번역되는데, 구리 또는 구리의 합금을
말하는 것이다.

두아디라인들은 빛나는 청동에 대해 잘 알았을 수 있다(Osborne,
2002: 90). 에스겔에서는 케루빔(그룹)의 다리가 '광낸 구리'(겔 1:7)같이
빛났다고 표현되는데 이는 강력한 능력을 가진 다리의 모습(형태)으로 어
디든 힘 있게 움직일 수 있다는 의미를 가졌을 것이다(참조, 삼상 17:5-6;
삼하 21:16; 단 10:6; 미 4:13; 겔 1:7). 따라서 15절의 청동의 발은 그리스도
께서 강력한 힘과 어디로든 움직일 수 있는 동력을 가지셨음을 뜻한다고
이해해도 좋을 것이다. 준엄한 심판의 발(예컨대, 두아디라의 이세벨에 대
한 심판 2:20-23)의 의미도 내포된다. 또한 '빛나는 청동'(광을 낸 좋은 질
의 청동)은 용광로에서 불순물을 제거해서 나온다는 점("용광로에서 제련
된 것처럼" 또는 '불이 타는 화로에서 [제련된 것처럼]')에서 순수성(purity)
과 고결성(integrity)의 의미를 가지므로 이를 그분의 도덕적 정결을 뜻하는
것으로 보기도 한다(R. Thomas, 1965: 244-5). 그의 고결한 의는 심판의 기
반이다. 심판주이신 그의 심판은 또한 의롭다.

"많은 물 소리"는 바다의 큰 파도(또는 많은 물결) 소리(14:2; 19:6; 겔
1:24, "생물들이 갈 때에 내가 그 날개 소리를 들으니 많은 물 소리와도 같
으며"; 43:2, "하나님의 음성이 많은 물 소리 같고", 개역개정)나 많은 이들
이 모여 함성을 내는 소리(계 19:6; 단 10:6, "그의 말소리는 무리의 소리와
같더라", 개역개정)를 말할 것이다. 여기서는 그리스도의 음성이 그만큼 크
고 강한 신적 능력의 우렁찬 음성임을 말해준다. 한 사람, 또는 몇 사람이
낼 수 있는 범주의 소리가 아니다. 이 또한 그의 신성적 능력을 보여준다.

청동의 발과 큰 음성은 함께 그분의 능력과 권능이 어떠한지 드러내고 있다.

16절 (그리스도의 손, 입, 얼굴) 그의 오른손에 일곱 별이 있다. 이것은 그리스도와 일곱 교회의 관계를 보여준다. "오른손"에 일곱 별을 쥐고(가지고, ἔχων) 계신 것은 그리스도께서 교회를 보호하고 돌보신다는 것, 특히 말씀 사역(운영)의 주체가 되심을 보여준다. 오른손은 행위 주체(성부와 성자)의 주도적인 역할(행위)과 관련된다(예, 1:16-17, 20; 2:1; 5:1, 7; 10:5; 13:16). "별"(ἀστήρ)이 하늘과 관련된 객체고 하늘 계시의 전달자라는 점(1:20; 2:1, 28; 3:1)에서 신적 계시의 섭리와 수행의 주권이 그리스도에게 있음을 부각하는 말씀이다. 그리스도께서 계시(말씀)의 성취와 구원의 보장을 주관하신다는 뜻으로도 이해할 수 있다. 물론 '일곱 별'이 무엇인지에 대한 해석이 다를 수 있을 것이다(17-20절 뒤의 해설을 참고하라). 일곱 별이 말씀(계시) 사역과 관련된 교회의 일곱 전령이라는 점에서, 이들을 주관하신다는 것은 주님께서 그의 말씀(또는 그 사역)을 확고하게 지키시고 주관하신다는 의미일 것이다. 그리스도는 말씀(계시) 사역이 소홀히 되게 내버려 두지 않으신다. 그리스도께서는 그의 교회와 그 교회의 말씀 사역을 꼭 잡고 계신다.

"입에서 나오는 양날의 예리한 검"은 그리스도의 말씀의 예리함(눅 2:35)과 그의 심판의 강함(계 2:16; 19:15)을 상징한다. '롬파이아'(ῥομφαία)는 양날로 된 폭이 넓고 긴 검(칼)을 가리킨다. 반면에 '마카이라'(μάχαιρα)는 이보다 짧은 검인데, 일반적으로 검(sword)을 가리킬 때 '마카이라'를 쓰는 경우가 많다(예, 마 10:34; 요 18:10; 롬 8:35; 엡 6:17; 히 4:12 등; 예외, 눅 2:35). 마카이라는 로마 보병들이 주로 사용하는 검이다. 계시록에서는 롬파이아가 6회(1:16; 2:12, 16; 6:8; 19:15, 21), 마카이라는 4회(6:4; 13:10[x2], 14) 쓰인다. 그리스도의 검은 롬파이아다(1:16; 2:12, 16; 19:15,

21). 그리스도께서는 회개하지 않는 자와 그의 검으로 싸우시겠다고 선언
하신다(2:12, 16). 재림하시는 그리스도는 그의 입의 예리한 검으로 열방을
치신다(19:15). 따라서 그리스도의 입에서 나오는 롬파이아는 강력한 심판
과 징벌을 가리킨다. 그리스도의 예리한 검은 또한 불꽃 같은 눈(14절)과
대비된다. 눈에는 불꽃이 입에는 예리한 검이 나온다. 모든 것을 뚫어 보실
수 있는 눈, 모든 것을 쪼개고 파할 수 있는 입을 가지셨다. 심판주의 모습
이다.

또한 "힘있게 비취는 태양과 같은 얼굴"은 그리스도의 신성적 모습을
잘 드러낸다. 예수 그리스도는 변화산에서 그 얼굴이 해같이 빛나신 바 있
다(마 17:2). 해같이 빛나는 얼굴은 그리스도의 신성적 영광을 나타낸다. 새
하늘과 새 땅의 새 예루살렘에서 하나님의 신적 영광과 어린 양의 빛이 해
나 달을 대체한다(계 21:23). 다른 어떤 빛도 필요 없게 된다(22:5).

태양과 같은 얼굴은 '흰 양털과 흰 눈처럼 흰 머리와 머리카락'(14절)과
대비된다. 얼굴의 빛과 흰 머리 부분은 모두 그의 순결과 순수, 의와 참되
심, 또 신적 영광과 관련이 있다. 빛나는 얼굴과 흰 머리는 그리스도의 신
성적 특성을 부각하고 불꽃 같은 눈과 검이 나오는 입은 특히 심판자적 특
성을 강조하는 것 같다. 흥미롭게도, 이 네 가지(입, 눈, 얼굴, 머리)는 모두
그의 머리 부분이다. 반면에 손과 발은 그의 권능(또는 신적 사역)과 관련
이 깊다. 손에 일곱 별을 가지신(쥐신) 것은 그의 계시를 맡은 천사(메신저)
들을 주권적으로 소유하고 통제하심을 뜻하고 발이 광택이 나는 청동과 같
다는 것은 그만큼 그의 힘이 크심을 상징하는 듯하다. 손은 구원의 힘을, 발
은 심판의 힘을 보여준다고 볼 수 있다(참고, 요 5:21-22, 26-27).

C. 요한계시록 1:17-20 (그리스도의 나타나심과 요한의 반응 2)

17-20절은 그리스도의 나타나심에 대한 요한의 반응이 어떠했는지 알려주면서 다시 그리스도께서 요한에게 주시는 반복된 명령("쓰라", 11, 19절)을 담고 있다. 17a절이 요한이 반응할("엎드려졌다") 때에 그리스도께서 그에게 하신 일("오른손을 얹으셨다")을 알려주고 있다면, 17b-20절은 그리스도께서 하신 말씀을 담고 있다. 이 부분은 두 가지 명령("두려워하지 말라", 17b절; "그러므로 쓰라", 19절)과 두 가지 계시("나는 ~이다", 17b-18절; "비밀은 ~", 20절)로 되어 있다.

    a. 명령 1("두려워하지 말라.")
      b. 계시 1(그리스도의 정체성 계시)
   a'. 명령 2("쓰라")
      b'. 계시 2(일곱 별과 일곱 촛대의 비밀)

번역

17 내가 그를 볼 때에 죽은 자같이 그의 발 앞에 엎드렸다. 그리고 그가 그의 오른손을 내 위에 얹으시고 말씀하셨다, "두려워하지 말라. 나는 처음과 마지막이다. **18** 나는 산 자이다. 내가 전에 죽었으나, 보라, 내가 영원히 살아 있다. 내가 죽음과 음부(하데스)의 열쇠들을 가지고 있다. **19** 그러므로 네가 본 것들과 (현재) 있는 것들과 이 일들 뒤에 일어날 일들을 쓰라. **20** 네가 본, 내 오른손의 일곱 별과 일곱 금촛대의 비밀은 다음과 같다. 일곱 별은 일곱 교회의 사자(천사)이다. 일곱 촛대는 일곱 교회이다.

주해

17a절 (그리스도와 요한) '내가/나는 보았다'(εἶδον)는 계시록에서 45회 나온다. 이 표현은 저자 요한이 직접 목격한 사건들에 대해 그 확실성을 강조한다. 또한 요한은 계시의 전달자일 뿐이라는 점을 알리는 표현이다 (deSilva, 2008a: 278). '엎드렸다'는 하나님과 그리스도를 경배할 때 주로 쓰인다(4:10; 5:8, 14; 7:11; 11:16; 19:4). 신적 경외의 대상이신 하나님을 마주할 때, 그 앞에 엎드리는 것은 마땅한 신앙적 태도다(창 17:3; 19:1; 민 20:6; 대하 29:29 등). 요한은 예수 그리스도 앞에 엎드렸다. 그분께 경배를 드렸다. 영광스러운 그리스도의 모습을 뵐 때 그 발 앞에 엎드려 경배하지 않을 수 없었을 것이다. 주님께서 지상에 계실 때 많은 사랑을 받았던 제자 요한이 바로 그 주님을 다시 뵙게 되었을 때 어떤 느낌이 들었을까? 사랑하던 주님께서 찬란한 영광 가운데 요한 앞에 나타내신 것을 직접 뵙고, 그는 경외의 감격을 갖고 그 앞에 엎드렸을 것이다.

주님께만 경배를 드리는 것이 마땅하다. 반면에 계시 전달의 특정 역할을 담당했던 천사는 경배의 대상이 아니다(19:10; 22:8). 그런 고귀한 임무를 수행하는 천사라도 경배의 대상으로 높혀질 수 없다. 그 어떤 사람이라도, 심지어 계시의 임무를 맡았던 요한이라도 경배의 대상일 수 없다. 마땅히 주님께 엎드려 경배하지 않고 스스로 자신을 높이는 거짓된 자들을 따르던 이들은 결국 몰락하게 될 것이다('엎드려졌다'가 몰락의 뜻으로 쓰일 경우도 있음, 14:8; 16:19; 17:10; 18:2). 요한이 죽은 자같이 그의 발 앞에 엎드린 것은 그리스도 앞에 엎드려 경배하는 마음과 자세를 나타내며 그 상태 그대로 정지해 있는 모습을 보여준다. 전적인 경배와 경외의 태도다.

"오른손"은 특별히 중요한 손이다. 그리스도는 그 오른손에 일곱 별을 쥐고 계신다(1:16, 20; 2:1). 보좌에 앉으신 성부 하나님의 오른손에 책이 들

려 있다(5:1, 7). 바다와 땅을 밟고 서 있는 천사가 오른손을 들고 하나님께
맹세한다(10:5-6). 짐승의 표를 받는 자들은 오른손이나 이마에 받는다
(13:16). 반면에 계시록에서 왼손은 따로 나오지 않는다. 주님은 그의 오른
손을 요한에게 얹으시고 말씀하셨다. 오른손을 얹으신 것은 요한을 위로하
고 확신을 주심(Ladd, 1972: 34; Witherington, 2003: 82; Resseguie, 2009:
79), 또는 요한을 축복하심(Roloff, 37; Smalley, 55; 참고, 창 48:18)을 의미
할 수 있다. 또한 그리스도의 계시 사역을 요한에게 맡기시는 행위일 수도
있다(특히 1:19, "쓰라"; Boring, 1989: 85).

17b-18절 (그리스도의 명령과 자기 계시) 그리스도께서 오른손을 요한
위에 얹으시고는, 두려워하지 말라고 하시며(명령 1) 자신이 어떤 분이신
지 말씀하셨다(17b절). '두려워하지 말라'(μὴ φοβοῦ)는 현재 금지 명령이라
는 점에서 지속적 뉘앙스('[계속해서] 두려워하지 말라')가 있지만, 현재 처
한 특정한 상황(그 앞에 죽은 것같이 엎드린 요한)에 대해 두려워하지 말도
록 명하신 것일 수 있다. 성경에서 현재형 단수 '메 포부'(μὴ φοβοῦ)와 복수
'메 포베이스쎄'(μὴ φοβεῖσθε)가 특정한 상황에서 두려워하지 말 것을 명하
는 용례로 상당히 많이 나오기 때문이다(예, LXX 창 15:1; 21:17; 26:24;
28:13; 46:3 외 다수; 마 10:28, 31; 14:27; 17:7; 28:5, 10 외 다수).[13] 요한에
게 '두려워하지 말라'고 하신 이유는 그리스도에 대한 경외와 떨림에서부
터 그리스도의 말씀에 따른 임무로 초점을 전환하게 하시려는 목적 때문이
라 할 수 있다. 하나님의 현현과 그 임재 앞에 사람이 떨 때 '두려워하지 말
라'는 말씀으로 그 말씀을 시작하신 경우를 자주 볼 수 있다(예, 창 15:1;

---

13. 성경에는 현재 금지 명령(단수 '메 포부'와 복수 '메 포베이스쎄')이 부정과거 금지
명령인 단수 μὴ φοβηθῇς(LXX 민 14:9; 수 10:25; 삼하 13:28; 느 4:8; 사 8:12 등; 눅
12:4; 벧전 3:14)와 복수 μὴ φοβηθῆτε(LXX 민 14:9; 신 1:29; 수 10:25 등; 마 10:26;
눅 12:4-5, 벧전 3:14; 계 14:7) 보다 훨씬 더 많이 나타난다.

26:24; 출 20:20; 비교, 마 14:27; 막 6:50; 요 6:20).

'나는 ~이다'(ἐγώ εἰμι)라는 표현은 그의 신성적 존재를 강조한다(8절 참조). '에고 에이미'는 계시록에 5회 나온다(1:8, 17; 2:23; 21:6; 22:16). 이 가운데 성부 하나님의 자기 선언은 1:8과 21:6이고, 예수 그리스도의 자기 선언은 1:17; 2:23; 22:16이다. 두아디라 교회에 계시하시는 그리스도께서 '에고 에이미'를 사용하신 것(2:23)을 제외하면, 계시록 앞부분과 뒷부분에, 성부와 성자의 '에고 에이미'가 각기 두 번씩 나타난다(성부, 1:8과 21:6; 성자, 1:17과 22:16). 성부와 성자의 신성을 나타내는 표현이다. 특히 성부 하나님과 성자 그리스도께서 어떤 분이신지 밝히고 강조하는 역할을 한다.[14]

그는 '호 쁘로또스'(ὁ πρῶτος)와 '호 에스카또스'(ὁ ἔσχατος)시다(1:17; 22:13; 시작과 종결 부분에 사용되며, 예수 그리스도께서 역사의 주관자가 되심을 선언한다).[15] '쁘로또스'(πρῶτος)에는 시간이나 수의 '처음의', '첫째

---

14. 하나님의 신성적 자기 선언이라 할 수 있는 '에고 에이미'(ἐγώ εἰμι) 표현의 기원은 출 3:14다. 여호와 하나님께서 자신을 가리켜 "에흐예 아쉐르 에흐예"(אֶהְיֶה אֲשֶׁר אֶהְיֶה)라고 모세에게 말씀하셨다. '에흐예 아쉐르 에흐예'의 70인역 헬라어 번역이 '에고 에이미 호 온'(ἐγώ εἰμι ὁ ὤν)이다. '나는 ~이다'의 강조 형태인 '에고 에이미'는 이와 관련이 있다. 물론 이 표현은 하나님께만 사용되는 것은 아니다(마 24:5; 26:22, 25; 눅 1:19; 요 9:9 등). 그러나 그리스도의 신성적 자기 표현과 관련 있는 경우가 많다(예, 마 14:27; 막 14:62 등). 특히 요한복음에서는 그리스도의 신적 특성과 관련하여 자신을 드러내실 때 사용된다(4:26; 6:20, 35, 48, 51; 8:12, 18, 24, 28, 58; 10:7, 9, 11, 14, 25; 13:19; 14:6; 15:1, 5; 18:5, 8). 계시록에는 다섯 번 사용되는데(1:8, 17; 2:23; 21:6, 22:16), 두 번은 성부에 의해(1:8; 21:6), 세 번은 성자에 의해 사용된다(1:17; 2:23; 22:16).

15. 성부 하나님은 '알파와 오메가'시다. 이 표현은 요한계시록에서 두 번 사용되는데 (1:8; 21:6), 이 또한 앞부분(1:8)과 뒷부분(21:6)에 쓰여 요한계시록의 앞뒤에 하나님께서 역사의 주관자, 즉 역사를 시작하시고 종결하시는 분이 되심을 강조한다. 성자이신 예수 그리스도께서도 '알파와 오메가'로 나타나신다(22:13). 그런데 '시작과 마지막'이 되신다는 표현은 그리스도에게만 쓰이는데 계시록 앞부분(1:17; 2:8)과 뒷

의'의 뜻과 중요성에 있어 '최고의', '가장 중요한'의 뜻이 있다. '에스카또
스'는 시간이나 위치에서 '마지막', '끝의'라는 뜻의 형용사다. 이 단어들은
각기 관사와 함께 명사적 용례로 쓰였으며, 하나님의 자기 선언인 '알파와
오메가'와 같은 의미를 가진다(1:8; 21:6; 비교, 22:13). 역사의 처음과 마지
막이 되시는 주님은 역사의 운행자, 주관자시다. 그분으로 모든 역사가 시
작되고 그분으로 모든 역사가 마친다면 성도는 미래가 불확실한 난관의 상
황에 어떻게 대처해야 할까? 주님의 이 이름은 환난 가운데 처한 교회 지
도자 요한에게 그리스도께서 어떤 분이신지 상기하게 해주는 의미가 컸을
것이다. 역사의 주체가 그리스도시라는 사실은 환난 당한 교회에 위안과
격려가 된다.

　이처럼 계시록은 제자 요한이 큰 음성으로 말씀하시는 예수 그리스도
를 직접 뵙는 장면을 서두에 담고 있다. 그리스도의 직접적인 현현(나타나
심)으로 계시록이 시작한다.

　주님은 자신을 "산 자"(the living one)로 소개하신다(18절). "전에는 죽
었으나 현재 영원히 살아 있다"고 말씀하신다. 그러므로 그는 '산 자'(살아
계신 자)시다. 그리스도 자신도 한때 고난을 받고 죽임을 당한 존재였으나,
지금은 영원히(세세토록) 살아계신 분이시다. 본래 성부 하나님이 '영원히
사시는 이'시다(4:9-10; 10:6). 그런데 성부와 성자는 영원성을 공유한다.
영원하신 성부와 성자 때문에 우리도 그 영원함에 참여하게 된다. 그것이
구원이다. 부활하신 그리스도를 믿고 따르는 성도들도 그리스도처럼 한때
고난을 받고 죽음에 이를 수 있다. 그러나 두려워할 필요가 없다. 죽으셨다
가 다시 살아, 지금도 살아계시는 주님처럼 영원한 생명을 누리게 될 것이
기 때문이다. 그러므로 죽음을 두려워할 필요가 없다(17절 참조; 2:10). 오

부분(22:13)에 반복된다. 이들 표현은 성부와 성자가 역사의 시작과 종국을 함께 이
끄심을 뜻한다. 또한 성부와 함께 성자의 신성적 권한과 능력을 부각한다.

직 하나님만을 '경외'하여야 한다(11:18; 14:7; 15:4; 19:5). 세상에는 참으로 두려워할 것이 없다.

"죽음과 음부(하데스)의 열쇠들"은 그리스도 자신이 죽음을 이기고 부활로 승리하셨을 뿐 아니라, 모든 이들의 죽음과 심판에 대해서도 그 주관자가 되심을 뜻한다(예, 요 5:21-22, 26-27, 30). 열쇠(κλεῖς)를 가진다는 것은 특정한 문을 열고 닫는 권한과 능력을 가졌음을 의미한다(대상 9:27; 마 16:19; 눅 11:52; 계 1:18; 3:7; 9:1; 20:1). 그리스도에게 열쇠가 있어, 그분만이 그 문을 여시고 닫으신다. 이제 생명과 죽음의 갈림길이 그의 손에 달려 있다. 계시록에서 '음부/저승'('하데스', ᾅδης)이라는 용어가 쓰일 때는 '죽음'(사망)과 함께 쓰인다(1:18; 6:8; 20:13-14). '하데스'(Hades)는 구약 히브리어 본문에서는 '쉐올'(스올, שְׁאוֹל)이다.[16] 인간이 사후에 가는 장소로 알려져 있다. 이 단어('하데스')는 '죽음', 또는 '죽음의 자리'와 같은 의미로 사용되기도 한다(마 16:18; 눅 16:23; 행 2:27, 31; 계 6:8; 20:13-14).[17] 죽음을 이기시고 다시 사신 그리스도는 생명과 죽음, 모두의 주관자시다. 그리스도는 사람이 들어가게 될 생명의 문과 죽음의 문, 이 문들의 열쇠(들)를 모두 가지신다.

19절 (그리스도의 명령 2) "쓰라"(기록하라, γράψον)는 말씀은 11절에도 이미 나온 바 있다. 여기서 다시 한번 기록하라는 말씀을 반복하신다. 11절은 써서 보내게 될 대상(일곱 교회)을 강조한다면, 19절은 쓸 내용(네가 본 것들, 현재 있는 일들, 앞으로 일어날 일들)을 부각한다.[18] '그랍손'(쓰라)이

---

16. 구약의 헬라어역 70인역(LXX)은 스올을 '하데스'(ᾅδης)로 번역한다(창 37:35; 42:38; 44:29; 44:31; 민 16:30, 30; 신 32:22; 삼상 2:6; 왕상 2:6, 9 등).

17. 그리스 신화에서 하데스는 지하세계의 신이다. 크로노스의 아들로 제우스와 포세이돈의 형제다. 하늘을 차지한 제우스, 바다의 신이 된 포세이돈에 밀려 지하세계의 신이 되었다고 이야기한다. 때로 지하세계 자체를 하데스라 하기도 했다.

18. "네가 본 것들"(ἃ εἶδες), "(현재) 있는 것들"(ἃ εἰσὶν), "(앞으로) 일어날 일들"(ἃ μέλλει

라는 명령은 계시록에서 자주 반복된다(1:11, 19; 2:1, 8, 12, 18; 3:1, 7, 14; 14:13; 19:9; 21:5). "네가 본 것(들)"은 과거, "(현재) 있는 것(들)"은 현재, "(앞으로) 일어날 일(들)"은 미래의 의미가 있다. 세 부분(과거, 현재, 미래)으로 말씀하신 것은 계시의 총체성을 강조하는 것 같다.[19] 기록할 내용은 과거, 현재, 미래 모든 때와 관련이 된다. 이것들은 역사의 주관자이신 하나님의 이름의 세 부분("[지금도] 계시고 [전에도] 계셨고 또한 오실 분"; 1:4, 8; 4:8; 11:17; 16:5)과 유사성이 있다. 이 모두, 요한이 보고 또 받은, 계시의 내용이다. 그리스도께서는 이것들을 '기록하라'고 명령하신다. 요한계시록은 이렇게 계시를 기록하라는 명령을 받고 기록된다.[20]

20절 (일곱 별과 일곱 촛대의 해설) 요한은 그리스도께서 그의 오른손에

γενέσθαι)은 모두 독립적으로 사용되는 관계대명사 중성 복수 '하'(ἅ)로 시작되는 구문이다. 같은 패턴의 리듬을 느낄 수 있다. 다만, 첫 번째 '하'는 목적격, 두 번째, 세 번째 '하'는 주격이다.

19. '네가 본 것들, (현재) 있는 것들, (앞으로) 일어날 일들'의 의미 논쟁에 대한 Beale의 상세한 소개를 참고하라(Beale, 1999: 152-70). 예컨대, '본 것들'은 요한에게 나타나신 그리스도의 모습을, '현재 있는 것들'은 2-3장의 일곱 교회에 대한 계시를, '앞으로 일어날 일들'은 4장 이후의 계시를 뜻한다고 보는 견해도 있으나(참고, Smith, 1990b: 461), 필자는 19절을 부분적으로 나눠 구별하기보다는 계시의 모든 것을 가리키는 총체적 표현으로 보아야 한다고 본다. 과거, 현재, 미래 계시에 대해 총체적(통합적)으로 말씀하신 것으로 볼 수 있는 근거는 하나님의 이름, "(지금도) 계시고 (전에도) 계셨고 또한 오실 분"(1:4, 7; 4:8; 11:17; 16:5)의 패턴을 따르고 있기 때문이다. 계시의 총체적 내용을 부각할 때 쓰이는 병행적 형식의 표현이다.

20. 1절의 "속히 일어나야 할 일"과 19절의 "앞으로 일어날 일들"의 유사점에 주목하면서 두 구절이 1장의 인클루지오(inclusio)의 역할을 한다는 견해가 있다(예, 이필찬, 2006: 100-2). 그런데 "속히 되어져야 할 일"(ἃ δεῖ γενέσθαι ἐν τάχει) 등의 표현이 정확히 1:1과 22:6에 반복된다는 점(4:1은 조금 다름)에서 1장(특히 1:1-8)과 22:6-21의 수미상관(inclusio) 관계가 1절과 19절의 상응 관계보다 더 크다고 할 수 있겠다. 한편, "네가 본 것들과 (현재) 있는 것(들)과 이일들 뒤에 (앞으로) 일어날 일들"이 연이은 2-3장의 일곱 교회에 대한 말씀에 국한되지 않고 4장 이후의 많은 현재적, 미래적 내용과도 연계된다고 볼 수 있다.

일곱 별을 붙잡고 계신 것(16절)과 일곱 금촛대 사이에 주님이 계신 것(13절)을 보았다. 이제는 그리스도 자신이 일곱 별과 일곱 금촛대에 대해 알려주신다. '비밀'(μυστήριον)은 본래 하나님에 의해 감춰졌으나 때가 되어 드러내신 신비(신적 비밀)를 가리킬 때 사용된다(1:20; 10:7; 17:5, 7; 참고, 막 4:11; 롬 11:25; 고전 15:51; 엡 1:9; 3:3; 5:32; 6:19 등). 따라서 그 비밀은 이제는 밝혀진 신적 계시다. 소유격 '일곱 별'은 직접적인 비밀의 내용을 뜻하고, 목적격 '일곱 금촛대'는 추가된 비밀의 내용이라 할 수 있다(참고, Osborne, 2002: 103). 일곱 금촛대는 일곱 교회다. 일곱 별은 일곱 교회의 메신저(천사, 사자, 전령)라 하셨다(이들이 누구를 가리키는지에 대해서는 아래 해설을 보라). 이 메신저들은 그리스도의 말씀을 받아 각 교회에 전달한다(2:1, 8, 12, 18; 3:1, 7, 14).

해설

20절의 사자(메신저)는 천사인가, 사람(사역자)인가? 일곱 별인 일곱 메신저(천사)는 누구인가? 천상적 존재(천사)일까, 지상적 존재(사역자, 사자)일까? 첫째 견해는 천사라고 보는 것이다. 둘째 견해는 사람(사역자)이라고 보는 것이다. 셋째 견해는 사람으로 보되, 그 신분보다는 말씀의 전령으로서의 역할을 강조하는 것이다.

첫째, 천사로 보는 근거는 다음과 같다. 이것은 이 단어가 사람을 가리킨다고 보지 않는 이유이기도 하다. (1) 계시록의 다른 곳에서 이 단어 '앙겔로스'(ἄγγελος)는 모두 천사를 가리킨다. 따라서 1:20과 2-3장(2:1, 8, 12, 18; 3:1, 7, 14)의 '앙겔로스'만을 '천사'가 아니라 '사자'라고 번역할 근거가 없다. 그러므로 1-3장에 등장하는 메신저를 가리키는 이 단어를 천상적 존재인 '천사'로 번역하는 것이 자연스럽다. 대부분의 영어 성경(ESV, NAS,

RSV, NIV, NLT, KJV)도 천사로 번역한다. '사자'(ἄγγελος)는 신약에서 사역자를 가리킨 예가 드물다. 신약성경에서 '사자'는 주로 '천사'다. (2) 일곱 금촛대는 일곱 교회를, 일곱 별은 일곱 '앙겔로스'를 가리키는데, 이 둘의 공통점은 빛이다. 촛대나 별은 모두 빛을 비춘다. 촛대는 지상의 빛을 말한다면, 별은 하늘의 빛이다. 그런데 하늘의 빛을 가리키는 용어를 사람에게 쓸 수 있을까? 사역자를 하늘의 빛과 같은 존재로 존중하는 것은 계시록의 흐름에 맞지 않다. 계시록에서 '별'은 때로 천사(들)를 가리킨다(계 9:1; 12:4).[21] 그런데 계시를 전달했던 천사라도 사람의 경배를 받기에 합당하지 않았다(19:10; 22:8-9). 더군다나 계시를 직접 받은 특별한 사도, 요한 자신도 자신을 '별' 같은 존재로 생각한 바 없다. 사역자가 자신을 하늘의 별로 생각한다면, 오만해질 가능성이 높다. 계시록은 사역자의 오만을 용인하지 않는다. (3) 만일 사역자라면 담임 사역자인가, 함께 동역하는 사역자들을 포함하는가? 사도 요한이 이들 일곱 교회를 중심으로 소아시아 지역에 순회 사역을 감당하였다. 역사적으로 일곱 교회에 모두 담임 사역자(또는 감독)가 있었을까?[22]

---

21. 하늘의 '천사'로 보는 해석은 Repp에게서 보인다(Repp, 1964: 135; 참고, Osborne, 2002: 98-99). 그는 일곱 천사들이 '수호 천사'(guardian angels)라고 본다. 미가엘이 이스라엘의 수호 천사였고(단 10:13, 21) 각 사람을 위한 수호 천사들(행 12:15; 마 18:10)이 있다고 가정한다. Beale은 유대 전통(1En. 20:1-18; Tob. 12:15)의 일곱 대천사(archangels)라는 견해를 소개한다(Beale, 1999: 217-9).

22. 초대 교회에도 교회 내에 장로들이 있었지만, 장로의 대표가 되는 특정인이나 교회 공동체의 의장의 역할을 하는 사람(president)이 존재하지 않았다는 견해가 있다(예, Thiessen, 435). 반면에 요한의 시기에 이미 감독 역할을 하는 이들이 있었다는 견해도 있다(Meinardus, 75-81). Meinardus는, 서머나는 아벨레(Apelles, 롬 16:10), 버가모는 가이오(Gaius, 요삼 1), 사데는 글레멘드(Clement, 빌 4:3), 빌라델비아는 누기오(Lucius, 롬 16:21) 또는 데메드리오(Demetrius, 요삼 12), 라오디게아는 에바브라(Epaphras, 골 4:12-13, 15) 또는 아킵보(Archippus, 몬 2)를 각각 초대 감독으로 여기는 동방교회의 전승을 소개한다. 그러나 열거된 이들이 과연 감독의 권한과 권위를

둘째, 사역자(사자)로 보는 근거는 다음과 같다. 이는 또한 천사로 보지 않는 이유이다. (1) 각 교회마다 일종의 전령 천사가 있다고 보기 어렵다. 2-3장의 '쓰라'의 명령이 어떤 특정 천사에게 주어졌다고 가정한다고 해도 각 교회를 감당하는 전령 천사가 있다는 개념은 지지를 받기 어렵다. (2) 2:1, 8, 12, 18; 3:1, 7, 14에 "~에 있는 사자에게 쓰라"(Τῷ ἀγγέλῳ τῆς ἐν … γράψον)는 명령이 반복해서 나온다. 이 명령은 누구에게 주어진 것일까? 문맥(1:11, 19)으로 보아, 사도 요한에게 명령하신 것으로 보는 것이 자연스럽다면, 그리스도께서 요한에게 명령하시기를 "~ 천사에게 (너는) 쓰라"고 하셨다는 것인가?[23] 어떻게 요한이 각 천사에게 글을 쓰겠는가? 천상적 존재인 천사를 요한에게 보내 계시를 전달하는 것이지(1:1; 22:8), 요한을 통해 천사에게 계시를 전달하는 것으로 보기 어렵다. (3) 2-3장에서 각 교회에 해당되는 말씀을 전달하게 하기 위해 요한에게 써서 그들에게 전달하라고 했다면, 전달받는 그들은 천사들이 아니라, 사람들로 보는 것이 자연스러울 수 있다.

셋째, 사역자 신분보다는 역할, 또는 교회(공동체)에 초점을 맞추는 견해도 있다. (1) '사자'(메신저)가 천사를 가리키기보다는 사람을 가리키는 것으로 보는 것이 타당하다면, 그들은 누구일까? 감독과 같은 담임 사역자(목사)일까? 그리고 담임 사역자는 빛과 같은 존재란 뜻일까? 사역자(목사)가 별이라는 신분(또는 위치)을 갖는다는 주장은 계시록에 근거가 없다. 또 일곱 교회 모두에 요한을 통해 말씀을 전달하는 '전령'의 역할을 하는 자라면 반드시 담임 목회자일 필요는 없다. 요한이 받은 계시를 요한이 써

가지고 있었는지에 대해서는 논란이 있다.

23. 물론 이 문제는 2-3장에서 일곱 교회 편지 서두에 있는 "쓰라"('그랍손')는 명령이 요한에게 직접 주어진 것인지의 문제와 연관된다. 요한은 여기서 단지 그리스도의 행동을 환상 속에 보고 있는 것일 수 있다. 2-3장의 "쓰라"는 명령은 1:11, 19에서 요한에게 주어진 명령("쓰라")과 다르게 볼 여지가 있다.

서 전달해야 할 대상이라면, 사역자일 수도 있고 단순한 전령일 수도 있다.

(2) 그렇다면 단순한 전령(사역자라해도)이 빛을 내는 '별'이 될 수 있는가? 전령의 역할이 계시의 말씀을 전달하는 역할인데, 이를 강조하기 위한 것으로 보인다. 진리의 빛인 계시의 말씀을 온전히 전달하는 역할은 별의 역할이다. 사역자는 그 신분으로 별이 되는 것이 아니라, 그 말씀의 사역을 통해 별 같은 역할을 감당하는 것이 아닐까(단 12:3)? 계시의 말씀이 온전히 전달되는 일이 별의 역할일 수 있다. 하늘의 빛을 받아 빛나는 것이고, 하늘의 빛을 받을 때만 빛을 내기 때문이다. 그는 단지 (계시 전달에 있어서) '전령'('앙겔로스')이지만, 그가 전달하는 계시의 말씀 때문에 별의 역할을 한다. 교회도 촛대가 옮겨질 수 있듯(계 2:5), 교회 사역도 하늘의 빛을 잃을 수 있다. 사역자에게는 말씀 사역을 제대로 감당해야 할 책무가 있다. 그리스도의 오른손에 일곱 별을 쥐고 계신다는 것은 하늘의 계시자 그리스도께서 그의 말씀 사역을 통괄하신다는 뜻이다. 그리스도의 말씀(계시) 사역에 바르게 수종드는 한, 교회 사역자는 그 사역 때문에 별과 같이 빛날 것이다.

(3) '전령'의 개념을, 빛과 말씀의 사역에 초점을 둘 수 있을 뿐 아니라, 빛 된 말씀을 맡은 공동체(교회)적 의미로 볼 수도 있다. 교회 공동체 자체가 빛 된 말씀을 전하는 임무를 맡아 세상을 비취는 역할을 하기 때문이다 (Schaff, 1996[1858a]: 498).[24] 교회 자체가 '전령'의 역할을 한다는 뜻이다. 금촛대가 교회의 빛 된 '존재'를 강조한다면, 별은 교회의 빛 된 '역할'에 초점을 둔 것이라 볼 수 있다.[25]

---

24. 교회의 '말씀 사역'(the ministry of the Word)은 영적 성장을 위한 것만이 아니라 교회의 생존을 위해서도 필요하다는 Repp의 주장에 전적으로 동의한다(Repp, 135).
25. Beale은 촛대는 교회의 지상적 존재를, 별은 교회의 천상적 존재를 나타낸다고 강조한다(Beale, 1999: 211).

(4) 전령(메신저)을 별로, 교회를 촛대에 비유한 이유가 무엇일까? 이 둘이 다 빛과 관련이 있다는 점을 주목해야 한다. 그리스도의 제자로서 교회와 교회 구성원은 말씀과 삶(생활)의 빛이 드러나야 한다. '별'은 교회나 전령의 권위를 가리키는 표현이 아니라 그 역할(빛의 역할)을 가리키는 이미지다. 하늘의 빛이든, 땅의 빛이든 그 빛은 그리스도의 빛이고 세상을 밝게 비추는 빛이다.

요약하면, 일곱 별은 천사(전령)를 가리킬 수도 있고 말씀(진리)을 전달하는 사역자(메신저)를 가리킬 수도, 교회의 말씀(진리) 사역의 역할을 가리킬 수도 있다.[26] 그러나 이 모든 것보다 가장 중요한 것은 교회의 말씀 사역이다. 일곱 별을 진리의 말씀 사역을 하는 교회의 역할로 보는 것이 좋다.[27]

아울러 신적 계시를 받고 그 계시를 전하도록 부르심을 받은 요한의 사도적 권위에 대해 생각해 볼 필요가 있다. 요한은 자신의 사도적 권위를 일부러 강조한 적이 없다. 신적 계시를 받은 자신을 특별히 부각하지 않는다. 자신의 권위를 내세운 법이 없다. 그러나 받은 바 계시의 증언자임은 확실히 한다.

첫째, 요한이 자신을 소개하는 첫 번째 말은 '형제'였다(1:9). 자신에 대해 '에고 이오안네스'(나 요한은) 할 때 독자는 그가 자신에 대해 특별한 점을 말하려는 것으로 인식했을 것이다. '에고'라는 1인칭 인칭대명사는 자신을 부각하는 표현이다. 그러나 그다음의 소개는 "너희의 형제와 예수 안에서 환난과 나라와 오래 참음에 함께한 자"라는 것이 다였다. 자신의 사도

---

26. Ramsay는 일곱 '천사'('앙겔로스')가 무엇인지 정확히 정의하는 것은 헛수고라고 주장하였다(Ramsay, 71-72).

27. '앙겔로스'(천사/사자)가 교회와 동일시되고 있다는 Osborne의 견해는 타당성이 있다(Osborne, 2002: 110-1).

됨, 특히 마지막까지 남은 사도로서의 그 자신의 특별함을 전혀 내세우지 않는다. 그 때문에 후대에 사도 요한의 계시록 저작 여부가 논란이 된 것도 사실이다. 요한복음을 쓰면서는 그리스도의 핵심 제자인 자신의 이름을 단 한 차례도 쓰지 않았던 그였다. 사복음서에서 사도 요한의 이름이 전혀 나오지 않은 복음서는 요한복음뿐이다. 계시록 마지막 부분(22:8)에서 요한은 한 번 더 '까고('까이' + '에고') 이오안네스'(그리고 나 요한은)라는 표현을 쓴다. 그러나 그때도 요한은 그 자신을 '이것들을 보고 들은 자', 즉 계시의 증인으로 소개할 뿐이다.

둘째, 요한은 두 번이나 천사 앞에 엎드린다(19:10; 22:8). 물론 그 천사는 계시를 전해주는 특별한 천사였다. 아무리 엄청난 종말의 신적 계시를 전해 주고 있다 해도, 천사는 섬기는 전령에 불과할 뿐이다(히 1:14). 천사는 신비한 존재이긴 해도 신적 존재는 아니다. 어떤 천사도 경배의 대상이 될 수 없다. 요한은 자신에게 전달된 계시에 놀라, 전령의 역할을 하던 천사에게 두 번씩이나 경배하려 했다는 점을 스스로 밝히고 있다(19:10; 22:8-9). 자신의 부끄러운 일을 소개하는 요한은 최소한 세 가지를 목표한다. (1) 계시의 전달자인 요한 자신이 그같이 부족했던 존재(인간)란 뜻이다. (2) 계시를 받고 그 계시를 전달하는 사람인 자신에게는 그 어떤 권한과 권위도 없음을 알린다. 자신은 그리스도께 수종드는 종일 뿐임을 보여준다. (3) 그렇게 대단해 보이는 계시 전달자 천사도 사실은 요한 자신처럼 아무것도 아니란 것을 강조한다. 이것은 천사의 반복적인 말에서 잘 드러난다. "보라. 그러지 말라. 나는 예수의 증언을 가지고 있는 그대의 형제들과 같이 그대와 함께 종 된 자이다. 하나님께 경배하라."(19:10); "그러지 말라. 나는 그대의 동료인 종이다. 그대의 형제들과 같고, 예언자들과 같고, 이 책의 말씀들을 지키는 자들과 같다. 하나님께 경배하라"(22:9). 천사도 요한과 같은 자세를 가지고 있다. 자신도 종에 불과하고 요한과 같이 형제

와 동료일 뿐이라고 밝히며 경배를 받으실 분은 오직 하나님이심을 명확히
한다.

셋째, 결국 계시록을 통해 요한이 강조하는 것은 하나님만이 경배의 대
상이시라는 점이다. 계시와 관련된 그 어떤 천사나, 계시의 실질적인 전달
자 요한은 결코 특별한 존재일 수 없다는 점을 부각한다. 그들은 모두 계시
를 받아서 (단지 보고 듣고) 전달하는 존재라는 것이다. 그래서 계시의 충
실한 전달자 이상을 넘어, 자신이 특별한 존재라고 주장하는 자(자신만이
계시를 밝힐 수 있다고 하는 자)는 사실 계시록을 알지 못하는 자다. 특히
계시록에 자신의 것(주장)을 덧붙여 왜곡하거나, 내용에서 빼며 호도하는
자는 계시록의 명령(22:18-19)을 위반하는 자다.

일곱 교회(2:1-3:22) 개관

그리스도의 현현이 등장하는 1:9-20은 일곱 교회에 대한 그리스도의 말씀(편지)인 2-3장과 연결된다. 1:9-20과 2-3장은 그리스도의 모습, '쓰라'(1:11, 19; 2:1, 8, 12, 18; 3:1, 7, 14), '촛대와 별'(1:12-13, 16, 20; 2:1, 5; 3:1) 등의 소재로 연속된다. 특히 2-3장(일곱 교회)의 초두에 나타나는 그리스도는 1장에 나타나는 그리스도의 모습(13-20절)에 기초한다. 일곱 교회에 보내는 편지(2-3장)는 요한계시록의 초반부에 위치하며 이후에 일어날 모든 일들과 연관된다. 현재는 과거의 연속이며, 미래의 시작이다. 현재의 렌즈를 통해 과거의 것을 돌아볼 수 있고 미래의 것을 예측할 수 있다. 요한계시록에는 미래에 일어날 일만 기록된 것이 아니다. 교회의 현재(현주소)에 대한 말씀이기도 한다. 일곱 교회는 요한 당시의 소아시아 교회들을 대표하며 그리스도의 말씀을 받는다. 이들 일곱 교회는 소아시아의 지역 교회인 동시에 신약 시대의 많은 교회를 대표하며, 동시에 이후의 모든 교회, 즉 미래의 교회들을 대표한다.¹ 한 교회에 주어진 말씀은 특정 교회에 대한

---

1. 고전적 세대주의는 일곱 교회가 소아시아의 지역 교회라기 보다는 시대적(세대적) 교회를 가리킨다고 주장한다. 여기서 '세대/시대'(dispensation)라는 용어가 나온다.

말씀이면서 동시에 모든 교회에 대한 말씀이다("성령이 '교회들'에게 말씀
하시는 것을 들으라", 2:7, 11, 17, 29; 3:6, 13, 22).

교회(ἐκκλησία)란 이름은 예수 그리스도께서 친히 지어주신 것이다.
'모임', '회집'을 뜻하는 용어인 '에끌레시아'는 그리스도 이전에 이미 사용
되었다. 그렇지만 예수 그리스도께서 그를 따르는 이들의 모임을 '나의 교
회'(μου ἐκκλησία)로 부르셨다(마 16:18)는 사실이 중요하다. 그 후 '에끌레
시아'는 그리스도의 교회를 일컫는 말이 되었다. 요한과 관련된 교회들, 에
베소 교회, 서머나 교회, 버가모 교회, 두아디라 교회, 사데 교회, 빌라델비
아 교회, 라오디게아 교회, 이 일곱 교회는 로마의 행정 구역상 소아시아
(Asia Minor)에 위치해 있었다. 에베소에서 시작하여 라오디게아까지 선을
그으면 위에 꼭지(버가모)가 있고 밑은 터진 직삼각형 꼴이 된다. 에베소부
터 탐방을 시작한다면, 라오디게아에 이를 때 자연스레 마칠 수 있다는 이
야기다. 이 교회들이 요한의 교회들이라 불리는 이유는 사도 요한의 흔적
이 짙게 남아 있기 때문이다(참고, Eusebius, *Eccl. Hist.* 3.23).

일곱 교회가 현재 행한 것은 미래의 보상/보응으로 이어진다. 그리스
도께서는 잘한 것은 칭찬하시고 지속할 것을 권고하신다. 따르는 이들에게
상이 있을 것이다(1:3, "읽는 자와 … 듣고 … 지키는 자들은 복이 있다").
잘못한 것은 회개하고 돌이킬 것을 요구하신다. 그렇지 않으면 그들에게

에베소는 초대 교회, 서머나는 박해 시대인 교부 시대, 버가모는 콘스탄티누스 시대,
두아디라는 중세 시대, 사데는 종교개혁 시대, 빌라델비아는 18-19세기인 선교 시대,
라오디게아는 현대 시대의 교회로 본다(R. Thomas, 1992: 507-11). 토마스는 이런 관
점의 해석을 "역사-예언적(historico-prophetical) 해석"이라 부른다(R. Thomas,
1992: 507). 그러나 이러한 해석은 역사 시기와 일곱 교회의 내용이 일치하지 않는
부분이 많다는 점 때문에 받아들일 수 없다. 예컨대, 현대가 라오디게아 교회 시대
라는 주장을 받아들일 수 없는 점은 지역(대륙)에 따라 교회적 상황이 많이 다르기
때문이다. 오히려 라오디게아 교회의 모습은 역사적으로, 지역에 따라 어느 때든 존
재하지 않았는가?

화가 있을 것이다. 그런 점에서 4장 이후의 말씀도 교회의 상벌과 상관 있
는 계시일 수 있다. 물론 교회의 영역을 넘어 세계 모든 이들에 대한 종말
의 계시가 전개될 것이다. 칭찬받는 교회의 현재를 지속할 수 있다면 미래
의 종말적 전개를 두려워할 하등의 이유가 없다. 종말과 재앙적 미래라도
교회에 영향을 줄 수 없다. 교회는 그리스도와 동행하기 때문이다. 그러나
말씀을 지키지 못할 때 교회일지라도 미래에 일어날 종말적 재앙을 두려워
할 수밖에 없을 것이다. 일곱 교회에 주신, 그리스도의 말씀에 따른 보응과
보상의 최종적인 형태(약속의 완성)는 계시록 뒷부분인 20장 이하에 전개
된다(서론의 "구조" 항목을 보라. Beale, 1999: 223). 최후의 심판(20:11-15),
새 하늘과 새 땅의 새 예루살렘(21:1-22:5)이 그것이다. 마지막 보응(심판)
과 마지막 보상의 시간들이다.

　　일곱 교회의 각 교회에 보내는 그리스도의 편지의 형식(구조)은 평행법
이다. 이 부분은 기본적인 형식(다섯 구분의 형식)을 공유한다.[2] 첫째, 모두
"~에 있는 사자(천사)에게 쓰라(편지하라)"(Τῷ ἀγγέλῳ τῆς ἐν ⋯ γράψον)
로 시작한다. 둘째, 그다음은 예수 그리스도에 대한 묘사와 함께, "~ 이가
이것(들)을 말한다"(Τάδε λέγει ὁ ⋯)로 통일된다.[3] 각 교회에 나타나시는 그

2.　Trebilco는 고전 수사학의 용어를 사용하여 다음과 같이 세분화한다(Trebilco, 2004:
　　298): '아드스크립티오'(adscriptio, 첨가, 2:1a), 명령(2:1b), '따데 레게이'(τάδε λέγει,
　　이것들을 내가 말한다) 방식(2:1c), 기독론적 진술(2:1c), '나라티오'(narratio, 서술,
　　2:2-3, 6), '디스포지티오'(dispositio, 배열, 2:4-5), 선언적 방식(2:7a), 승리자의 약속
　　방식(2:7b).

3.　'따데 레게이'(이렇게 말하신다)라는 형식(formula)은 구약 선지자들이 하나님의 말
　　씀을 소개할 때 자주 쓰인 방식이다(예, LXX 사 1:24; 렘 2:2; 겔 2:4; 암 1:6; 미 2:3;
　　욥 1:1; 나 1:12; 학 1:2; 슥 1:3; 말 1:4 등). Aune는 '따데 레게이'가 왕이나 황제의 칙
　　령과 형식과 내용이 비슷하다는 점을 소개한다(Aune, 1997: 126-9). Beale은 이 표현
　　이 선지서의 하나님 말씀을 소개하는 형식에서 왔다고 보고 그리스도께서 야웨의
　　역할을 하고 있다고 강조한다(Beale, 1999: 229; 참조, Aune, 1997: 141-3).

리스도의 모습은 각기 다른데, 각 교회에 주시는 말씀과 관련이 있다. 셋째, 편지의 본론은 모두 "나는 안다"(οἶδα)로 시작한다.[4] 각 교회가 행한 것(일들), 그들이 처한 환경(상황), 그들의 믿음 여부 등을 주님은 모두 아시고, 칭찬하기도 하시고 책망하기도 하신다. 또 권면(명령)을 하시거나 약속의 말씀을 주기도 하신다. 넷째-다섯째, 종결 부분은 두 가지로 되어 있다. "이 기는 자에게 ~을 줄 것이다"(Τῷ νικῶντι δώσω αὐτῷ …)는 말씀과 "귀 있는 자는 들으라"(Ὁ ἔχων οὖς ἀκουσάτω)는 말씀이다. 이 두 부분은 순서가 바 뀔 때도 있다.

> A. "~에 있는 사자(천사)에게 쓰라."
>
> B. "~이가 이것(들)을 말한다."
>
> C. "나는 안다" + 권면(칭찬과 책망), 명령, 약속
>
> D. "이기는 자에게 ~을 줄 것이다."
>
> E. "귀 있는 자는 들으라"

일곱 교회 모두, 서두는 "~에 있는 사자(천사)에게 쓰라"로 시작한다. 왜 각 교회에 보내는 편지를 각 교회의 사자(천사)에게 써주게 하신 것일 까? 그 편지를 받은 각 교회의 사자(천사)는 그 교회에 그리스도의 편지를

---

4.   Bandy는 일곱 가지로 구분한다(Bandy, 187; 비교, Osborne, 2002: 106; Beale, 1999: 225; Cashmore, 17). (1) 보내는 곳(Address) (2) 예언적 형식("이것을 말한다") (3) '오 이다'(οἶδα) A(칭찬) (4) '오이다' B(책망) (5) 명령체를 사용하는 권면 (6) 듣는 것에 대한 권고 (7) 구원의 종말론적 약속. Bandy, Osborne, Beale 등이 칠중 형식으로 보 는 이유는 '본론'을 세분화(세 등분)하여 구분하기 때문이다. Osborne은 강점, 약점, 해결책으로 나눈다. 그리고 Beale은 칭찬, 책망, 권면으로 나눴다. 그러나 병행법(평 행법)이라는 구조적 틀에서 볼 때, '오이다'로 시작하는 '본론'이 다양한 내용(인정, 칭찬, 책망, 명령, 약속 등)을 담고 있다는 점에서 각기 따로 세분하기 보다는 '오이 다' 내용(또는 그 연속된 것)으로 통일해서 보는 것이 좋다.

전달하게 될 것이다. 그들의 역할은 전령이다. 비록 각각, 따로 써서 전달하지 않아도, 후에 요한을 통해 그 계시의 말씀들이 계시록의 형태로 다 전달될 것이 분명하다. 그럼에도 '쓰라' 하신 것은 (1) 각 교회에 해당되는 말씀이 해당되는 각 교회에 우선하여 전해져야 할 필요와 시급성 때문일 것이다. (2) 또한 각 교회에 대한 말씀이 각각, 해당 교회에 가장 적절한 말씀이기 때문일 것이다. 이 말씀들은 전체 교회를 향한 계시의 말씀으로서도 중요하겠지만, 각 교회에 주신 말씀은 특히 각 교회에 직접 해당되는 말씀일 것이다.

다음은 각 교회에 나타나신 예수 그리스도에 대한 묘사다. 그 모습은 주로 1장의 내용에서 비롯된다.[5]

에베소	"오른손에 일곱 별을 쥐고 있는 이, 일곱 금촛대 사이를 거니는 이"(2:1)	"오른손에 일곱 별을 가지셨고"(1:16); "일곱 금촛대와, 그 촛대들 사이에 … 계신"(1:13)
서머나	"처음과 마지막인 이, 죽었으나 살아난 이"(2:8)	"죽은 자들 가운데서 먼저 나신 분"(1:5); "처음과 마지막이다"(1:17); "내가 전에 죽었으나 … 내가 영원히 살아 있다"(1:18)
버가모	"양날의 예리한 검을 가진 이"(2:12)	"그의 입에서 양날의 예리한 검이 나오고"(1:16)
두아디라	"하나님의 아들, 불꽃과 같은 눈을 가진 이, 또 그 발이 빛나는 청동 같은 이"(2:18)	"그의 하나님 아버지"(1:6); "그의 두 눈은 불꽃 같았다"(1:14); "그의 두 발은 … 빛나는 청동과 같았다"(1:15)
사데	"하나님의 일곱 영과 일곱 별을 가지고 있는 이"(3:1)	"그의 보좌 앞에 있는 일곱 영"(1:4); "그의 오른손에 일곱 별을 가지셨고"(1:16)

---

5. 2-3장의 일곱 교회 편지 서두에 나타나는 그리스도의 모습은 1:13-18에 나타나신 그리스도의 모습과 관련된다는 점에서 1:9-20을 2-3장에 소속된 단락으로 볼 수 있게 한다. 다만, 그리스도의 일부 모습은 1:4-6 등과 연계된다. 각 교회에 다르게 표현된 그리스도의 모습은 각 교회에 필요한 로고스(logos)를 전하기 위해 에토스(ethos)를 세우려는 목적이 있을 것이다(deSilva, 2008b: 130).

| 빌라델비아 | "거룩한 이, 참된 이, 다윗의 열쇠를 가진 이, 열면 아무도 닫을 수 없고 닫으면 아무도 열 수 없는 이"(3:7) | "내가 죽음과 음부의 열쇠를 가지고 있다"(1:18); "그의 피로 우리의 죄에서 풀어 주신 그분"(1:5); "신실과 진실이라 불리웠다"(19:11) |
| 라오디게아 | "아멘이 되는 이, 신실하고 참된 증인, 하나님의 창조의 시작인 이"(3:14) | "신실한 증인"(1:5); "나는 처음과 마지막이다"(1:17; 22:13) |

일곱 교회에 대한 말씀들을 전체적으로 정리해 보면 다음과 같다.[6] 그리스도께서 각 교회를 인정하고 칭찬하시는 부분, 그들의 그릇된 것들을 책망하고 경고하시는 부분, 또 권면하고 명령하시는 부분, 마지막으로 그들에게 약속하신 부분들이다.[7]

---

6. Beale은 일곱 교회의 순서에서 교차 구조를 본다(Beale, 1999: 226-7). 에베소 교회(A)와 라오디게아 교회(A')는 교회의 정체성을 잃을 위험에 있고, 서머나 교회(B)와 빌라델비아 교회(B')는 생명(또 승리)의 관에 대한 약속이 공유되며, 버가모 교회(C)와 사데 교회(C')는 각기 최상의 상태와 최악의 상태를 말해준다고 본다. 그리고 버가모 교회, 두아디라 교회, 사데 교회가 신실하게 남은 자들과 이교 문화에 타협한 자들이 있다고 본다. 그래서 그는 이 본문을 A B C C C B' A'라는 구조의 순서로 이해했다. 그러나 일곱 교회의 교차 구조의 순서는 불확실한 것이 적지 않다. 첫째, 서머나 교회와 빌라델비아 교회는 칭찬받는 교회의 공통점이 있으나, 다른 공통점들은 외면되고 있다. 예컨대, 책망만 주어진 두 교회(사데, 라오디게아 교회), 또 니골라파의 문제가 있던 두 교회(에베소, 버가모 교회), 그리고 음행의 문제를 공유하고 있던 버가모 교회와 두아디라 교회의 관계는 어떤가? 회개할 문제를 가지고 있는 교회는 모두 다섯 교회(에베소, 버가모, 두아디라, 사데, 라오디게아 교회)다. 이 가운데 '회개하라'는 명령은 에베소 교회(2:5), 버가모 교회(2:16), 사데 교회(3:3), 라오디게아 교회(3:19)에만 주어진다. 둘째, 지리적으로 일곱 교회는 순서대로 연결하면 밑이 터진 직삼각형 모양의 길을 이룬다. 꼭지점이 두아디라(넷째)가 아니라 버가모(셋째)다. 들쑥날쑥하지 않고 대로를 따라 자연스럽게 순방할 수 있는 길로 구성된다. 따라서 일곱 교회의 순서는 교차적 의미의 순서가 아니라, 지리적 순서로 보는 것이 자연스럽다.

7. 그리스도는 의로운 재판관이 되셔서 일곱 교회의 모든 옳고 그른 것을 판결하신다. 계시록을 '예언적 소송'(prophetic lawsuit) 또는 '언약적 소송'(covenantal lawsuit)의 관점에서 보는 Bandy에 따르면, 2-3장은 교회의 재판관이 되셔서 그의 교회에 경고와 격려를 하시는 그리스도를 나타낸다(Bandy, 179-80, 185). 또한 4-5장은 신적 법

일곱 교회	칭찬과 인정, 예고	책망과 경고	명령(권면)	약속
에베소	행위, 수고, 인내; 악한 자를 시험하고 드러냄; 주님을 위해 참고 지치지 않음; 니골라파의 행위를 미워함.	첫사랑을 버림; 촛대를 옮길 것.	기억하라; 회개하라; 첫 행위를 행하라.	하나님 낙원의 생명나무로부터 먹을 수 있게 하겠다.
서머나	환난과 가난, 실상은 네가 부요하다; 유대인의 비방 있음; 감옥의 시험과 환난의 예고.		죽기까지 신실하라.	생명의 관을 줄 것이다; 둘째 죽음의 해함을 받지 않을 것이다.
버가모	박해에도 믿음을 부인하지 않음.	발람과 니골라파를 따르는 자들을 경고함; 내 입의 검으로 싸울 것이다.	회개하라.	감춰진 만나를 주겠다; 새 이름이 기록된 흰 돌을 주겠다.
두아디라	행위들, 사랑과 믿음, 섬김과 인내; 나중 행위가 더 많은 것.	이세벨을 용납한 것; 그녀와 자녀는 병상과 환난과 죽음이 있을 것임; 내가 행한 대로 갚을 것임.	갖고 있는 것을 붙잡으라.	만국 위의 권세를 줄 것이다; 철장으로 이끌 것이다; 샛별을 줄 것이다.
사데	적은 수만이 옷을 더럽히지 않았다.	이름만 있고 죽은 자임; 온전한 행위를 발견하지 못함; 깨어 있지 않으면 도적같이 올 것이다.	깨어 있으라; 남은 것을 굳게 하라; 어떻게 받았고 들었는지 생각하라; 지켜라; 회개하라.	흰 옷을 입고 나와 함께 다닐 것이다; 이름을 생명책에서 지우지 않을 것이다; 그의 이름을 시인할 것이다.

정 장면을 그려주고 있고, 6, 8, 15-16장은 (일곱 개씩 나오는) 판결들에 대해 묘사하고 있으며, 11장은 교회가 재판 과정에서 예언적 증언에 대해 기록하고, 12장은 하늘의 법적 전쟁에 관하여, 18장은 재판, 선고, 판결의 실행에 관하여, 20장은 최후의 판결에 관하여 묘사한다. 또한 서두(1:1-8)와 에필로그(22:6-16)는 계시의 진실성 증언에 대해 법적 의미가 공유된다.

일곱 교회	칭찬과 인정, 예고	책망과 경고	명령(권면)	약속
빌라델비아	적은 능력으로 내 말을 지킴; 이름을 부인하지 않음; 인내의 말을 지킴.		승리의 관을 빼앗기지 않게 네가 가진 것을 굳게 잡으라.	열린 문을 두었다; 유대인 일부의 굴복; 나의 사랑을 알게 될 것임; 시험의 때에 지킬 것임; 성전의 기둥이 됨; 밖에 나가지 않음; 그 위에 새 이름을 쓸 것임.
라오디게아		차지도 않고 덥지도 않다; 내가 토해 낼 것이다; 비참하고 가련하고 가난하고 눈 멀고 벌거벗은 것을 알지 못한다; 사랑하는 자들을 책망하고 징계한다.	정련된 금과 흰 옷과 안약을 살 것을 권한다; 열심을 내라; 회개하라; 문을 두드리니 문을 열면 나와 더불어 먹을 것이다.	내 보좌에 앉게 해 줄 것이다.

제3장
요한계시록 2:1-7
에베소 교회

모든 일곱 교회의 편지가 그러하듯, 에베소('에페소스') 교회에 주시는 말씀도 서두(1절)와 본문(2-6절), 그리고 말미(7절)로 구성된다. 모든 편지에는 서두("~ 사자(천사)에게 쓰라"; "~이가 말한다")와 말미("귀 있는 자는…"; "이기는 자는…")에 나오는 공통적인 표현이 각기 둘씩이다. 에베소 교회에 주시는 말씀(본문)은 에베소 교회의 잘한 점(2-3절), 잘못한 점(4-5절), 다시 잘한 점(6절)으로 구성되는데, 이는 교차 형식(a-x-a′)의 구조다. 에베소 지역에 대해서는 서론의 "에베소" 항목을 보라.

A. 서두(1절)

X. 본문(2-6절)

 a. 잘한 점(2-3절)

  x. 잘못한 점(4-5절)

 a′. 잘한 점(6절)

A′. 말미(7절)

번역

1 너는 에베소에 있는 교회의 사자에게 쓰라. 그 오른손에 일곱 별을 잡고 있는 이, 일곱 금촛대 사이를 거니는 이가 이것들을 말한다. **2** '나는, 너의 행위들, 즉 너의 수고와 인내, 그리고 악한 자들을 참을 수 없었던 것과 스스로 사도라 하지만 그렇지 않은 자들을 시험하고 그들의 거짓된 것을 드러낸 것을 안다. **3** 또 네가 인내하며 나의 이름을 위하여 참고 지치지 않은 것을 안다. **4** 그러나 네게 책망할 것이 있다. 네가 첫사랑을 버렸다. **5** 그러므로 어디서 떨어졌는지 기억하라. 그리고 회개하라. 첫 행위들을 행하라. 그렇지 않고 회개하지 않으면, 내가 네게 와서 네 촛대를 그 자리에서 옮길 것이다. **6** 그렇지만 네게 이것, 즉 내가 미워하는, 니골라파의 행위들을 미워하는 것이 있다. **7** 귀 있는 자는 성령이 교회들에게 말씀하시는 것을 들으라. 이기는 자는, 내가 하나님의 낙원에 있는 생명나무로부터 먹을 수 있게 해줄 것이다.'

주해

1절 (서두) '앙겔로스'(ἄγγελος, 천사/메신저)는 말을 전달하는 자다. "사자(천사)에게 쓰라"(1절)고 하신 이유는 전령자인 '앙겔로스'가 '쓰여진 그 글'을 전달할 것이기 때문이다. 만일 이 명령이 요한에게 주어진 것이라면(1:11, 19의 명령에 이어서), 계시를 받은 요한이 글을 써서 해당 교회의 '사자'(전령)에게 전달하는 의미가 된다. 그러나 그렇게 보지 않아도 된다. 요한은 여기서 그리스도께서 각 교회의 전령 천사에게 '쓰라'는 명령을 하고 계시는 것을 단지, 환상 가운데 보고 있는 것일 수 있다(1:11에서 일곱 교회들에게 써서 보내라는 것은 2-3장만이 아니라 계시록 전체에 대한 것이다). 그리고 그 '사자'(천사)는 해당 교회에 쓰여진 말씀을 전달할 것이다.

"이것들을 말한다"(Τάδε λέγει) 형식(formula)은 앞으로 나오게 될 예언적 내용을 소개하며 편지의 내용으로 이끌어간다(2:1, 8, 12, 18; 3:1, 7, 14; Wallace, 328; deSilva, 2008b: 130).

에베소에 있는 교회, 즉 에베소 교회에 말씀하시는 그리스도는 "오른손에 일곱 별을 쥐고 있는 이, 일곱 금촛대 사이를 거니는 이"로 자신을 소개하신다(1절). 1:16에서는 오른손에 '가지고 있는'(ἔχων) 분으로 묘사되었는데, 2:1에서는 '쥐고(붙잡고) 있는'(κρατῶν) 분으로 나타나신다. '잡다/붙잡다'는 강한 장악력(붙잡는 힘)을 부각한다. 그리스도는 일곱 별을 오른손에 '붙잡는' 분이시고 또한 일곱 촛대 사이에 '거니는'(περιπατῶν) 분이시다. 일곱 촛대를 떠나지 않으시고 항상 둘러 다니며 보살피신다는 뜻이다. '쥠'은 주권(lordship)을, '거님'은 돌봄(care)을 강조한다.[1]

일곱 별과 일곱 금촛대는 공통점이 있다. 첫째, 둘 다 교회와 관련이 깊다. 별은 교회의 사자(천사)고, 촛대는 교회를 상징한다(1:12, 16, 20 참고).[2] 그만큼 주님은 그의 교회들에 깊이 관여하신다. 특별한 관심을 가지신다. 교회는 그리스도를 떠나 존재할 수 없다. 흥미로운 것은 주님께서 일곱 금촛대 사이를 거니신다는 것이다. 손에 쥐고 계신 것은 아니다. 이들 교회에 임재하시고 동행하시는 그리스도의 모습을 그려준다. 둘째, 모두 빛과 관련된다. 별과 촛대는 빛을 낸다. 밤하늘의 별은 하늘에서 나름의 빛을 발하며 존재하고 촛대 위의 초는 특정 공간에 빛을 내기 위해 존재한다. 교회가 빛이다(마 5:14-16; 엡 5:8-9; 빌 2:15; 살전 5:5). 그 빛을 붙잡고 빛 되게 하

---

1. '거님'(다님)이 그리스도의 "보이지 않으시는 임재"(unseen presence)를 가리키는 것이라는 Aune의 견해도 일리가 있다(Aune, 1997: 142).

2. 별은 교회의 말씀(진리) 사역, 촛대는 교회의 일반(빛의) 사역과 연관된다고 볼 수 있다(1:17-20 해설을 참고하라). 일곱 별을 손에 쥐시고 일곱 촛대 사이에 거니시는 주님은 무정한 재판관이나 외부자가 아니라, 일곱 교회의 연약함을 끌어안으시고 교회들과 함께하시는 '머리이신 주님'이시다(Homcy, 194).

시는 분은 그리스도시다. 교회의 주권(ownership, lordship)이 주님께 있음을 나타낸다.

에베소 교회의 말씀에서, 일곱 별과 일곱 금촛대와 관련하여 자신을 소개하신 이유는 에베소 교회가 일곱 교회를 대표하기 때문이다. 소아시아의 대표 도시 에베소가 가지고 있는 지역적 비중은 지대하였다. 또한 요한 당시 에베소 교회는 일곱 교회 가운데에서 대표적인 역할을 하였을 수 있다.[3] 요한은 에베소를 중심으로 사역하였다고 전해진다.[4] 에베소 교회에 주어진 말씀이 모든 교회에 필요한 말씀인 것은 분명하다.

2-3절 ("나는 안다"[칭찬]) 각각의 교회에 보내는 내용의 첫 부분은 언제나(일곱 교회 모두), "나는 안다"(οἶδα)라는 말로 시작한다(2:2, 9, 13, 19; 3:1, 8, 15). (불꽃 같은 눈을 가지신) 예수 그리스도는 모든 것을 아신다('오이다'). 특히 그 교회가 어떤 일들(행위들, ἔργα)을 해왔는지 모두 아신다. 그리고 평가하신다. 그런데 "너의 행위들"이라고 말씀하실 때, 인칭대명사 소유격 '너의'(σου)를 단수로 사용하셨다. 복수 '너희'라 하지 않고 단수 '너'라 한 것은 교회를 집합적인 의미로 표현한 것이다. 교회의 집합적 단수성은 일곱 교회에 관한 말씀에 자주 나타난다. 에베소 교회에 주시는 말씀을 예로 들면, "너의 행위들"(2절), "너의 수고와 인내"(2절), "네가 인내하며 …"(3절), "네게 책망할 것이"(4절), "네가 첫사랑을 버렸다"(4절),

---

3. 유대가 로마에 패망한 1세기 후반 이후, 기독교회에서 소아시아의 중요성은 상당했다. 특히 소아시아에서 에베소 교회는 그 시대를 대표하는 교회였을 것이라는 견해가 많다(예, Beasley-Murray 1974a: 73; Trebilco, 2004: 1-2). 그리스 아테네에서 에게해를 가로질러 가장 빠르고 쉽게 접근할 수 있는 도시가 에베소라는 점에서 지리적으로도 에베소는 로마-그리스와 아시아-중동 지역을 연결하는 중추적 위치에 있었다.

4. 요한이 에베소에 거주하며 에베소를 중심으로 소아시아 사역을 하였다는 것을 유세비우스가 소개한다(*Eccl. Hist.* 3.23).

"(너는) 기억하라, 회개하라, 행하라"(5절), "내가 네게 와서"(5절), "네게 이것 …"(6절), "귀 있는 자는 … 들으라"(7절), "이기는 자는 … (그에게)"(7절) 등에서 모두 단수형이 사용된다.

"나는 안다"('오이다')의 목적어가 각 교회에 어떻게 나오는지, 주님께서 각 교회에 대해 알고 계신 것이 무엇인지 다음을 보자. 이것은 그들이 무엇을 하였는지, 또 무엇을 하지 못했는지에 대한 것이다. 이를 통하여 주님께서 그들의 행위(일)들에 대해 평가하고 계신 것을 알 수 있다. 특히 '오이다 수 따 에르가'(나는 안다, 네 행위들을) 패턴은 모두 다섯 교회(에베소, 두아디라, 사데, 빌라델비아, 라오디게아)에 관한 본문에서 반복해서 나온다는 점이 주목된다. 교회의 행위(일)들에 대한 평가가 그만큼 중요하게 부각되고 있다.

"나는 안다" (오이다)	에베소	"너의 행위들, 즉 너의 수고와 인내 … 시험하고 … 드러낸 것을 … 참고 지치지 않은 것을"(2:2-3)
	서머나	"너의 환난과 가난을"(2:9)
	버가모	"네가 어디에 거하는지"(2:13)
	두아디라	"너의 행위들, 즉 사랑과 믿음, 너의 섬김과 인내, 또한 … 더 많은 것을"(2:19)
	사데	"너의 행위들을"(3:1)
	빌라델비아	"너의 행위들을"(3:8)
	라오디게아	"너의 행위들을"(3:15)

에베소 교회의 '따 에르가'(τὰ ἔργα, 행위들)를 주님은 인정하신다. '에르가'(행위들)는 신앙과 삶을 모두 포괄하는 말이다. 에베소 교회는 "수고와 인내"의 교회였다. 수고(애씀과 힘듦, κόπος)와 인내(견딤과 오래 참음, ὑπομονή)로 주님을 섬겼던 교회였다. 그만큼 에베소 교회에는 힘든 난관이 많았음이 암시된다. "나는 안다"의 목적어로 세 개의 명사(행위들, 수고, 인내)를 말씀하신 후, 세 개의 내용(명사절인 세 개의 '호티'절)을 덧붙여 말

씀하신다.

　첫째, "네가 악한 자들을 참을(견딜) 수 없었다." '참다'(βαστάζω)에는 '들고 가다'(L&N, 15.188)와 '참다', '견디다'(L&N, 25.177)의 뜻이 있다. 여기서는 후자의 의미다. 용납하지 않았다는 뜻이다. 에베소 교회는 악한(나쁜) 자들(또는 악한 것들)을 용납하지 않았다. 옳지 않은 것을 수용하지 않은 것이다. 둘째, 또 "스스로 사도라 하는 자들을 시험하였고", 셋째, "그들의 거짓된 것을 드러냈다"(2절)고 칭찬을 하셨다. '시험하다'(πειράζω)는 '검증하다', '시험하여 밝히다'의 뜻이고 '드러내다'(εὑρίσκω)는 '찾다', '찾아내다', '발견하다'의 뜻을 갖는다. 거짓 사도들을 검증해 그 문제를 밝혀내고 그들의 거짓 또한 드러낸 것이다.

　'사도'는 제한적인 의미로 그리스도의 열두 제자와 이방인의 사도인 바울을 가리킨다. 그런데 넓은 의미에서는 그리스도께서 보내신 모든 자를 가리킬 수 있다. 그러나 여기서 그들을 '자칭 사도(들)'라 부른 것은 그들이 협의적 의미로 스스로를 사도라고 주장하였을 것이라고 추정하게 해준다. 그리스도는 그들의 '사도' 주장이 협의적이든, 광의적이든 거짓이었음을 밝혀주신다. 이럴 때, 스스로를 사도라 하면서 사도답지 않은 자들의 거짓됨(그 말과 행동)을 밝히는 것이 필요하였다. 그리스도께서 보내신 자는 누구든 그리스도의 길(본)을 따라 사역해야 한다. 그 말과 삶에서 주님을 본받으려 하지 않는 자는 주님께서 보내신 자(사도)들이 아니다("그들은 아니다", '우끄 에이신'). 특히 거짓된 이들의 거짓된 말과 행동을 주의해야 한다(롬 16:18; 고후 11:13-15; 딤전 4:1-2; 벧후 2:15).[5]

5.　2절 등을 근거로 저자 요한(또는 요한 집단)이 소아시아 교회 공동체 내에서 자신의 영향력과 권위를 증대하려고 하는 급진적 예언 공동체에 속했다고 주장하는 Royalty의 이데올로기적(ideological), 해체적(deconstructural) 해석은 지나친 것이다(Royalty, 286). 신약 자체에는 이단과 그릇된 교훈에 대한 경계의 말씀이 적지 않다(예, 갈 1:6-10; 5:7-12; 6:11-13).

첫 번째 동사 '참을 수 없었다'(οὐ δύνη βαστάσαι)가 현재 시제로 쓰인 반면, 둘째 동사 '시험하였다'(ἐπείρασας)와 셋째 동사 '드러냈다'(εὖρες)는 부정과거로 쓰인 것이 주목된다. 참을(견딜) 수 없는 것이 지속적인 상태인 반면, 시험한 것과 드러낸 것은 그들이 행한 일이다. 참을 수 없었음의 일례로 시험한 것과 드러낸 것을 예시한 것이라 할 수 있다. 이를 통하여 에베소 교회는 악한 자들을 참지(용납하지) 않는 그런 빛 된 교회임이 드러난다. 이 세 가지 일은 서로 묶여 한 가지 주제와 관련되는데, 그것은 악하고 거짓된 자들(자칭 사도들)을 밝혀 내는 일이다. 그들의 특성은 '악함'과 '거짓'이었다. 거짓된 이들을 거부한 이 일은 주님의 "나는 안다, 네 행위들을"('오이다 따 에르가 수') 다음에 나오는 두 가지 가운데 첫째 단어 "수고"와 관련된 것으로 보인다. 둘째 단어 "인내"가 다음 구절인 3절의 세 가지와 관련되기 때문이다. 그렇다면 에베소 교회가 악하고 거짓된 자칭 사도들을 밝혀내고 거부한 일(그 과정)에는 상당한 '수고' 즉, 수고로움과 애씀과 힘듦이 있었을 것임을 짐작할 수 있다. 그만큼 거짓된 이들을 거부하고 밝히는 일은 중요하지만 그리 쉬운 사역이 아니다. 이 사역에는 적지 않는 인적, 시간적 비용이 든다. 그렇지만 그만큼 가치있는 일이다.

3절 또한 세 가지로 제시된다. 주님께서 인정하신 에베소 교회의 '인내'(오래 참음)와 관련이 있다. "인내하며 나의 이름을 위하여 참고 지치지 않았다." '인내하다'(인내를 가지다, ὑπομονὴν ἔχεις), '참았다'(견뎠다, ἐβάστασας), '낙심하지 않았다'(οὐ κεκοπίακες)의 시제는 '인내하다'(인내를 가지다)가 현재, 뒤의 두 동사 '참았다'와 '낙심하지 않았다'가 각기 부정과거와 현재완료다. 2b절의 경우와 비슷하다. '인내를 가지다'의 내용이 '참다'와 '낙심하지 않다'가 될 것이다. 2절의 인내(오래 참음)가 3절에서 다시 반복된 것이 주목된다.

한편, 2절의 '참을 수 없었다'('우 뒤네 바스따사이')와 3절의 '참았다'('에바스따사스')가 대조된다. 참지 말아야 할 것이 있고 참아야 할 것이 있다. 그들은 "나(주님)의 이름"을 위해 참았다. 그리스도의 신앙을 지키기 위해 참은(견딘) 것이다. 2절("악한 자들을 참을 수 없었던 것과 스스로 사도라 … 시험하고 그들의 거짓된 것을 드러낸 것")이 '수고'(일, 특히 사역)와 관련된 인내를, 3절("나의 이름을 위하여 참고 지치지 않았다")은 '신앙'과 관련된 인내를 부각한다. 에베소 교회는 참았고(견뎠고) 지치지 않았다. '지치다'(피곤해 하다, κοπιάω)는 말은 2절의 '수고'(κόπος)라는 말에서 나온다. 이 동사는 부정어와 함께 현재완료형('우 께꼬삐아께스')으로 쓰였다. 그리하여 상당 기간(지금까지도) 지치지(피곤해 하지) 않았음을 부각시킨다. 신앙적 난관을 극복하는 일을 수고롭게 생각하지 않았던 사실이 강조된다.

에베소 교회는 그들이 한 일(행위)들('에르가')로 그리스도의 인정을 받고 있었다. 그리스도는 그의 교회들의 한 일을 모두 지켜보신다. 잘한 일들이 그 앞에서 간과된 적이 없다. 2–3절은 동사 부분이 세 번씩 강조된다. 그리스도의 평가가 철저하다.

> a. (악한 자들을) 참을 수 없었다.
> a'. (스스로 사도라 하는 자들을) 시험하였다.
> a". (거짓된 것을) 드러냈다.
> b. (인내를) 가졌다(가지고 있다).
> b'. (나의 이름을 위하여) 견뎠다(참았다).
> b". 지치지 않았다.

4–5절 (그릇된 점[책망]) 4절부터 칭찬(긍정적 평가)에서 책망(부정적 평가)으로 바뀐다("그러나", ἀλλά). "네게 책망할 것이 있다"는 문자적으로

는 '나는 너를 책망할 것을 가지고 있다'(ἔχω κατὰ σοῦ)다. '까따 수'(against you)에서 전치사 '까따'(κατὰ)는 '반대하여'(against)의 뜻을 가진다. 주님께서 용납할 수 없는 행동이 그 교회에 있는 것이다. 잘한 것이 많다고 옳지 않은 것을 내버려 둘 수는 없다. 에베소 교회는 "첫(처음의) 사랑"을 버렸다. '버리다'(ἀφίημι)는 여기서 '내버려두다', '포기하다', '떠나다'의 의미를 갖는다. 에베소 교회가 버린, 그들이 포기한 그 첫사랑이 어떤 것인지 구체적으로 알려지진 않는다. 요한의 다른 글(요한복음과 요한서신)에서는 수직적(하나님) 사랑과 수평적(형제) 사랑이 모두 중요하게 간주된다. 두 가지 사랑은 서로 깊은 관련이 있다(요 13:34-35; 14:15, 21, 23-24; 요일 2:9-11; 3:14-16, 23-24; 4:7-5:3). 하나님의 사랑을 받고 다시 그분을 사랑하는 것은 수직적 관계의 사랑이다. 반면에 형제와 서로 사랑하는 것은 수평적 관계의 사랑이다. 수평적 사랑은 수직적 사랑 때문에 가능하다(요일 4:7-8). 하나님 사랑이 성도를 형제 사랑으로 이끈다(요일 3:16; 4:16, 19; 5:1). 하나님 사랑 없이 형제 사랑은 없다.

에베소 교회의 첫사랑은 형제 사랑을 빼고 이해할 수 없다. 그들이 가진 '수고와 인내', 그릇된 이들을 시험하고 그 거짓을 드러내는 일(2절), 그 이름을 위하여 참고 지치지 않은 일(3절) 등은 하나님에 대한 사랑 없이 가능할 수 없다. 따라서 에베소 교회 성도에게 하나님에 대한 사랑이 식었다거나 잃어버렸다고 말하기는 어렵다. 하나님 사랑과 형제 사랑을 분리할 수 없다면(요일 4:7-8, 11-12, 16, 20-21), 에베소 교회의 첫사랑에는 하나님 사랑과 형제 사랑이 함께 포함되었을 것이다(Smalley, 61; Osborne, 2002: 115-6). 그러다가 하나님에 대한 열심은 남았으나 형제에 대한 사랑은 약해진 것이 아닐까? 형제 사랑을 등한시하는 일은 사실 하나님 사랑의 결핍에서 일어난다(요일 4:11-12, 16). 하나님 사랑은 반드시 형제 사랑으로 나아가게 한다(요일 4:7-8, 16). 형제를 사랑하지 않고 하나님을 사랑할 수 없다

(요일 4:20).

물론 4절의 첫사랑이 하나님 사랑을 가리키는 것일 수 있다.[6] 에베소 교회가 하나님을 사랑하는 마음이 처음보다 약해진 것을 의미할 수 있다. 하나님에 대한 사랑의 순수성과 사랑의 열심이 약화된 것이다. 물론 이때에도 하나님 사랑과 형제 사랑을 분리할 수 없다는 사실은 변하지 않는다. 특히 에베소 교회에 형제 사랑에 대해 칭찬한 것이 없다는 점(예컨대, 두아디라 교회와 대조할 때 - "사랑과 믿음, 섬김과 인내", 2:19)을 볼 때, '첫사랑'을 하나님 사랑과 형제 사랑을 분리하지 않고 둘을 합쳐 볼 필요가 있다.

5절에, 그들로 옳지 않은 것에서 돌이키게 하려는 목적에서, 세 개의 명령법이 사용된다. "기억(생각)하라"(μνημόνευε), "회개하라"(μετανόησον), "행하라"(ποίησον). 여기서 현재 명령법이 하나('므네모뉴에', 기억하라), 부정과거 명령법이 두 개('메따노에손', '뽀이에손') 사용된다. '기억(생각)하다'는 처음에 가졌던 것(첫사랑)이 무엇인지, 또 주님께서 강조하셨던 것이 무엇인지, 왜 그것을 지금 갖고 있지 못한지 기억하고 생각하라는 것이다. 본래(처음)의 선한 기준을 생각하지 않고 지금의 문제에서 돌이킬 수 없다. 현재 명령법 '므네모뉴에'(기억하라)는 받은 은혜와 진리를 계속하여 반추해야 함을 뜻한다. 여기서 현재완료 '떨어졌다'(πέπτωκας)는 첫사랑에서 떨어진 상태로 있다는 것을 알려 준다. 반면에 이어지는 두 개의 부정과거 명령법, '메따노에손'(회개하라)과 '뽀이에손'(행하라)은 신속한 결단과 명령의 수행을 촉구한다. '회개하다'는 그릇된 것에서 돌이키는 것이다. 이렇게 돌이키고 첫 행위(들)를 '행하라'('뽀이에손') 하셨다. '첫(복수 '쁘로타') 행위(일)들'은 4절의 '첫(단수 '쁘로뗀') 사랑'의 일(행위)들을 가리킨

---

6.   에베소 교회의 첫사랑은, 바울이 처음 그곳에 복음을 전했을 때 그들이 보여주었던, 그 강렬하던 열심(행 19:8-20; 20:17-38)일 수 있겠다. 그때 많은 마술책이 불살라지고 주의 말씀은 힘을 얻었고 아르테미스(아데미) 추종자들과는 거세게 부딪쳤다.

다. 4-5절에 형용사 '첫(처음)'이 두 번 반복되면서, 잃어버린(처음의) 것들을 다시 찾고 이를 다시 행하라 명하신다. 회복의 명령이다.

회개하지 않으면, 그에 따른 징벌이 있는 것은 당연하다. "그렇지 않으면"(εἰ δὲ μή)과 "회개하지 않으면"(ἐὰν μὴ μετανοήσῃς)이란 어구가 이중적으로(이중 강조의 목적으로) 쓰였다. 반복 강조법이다. "내가 네게 오겠다"는 말씀은 재림의 의미일 수도 있으나, 그보다는 에베소 교회에 심판자로 임하시겠다는 말씀이다(참고, 2:16; 3:3, 20; Beasley-Murray, 1951: 40). "네 촛대를 그 자리에서 옮기겠다"는 것은 이 땅에서 그 교회(촛대)의 역할(빛된 교회의 사명)이 끝남을 뜻한다. '옮기다'(κινέω)에는 '움직이다', '제거하다', '흔들어 놓다'의 의미가 있다. 빛을 비출 수 없는 교회는 더 이상 교회가 아니다. 회개하지 않는 교회, 그래서 진리의 빛을 비출 수 없는 교회는 주님의 인정을 받을 수 없다. 교회인 촛대의 빛은 세상을 비추는 믿음과 의와 사랑의 빛이다. 에베소 교회는 특히 사랑의 빛 회복이 필요했다.

헬라어 본문의 순서는 다음과 같이 교차법을 이룬다.

    a. 그렇지 않으면

        b. 내가 네게 올 것이다.

        b'. 내가 네 촛대를 옮길 것이다.

    a'. 회개하지 않으면

6절 (잘한 점[칭찬]) 흥미롭게도, 주님은 에베소 교회에 긍정적인 면을 하나 더 말씀하신다. 칭찬(2-3절), 책망(4-5절), 칭찬(6절)의 순으로 말씀하신 것이다.[7] 주님께서 미워하시는 것을 그들도 미워하고 있음을 좋게 평가

---

7.   Osborne이 강점(2-3절), 약점(4절), 해결책(5-6절)으로 구분한 것은 칭찬(2-3절), 책망(4-5절), 칭찬(6절)의 교차적(a-x-a') 구성을 이해하지 못했기 때문이다(Osborne,

하신다. 그것은 니골라파의 행위들이다. 니골라(Nicholaus)는 초대교회 일
곱 집사 가운데 한 사람인 니골라(행 6:5)일 것으로 추정된다(뒤의 해설을
보라). 주님께서 미워하시는 니골라파의 행위는 신앙적이고 도덕적인 문제
와 관련이 있을 것이다(참고, 요일 1:5-2:2). 이들은 2절의 악한 자들과 스스
로 사도라 하는 거짓된 자들과 동일할 수도 있고 다를 수도 있다. 2절은 부
정과거형 '에뻬이라사스'(시험하였다, ἐπείρασας), 6절은 현재형 '미세이
스'(μισεῖς, 미워한다)를 사용한다는 점에서 서로 다르다고 볼 여지가 있다
(Aune, 1997: 147).

에베소 교회에 대한 말씀에서 "행위(일)들"('따 에르가')이 세 번 쓰였
다. 첫 번째는 2절로 주께서 에베소 교회의 '행위들'을 아신다고 말씀하시
는 부분이다. 상당히 긍정적인 말씀이다. 두 번째는 5절로 "첫 행위들을 행
하라"고 말씀하시는 부분이다. 그들로 계속 행하게 하려는 목적이 있다. 세
번째는 6절에서 니골라파에 대해 언급하시는 부분이다. 그들의 '행위들'에
대해 부정적이고 단호하게 평가하신다("나도 [그것들을] 미워한다").

에베소 교회는 최소한 도덕적인 문제에 대해서는 지적받지 않았다. 이
들의 바른 신앙도 인정받고 있었다. 이들은 진리의 신앙과 교회의 순결을
위해 싸워왔다. 다만, 그들은 사랑("첫사랑")의 문제에서 실패하였다. 이 한
가지가 없는 것, 역시 부족한 것이다. 교회에는 신앙, 윤리, 사랑, 이 세 가지
(요한서신의 주제다)가 모두 함께 있어야 하기 때문이다. 어느 것 하나도
결격의 상태로 남아서는 안 된다.

7절 (말미) 7절의 표현("귀 있는 자는 성령이 교회들에게 말씀하시는 것
을 들으라")은 일곱 교회 모두에게 동일하게 주어진다(2:7, 11, 17, 29; 3:6,

110, 119). 그는 거짓 사도들의 정체를 드러낸 일(2절)과 니골라파의 행위를 미워하
는 것(6절)의 주제적 유사성을 주목했음에도 6절의 위치에 대해 의아하게 생각한
다.

13, 22). "귀 있는 자"(Ὁ ἔχων οὖς)를 단수로 쓴 것은 교회를 집합적인 개념으로 보았기 때문이다(2-3절 주해 참조). 또한 성도들 각인을 말씀의 순종에로 초청하는 목적도 있을 것이다. 그리스도의 말씀은 곧 성령의 말씀이다(요 14:26; 15:26; 16:13; 19:10).[8] 성령께서 말씀을 주셔도 모두 다 듣고자 하는 것은 아니다. 그러나 듣고자 하는 자는 그 말씀을 온전히 받는다. 3인칭 단수 명령법 "들으라"(ἀκουσάτω)는 3인칭의 의미를 살려 '~로 듣게 하라'(Let ~ hear)와 2인칭의 경우처럼 '~는 들으라'(Hear ~)로 둘 다 번역할 수 있지만, 권고나 허락의 약한 의미보다는 마땅히 해야 하는 당위적 명령을 뜻하는 것으로 보아야 한다(Wallace, 486). "교회들에게 말씀하신 것"이라고 교회를 복수로 쓴 것은 에베소 교회에 주신 말씀이라도 다른 모든 교회에 동일하게 적용되어야 한다는 점을 뜻한다. 들음은 지킴과 관련이 있다(1:3; 2:26; 22:7). '들으라'는 '듣고 지키라'는 말씀(1:3; 22:7)이다.

"이기는 자"(ὁ νικῶν), 즉 승리자를 단수로 쓴 것(2:7, 11, 17, 26; 3:5, 12, 21; 21:7)은, 교회를 집단적으로 가리키는 용례인 동시에, 성도 개개인의 역할을 강조하며 각인의 분발을 촉구하는 목적을 가진다. 주님은 교회가 또 성도 개개인이 모두 승리하기를 원하신다.[9] 에베소 교회에서 '호 니꼰'(이

---

8. 계시록의 계시(예언)는 모두 하나님의 말씀(1:2-3; 22:6-10)이자, 그리스도의 증거(1:2; 19:10)다. 또한 교회에 주시는 성령의 말씀(2:7, 11, 17, 29; 3:6, 13, 22)이라는 점에서 계시는 삼위일체적 사역이다(참고, Blaylock, 52-53). 특히 성령과 그리스도의 동행적 사역은 일곱 교회에 관한 말씀(2-3장)뿐 아니라 계 3:1; 5:6; 22:16-17 등에도 나타난다(참고, Duvall, 40-41).

9. 일곱 교회의 편지 말미에 후렴구로 반복되는 '이기는 자' 말씀에는 각 성도들의 승리를 원하는 그리스도의 마음이 담겼다. 성도의 승리(2:7, 11, 17, 26; 3:5, 12, 21; 12:11; 15:2; 17:14; 21:7)는 죽음에서 이기신 어린 양 그리스도 때문에 가능하다(5:5, "이기셨다", ἐνίκησεν)(참고, Homcy, 196-9). 그런 의미에서 참된 신자들은 모두 '이긴 자'다(요일 4:4; 5:4-5; Rosscup, 261, 263-7, 276-86). 이긴 자로서의 성도의 모습을 로마-헬라 시대의 체육 경기에서의 승리자(이기는 자)의 시대적 의미와 비교하고 있는 Mellott, 21-29를 참고하라.

기는 자)은 돌이켜 첫사랑을 붙잡고 이를 행하는 자다(2:4-5). 그리스도의
말씀을 따라 지키는 자다. 일곱 교회 편지의 말미마다 "들으라"는 말씀과
"이기는 자"에 대한 말씀이 후렴처럼 묶여 나오는 것(2:7, 11, 17, 26-29;
3:5-6, 12-13, 21-22)은 듣는 자, 즉 듣고 지키는 자(1:3; 2:26; 14:12; 22:7)가
이기는 자가 되기 때문이다. 주님은 이기는 자에게 미래의 선물을 약속하
신다(단수 '이기는 자'에 관한 좀 더 상세한 설명은 21:3-8의 해설을 참고하
라).

미래시제 "해줄 것이다"(줄 것이다, δώσω)는 그리스도의 확실한 상급
의 약속을 부각한다. "생명나무의 과실"은 주님을 따르는 자에게 주시는 영
생의 선물이다(22:1-2, 14, 19). 아담과 하와의 타락 이후에 인류는 생명나
무에게 가는 길이 막혔고 그 나무의 실과를 먹는 것이 허락되지 않았다(창
2:9; 3:22-24). 계시록은 생명나무에 이르는 길이 회복될 것을 약속한다
(22:1-5). 에베소 교회가 잃어버린 첫사랑을 회복할 때, 그들은 인류가 잃어
버렸던 생명나무의 열매를 먹을 수 있게 될 것이다. "낙원"(παράδεισος)은
그리스도를 믿는 성도들이 세상을 떠난 후에 가는 곳의 아름다움(미)을 드
러내는 이름이다(눅 23:43; 고후 12:4).[10] 그런데 여기서는 그리스도 재림
이후 부활한 성도들이 가게 되는 새 하늘과 새 땅을 가리키는 것으로 볼 수
있는데, 그곳에 생명나무가 있기 때문이다(2:7; 22:1-2, 14, 19).

에베소가 섬겼던 아르테미스(아데미)는 자연의 풍요와 비옥함을 상징
하는 여신으로 알려져 있다.[11] 아르테미스의 열매와 하나님의 열매가 대조

---

10. 낙원 '빠라데이소스'(paradise, 파라다이스)는 구약 칠십인역(LXX)에서는 동산을 뜻
하는 '간'(גן) 또는 '간나'(גנה)의 헬라어 대응어다. 본래 페르시아어로 '담으로 에워
싸인 정원(garden)'을 가리키는 말로, 칠십인역에서 특히 에덴동산을 가리킬 때 사
용되었다(예, LXX 창 2:8-10, 15-16; 3:1-3, 8, 10, 23-24; 사 51:3; 겔 28:13).
Houwelingen, 13-14를 참고하라.
11. 아르테미스(아데미)는 자연의 어머니(지구의 모신)로 불린다. 그녀를 숭배하는 자

되는 듯하다. 일시적으로 먹을 수 있을 자연의 과실과 영원한 과실인 생명나무의 과실이 비교되는 것이다. 하나님의 낙원에는 생명나무의 열매가 있다.

해설

2:6, 15의 에베소 교회와 버가모 교회에 대한 말씀에 나오는 니골라파(당)는 누구일까?

일곱 집사 가운데 한 사람으로 알려진 니골라에 대해서는 누가의 기록(행 6:5)과 계시록의 언급(계 2:6, 15)이 있다. 그러나 니골라(Nicholaus)나 니골라파(니골라당, Nicolaitans)에 대한 자료가 별로 없다. 교회사가 유세비오스(Eusebius, 주후 260-339년)는 니골라에 대해 하나의 에피소드를 기록하고 있다(Eusebius, *Eccl. Hist.* 3.29; 참고, Irenaeus, *Haer.* 1.26.3; Clement of Alexandria, *Strom.* 2.20, 3.4). 니골라의 아내는 미인이었고 그 때문에 형제들의 질투를 받게 되었다. 니골라가 그의 아내를 회중 앞에 이끈 후 누구든 그녀와 결혼할 수 있다고 하면서, "자신의 육체를 남용해야(to abuse his own flesh) 한다"고 했다고 한다. 니골라의 의도는 육체의 유혹에 빠지지 말자(육체를 제어해야 한다)는 뜻이었다. 니골라는 다른 여인과 관계를 가진 일이 없었고 그의 딸들은 처녀로 평생 정절을 지켰으며 그의 아들도 깨끗하였다고 유세비우스는 전한다.

니골라파는 니골라의 말을 오해한 사람들이 자신들의 부도덕한 행위

들에게 자연의 풍요로운 열매들이 약속되었을 것이다(Souli, 38-39; Mert, 52; Graves, 60; Trebilco, 2004: 22-23). 서론의 "에베소" 항목을 참고하라. 생명나무의 열매는 이와 대조된다. 이 열매는 하나님의 낙원에 있는 생명나무의 과실이다. 자연의 썩을 열매와 낙원의 썩지 않을 열매가 대조된다. 아르테미스(아데미) 숭배에 대해서는 행 19:21-41의 아데미 소동을 보라. 아데미 숭배는 에베소의 도시 종교였다.

를 정당화하기 위해(육체를 마음대로 쓸 수 있다고 하며) 니골라의 이름을 이용한 것이라 추정된다.[12] 에이레나이오스(Irenaeus, 130-202년)는 니골라파가 헬라철학에 영향을 받아 무절제한 삶과 간음 행위에 대해 예민하지 않았고 우상 제물을 먹었다고 알려준다(Irenaeus, *Haer.* 1.26.3; 3.11.1). 니골라파는 영적 신앙과 육체적 욕망의 추구를 별개로 생각하는 헬라식 이원론에 사로잡혔던 집단이었을 것이다. 그들의 문제는 특히 성적이고 도덕적인 것이다. 육체를 좇아 행하는 것을 부끄러워하지 않는 것이다. 이들 니골라파는 에베소 교회(2:6)와 버가모 교회(2:15)에 위협이 되었다. 에베소 교회는 이들을 배척하여 주님의 인정을 받은 반면(2:6), 그렇지 못한 버가모 교회는 책망을 받는다(2:15). 두아디라 교회의 여선지자 이세벨(2:20)도 이 집단과 관련이 있을 수 있다.

니골라파, 발람, 이세벨의 문제를 동일선상에 놓고 보면서, 이들의 문제가 성적 타락의 문제라기보다는 우상숭배와 관련된 문제라고 보는 견해도 있다(deSilva, 1992b: 384-5; Osborne, 2002: 120-1; Trebilco, 315-9). 즉 그리스도인이라 하면서, 우상의 제사에 참여하고 우상을 숭배하는, 당시 헬라-로마 종교의 문화를 수용하던 혼합주의 신앙 집단일 수도 있다.

---

12. Osborne은 에이레나이오스가 니골라파를 니골라 집사와 영지주의적 이단 케린투스(Cerinthus)의 교훈과 관련 있는 것으로 보았다는 점을 소개한다(Osborne, 2002: 120; 참고, Irenaeus, *Haer.* 1.26.3; 3.11.1). 좀 더 상세한 논의는 Aune, 1997: 148-9를 참고하라.

서머나('스뮈르나') 교회에 주시는 말씀도 서두(8절), 본문(9-10절), 말미(11절)로 구성된다. 본문은 다소 복잡한 구조(복합 교차)를 가지는데, 잘한 것의 인정(9a절), 사탄의 회당(9b절), 두려워 말라(10a절), 마귀의 시험(10b절), 신실하라(10c절), 상급의 약속(10d절)의 여섯 단위로 구분된다. 첫 부분이 칭찬(9a절)에서 시작하고 마지막에 상급의 약속(10d절)이 있다. 그 가운데 부분에 사탄의 회당(9b절)과 마귀의 시험(10b절)이 언급되며 그 사이에 '두려워하지 말라'(10a절)는 명령과 '신실하라'(10c절)는 명령이 주어진다. 이 부분은 일곱 교회에 대한 말씀 가운데 가장 짧은 내용을 담고 있으며, 칭찬과 위로의 말씀만 있는 두 개의 경우(서머나 교회, 빌라델비아 교회) 가운데 하나다. 서머나 지역에 대해서는 서론의 "서머나" 항목을 보라.

A. 서두(8절)

  X. 본문(9-10절)

    a. 잘한 것의 인정(9a절)

      b1. 사탄의 회당(9b절)

        b2. 두려워 말라-명령(10a절)

      b′1. 마귀의 시험(10b절)

        b′2. 신실하라-명령(10c절)

    a′. 상급의 약속(10d절)

A′. 말미(11절)

번역

8 너는 서머나에 있는 교회의 사자에게 쓰라. 처음과 마지막인 이, 죽었으나 살아난 이가 이것들을 말한다. **9** '나는 너의 환난과 가난을 안다. 그러나 네가 부요하다. 스스로 유대인들이라 하는 자들로부터 (네가 받는) 비방을 안다. 그들은 유대인들이 아니라 사탄의 회당이다. **10** 너는 고난받게 될 것을 두려워하지 말라. 보라. 마귀가 너희 가운데 (몇을) 감옥에 던져 시험을 받게 할 것이다. 너희가 십 일간 환난을 받을 것이다. 죽기까지 신실하라. 내가 생명의 관을 네게 줄 것이다. **11** 귀 있는 자는 성령이 교회들에게 말씀하시는 것을 들으라. 이기는 자는 둘째 죽음으로부터 해함을 받지 않을 것이다.'

주해 및 해설

8절 (서두) 그리스도께서 서머나 교회에 자신을 "처음과 마지막이신 이"(8절; 1:17)로 소개하심은 주님께서 모든 존재와 모든 역사의 시작과 마지막, 즉 생명과 역사의 주관자가 되신다는 점을 드러내신 것이다(1:17; 2:8; 22:13). '처음인 자'(ὁ πρῶτος)이신 그분보다 앞서 계신 자가 없고 '마지막인 자'(ὁ ἔσχατος)이신 그분보다 마지막까지 남을 자가 없다. 모든 존재가 있기 전에 주님께서는 존재하셨고 그 어느 것도 그분보다 오래 존재할 수는 없다. 세상의 모든 것에는 시작과 마침이 있다. 그런데 역사를 시작하신 그가 마치는 일도 하신다. 그분이 마치지 않으시면 역사는 끝나지 않는다. 그러므로 어떤 환경도, 난관에도 두려워하지 말아야 한다. 존재와 역사의 주관자가 우리의 주님이시기 때문이다.

또한 그리스도는 "죽었으나 살아난 이"시다(1:18). 몸소 고난을 받아 죽으셨으나, 사흘만에 부활하신 분이시다. '죽었다'를 '에게네또 네끄로스'(ἐγένετο νεκρὸς)라 묘사했는데, 이는 죽은 사실을 부각하는 표현이다. 부정과거 '살았다'(ἔζησεν)는 부활 사건의 사실성과 확실성을 나타낼 수 있다. 존재와 역사의 주관자이신 주님께서도 한때 죽으셨다. 그러나 그는 살아나셨다. 이제 '산 자'로 계신다(1:18; 롬 14:9; 고전 15:45; 히 7:25; 벧전 2:5). 그래서 죽음을 두려워할 필요가 없다. 죽음을 굴복시키신 그분과 함께 우리도 살 것이기 때문이다(롬 6:11; 14:8-9; 고후 5:15; 13:4; 갈 2:20; 빌 1:21; 살전 5:10).

우리가 고난과 죽음을 두려워하지 않는 것은 주님의 부활의 본이 있기 때문이다. 부활의 신앙은 죽음의 굴레를 넘는다. 육체로는 죽는다 해도, 그리스도처럼 영원히 산 자가 될 수 있다. 이 부활의 능력에 대한 이해가 서머나 교회에 필요했다. 황제 숭배와 제국 종교의 압박 속에서 신앙적 핍박에 시달려야 했던 교회에 이 메시지를 주셨다. 고난의 현장에서 낙심하지 않아야 하기 때문이다. 고난의 현장에서 주님의 역사적 주권과 부활의 힘을 기억해야 했다. 고난받은 교회는 "죽었으나 살아난 이"를 믿는 교회다. 고난 속의 성도는 다시 사신 주님을 믿는 자다. 그리스도인은 외부의 힘(압력)에 의해 그 본질이 좌우되지 않는다.

9절 (잘한 점과 사탄의 회당) 그리스도께서 서머나 교회가 겪은 환난(고난, 압박)과 가난(궁핍)에 대해 "나는 안다"('오이다')고 하셨다(9절). 그들은 주님 때문에 많은 대가를 치루고 있었다. 그리스도를 따르는 일로 받게 된 사회적 불이익과 압박(핍박)을 "환난"(θλῖψις)이라 한다면, 그로 인해 얻게 되는 경제적 손실은 "가난"(궁핍, πτωχεία)이다. 당시, 제국의 모든 이들이 추종하던 헬라-로마의 많은 신들을 버리고 유일하신 하나님과 그리스도만을 섬기는 신앙을 소유하는 것은 사회적 환난('쓸립시스')과 경제적 가난('쁘또케이아')을 자초하는 길이었다(참고, Tenney, 126-8; deSilva, 1992a: 289-91). 그리스도를 따르기 위해서는 많은 비용을 지불해야 했다. 주님은 그들이 '가난하지 않다, 오히려 부요하다'라고 하신다. 서머나 교회는 사회적(경제적)으로는 가난하다 해도, 영적으로는 부자인 교회였다. 그것은 역설이다. 반면에 뒤에 나오는 라오디게아 교회는 부요하지만 실제로는 가난하다고 평가하신다(3:17). 참된 부요는 어떤 것인가? 서머나 교회는 누가 봐도 가난한 자들이지만, 실상은 부요한 자들이다.

서머나 교회가 직면한 난관의 또 다른 하나는 그 지역의 유대인들 때문에 발생했다.[1] 그들이 스스로 유대인(들)이라고 하지만 그들이 그렇지 않다고 하신 것은("그들은 유대인들이 아니다"), 그곳의 유대인들이 '하나님께 속한 백성'이 더 이상 아니라고 선언하심과 같다. 그들이 참 유대인이었다면 예수그리스도를 메시아로 받아들였을 것이다. 그들의 "비방"(βλασφημία,

---

1. 서머나를 비롯하여 소아시아(고대 리디아 지역)에 유대인 공동체가 세워지고 많은 유대인들이 거주하기 시작한 것은 주전 210년경이었다. 안디오쿠스 3세가 바벨론에 있던 유대인들을 이곳으로 이주시켰기 때문이다. 유대인들과 지역민(헬라인)들 사이에 가끔 갈등이 있기는 하였으나, 요한 시대에 두 집단은 서로 불편하지 않은 관계를 갖고 있었을 뿐 아니라, 유대교는 로마 당국의 보호를 받고 있었다. Trebilco, 2004: 38-43을 참고하라.

훼방/모독)은 예수 그리스도와 그의 교회에 대한 것이다. 예수 그리스도는 하나님의 아들이시며, 성부 하나님과 같은 신성적 이름을 가지신다. 그렇다. 성부께서 알파와 오메가(1:8), 처음과 마지막(21:6)이 되신 것처럼, 성자도 처음과 마지막(1:17; 2:8; 22:13), 그리고 알파와 오메가(22:13)시다. 따라서 그리스도의 신성을 인정하지 않는 것이 곧 신성 모독('블라스페미아')이다.[2] 예수 그리스도를 인정하지 않고 그 이름과 그의 교회를 비방하는 유대인들이 그곳에도 많이 있었다.[3] 유대 회당은 그렇게 불경한 유대인들의 중심지였다. 따라서 그곳을 "사탄의 회당"(συναγωγὴ τοῦ σατανᾶ)이라 부르셨다. 여기에 또 다른 역설이 있다. 누가 봐도 그들은 하나님의 백성 유대인 집단이지만, 실상은 사탄의 회당이다. 그들의 참 모습은 무엇인가?

본래 적대자(adversary)라는 뜻의 '사탄'(שָׂטָן, Satan)이 구약에서 '마귀'를 뜻할 때(대상 21:1; 욥 6:7-9, 12; 2:1-7; 시 109:6; 슥 3:1-2), 칠십인역(LXX)은 '디아볼로스'(διάβολος)로 번역하였다. 이것은 '비방자', '중상하는 자'(slanderer)의 뜻을 가진 단어다(L&N, 33.397). 신약에서 '디아볼로스'는 주로 마귀를 뜻한다(예, 마 4:1, 5, 8, 11; 13:39; 25:41 등). '디아볼로스'는 모두 37회 사용되는데, 마귀를 뜻하는 대신, 형용사로서 '비방하는', '중상하는'의 의미로 쓰인 경우는 단 3회(딤전 3:11; 딤후 3:3; 딛 2:3)다. 히브리어 '사탄'을 헬라어로 음역한 '사타나스'(Σατανᾶς) 또는 '사딴'(Σατᾶν,

---

2. '신성 모독' 또는 '비방'이라는 뜻의 βλασφημία('블라스페미아')는 계시록에서는 모두 하나님에 대한 신성 모독의 개념으로 쓰였다고 볼 수 있다(2:9; 13:1, 5, 6; 17:3). 다만 2:9는 그리스도에 대한 모독일 수도 있고 교회에 대한 비방의 의미일 수도 있다. '블라스페미아'는 부정적인 용어로 적대적인 개념을 전제한다. 바른 교회는 '블라스페미아'를 멀리하고 도리어 이를 극복한다. A. Collins, 1986a: 309을 보라.
3. 서머나 인구가 10-15만 명 정도였다면, 유대인들의 수는 5천 명이 넘었을 것으로 추정된다. 1세기 말의 로마제국의 인구는 6천만 명, 그 가운데 유대인들이 4-5백만 명, 그리스도인들은 5만 명 정도로 추정한다(Lambrecht, 291; Ferguson, 341; Trebilco, 2004: 50-51).

σατᾶν)은 구약 칠십인역에서는 쓰이지 않았고 신약에서만 36회 쓰인다. 신약에서는 마귀('디아볼로스')와 사탄('사딴')이 비슷한 빈도로 사용되고 있다. 예수께서는 자신을 극렬히 비방하는 유대인들에게, 마귀가 그들의 아비에 해당한다고 말씀하신 바 있다(요 8:44). 서머나에는 그리스도와 교회를 비방하고 훼손하려는 중심에 회당('쉬나고게')이 있는데, 그곳은 사탄이 은밀히 역사하는 곳이었다.[4] 회당이 교회('에클레시아')를 대적하던 때였다.

'환난'과 '궁핍'과 '비방'이 다 유대인들의 교회 배척과 관련이 있을 수 있다(Beale, 1999: 240-1). 유대인들의 비방과 반대 때문에 로마 당국의 보호를 받지 못하게 된 그리스도인들이 유대인들과 현지인들의 고발로 박해(핍박)를 받게 되고 이로 인해 궁핍에 이르게 되었을 것이다(Osborne, 2002: 127, 130-1). 당시 유대인들은 그리스도인들의 교회는 (당국의 보호를 받아야 할) 유대교가 아니다(또는 그들은 유대인들이 아니다)라고 주장하며 고발했을 것이며, 그리스도께서는 역으로 그러한 유대인들에 대하여 "그들은 유대인들이 아니다"(2:9; 3:9)라고 선언하셨을 것이다. 그러한 서머나의 유대인들은 사탄이 행하는 비방하고 중상하는 역할을 하므로, "사탄의 회당"이었다. 그러나 교회는 오히려 믿음 가운데 영적 부요함을 누렸다. 그들은 육체로 가난했지만 영적으로 부요했다. 주님은 그들의 부요함을 인정하셨다.

10절 (마귀의 시험과 두 가지 명령, 상급의 약속) 서머나 교회의 고난은 아직 끝나지 않았다. 고난은 앞으로도 있게 될 것("고난받게 될 것")이다.

---

4.   1세기 교회, 특히 소아시아 교회에서의 유대교와의 갈등에 대해서는 김상훈, 2004: 121-9를 참고하라. 이들('스스로 유대인이라 하는 자들')이 유대인들을 가리키는지, 또는 유대화된 그리스도인들을 가리키는지에 대한 학자들의 논쟁을 보려면, A. Collins, 1986a: 310-11, 특히 각주 5과 6; Aune, 1997: 164-65를 참고하라.

그럴 때라도 두려워하지 말아야 한다(10절). 그리스도께서 모든 역사의 처음과 마지막이 되시며 한때 죽으셨으나 다시 살아나신 분(2:8; 1:17-18)이시기 때문이다. 교회에서 (최소한) 몇 명은 감옥에 갇히고 그곳에서 시험을 견뎌야 할 것이다. "십 일간 환난을 받는다"고 하셨는데, '십 일'은 한정된 기간을 가리킨다. 그 시험이 한시적인 것이 될 것이다. 그러나 짧은 기간이 아닐 수 있다.

　　이러한 고난은 서머나 교회가 헬라 종교와 황제 숭배를 거부하는 것 때문에 받게 될 정치 종교적 고난이다. 그런데 성도들이 당국에 끌려가 감옥에 갇히는 일에 유대인들(회당)이 관여될 것을 본문이 암시하고 있다고 볼 수 있다. 왜냐하면 9b-10c절이 평행법으로 되어 있기 때문이다.

　　　b1. 사탄의 회당(9b절)

　　　　b2. 두려워 말라-명령(10a절)

　　　b′1. 마귀의 시험(10b절)

　　　　b′2. 신실하라-명령(10c절)

　　여기서 "사탄의 회당"(9b절)과 "마귀의 시험"(10b절)은 그들에게 닥친 (또는 닥칠) 서로 다른 두 종류의 문제로 볼 수도 있지만, 둘이 서로 밀접한 것일 가능성이 높다. 그 이유는 '사탄'과 '마귀'가 동일한 대상을 가리키는 용어이기 때문이다. 따라서 본문은 사탄의 회당에 속한 적대적인 유대인들이 그리스도인들을 당국에 고발한 결과 성도들이 잡혀 감옥에 갇히게 될 일을 가리키는 것일 수 있다(Lambrecht, 282-3).[5] 고난을 당할 교회에게 주

5.　도미티아누스 시대에 유대인들이 황제에게 그리스도인들을 고발하는 내용이 외경 요한행전 3장에 기록되어 있다. 서머나는 폴리갑의 순교로 유명하다. 폴리갑 감독은 156년경에 순교하였다. 서론의 "서머나" 항목을 참고하라. 폴리갑의 순교 때에

님은 "두려워하지 말라"(10a절)는 말씀과 "신실하라"(10c절)는 명령을 주
신다. 하나는 부정의 현재 명령법(μηδὲν φοβοῦ, 두려워 말라), 두 번째는 긍
정의 현재 명령법(γίνου πιστός, 신실하라)이다. 현재 명령법 '메덴 포
부'(μηδὲν φοβοῦ)를 통해 지속된 노력이 촉구된다. 특히 '메덴'은 '하나도
(조금도) ~말라'는 강조적 의미를 가진다. 강조를 위해 '메덴'을 사용한 '메
덴 포부'는 신구약(LXX 포함)에서 이곳에서만 쓰였다. 어떤 상황에 처하든
조금도 두려워하지 말고 오직 주님을 계속해서 바라보라는 강조가 이 명령
에 담겨 있다. 반면에 일반적인 형태인 '메 포부'(μὴ φοβοῦ, "두려워하지 말
라")는 많이 반복되는 중요한 어구다(예, LXX 창 15:1; 21:17; 26:24; 28:13;
46:3 등; 막 5:36; 눅 1:13, 30; 5:10; 8:50; 12:32; 요 12:15; 행 18:9; 27:27;
계 1:17). 부정의 부정대명사(중성 단수 목적격) '메덴' 대신 부정의 불변화
사 '메'로 된 일부 사본(A C 046 등)은 뒤잇는 관계대명사 중성 복수 '하'(ἃ)
에 맞추기 위한 후대의 수정으로 평가된다(Aune, 1997: 157-8).

마귀는 그들 가운데 몇을 감옥에 처넣을 것이다. '던질 것이다'(μέλλει
βάλλειν)라는 표현은 얼마 있지 않아 그런 일이 일어날 것이고 투옥 과정
이 강압적일 것을 암시하는 것 같다. "십 일간"은 실제의 십 일을 가리킬 수
도 있고, 짧지만 충족된(또는 한정된) 기간을 가리킬 수도 있다. "시험을 받
게", 그리고 "환난을 받을 것이다"는[6] 감옥 생활의 힘듦, 그리고 신앙과 관

유대인 일부가 관여되었다는 이야기가 "폴리갑의 순교"(Polycarp, *Phil.* 12.2; 17.2)의
기록에 나온다(참고, Aune, 1997: 175-6). 당시의 유대교는 그만큼 교회와 심한 대립
관계에 있었다.

6. "시험을 받게"(πειρασθῆτε)나 "받을 것이다"(ἕξετε)가 모두 '히나'(ἵνα)절 동사인데,
전자는 부정과거 가정법이고 후자는 미래 직설법으로 쓰인 예다. Aune는 계시록에
서 '히나' 미래 직설법의 열 가지 예(3:9; 6:4, 11; 8:3; 9:4, 5, 20; 13:12; 14:13; 22:14)
와 신약의 일곱 가지 예(눅 14:10; 20:10; 요 7:3; 행 21:24; 고전 9:18; 갈 2:4; 엡 6:3)
를 알려준다(Aune, 1997: 158). 그에 따르면 엡 6:3은 '히나' 부정과거 가정법과 미래
직설법이 함께 쓰인 예다(Aune, 1997: 158).

련된 고문 등이 있게 될 것을 암시한다.

그런 일을 당할 때라도, "죽기까지(ἄχρι θανάτου) 신실하라(γίνου πιστὸς)"는 말씀을 기억해야 한다. 이 말씀을 문자적으로 번역하면 '죽음에 이를 때까지(때라도) 신실하게 있으라'다. 죽을지라도 주님께 신실해야 하는 것이 맞다. 십 일간의 환난과 시험이 끝나고 이들이 풀려나게 될지, 아니면 결국 죽음으로 끝날지에 대해 말씀하신 바 없다. 신자가 할 일은 "죽기까지" 견뎌내는 것이다. 그래서 죽으면 그 십 일 간의 기간이 끝난다. 물론 풀려나도 끝이 난다. 오직 신실할(충성될) 뿐이다.

그런데 박해를 가하는 자들에게는 모든 것을 끝낼 수 있는 권한이 있지 않다. 처음과 마지막이 되시는 그리스도께서 끝을 내셔야 끝이 난다. 현재 명령법 '기누 삐스또스'(신실하라)에 이어지는 미래 직설법 '도소'(δώσω, 내가 줄 것이다)는 명령에 따르고 순종할 때 주시겠다는 주님의 확실한 약속이다(조건 명령법). "생명의 관"을 주시겠다고 약속하셨다. 생명의 관은 생명을 가져다 줄 승리의 관을 가리킨다. 이것은 왕관(διάδημα)과 구별된다. 여기서 '관'(στέφανος)은 올림픽과 같은 운동경기에서 승리할 때 선수가 얻는 승리의 관을 가리킨다. 승리의 상징이자 영예의 관이다. 그렇지만 그 어떤 영예로운 승리의 '스떼파노스'(관)도 생명의 '스떼파노스'에 비할 수 없다. '생명의 관'은 영원한 생명을 소유하고 있음을 상징하기 때문이다. 육체적인 찰나의 죽음을 두려워하지 않는, 영원한 생명을 소유한 이들이 받을 승리의 '스떼파노스'다.[7]

---

7. 첫 번째 순교자 스데반 집사의 이름이 '스떼파노스'(στέφανος)다. 스데반은 그의 순교를 통하여 아름다운 영예의 '승리의 관(월계관)'을 얻었을 것이다. 이 때문에 교회 화가들은 순교자들을 그릴 때 그들의 머리 위에 이 관을 그리곤 하였다. 대표적인 예가 4세기 리키니우스(Licinius)의 때에 아르메니아의 세바스테(Sebaste)에서 순교한 로마 군병을 그린 "40인 순교자"(Forty Martyrs of Sebaste)라는 그림일 것이다. 후대에 이들을 기념하여 그린 그림들이 많다. 이들을 그린 그림에는 40개의 승리의 관

11절 (말미) "이기는 자"('호 니꼰')는 둘째 죽음이 해할 수 없을 것이다. 둘째 죽음은 마지막 심판과 그 이후의 형벌을 가리킨다(20:6, 14; 21:8). 생명책에 기록되지 않은 모든 이들이 그 행위대로 심판을 받게 될 것이다. 그리고 불못에 던져지게 된다. 이것이 불못의 심판인 둘째 죽음이다(20:6, 14; 21:8). 말씀을 지켜 승리하는(이기는) 자는 이 죽음에서 면제된다. 부정어가 중복된 "해함을 받지 않을 것이다"(οὐ μὴ ἀδικηθῇ)는 강한 부정의 뜻을 표현한다('결코 해함을 받지 않게 될 것이다'). 한 번 죽지만, 결코 두 번 죽지는 않는다. 성도는 두 번째 죽음을 겪지 않는다. 생명책에 기록되기 때문이다(20:15). 주님을 위하여, 이 땅에서 해(해함)를 받는 자는 영원한 해(해함)에서 면제된다. 이것이 약속이다. 여기에 역설과 반전이 있다. 주님도 해를 입고 죽으셨으나 영원히 살아나셨다(8절). 해를 입고 죽임을 당하는 성도도 결국 영원히 살게 된다. 그 사실 자체가 큰 복이다. 현재의 난관은 미래의 복을 가로막을 수 없다.

이 순교자들의 머리 위에 빛나고 있다.

제5장
요한계시록 2:12-17
버가모 교회

버가모('뻬르가모스') 교회에게 주시는 말씀도 서두(12절), 본문(13-16절), 말미(17절)로 세 부분이다. 본문은 칭찬과 책망이 이중(dual)으로 제시된다. 매우 단순한 구조다. 버가모 지역에 대해서는 서론의 "버가모" 항목을 보라.

      A. 서두(12절)

        X. 본문(13-16절)

          a. 칭찬(13절)

          a′. 책망(14-16절)

      A′. 말미(17절)

번역

12 너는 버가모에 있는 교회의 사자에게 쓰라. 양날의 예리한 검을 가진 이가 이것들을 말한다. **13** '나는 네가 어디에 거하는지 안다. 그곳은 사탄의 권

좌가 있는 곳이다. 네가 나의 이름을 붙잡고 있다. 나의 신실한 증인 안디바
가, 사탄이 거하는 그곳에서 너희 중에 죽임을 당한 그 날들에도, 너는 나에
대한 믿음을 부인하지 않았다. **14** 그러나 네게 책망할 것이 조금 있다. 네가
(있는) 그곳에 발람의 교훈을 붙잡는 자들이 있다. 발람은, 이스라엘 자손들
앞에 올무를 던져 그들로 우상 제물을 먹고 음행하도록 발락을 가르친 자이
다. **15** 이와 같이, 네게 니골라파의 교훈을 붙잡는 자들이 있다. **16** 그러므로
회개하라. 그렇지 않으면 내가 네게 속히 와서, 내 입의 검으로 그들과 싸울
것이다. **17** 귀 있는 자는 성령이 교회들에게 말씀하시는 것을 들으라. 이기
는 자에게, 내가 감춰진 만나를 줄 것이다. 또한 받은 자 외에는 아무도 알지
못하는 새 이름을 그 위에 기록한 흰 돌을 줄 것이다.'

주해 및 해설

12절 (서두) 그리스도의 입에서 나오는 "양날의 예리한 검(ῥομφαία, 긴
검)"(1:16)은 전쟁의 도구(무기)로 만국(열방)을 치실 때 사용하신다(19:15,
21). 이 검이 그분의 입에서 나오는 것은 그의 말씀과 관련이 있기 때문일
것이다. 히브리서(4:12-13)는 다른 단어(μάχαιρα, 짧은 검)를 사용한다. 그
곳에서는 하나님의 말씀을 "좌우의 날선 검보다 더 예리한 것"으로 그린다.
이 검은 사람의 속에 있는 폐부와 마음의 깊은 것을 꿰뚫고 이를 하나님 앞
에 다 드러낸다.

12절 말씀에는 두 가지 의미가 있다. 첫째, 그리스도는 승리하는 분이시
다. 그 검 앞에 맞설 수 있는 검이 없고 그 앞에 맞설 수 있는 나라가 없다.
그의 전쟁에서 그는 승리자시다.[1] 역사상 많은 전쟁을 겪고 결정적인 승리

---

1.   '양날의 예리한 검을 가지신 분'으로 나타나신 것은 고대 전쟁 영웅들이 많이 출현
      했던 버가모의 전쟁사와 관련이 있을 것이다(서론의 "버가모" 항목을 참고하라).

를 경험한 바 있던 영웅들의 도시 버가모를 배경으로 하여, 누가 진정한 전쟁의 승리자인지 말씀하신다. 둘째, 그리스도는 모든 이들의 마음과 그 깊은 것을 아신다. 그분의 말씀 앞에 숨길 수 있는 것이 없다. 그리스도는 그 말씀으로 책망도 하시고 치유도 하신다.

13절 (칭찬) "나는 안다"('오이다')는 첫 말씀은 그들이 어디에 거주하는지 아신다는 것과 관련된다. 버가모에 "사탄의 권좌"(ὁ θρόνος τοῦ σατανᾶ)가 있음을 말씀하신다. 사탄의 권좌는 올림푸스의 신, 제우스의 제단(또는 버가모의 제단)을 가리킬 것이다. 그뿐 아니라, 그곳에 있었던 버가모의 전쟁 영웅들이던 제왕들의 신전('헤로온'이라는 이름의 전)과[2] 그 외의 여러 신의 신전들을 가리킬 수 있다. 특히 언덕(아끄로뽈리스)에 있는 웅장한 제우스 제단을 사탄의 권좌라 하신 것일 수 있지만(서론의 "버가모" 항목을 보라), 그만큼 버가모인들이 사탄의 지배 아래 놓여 있음을 밝히신 말씀이라 할 수 있다. 즉, 올림푸스 12신을 중심으로 하는 그리스 신화가 사탄의 것이라 선언하신 것이면서, 동시에 버가모가 다른 어떤 지역보다 더 사탄이 왕권을 행사하는 땅인 것을 지적하신 것이다.

헬라 종교와 그리스도 교회 간의 충돌이 많았을 것이다. 종교와 역사와 부요함에 자부심을 가졌을 버가모인들은 그들의 신들을 거부하는 그리스도 교회와 성도들을 내버려 둘 수 없었을 것이다. 그들은 교회를 공격하였고 그리스도의 "신실한 증인" 안디바를 살해하였다.[3] 주님 자신이 "신실한

---

2. '헤로온'(ἡρῷον)이라는 말('영웅의 전')은 '영웅'(ἥρως > hero)에서 나왔다.
3. '호 마르뛰스 무 호 삐스또스 무'(ὁ μάρτυς μου ὁ πιστός μου)는 '나의 신실한 증인'(ESV, NIV, NLT)으로 번역할 수도 있으나, 어감을 살려 '나의 증인, 나의 신실한 자'(KJV, NAS, RSV)로 번역하는 것도 좋다. 증인 됨의 정체성과 주님의 신실한 인정이 함께 강조된 표현이다. 주님 자신이 '호 마르뛰스, 호 삐스또스'(ὁ μάρτυς, ὁ πιστός), 즉 "신실한 증인"이셨다(1:5). 안디바가 주격으로 사용된 이유에 대해 Beale, 1999: 247-8을 참고하라.

증인"이셨음(1:5)을 기억하자. 따라서 "나의 증인이며 나의 신실한 자"라는
표현은 그가 참으로 그리스도를 닮은 자임을 부각하는 표현일 것이다. 안
디바는 제우스 제단이 있는 언덕(버가모의 '아끄로뽈리스'[ἀκρόπολις], "사
탄이 거하는 그곳")에서 죽임을 당한 듯하다.[4] 그런 상황에서도 버가모 교
회는 신앙을 지켰다. 주님의 이름을 굳게 붙잡고(의지하고) 있었다. '붙잡
다'(κρατέω)는 '힘'(κράτος)과 관련된 단어다. '붙잡다'를 현재형으로 쓴 것
은 그 이름을 붙잡는 신앙이 지속되고 있음을 인정한 것일 것이다. 그들은
주님의 이름을 그들의 힘으로 삼았다. 또한 "나에 대한 믿음"을 "부인하지
않았다"(οὐκ ἠρνήσω)는 것은 동료 안디바가 죽임당한 그런 현실 속에서 이
들이 믿음을 지켜낸 일에 대한 칭찬이다. '누가 참 신인가?'를 다투는 사
회-종교적 압박 속에서,[5] 그들은 두려워하지 않고 주님에 대한 담대한 믿음
을 가졌고 이를 끝까지 지켜냈다. 주님은 그것을 인정하셨다("나는 안다").
13절 헬라어 본문의 내적 구조(교차법)는 다음과 같다(참고, Turner, 1976:
147-8). 이러한 구조는 버가모에 사탄 문화가 중심임을 부각한다.

    a. 너희가 어디에 거주하는지, 사탄의 권좌가 있는 곳

      b. 나의 이름을 붙잡고

      b' 나의 믿음을 부인하지 않았다. 안디바가 죽은 날에도

---

4.   안디바는 놋쇠로 만든 황소 모양의 틀 속에 갇힌 채 불로 달궈져 순교하였다는 이야
기가 버가모 지역에 전승으로 전해진다(Cimok, 65). 고대 헬라인들이 도시를 건설
할 때 중요하게 여겼던 지형적 여건 가운데 하나는 그들의 '아끄로뽈리스'(ἀκρόπολις)
로 삼을 수 있는 높은 산(언덕)이 있느냐 하는 것이었다. '아끄라/아끄레'(ἄκρα/
ἄκρη)는 '갑'(곶) 또는 '산의 정상'(mountain-top)을 뜻하고 '뽈리스'(πόλις)는 도시,
동네(town)를 뜻한다. 높은 곳에 위치한 '아끄로뽈리스'는 특별한 신상들을 보호하
는 처소와 도시민의 피신처 역할을 하였다.

5.   본문(13절)에서 "사탄의 권좌가 있는 곳", "사탄이 거하는 곳", 이렇게 반복 사용한
것은 버가모 지역에서 그만큼 종교적 충돌이 심하였음을 의미한다.

a′. 사탄이 거주하는 곳에서

14-15절 (책망[발람과 니골라파의 교훈]) 그런데 그들에게도 책망할 것
이 "조금"(ὀλίγα) 있었다(14절, '네가 가지고 있다'). 그들은 여러 영역에서
칭찬받을 만하였으나, 그렇지 못한 부분도 조금은 발견되었다. 그 내용(ὅτι,
'호티'-절)은 그들 가운데 발람의 교훈을 "붙잡는 자들"('끄라뚠따스')이 있
다는 것이다.

발람은 이스라엘 대적자 발락에게 꾀를 빌려주어 이스라엘을 무너지
게 한 자다. 이스라엘을 저주해 달라는 모압 왕 발락의 요청을 받아들여, 브
올의 발람은 세 번이나 이스라엘을 저주하려 하였다. 그러나 그때마다 오
히려 이스라엘을 축복하게 된다(민 22-24장). 발람과 발락의 저주 사건은
실패로 끝났다. 그런데 장면이 바뀌자, 이스라엘이 갑자기 타락하게 된다
(민 25장). 오랜 기간 광야 생활에 지친 이스라엘 남성들이 모압 여인들의
유혹에 빠져 음행을 범하고 바알브올(브올의 바알) 숭배에 동참한 것이다.
그때 이스라엘 중에 이만 사천 명이 급성 전염병(염병)으로 몰살하였다. 후
에 발람은 이스라엘에 의해 죽임을 당한다(민 31:8). 25장의 브올 사건을 일
으킨 배후로 밝혀졌기 때문이다(민 31:16).

발람의 교훈은 도덕적(성적) 타락으로 하나님과 성도 사이를 이간한 일
과 관련된다. 당시 하나님의 동행하심으로 인해 그 어떤 것으로도 꺾을 수
없던 이스라엘(민 23:21-24; 24:8-9)을 무력화한 것은 도덕적 타락이었다.
발람이 이를 생각하였고 그 꾀를 발락에게 주었다(민 31:16; 벧후 2:15-16;
유 1:11). '가르쳤다'(ἐδίδασκεν)는 발람이 자신이 고안해 낸 안을 발락이 수
행할 수 있게 그를 이끌고 또한 협력했음을 알려준다. 그 결과 이스라엘이
우상의 제물을 "먹고 음행하게" 되었다. 여기서 음행이 신앙적인 것인지,
성적인 것인지, 또는 두 가지를 다 말하는 것인지 분간하기는 어렵다. 둘 다

가능하다. 14절에서 "올무"(σκάνδαλον)라고 한 것은 '넘어지고 빠지기 쉬운 함정(덫)'이기 때문이다. 육체의 욕망을 자극하였을 때 그들은 무너졌다. 그렇게 타락의 올무에 빠진 자들이 버가모 교회에 있었다.[6] 로마제국 내의 교회들(특히 소아시아 지역)은 황제 숭배와 많은 로마의 신들에 대한 종교의식을 거부해야 했다. 이들 종교의식에는 제물로 쓰인 고기들이 참여하는 이들에게 풍요하게 제공되었고 또한 성적으로 부도덕한 일들이 조장되었다(참고, deSilva: 1992a: 292-6; Aune, 1997: 192-4; Osborne, 2002: 144-5). 이것들을 거부하기가 쉽지 않았을 것이다. 종교의식의 거부는 사회적, 경제적, 정치적 권리의 상실로 이어졌기 때문이다(서론의 "소아시아의 종교" 항목을 참고하라).

"네가 가지고 있다"는 14, 15절에서 두 번 반복하여 나온다. 특히 15절은 '너도'(καὶ σὺ) 가지고 있다고 하면서 '너도'를 강조한다. "이와 같이"('후또스') 가지고 있다고 한 것은 니골라파의 교훈도 육체적, 종교적 타락과 관련이 있기 때문이다(15절). 문장 뒤에 "그처럼"('호모이오스')이 덧붙여진다. 발람의 교훈과 니골라파의 교훈은 같은 것을 가리키는 반복적 표현일 수 있다. 버가모 성도 대부분은 그리스도의 이름을 '붙잡고'(13절) 있었다. '붙잡다'(14, 15절)는 '힘으로 잡다', '굳게 잡다'를 뜻한다. 버가모 성도들 가운데 몇은 발람의 교훈과 니골라파의 교훈을 '붙잡고' 있었다. 그들의 욕망을 따르고 있었다. 눈에 보이는 것이 보기 좋기 때문이다. 그 시대의 문화와 타협한 경우다(Seal, 2020b: 2).

16절 (회개의 촉구) 그리스도는 "회개하라"(μετανόησον)고 말씀하신다

---

6.   당시 헬라 종교는 태생적으로 도덕적일 수 없었다. 올림푸스의 최고신 제우스부터 적지 않은 여인들과 관련이 있다. 올림푸스의 12신 가운데 특히 디오니수스(박커스)는 술의 신으로 서민의 한을 풀어주는 신이면서 술에 의한 성적 타락을 이끄는 신이기도 하였다. Tripolitis, 24; Lohse, 235; Souli, 50을 보라.

(16절; 참고, 2:5; 3:3, 19).[7] 그곳에서 돌이키라는 말씀이다. 그리스도의 교회를 무너뜨릴 수 있는 적은 외부에 없다. 임마누엘이신 그리스도께서 함께하시기 때문이다(마 16:18; 18:20; 28:20). 교회는 다만 부패와 타락으로 스스로 무너질 뿐이다. 그러므로 교회는 늘 스스로를 돌아봐야 한다. 종교개혁의 모토처럼 "교회는 늘 개혁되어야 한다"(*Ecclesia semper reformanda est*). 회개하지 않으면(그렇지 않으면, εἰ δὲ μή) 그리스도께서 속히 오셔서 부패한 "그들과" 싸우시겠다고 하신다. "내가 네게 올 것이다"(ἔρχομαί σοι)는 '네게 오겠다'고 대상('네게')을 지정하시는 강력한 표현이다. 특히 오시겠다는 말에 "속히"를 더한 것은 절박함과 긴급함을 부각한다. 그리스도는 "내 입의 검으로" 싸우겠다고 선언하신다. "싸울 것이다"(πολεμήσω)는 '전쟁할 것이다'라는 선포이자 선언이다. 그 입의 검은 본래 만국과 전쟁하는 검이다(12절; 19:15, 21). 그의 적을 쳐서 파멸시키는 검이다. 그런데 그의 백성을 향해 사용하시겠다고 하신다. 브올에서 타락한 이스라엘이 하나님의 손에 죽임을 당하였듯이(민 25:1-18; 신 4:3; 수 22:17; 호 9:10), 그리스도는 지금 그의 성도들을 겨냥하여 검을 겨누겠다고 하신다. 그들의 부패를 참으실 수 없기 때문이다. 그리스도의 교회는 거룩하고 성결해야 한다. 늘 회개하고 개혁되어야 한다. 오늘도 새롭게 되어야 한다. 그것이 살 길이다. 그래야 그리스도의 거룩한 전쟁에 참여할 수 있다. 책망 부분인 14-16절은 다음과 같은 구조로 볼 수 있다.

7.　부정과거 명령법 '메따노에손'은 계시록에서 네 번 사용된다. 에베소 교회(2:5), 버가모 교회(2:16), 사데 교회(3:3), 라오디게아 교회(3:19)에 대한 말씀에서다. 그런데 니골라파의 문제는 에베소 교회(2:6)와 버가모 교회(2:15)에 나온다. "회개하라"와 "그렇지 아니하면"의 말씀, 역시 에베소 교회(2:5)와 버가모 교회(2:16) 부분에 나온다.

a. 네가 발람의 교훈을 가진 자들을 가지고 있다.

　　b. 이스라엘 앞에 올무를 던져 먹고 음행하게 한 자(발람)

a′ 네가 니골라파의 교훈을 지키는 자들을 가지고 있다.

　　b′. 회개하라. 그렇지 않으면 내가 와서 싸울 것이다.

17절 (말미) 그리스도께서 버가모 교회의 "이기는 자"에게 약속하신다. 단수 '이기는 자'는 교회 전체(모든 구성원)를 가리킨다. 성도들은 많은 박해에도 불구하고 믿음으로 이기고 또한 발람과 니골라파의 유혹을 이겨야 할 것이다. "내가 줄 것이다"(δώσω, '도소')의 2회 반복으로 주님의 보상에 대한 약속이 강조된다. 첫 번째 '도소'는 만나를 주시겠다고 약속하신다. '만나'가 소유격(τοῦ μάννα)으로 쓰인 것은 부분을 뜻하는 소유격으로서 만나의 일부분(some of the manna)을 가리키는 것 같다(ESV, NAS, RSV). "감춰진"(현재완료 수동태, '감춰져 있는') 만나는 먹어도 죽지 않을 '하늘의 떡(빵)', 그리스도 자신(요 6:31-33, 48-51)을 가리킬 수도 있고 또 다른 특별한 것을 상징할 수도 있다. 만나(출 16:31; 민 11:16; 신 8:3, 16; 수 5:12)에 관한 언급은 버가모 교회에 대해 지적하는 말씀 가운데 발람의 사건, 즉 우상 제물을 먹은 것(14절)과 연관된다. 그리하여 감춰진 하늘의 만나와 드러난 우상 제물이 대조된다. 이 말씀은 우리의 만족이 음행이나 우상 제물과 같은 육체적인 것에 있지 않음을 알려주기도 한다.

　　두 번째의 "내가 줄 것이다"('도소')는 말씀은 흰 돌을 약속한다. 흰 돌이 무엇인지 분명하지 않으나, 본래 '돌'(ψῆφος, 조약돌)은 투표하는 것과 관련이 있다(행 26:10; Newton, 84). 어떤 이의 이름이 쓰인 돌을 던지는 것은 그에게 투표하는 것이다. 또는 자신의 이름이 쓰인 돌을 던져 어떤 안건에 대해 찬부를 표하기도 하였다. 흰 돌은 찬성을 의미하고 검은 돌은 반대를 뜻할 것이다(Aune, 1997: 190). 흰 돌에 기록된 "새 이름"은 그리스도의 신성적 이름일 수도 있고(참고, 19:12, "그 자신 외에는 아무도 알지 못하는") '이기는 자'에게 주시는 새 이름일 수도 있다.[8] 비일은 2:17과 19:12에 반복하여 등장하는 동일한 표현(ὄνομα γεγραμμένον ὃ οὐδεὶς οἶδεν εἰ μὴ, "~외에는 아무도 알지 못하는 쓰여진 이름")을 지적하며 이 이름이 그리스도의 이름을 가리키는 것이라 말한다(Beale, 1999: 257). 그리스도의 이름을 굳게 붙잡던 버가모 교회(13절)에 "새 이름"의 약속을 주신 것(17절)은 자연스럽다(Beale, 1999: 255; 참고, 3:8, 12). 그리스도께서 "줄 것이다"라고 약속하신 만나(출 16:31; 민 11:7)와 흰 돌이 모두 '흰색'이라는 공통점은 의로움과 거룩함과 관련이 있을 것이다(참고, 19:8-9; Beale, 1999: 253).

---

8. '이름'은 일곱 교회에 대한 말씀에서 자주 반복된다(2:3, 13, 17; 3:1, 4, 5[x2], 8, 12[x3]). 특히 이름은 성도의 바른 정체성과 후에 성도가 얻게 될 보상과 관련이 있다. 믿음 때문에 구별되어, 성도에게 새롭게 주어질 새 이름이라면(예, 사 62:2의 "너는 여호와의 입으로 정하실 새 이름으로 일컬음이 될 것이며", 개역개정; 참고, Osborne, 2002: 149), 각 도시가 헬라 신들과 황제 숭배로 얻게 된 각종 이름들과 대조될 수 있다(Newton, 82). 결국 누구의 이름, 또 어떤 이름을 가지고 있느냐의 대조다. Hutchinson은 신의 이름이 적힌 부적(amulet)을 갖는 자가 신적 힘과 보호를 요청할 수 있던 고대 문화에 대해 소개한다(Hutchinson, 152-3).

제6장
요한계시록 2:18-29
두아디라 교회

그리스도께서 두아디라('쒸아떼이라') 교회에 주시는 말씀은 역시 서두(18절), 본문(19-25절), 말미(26-29절)로 구성된다. 이 중에서 본문 부분은 잘한 것의 인정(19절), 책망과 경고(20-23절), 남은 자들에 대한 격려와 명령(24-25절)으로 구성된다. 이 부분도 교차 구성을 가지고 있으며, 책망에 대한 부분이 그 가운데 있다.

A. 서두(18절)

X. 본문(19-25절)

a. 잘한 것의 인정(19절)

x. 책망과 경고(20-23절)

a'. 격려와 명령(24-25절)

A'. 말미(26-29절)

특이한 것은, 다른 교회에 주시는 말씀에 비해 말미(26-29절, 특히 '이기는 자'에 대한 부분)가 길다는 점이다. 일곱 교회에 주시는 말씀들 중에 말미(이기는 자에 관한 부분)가 두아디라 교회 경우 다음으로 긴 경우는 빌라델비아 교회에게 주시는 말씀이다. 흥미로운 것은 이 두 지역이 다른 지역들에 비해 상대적으로 작은 곳(도시)이라는 점이다. 이곳들은 인구가 적은 곳이므로 교인들도 적었을 가능성이 높다. 그렇지만 이들에게 주시는 그리스도의 약속은 다른 곳보다 좀 더 길다. 두아디라 지역에 대해서는 서론의 "두아디라" 항목을 보라.

번역

18 너는 두아디라에 있는 교회의 사자에게 쓰라. 하나님의 아들, 불꽃과 같은 눈들을 가진 이, 또 그 발들이 빛나는 청동 같은 이가 이것들을 말한다. **19** '나는 너의 행위(들), 즉 사랑과 믿음, 너의 섬김과 인내, 또한 너의 나중 행위들이 처음 것들보다 더 많은 것을 안다. **20** 그러나 네게 책망할 것이 있다. 네가 여인 이세벨을 용납한 것이다. 그녀는 스스로 선지자라 하면서, 내 종들이 음행하고 우상 제물들을 먹도록 가르치며 현혹하고 있다. **21** 내가 돌이킬 기회를 그녀에게 주었다. 그러나 그녀는 자신의 음행에서 돌이키려 하지 않았다. **22** 보라. 만일 그들이 그녀의 행위들에서 돌이키지 않으면, 내가 그녀를 병상에 던지고 그녀와 함께 간음하는 자들을 큰 환난 속에 던질 것이다. **23** 내가 그녀의 자녀들을 반드시 죽일 것이다. 모든 교회는 내가 폐부와 마음을 살피는 이인 것을 알게 될 것이다. 내가 너희 각 사람에게 너희의 행위들에 따라 줄(갚을) 것이다. **24** 그러나 두아디라에 남아 있는 너희, 즉 그 교훈을 받지 않은 이들과 그들이 말하는 사탄의 깊은 것들을 알지 못하는 이들에게 내가 말한다. 내가 너희에게 다른 짐을 지울 것이 없다. **25** 다만, 내가 올 때까지 너희가 갖고 있는 것을 붙잡으라. **26** 이기는 자와 끝까지 나의 일들을 지키는 자, 그에게 내가 민족들에 대한 권세를 줄 것이다. **27** 철장으

로 질그릇을 부수듯이, 그가 그들을 이끌 것이다. **28** 내가 내 아버지로부터 받은 것같이, 내가 그에게 샛별을 줄 것이다. **29** 귀 있는 자는 성령이 교회들에게 말씀하시는 것을 들으라.'

주해

18절 (서두) 그리스도에 관한 세 가지 묘사("하나님의 아들, 불꽃과 같은 눈(들)을 가진 이, 또 그 발(들)이 빛나는 청동 같은 이", 18절)는 태양의 신 헬리오스라고 불리는, 거짓 신 제우스의 아들 아폴로를 빗댄 표현들일 수 있다. 이러한 표현을 통하여 누가 참된 하나님의 아들인가를 말하고자 한다. 당시 많은 이들이 아폴로를 태양의 신, 빛의 원천으로 신봉하였다.[1] 본문 말씀은 그리스도를 빛의 원천으로 묘사하며, 시저(Caesar)를 티림노스 아폴로의[2] 현신으로 받아들여 섬겼던 두아디라인들의 그릇된 신관을 바꿔주고자 하였을 것이다. 이러한 맥락에서 요한계시록에서 이곳에만 사용된 "하나님의 아들"이란 그리스도의 칭호가 부각된다.[3] "불꽃 같은 눈을 가지신" 그리스도(1:14)만이 진정한 빛의 근원이 되시는 신성적 존재시다 (1:14; 19:12; 단 10:6). 한편으로 불꽃은 청동(주석)을 제련하는 풀무(용광로)와 관련된다. 최초로 동전을 주조한 곳으로 알려지는 두아디라에는 풀무로 주석을 가공하여 기물을 만들던 대장장이들이 많았을 것이다. 그들은

---

1. 아폴로는 음악, 진리, 예언, 치유, 태양과 빛, 재앙, 시 등과 관련이 된다. 또한 아폴로는 신탁의 도시 델피(Delphi)에서 예언의 신이다. 헬라 사회에서 델피는 오랫동안 '세계의 중심'(Omphalos)으로 불렸다. Mavromataki, 64; Souli, 36-37을 참고하라.
2. 두아디라의 고대 영웅 티림노스(Tyrimnos)는 양날의 도끼를 가진 모습을 한다. 티림노스와 아폴로가 동일시되어 티림노스 아폴로로 불려졌다(Blake와 Edmonds, 131-2).
3. 반면에 Beale은 '하나님의 아들' 호칭은 시 2편의 하나님의 아들 개념에서 왔다고 보고, 계 2:27이 시 2:9의 인용이라는 것을 근거로 내세운다(Beale, 1999: 259).

불꽃의 의미를 잘 알고 있을 것이다. 풀무에 제련되어 만들어진 "빛나는 청동"(1:15)은 그리스도의 힘과 능력을 상징한다. 빛나는 청동이 어떤 것인지는 두아디라인들이 잘 알고 있었을 것이다(Ramsay, 329-30). '누가 참 신인가?' 하는 질문은 시대마다, 지역마다 던져지는 중요한 테마이자 역사적 거대담론이다. '불꽃 같은 눈'과 '빛난 청동(주석) 같은 발'은 승리하시는 참된 하나님의 아들 예수 그리스도의 이미지다. 티림노스 아폴로는 거짓된 우상일 뿐이다.

19절 (잘한 것 인정) 그리스도는 두아디라 교회가 행한 일들을 인정하고 칭찬하신다("나는 안다", '오이다'). "사랑과 믿음과 섬김과 인내"는 모두 하나님과 사람에게 행한 일들이다. 이 가운데 사랑(ἀγάπη)과 섬김(διακονία)은 특히 형제들에게 대한 것(수평적 관계)이고, 믿음(πίστις)과 인내(ὑπομονή)는 주로 하나님과 관련된 것(수직적 관계)이라 할 수 있다(참고, R. Thomas, 1992: 211). 두아디라 교회는 하나님을 믿고 그분의 역사하심을 기다리며 형제들을 사랑하고 서로 섬겨온 교회였다.[4] 놀랍게도 그들은 처음의(첫) 행위보다 나중(마지막) 행위가 더 많았다고 인정받는다. 이것이 에베소 교회와 다른 점이다(2:4). 시간이 지날수록 인정받는 교회였다. 소재의 구성은 "너의 행위들"이 앞뒤로 감싸면서 그 가운데 사랑, 믿음, 섬김, 인내가 있다. 사회, 경제, 종교 조직인 다양한 길드의 도시 두아디라(서론의 "두아디라" 항목을 보라)에서 그리스도의 교회는 길드의 대안이었다.

---

4. 두아디라에는 길드 조직이 잘 발달되어 있었다(Ferguson, 106, 110). 동종의 제조업자들과 상인들이 각 집단별로 길드를 구성하여 그 안에서 사회, 경제, 종교 생활을 함께 영위해 갔을 것이다(Blake와 Edmonds, 132-3). 길드의 종교적 특성 때문에 길드에 참여하지 못했을 그리스도인들의 사회적 필요를 채워줄 수 있는 곳은 교회였다(Newton, 75-78, 89).

a. 너의 행위들

   x. 너의 사랑(a)

      믿음(b)

    섬김(a′)

      인내(b′)

a′. 너의 행위들- 처음 것보다 많은

20절 (책망) 두아디라 교회는 많은 인정을 받았지만, 그들에게 흠도 있었다. 주님께서는 "네게 책망할 것이 있다"(ἔχω κατὰ σοῦ)고 하신다(20절). 이 책망의 표현('에코 까따 수')은 에베소 교회(2:4), 버가모 교회(2:14), 두아디라 교회(2:20)에 각기 쓰인다. 두아디라 교회가 책망을 받은 것은 여인 이세벨에 대한 것이다(20절). 이세벨은 아합왕의 아내로서 하나님의 선지자들을 죽이고 이스라엘을 바알 숭배로 타락하게 만든 악한 여인이다(왕상 16:31-33; 21:23, 25; 왕하 9:7-10).[5] 두아디라 교회에 이세벨 같은 여인이 있었다. 두아디라 교회의 이세벨은 자신을 선지자라 칭한 것으로 보아, 예언(또는 신탁)의 능력이 있던 여인이었던 것 같다.[6] 그녀는 그릇된 교훈으로 성도들("내 종들")을 음행과 우상숭배로 이끌었다("내 종들이 음행하고 우상 제물을 먹도록 가르치며 현혹하고 있다", 20절). 현재형인 "가르치며 미혹하고 있다"는 이세벨이 교회 내에서 지속적인 영적 영향력을 행사하고 있다는 것을 말해준다. 이와 같이 신앙적, 도덕적(성적) 타락을 조장하

---

5. 이세벨이라는 이름이 뜻하는 것은 그녀의 바알 숭배와 잔혹한 행악들이다. 그녀는 아합왕을 충동하여 하나님 앞에 많은 악을 행하게 한다(왕상 21:25; 왕하 9:7). 그와 함께 그녀의 비참한 죽음(왕상 21:23; 왕하 9:10, 30-37)을 기억하게 한다.

6. 고대 교회 문서인 *Didache* 11과 Shepherd of Hermas의 *Mandate* 11의 참된 선지자와 거짓 선지자를 구분하는 기준을 참고하라(Reddish, 2014: 8).

는 이세벨을 내치지 못한 것이 두아디라 교회가 책망을 받게 된 사유다.[7] 미혹은 사탄적 속성이다(12:9; 13:14; 19:20; 20:3). 또한 사탄적 영향력의 발현이다. 발람의 문제와 관련해서 책망할 때 "조금"('올리가')이라는 말이 사용되었던 버가모 교회("네게 책망할 것이 조금 있다", 14절)에 비해 두아디라 교회의 이세벨 문제는 훨씬 더 심각했던 것 같다. 그리스도께서는 많은 분량의 말씀(20-23절)으로 그에 대해 책망하신다.

두아디라 교회는 외적 핍박보다는 내적 부패를 극복해야 했다. 이는 두아디라 지역이 섬겼던 세 신(아폴로, 퀴벨레, 삼베쎄) 숭배와 관련이 있을 것이다. 세 신 가운데 두 신이 여신(퀴벨레와 삼베쎄)이고, 두 신이 신탁의 신(아폴로, 삼베쎄)이다.[8] 늘상 전쟁의 위협에 시달렸던 두아디라는 미래에 대한 불안 때문에 신탁에 의존하는 비중이 컸을 것이라 짐작된다. 그런 신탁에 중독된 사회 현상은 두아디라 교회에도 짙은 그림자를 드리웠을 수 있다. 하나님의 말씀보다 사적인 예언에 더 의존하는 일은 위험하다. 또한

---

7. 만일 이세벨의 문제가 성적인 문제보다 종교적인 문제였다면, 즉 음행이 신앙적인 음행을 가리키는 것이라면, 그것은 헬라-로마 종교 시대에 여러 이방 신들의 숭배와 황제 숭배 의식에 참여하는 것을 가리킬 수 있다. 특히 여러 직업군과 관련된 길드 생활의 수호신의 숭배와 관련이 있을 수 있겠다. Trebilco, 2004: 307-31; Aune, 1997: 204를 보라. 이세벨(2:20)과 발람(2:14)과 니골라파(2:6, 15)를 같은 집단으로 보기도 한다(A. Collins, 1986a: 316; Beale, 1999: 261).

8. 두아디라인들의 신들 가운데 아폴로(Apollo)와 삼베쎄(Sambethe)는 예언(신탁)과 관련된다. 델피에 있는 아폴로 신전의 여사제 시빌(피씨아)과 바벨론의 여사제 시빌(삼베쎄)이 유명하였다. 삼베쎄는 두아디라에서 여신으로 추앙되었다(서론의 "두아디라" 항목을 참고하라). 신탁을 맡은 여사제의 역할이 두아디라에서 주목되는 이유다. 여선지자로 불린 이세벨도 신탁하는 여사제와 비슷한 역할을 교회에서 행했을 수 있다. '여선지자'(προφῆτις)는 신약에 단 두 번(안나, 눅 2:36; 이세벨, 계 2:20) 등장한다. 로마 시대에 이 단어는 신탁하는 여사제 시빌(Sybil)을 가리키는 명칭이기도 하였다(McDonald와 Porter, 86-87). 신탁(또는 예언)이 고대 교회에 영향을 준 사례는 "시빌의 신탁"일 것이다. 위경인 이 책은 로마, 헬라 신화, 영지주의, 기독교 등이 혼합된 작품이다(특히 *Syb. Or.* 181-224를 보라).

헬라 종교의(또는 그 의식과 관련한) 부도덕한 측면도 교회에 좋지 않은 영향을 주었을 것이다. 예언하던 여선지자 이세벨의 일은 처음부터 잘못된 것은 아닐 것이다. 어떤 계기로 그리 되었는지는 알 수 없으나 결국 혼미한 타락과 부패로 귀결된 것이 문제였다.

21-23절 (경고) 그리스도께서는 이세벨에게 돌이킬(회개할) 수 있는 기회를 "주셨다"('에도까')고 하신다(21절). 그러나 그녀는 돌이키지 않았고 ("돌이키려 하지 않는다") 자신의 음행을 지속하고 있었다. 신앙적, 도덕적 타락에서 벗어나지 못할 뿐 아니라, 이를 계속 조장하고 있었다. 그녀의 행위에 참여한 자들도 반드시 회개해야 했다(22절). 22절에서는 "보라. 내가 던질 것이다"(ἰδοὺ βάλλω)는 강조적 문구가 쓰였다. 그들 스스로 돌이키지 않으면 그들을 돌이키게 하기 위해 그리스도께서 하셔야 할 일을 하실 것이다. 이세벨은 깊은 병에 들게 될 것("내가 그녀를 병상[침상, '클리네']에 던지고")이고(Turner, 1976: 154) 그녀와 함께하였던 이들이 큰 환난(시련) 속에 던져지게 될 것이다(22절). 23절에 죽음에 대한 표현을 동족 여격을 사용하여 두 번 쓴 것("죽일 것이다", "죽음으로")은 그만큼 죄의 심각성과 그에 따른 판결의 중함을 강하게 표현하신 것이다("반드시 죽일 것이다"). "그녀의 자녀들"은 그 여인의 육체적 자녀들인지, 그녀의 뜻에 동조하였던 이들을 가리키는지 분명하지 않으나, 후자("그녀와 함께 간음하는 자들", 22절)로 보는 것이 맥락상 좋겠다.[9]

그리스도께서 자신에 대해 선언하신 것('에고 에이미')은 그분이 "폐부"(νεφρός, 본래 내장, 신장, 콩팥을 가리키는 말로 속마음을 가리킴;

---

9. Osborne은 이 둘을 다르게 본다. "그녀의 자녀들"(23절)과는 달리 "간음한 자들"(22절)에게는 회개의 기회가 주어진다고 지적한다(Osborne, 2002: 159-60). 그러나 아래 제시한 22-23절의 교차 구성(a-x-a')을 보면, 유사 의미의 반복적 강조(a와 a'), 또는 심화(intensification)로 보는 게 나을 것 같다.

L&N, 26.11)와 "마음"(καρδία, 심장을 가리키는 말로 내적 생명의 중심을 말하는데, 감정, 의식, 생각, 의지를 포함함; BDAG, 508)을 "살피는 이"라는 내용이다(참고, 렘 17:10; 20:12). 폐부와 마음은 사람의 '속'(내부)이라는 의미를 공유하는 반복적(또는 보완적) 용어다. 이 표현은 그의 눈을 "불꽃 같은 눈"으로 표현하신 것(18절)과 관련이 있다. 그 앞에 숨긴 것이 없이 다 드러나게 될 것이다. 그 눈으로 꿰뚫어 보지 못하시는 것이 없다. 그분은 모르는 것이 없으시다.

"모두가 내가 ~인 것을 알게 될 것이다"(γνώσονται πᾶσαι ... ὅτι ἐγώ εἰμι)는 형식은 구약 칠십인역(특히 에스겔)에서 자주 쓰이는 하나님 선언이다(출 7:5; 14:4, 18; 29:46; 겔 7:27; 12:15-16; 13:9; 17:24; 26:6; 28:23-24, 26; 29:6; 30:26 등; 참고, Sir 36:17; Bar 2:31). "모든 교회가 알게 될 것이다"는 두아디라 교회만 아니라, 다른 모든 교회들도 불꽃 같은 눈을 가지신 하나님의 아들, 그리스도의 전지하심(omniscience)의 힘을 알게 될 것이라는 뜻이다. 또한 그리스도의 공평하신 심판, 즉 행한 대로(행위를 따라) 갚으시는 공의를 보게 될 것이다. 그러므로 교회들이 알게 될 일은 두 가지다. 주님께서는 모든 것을 '아시는(살피시는) 분'이시고 또 행한 대로 '주시는(갚으시는) 분'이시라는 사실이다.

여기서 3개의 미래 직설법 동사가 쓰이는데, "내가 죽일 것이다('아뽀끄테노')"(a); "(모든 교회가) 알게 될 것이다('그노손따이')"(x); "내가 줄(갚을) 것이다('도소')"(a')다(아래의 23절의 교차 구성을 보라). 그리스도의 행위(미래)인 '죽일 것'과 '갚을 것' 때문에, 그 결과 '알[게 될] 것'이다. 일곱 교회에 관한 말씀에서 '도소'(δώσω, 내가 줄[갚을] 것이다)의 약속이 반복적으로 주어지는데(2:7, 10, 17, 23, 26, 28), '도소'는 두아디라 교회에 대한 말씀에서 3번이나 반복 강조된다(2:23, 26, 28). 23절에서 이 단어는 부정적 의미('갚다')로 쓰였다.

'까따 따 에르가'(κατὰ τὰ ἔργα, 행한 대로/행위[들]을 따라)는 신약에 8회, 계시록에 4회 나온다(롬 2:6; 고후 11:15; 딤후 1:9; 4:14; 계 2:23; 18:6; 20:12, 13). 계시록에만 절반 가량인 4회나 나오는 것은 행한 대로 갚으신다는 것이 계시록의 중요 메시지 가운데 하나기 때문이다. 구약에도 사람이 행한 대로 하나님께서 갚으신다는 것은 중요한 사상이다(시 28:4; 62:11; 잠 24:12; 사 3:11; 렘 27:29; 애 3:64; 참고, Sir 16:12, 14; *Pss. Sol.* 2:16, 34; 17:8; 롬 2:6; 고후 11:15; 딤후 4:14).

20-22절은 평행 구성(aba′b′)이고, 다시 22-23a절은 교차 구성(axa′), 또 다시 23a-23c절도 교차 구조(axa′)를 가졌는데, 서로 중복된 부분을 통하여 체인처럼 이어져 있는 것이 관찰된다. 체인식 연계(병행) 구조다.

평행　　a. 이세벨이 내 종들을 가르치고 현혹하고 있다(20절).

　　　　　b. 회개할 기회를 주었으나 회개하려 하지 않는다(21절).

　　　　a′ 내가 그녀를 병상에, 간음하는 자들을 환난에 던질 것이다(22a절).

　　　　　b′. 만일 회개하지 않으면(22b절)

교차　　a. 내가 그녀를 병상에, 간음하는 자들을 환난에 던질 것이다(22a절).

　　　　　x. 만일 회개하지 않으면(22b절)

　　　　a′. 내가 그녀의 자녀들을 죽일 것이다(23a절).

교차　　a. 내가 그녀의 자녀들을 죽일 것이다(23a절).

　　　　　x.　모두, 내가 폐부와 마음을 살피는 자인지 알 것이다(23b절)

　　　　a′. 내가 행한 대로 갚을 것이다(23c절).

24-25절 (격려와 명령) 이세벨의 유혹에서 벗어나 있는 이들이 얼마나

되는지 알 수 없지만, 그리스도께서는 그들을 "남은 자들"(oἱ λοιποί)이라 부르셨다(24절; 참고, 9:20; 11:13; 12:17; 19:21; 20:5). 그들은 이세벨의 영향(그 교훈)을 받지 않았다. 따라서 사탄의 깊은 것(들)을 알지 못하였다. "사탄의 깊은 것들"이 무엇을 말하는지 분명하지 않지만, 심각한 영적, 도덕적 타락, 그 심연과 관련이 있을 것이다. 하나님의 말씀인 성경을 떠난 그 어떤 '깊은 진리'도 하나님의 것이 아니다. 선지자들이 전해준 구약 말씀과 사도들에 의해 전해진 신약 말씀만이 영원한 진리다. 말씀을 떠난 그 어떤 '깊은 것'도 진리가 아니다. 말씀 그 자체가 '깊은 진리'다. 여선지자 이세벨은 '하나님의 깊은 것들'을 자신만이 알고 있다고 주장하며 그릇되고 거짓된 교훈을 가르쳤을 것이다(Trebilco, 323; Aune, 1997: 199).[10] 그러나 그것은 하나님의 것이 아니라, "사탄의 깊은 것들"(τὰ βαθέα τοῦ σατανᾶ)이었다.[11] 그것은 사탄이 공교하게 만들어낸, 조작된 가르침과 비밀스런 전수 방식과 관련이 있을 것이다. 거짓된 교훈을 가르치는 자들의 공통점은 자신들만이 하나님의 진리를 제대로 알 수 있다고 주장하는 것이다. 그리고 그 주장을 비밀스럽게 가르치고 전수한다. 그런데 그렇게 생각하고 믿는 그들 자신도 사실 사탄에 속고 있는 것이다.

"받지 않은 이들"(ὅσοι οὐκ ἔχουσιν)과 "알지 못하는 이들"(οἵτινες οὐκ ἔγνωσαν)에서 어구 첫 부분에 사용되는 '호소이'와 '호이띠네스'는 강조적인 의미를 가진 관계대명사다. 전자는 '무려 ~나 되는'(as many as)의 뜻을 가지고, 후자는 '누구든 ~하는 사람은'(whoever, whichever)의 뜻을 가진다. 여기서는 일반적인 의미 '~ 자들은'(who)의 뜻으로 사용되었으나, 강조적

---

10. Aune는 영지주의적 집단의 주장(교훈)으로 본다(Aune, 1997: 207-208; 역시 Beale, 1999: 266).

11. Beale은 '사탄의'를 형용사적 소유격으로 보고 "사탄적인 깊은 것"으로 해석한다(Beale, 1999: 266).

뉘앙스가 있음을 이해할 필요가 있다. 즉, '~하는 자들은 누구든'의 뜻을 가진다. 따라서 '이세벨의 교훈을 받지 않고 사탄의 깊은 것을 알지 못하는 자들은 모두 해당된다'는 의미를 가진다.

그리스도는 그들에게 "다른 짐을 지울 것이 없다"고 하셨다.[12] 여기에 단어 유희가 있다. '지울 것이 없다'로 번역한 '나는 던지지 않는다'(οὐ βάλλω)는 22절에 있는 '내가 던질 것이다(던진다, βάλλω)'와 대구를 이룬다. 그리스도는 이 두 집단에 대해 다르게 대응하신다는 뜻이다. 또 하나, "깊은 것"(βαθύς의 복수 βαθέα)과 "짐"(βάρος)은 둘 다 헬라어 음으로 보면 '바-'로 시작하고 자구의 수가 같다. '깊은 것'('바쎄아')을 알지 못하는 그들에게 '짐'('바로스')을 지울 필요가 없다는 점이 부각된다.

남은 자들에게 한 가지만 강조하신다. 그리스도께서 그들에게 오실 때까지 그들이 갖고 있는 것을 "굳게(힘 있게, 꽉) 잡으라" 하신다(25절; 참고, 2:1, 13, 14, 15; 3:11). 부정과거 명령법(2인칭 복수) "굳게 잡으라"(κρατήσατε)는 본래 수행적 의미가 부각된 반면 지속적인 의미를 부각하는 표현이 아니지만, 뒤이어 나오는 '아크리'(ἄχρι) 때문에 문맥상 진행적, 계속적 의미를 가질 수 있을 것이다(Wallace, 568). 교회는 그의 주님이 오실 때까지 붙

12. 원문에 "그들이 말하는"(ὡς λέγουσιν)은 "내가 너희에게 다른 짐을 지울 것이 없다" 앞에 온다. 대부분의 번역(ESV, RSV, NIV)은 필자처럼 "사탄의 깊은 것"을 수식하는 것으로 보았지만, NAS나 KJV는 "그들이 말하는"(ὡς λέγουσιν)을 원문에서처럼 "내가 … 지울 것이 없다" 바로 앞에 위치시켰다. "그들이 말하는"(ὡς λέγουσιν)을 정확히 직역하면 종속접속사 때문에 "그들이 말하는 것과 같이"가 된다. 흥미롭게도, Himes는 이 '그들'이 행 15장의 사도회의를 가리킬 수 있다고 보았다. 그리고 '다른 짐(βάρος)을 지울 것이 없다'는 표현이 행 15:28의 "아무 짐(βάρος)도 너희에게 지우지 아니하는 것이 옳은 줄 알았노니"(개역개정)와 비슷하다는 점에 주목하고 그리스도께서 두아디라 교회에 사도회의의 내용과 연계해서 말씀하고 있다고 해석하였다. 이러한 해석에 의하면 이 부분의 의미는 '그들(사도들)이 말한 것처럼, 나도 너희에게 다른(사도들이 말한 것 외에) 짐을 지울 것이 없다'가 된다. Himes, 31-52를 보라.

잡아야 할 것을 '꼭' 붙잡고 그 붙잡음을 계속해야 한다. 그들이 "갖고 있는 것"은 19절에 언급한 그들의 아름다운 일(행위)들이다. 즉 사랑과 믿음, 섬김과 인내다. 붙잡지 말아야 할 것을 털어버리고, 붙잡아야 할 것(들)을 끝까지 붙잡는 것이 바른 신앙이다. 주님에 대해 흔들림이 없는 순전한 믿음이다.

26-29절 (말미) 교통의 요로에 위치하여 온갖 전쟁의 폐해를 입던 도시, 두아디라에 있는 교회에게 그리스도께서 약속의 말씀을 주셨다. 이 말씀은 이김(승리)과 지킴(보전)을 강조한다(26절). 문장 첫 부분에 '이기는 자와 지키는 자'(ὁ νικῶν καὶ ὁ τηρῶν)는 독립적(independent) 주격이다. 이것은 주격이지만, 문장의 술어인 '(내가) 줄 것이다'(δώσω, '도소')의 주어는 아니기 때문이다. 독립적 주격을 사용하는 이유는 이 부분을 강조하기 위해서다. 주님('나')의 일들(두아디라 교회에는, 특히 사랑과 믿음, 섬김과 인내의 일들)을 끝까지 지키는(지켜내는) 자가 이기는 자다. 이들은 또한 이세벨의 음행으로부터 자신을 지키는 정결한 자들을 가리킨다. 그들에게 주어질 "만국 위의 권세"는 왕의 권세(왕권)다(26절). 그리스도의 왕권이 그들에게 나누어질 것이다. 여기서 다시 '도소'(내가 줄 것이다)가 쓰인다 (2:23, 26, 28; 비교, 2:7, 10, 17; 3:21; 21:6). "철장"은 왕권의 표시인 왕홀을 가리킨다. 왕의 권한과 능력이 주어진다. 이기는 자는 누구든 만국(열방)을 이끌게 된다(27절; 참고, 시 2:8-9).[13] '이끌다'(ποιμαίνω)는 본래 '목양하다',

---

13. "이끌 것이다"의 문자적 의미는 '목양할 것이다'(ποιμανεῖ)다. 2:27; 7:17; 19:15 모두 3회 쓰인다. 철장으로 이끌어가는 목양의 일은 2:27(성도의 약속); 19:15(그리스도의 사역)에 있고 7:17은 하나님의 목자 되심을 가리킨다. 성도의 왕 노릇, 즉 만국을 이 끄는 권세는 천년 나라(20:4)와 새 하늘과 새 땅의 시대(22:5)에 각기 일어난다. Beale은 18절의 하나님의 아들이라는 호칭과 27절의 통치를 시 2편의 성취로 본다 (Beale, 1999: 266-7). 계 2:26-27과 시 2:8-9를 비교한 Aune의 도표를 참고하라 (Aune, 1997: 209).

'먹이다', '양육하다'는 뜻인데(L&N, 44.3) '다스리다', '이끌다'의 뜻도 갖는다(L&N, 37.57, 36.2).[14] 따라서 이 부분은 다스림과 인도함, 그리고 이끎과 돌봄의 의미를 가진다. 한편으로 "철장"과 '부숨'(깨트림)을 쓰고 있는 것은 왕적 심판권(징계권)을 함께 강조하기 위한 목적 때문일 것이다(참고, Ozanne, 5).

세 번째 '도소'(내가 줄 것이다)가 나오는 "내가 샛별을 줄 것이다"는 말씀(28절)은 그리스도 자신이 샛별(Morning Star, ὁ ἀστὴρ ὁ πρωϊνός)이 되시므로(22:16), 그리스도 자신을 그들에게 주신다는 약속일 수도 있다. 또는 그들이 샛별과 같은 역할을 하게 하실 것이라는 말씀(민 24:17; 단 12:3)일 수도 있다. "내가 아버지께로부터 받은 것같이"라는 어구는 후자의 의미라고 판단할 근거가 될 수 있다. '받은'(받았다)을 현재완료 '에일레파'(εἴληφα)로 쓴 것은 아버지로부터 받은 사실의 확고함, 그리고 그 결과의 지속성을 부각하는 목적이 있을 것이다. 아버지로부터 아들이 받은 이 사실에 근거하여 아들이 교회에 약속하고 계신다. 샛별(금성)은 가장 어두울 때 빛을 발하며 새벽을 깨우고 새날을 선도한다. 따라서 샛별을 준다는 약속은 새 시대를 이끄는 역할을 하게 하신다는 약속이다. 지역의 특성 때문에 늘 침략을 받고 살던 두아디라인들에게 만국 위의 권세, 철장의 권한, 샛별의 역할에 대한 약속은 특별한 의미가 있다. 줄곧 피해를 당하던 그들이 새 역사의 주체로 서게 된다.

두아디라 교회에 대한 말씀부터는 "귀 있는 자"에 대한 말씀이 "이기는 자"에 대한 말씀보다 뒤에 등장하게 된다(29절; 3:6, 13, 22). 두아디라, 사

---

14. 시 2:9의 맛소라 사본(BHS)에 있는 "네가 그들을 깨뜨릴 것이다"(תְּרֹעֵם)가 본래 '깨뜨리다'(רעע)에서 온 것이 아니라 '(양을) 지키다' 뜻의 동사인 '라아'(רעה)에서 왔을 수 있다고 Aune는 보고 있다(Aune, 1997: 210-1). 계 2:27은 칠십인역(LXX)에 기초한다.

데, 빌라델비아, 라오디게아 교회, 이렇게 네 교회에 대한 말씀이 다 그렇다.

해설

버가모 교회에 경고하시면서 한편으로 "사탄의 깊은 것(들)"을 알지 못하는 이들을 계속하여 격려하시는 그리스도의 말씀이 있다(2:24). 그러면 '사탄의 깊은 것'은 무엇을 가리키는 것일까?

첫째, 신약에서 형용사 '깊은'(βαθύς)의 용례는 계시록 2:24를 제외하면 단 세 번인데, '이른' 새벽(눅 24:1), '깊은' 우물(요 4:11), '깊은' 잠(행 20:9)에서 쓰인다. 계시록 2:24 이해에 직접 도움이 되지는 않는다. 그보다는 명사형 '깊은 것'(βάθος)의 신약 용례가 2:24의 문맥적 이해에 도움이 될 것이다. 이 단어는 신약에서 모두 8회 사용된다(마 13:5; 막 4:5; 눅 5:4; 롬 8:39; 11:33; 고전 2:10; 고후 8:2; 엡 3:18). 이 가운데 세 군데, 하나님의 지혜와 지식의 '깊음'(롬 11:33)과 성령만이 통달하시는 하나님의 '깊은 것(들)'(고전 2:10), 그리고 그리스도 사랑의 '깊이'(엡 3:18-19)를 언급하는 구절들이 계시록 2:24의 사탄의 '깊은 것'의 뜻을 파악하는 데 관련이 있을 것이다.

둘째, 사탄의 '깊은 것(들)'이 하나님의 '깊은 것(들)'(특히 고전 2:10)과 관련이 있다고 볼 수 있는 것은 여선지자(예언자) 이세벨이 자신만이(또는 자기 집단만이) 하나님의 '깊은 것(들)'을 알고 있다고 주장했을 수 있기 때문이다(Osborne, 2002: 162-3). 거짓된 자(이세벨)와 거짓된 집단("그의 자녀들")이 자신들만이 가지고 있는 특별한(이단적) 지식이 하나님의 비밀스런 '깊은 것(들)' 또는 '깊은' 신 지식이라고 주장하지만 사실, 그들의 지식은 거짓과 미혹의 괴수 사탄의 '깊은 것(들)'에서 나온 것이다. 그런 점에서

'사탄의 깊은 것(들)'이라는 표현의 사용은 일종의 역설적 반어법이다. 이 표현은 사탄이 그 어떤 '깊은 것(들)'을 가지고 있음을 뜻하지 않으며, 하나님의 '깊은 것들'을 알고 있다는 이세벨의 주장이 거짓되고 미혹된 것이라는 의미다. 따라서 계시록 2:24의 "사탄의 깊은 것(들)을 알지 못했다"('우 끄 에그노산')는 말은 이세벨과 그 집단의 거짓된 주장을 따르지 않았다는 뜻이 된다.

셋째, 그런데 이단에 빠졌다가 회복되는 이들도 종종 있는 것을 볼 때, 이단들의 주장인 사탄적 '깊은 것(들)'에 한때 심취했다 할지라도, 마침내 그런 미혹된 지식에서 벗어날 수 있게 된다면, 그런 이에게도 하나님의 참된 신 지식을 얻게 되는 은혜의 회복이 있을 수 있다고 생각하지 않을 수 없다. 하나님의 은혜는 제한할 수 없다.

사데('사르데이스') 교회에 주신 말씀은 서두(1a절), 본문(1b-4절), 말미(5-6절)로 구성된다. 사데 교회에 주시는 본문은 부정적 평가와 명령(1b-3a절), 미래의 경고(3b절), 긍정적 평가(4a절), 미래의 약속(4b절)으로 나뉜다. 사데 지역에 대해서는 서론의 "사데" 항목을 보라.

    A. 서두(1a절)

      X. 본문(1b-4절)

        a. 부정적 평가와 명령(1b-3a절)

          b. 미래의 경고-재림(3b절)

        a'. 긍정적 평가(4a절)

          b'. 미래의 약속(4b절)

    A'. 말미(5-6절)

번역

1 너는 사데에 있는 교회의 사자에게 쓰라. 하나님의 일곱 영과 일곱 별을 가지고 있는 이가 이것들을 말한다. '나는 너의 행위들을 안다. 즉, 네가 살아 있다는 이름을 가졌으나 죽은 자이다. **2** 깨어 있으라. 곧 죽게 된, 그 남은 것들을 굳게 하라. 내 하나님 앞에, 온전하게 된 너의 행위들을 발견하지 못하였기 때문이다. **3** 그러므로 네가 어떻게 받았고 들었는지 생각하라. (그것을) 지키라. 그리고 회개하라. 만일 네가 깨어 있지 않으면, 내가 도적같이 올 것이다. 어느 시간에 네게로 올지 네가 결코 알지 못할 것이다. **4** 그러나 사데에 그들의 옷을 더럽히지 않은 적은 수의 이름(사람)들을 네가 가지고 있다. 그들이 흰 옷을 입고 나와 함께 다닐 것이다. (이것이) 그들에게 합당하기 때문이다. **5** 이기는 자는 이와 같이 흰 옷을 입을 것이다. 내가 그의 이름을 생명책에서 지우지 않을 것이다. 또한 내가 그의 이름을, 내 아버지 앞과 그의 천사들 앞에서 시인할 것이다. **6** 귀 있는 자는 성령이 교회들에게 말씀하시는 것을 들으라.'

주해

1a절 (서두) 에베소 교회와 사데 교회에 나타내신 주님의 모습은 서로 유사하다. 에베소 교회에는 "오른손에 일곱 별을 쥐고 일곱 금촛대 사이에 거니는 이"(2:1)로, 사데에는 "하나님의 일곱 영과 일곱 별을 가지고 있는 이"(3:1)로 나타나신다. 일곱 금촛대(교회)가 일곱 영(성령)으로 바뀐다. 일곱 별에 대한 내용은 공유된다. 성령을 뜻하는 '일곱 영'은 성령의 온전성, 완전성, 충만성을 가리킨다(예, 성령 사역의 다중적 충만성, LXX 사 11:2-3; 참고, Osborne, 2002: 173). 또한 일곱 교회 모두에 성령이 보내졌으므로 성

령께서 존재하지 않는 교회가 없음을 뜻한다(존재의 편만성, 계 5:6과 슥 4:10 참고). 일곱 영을 소유하신 주님은 일곱 교회 모두에 성령을 보내시는 분(요 15:26; 계 1:4; 4:5; 5:6)이시다. '일곱 별'은 일곱 사자(천사)로 그리스도의 말씀을 전달하는 전령들이다. 주님의 말씀을 전달하는 사자(천사)나, 주님의 말씀을 가르치고 기억하게 하시는 '진리의 성령'(요 14:26; 15:26)은 그 역할을 공유한다. 교회가 진리의 교회가 되게 지원하는 일이다(참고, Beale, 1999: 274).[1] 교회의 말씀 사역, 진리의 성령 사역이 주님께 속해 있다. 이것들이 주님의 핵심 사역이다.

사데 교회에 일곱 영과 일곱 별을 가지신 분으로 나타나신 이유는 두 가지로 이해된다. 첫째, 사데 교회는 소아시아 지역에서 에베소 교회만큼 성도의 수도 많고 지역적인 면에서도 대표적인 교회였을 가능성이 있다. 둘째, 그럼에도 불구하고 교회에 임재하시는 성령과 말씀의 역사가 드러나지 않는 교회였을 것이다. 성령과 말씀을 의존하지 않는 교회란 뜻이다. 진리의 말씀대로 살고자 하지 않는 자세는 또한 성령을 따라 행하지 않는 모습이다(갈 5:16-26).

1b-2절 (부정적 평가) 주님은 일곱 교회 모두 "나는 안다"라는 말로 시작하신다(1b절).[2] 사데 교회는 살아 있다는 이름을 가지고 있으나, 실상은 죽은 자임을 밝히신다(1b절). 현재 그들의 상태가 그렇다는 말씀이다. 살아 있다는 것은 이름뿐이다. 평판(이름, '오노마')은 있으나 실체가 없다(Aune, 1997: 215; 참고, L&N, 33.265). 사데('사르데이스')라는 이름은 홍보석('사르디온', 4:3; 21:20)과 관련이 있다.[3] '사르디온'은 사데에서 나온 보석이라

1. 그러나 Aune(1997: 219)처럼 일곱 영과 일곱 별을 동일시하는 것은 옳지 않다. 계 1:4의 '일곱 영'에 대한 주해와 해설을 보라.
2. 이 가운데 '나는 안다, 네 행위(들)를'이란 표현이 직접 등장하는 교회는 에베소(2:2), 두아디라(2:19), 사데(3:1), 빌라델비아(3:8), 라오디게아(3:15)다.
3. 계시록의 홍보석(4:3; 21:20)은 사르디온인데 '사데'('사르데이스')에서 온 이름이

는 뜻이다. 사데라는 이름을 들을 때 당대인들은 홍보석을 떠올릴 수 있었을 것이다. 그들은 또한 고대의 유명했던, 옛 리디아 제국의 수도 사데를 기억했을 것이다.

2절에서 주님은 교회에 먼저 두 가지를 명하신다. "깨어 있으라"(γίνου γρηγορῶν, 깨어 [있는 상태로] 있으라), 그리고 "굳게(강하게) 하라" (στήρισον). 주님은 그의 종말 담화에서 제자들에게 "깨어 있으라" (γρηγορεῖτε)고 말씀하셨다(마 24:42-44; 25:13; 막 13:34-37; 14:34, 38; 눅 12:37). 그의 제자들은 언제든 그 마지막 날이 될 수 있다고 생각하고 깨어 있어야 했다. 이제 주님은 사데 교회에게 "깨어 있으라"고 말씀하신다(2절). 주님의 종말 담화와 기본적으로 같은 내용의 말씀이지만, 여기서 '기누'(γίνου, 있으라)를 넣어 말씀하신 것은 깨어 있는 상태를 부각하는 표현일 수 있다. 죽은 자나 잠자는 자는 외관상 비슷하다. 다만, 잠자는 자는 깨어날 수 있다.

또한 주님은 그들에게 아직 "남은 것들"이 있다고 하시며 그것을 "굳게(강하게) 하라"(στήρισον) 하신다. '스떼리조'(στηρίζω)는 '확고히 세우다', '지탱하다', '확실히 하다', '강하게 하다'의 뜻을 가진다. 그러므로 "굳게 하라"는 명령은 그나마 남은 선한 것들이 없어지지 않게 확고히 세우라는 분부다. 부정과거 명령법 '스떼리손'(굳게 하라)은 수행적 결단을 촉구할 것이다. 그것을 해내라는 것이다. 시작의 의미인 기동의(ingressive) 부정과거일 수도 있다(Osborne, 2002: 175). 굳게 하는 그 일을 이제 시작하라는 것이다.

하나님 앞에, 무언가 온전히 이뤄진 것(성취된 것, 충만하게 된 것), 또 내놓을 만한 그 어떤 것이 사데 교회에 없었다("발견하지 못하였다").[4] 주

___
다. 이것은 사데에서 나는 보석이었다. 사데라는 이름은 홍보석 때문에도 유명했다.
4. '발견하다', '찾다', '탐구하여 얻다'의 뜻을 가진 '휴리스꼬'(εὑρίσκω)의 현재완료 1

님께서 그들에게 기대하시는 그런 것이 없었다. 믿음과 사랑과 윤리 가운데 인정할 만한 삶의 모습이 없었을 것이다.[5] 그리스도인다운 그 무엇이 없었을 것이다. 그래서 "죽은 자"(1절)라고 하셨던 것이다. 이름(당대에 유명한 사데의 이름)은 있으나 죽은 교회였다. 하나님께서 인정하실 만한 열매가 없던 그들에게, 그나마 아직 남아 있는 것을 놓치지 말라고 하신다. 그것이 회생의 씨가 될 수 있다.

3a절 (명령들) 세 가지를 추가로 명령하신다. 두 개의 현재 명령법 "생각하라"(기억하라, μνημόνευε)와 "지키라"(τήρει), 그리고 하나의 부정과거 명령법 "회개하라"(돌이키라, μετανόησον)다. 현재 명령법은 지속적(계속적) 수행을 강조하고, 반면에 부정과거 명령법은 결단적 수행을 부각하는 뉘앙스를 가진다. 지금의 상태(죽은)를 정확하게 진단하려면, 과거에 성령 안에서 받았던 것, 들었던 것들(또는 그 과정, '어떻게')을 계속 기억해야 한다. 이스라엘을 속박의 땅 이집트에서 풀어내 자유의 땅 가나안으로 이끄신 하나님의 구원을 항상 기억해야 했던 것처럼(신 5:15; 7:19; 15:15; 24:18, 22; 32:7), 사데 교회도 늘 기억해야 할 것이 있었다. 주께서 무엇을 주셨고 그들은 무엇을 받았는가? 그들은 먼저 과거에 받은 주 앞에 바른(선한) 것(들)을 기억하고, 그것을 하나라도 다시, 지속적으로 지키려 하고, 무엇보다 현재의 옳지 않은 것에서 바로 돌이켜야 했다.[6] 말씀을 기억함("기억하

인칭 단수 '휴레까'(εὕρηκα)는 기원전 인물인 수학자 아르키메데스(Archimedes, 주전 287-212년) 때문에도 유명하다. 목욕탕에서 왕관이 순금으로 만들어진 것인지 은을 섞어 만들었는지를 파악하는 아르키메데스의 원리를 발견하고는 '유레카'('휴레까', 내가 발견하였다)'를 외쳤다. 주님께서는 사데 교회에 οὐ εὕρηκα('우 휴레까', 내가 발견하지 못하였다)라 하셨다. '유레카'라고 말할 게 없다는 뜻이다.

5. 신약의 메시지를 요약하면 바른 신앙, 형제 사랑, 빛 된 삶(윤리)이라 할 수 있다. 요한일서의 삼중 주제이기도 하다(S. Kim, 2014b: 83).

6. 에베소 교회에도 "생각하라"(기억하라, 현재 명령법 μνημόνευε)와 "회개하라"(부정과거 명령법 μετανόησον)는 말씀을 주셨다(2:5). "생각하라"는 명령은 에베소 교회

라")과 지킴("지켜라")은 분리되지 않는다. 이 둘은 함께 가야 한다. 그것이 깨어나는 것이고, 깨어 있는 것(2절)이다. 그리고 그것이 바로 돌이킴(회개, "회개하라")이다. 돌이키는 일은 말씀을 기억하는 것과 이를 지키는 것 없이 이뤄지지 않는다.

사데 교회에는 하나님의 말씀이 제대로 들려지지 않았던 것 같다. 그래서 기억(생각)하지 못한다. 따라서 지켜낼 게 없다. 그러므로 돌이킬 여력이 없다. 말씀에 의한 도전과 회복이 없을 때 교회는 조금씩 죽어간다. 사데 교회에 주신 다섯 가지 명령('깨어 있으라, 굳게 하라, 생각하라, 지키라, 회개하라')만큼 많은 명령이 주어진 교회는 없다. 사데 교회가 그만큼 심각한 상태에 놓여 있었기 때문일 것이다.

15세기 이후 유럽에서 종교개혁이 일어나야 했던 가장 중요한 이유는 중세의 유럽이 하나님의 말씀을 잃어버렸기 때문이다. 교회에서 드려지는 미사, 예배는 일반인들이 알지 못하는 라틴어로 수행되었다. 예배는 화려하고 웅장했으나 말씀이 회중에게 전달되지 못했다. 종교개혁은 말씀으로 돌아가자는 운동이다(*sola scriptura*, 오직 성경으로). 사도들을 통하여 전수된 주님의 말씀이 교회에 제대로 들려져야 했다. 말씀이 귀에 들리자, 교회는 살아나기 시작하였다. 루터와 칼빈 같은 종교개혁자들이 한 일은 성경을 풀어 알리는(해석하는) 일이었다. 그러자 교회가 조금씩 깨어났다. 우리 시대에도 교회들이 말씀의 생명력과 운동력을 회복하는 것보다 시급한 일은 없다.

3b절 (미래의 경고-주님의 재림) 깨어 있지 않으면, 주님께서 "도적같이" 오실 것이라 하셨다(3b절; 16:15; 마 24:43; 살전 5:2, 4; 벧후 3:10). "내

(2:5)와 사데 교회(3:3)에 주셨고, "회개하라"는 에베소 교회(2:5), 버가모 교회(2:16), 사데 교회(3:3), 라오디게아 교회(3:19)에 주신 명령이다. "일곱 별"의 개념도 함께 공유하고 있는 에베소 교회와 사데 교회에는 무언가 공통점이 있었던 것 같다.

가 도적같이 올 것이다"(ἥξω ὡς κλέπτης). 이것은 상당히 강력한 말씀이다. 예상치 못하다가 도둑을 맞는 것처럼, 주님의 오심도 이같이 이뤄질 것을 말씀하신다. 준비되지 않은 상태에서 갑작스레 닥치는 충격적인 대면이다. 준비하지 못한 채 그 순간을 맞이한다. 따라서 이 말씀은 심판의 경고다. 두 개의 부정어(οὐ μή)를 동반하는 가정법 '우 메 그노스'(οὐ μὴ γνῷς)는 부정적인 의미가 배가되면서 "네가 결코 알지 못할 것이다"의 뜻을 형성한다. 그리스도께서는 결코 알 수 없는, 준비되지 않은 시간에 "네게로"(upon you) 오실 것이라고 말씀하신다(참고, 마 24:42-44; 25:13; 눅 12:39-40). '도적같이' 오는 파멸에 대해, 사데에 있던 고대 리디아 제국의 마지막 왕 크로이수스(Croesus)의 예가 전해진다. 많은 금이 발견되고 제국이 부유해 갈 때 크로이수스는 긴장을 풀고 있었다. 그때 '도적같이' 갑작스럽게 페르시아의 고레스(Cyrus) 왕의 침공을 받고 제국이 무너지고 만다(Herodotus, *Hist.* 1.84-86; Cimok, 74-76). 준비 없이 맞이하는 갑작스런 패망과 심판은 사데의 시민들에 잘 알려진 주제일 것이다.

4절 (소수에 대한 칭찬과 미래의 약속) 사데 교회는 두 가지 엇갈린 평가를 받았다. 부정적인 평가는 교회가 죽은 자와 같다는 것(1b-3절)이고, 긍정적인 평가는 소수이긴 하나 깨끗한 자들이 그곳에 있다는 것(4a절)이다. 사데 교회가 그 이름만 살아 있는 교회(1절)라 할 수 있지만, 그래도 살아 있는 "적은 수의 이름(사람)들"(ὀλίγα ὀνόματα, 4절)을[7] 보유하고 있었다. 그 옷이 더럽혀지지 않았다는 것은 거룩하고 정결한 믿음과 삶을 유지하고 있다는 뜻이다. 신앙의 진리성과 삶의 거룩성을 지키지 않고서 성도의 옷을

---

7. '올리가 오노마타'는 문자적으로는 '작은/적은 이름들'이지만 맥락 속에서의 뜻은 '적은 수의 사람들'이 된다. '오노마'(이름)의 복수 '오노마타'가 사람들(이름으로 계수되는 사람들)을 가리키는 경우다(행 1:15; 계 3:4; 11:13). 이러한 사용은 히브리어 '쉐모트'(שֵׁמוֹת, 이름들)의 용법에서 나왔을 것이다(민 1:2, 18, 20; 3:40, 43; 26:53). Thayer, 3797을 참고하라.

깨끗이 할 수 있는 길은 없다. "옷을 더럽히지 않은 적은 수의 사람들"(4절)은 '죽은 것' 같은 교회의 모습(이름만 있는, 1절)과 대조된다.[8]

이들에게는 주님의 상급이 약속된다. 그들은 주님과 함께 "흰 옷"을 입고 다니게 될 것이다(4b절). "다닐 것이다"는 그리스도와의 동행(거닐음)을 뜻한다. 흰 옷은 거룩과 성결을 뜻하는데, 이와 함께 승리도 상징한다(참고, 4:4; 6:2; 7:9; 19:11, 14)(Osborne, 2002: 179). 거짓과 세속으로부터 자신을 지킨 이들은 주님처럼 구별된 흰 옷을 입고 주님과 함께 거닐 자격을 얻는다. 그 흰 옷은, 순전한 신앙을 지키고 도덕적 정결을 추구하는 이들(6:11; 22:14)에게, 주님이 주시는 성결의(구별된) 옷이다. 이들은 이러한 옷을 입기에 합당하다. 이 구절에서 사용된 '합당하다'는 흰 옷을 입을 자격이 충분하다는 뜻이다. 이것은 그들을 인정하시는 말씀이다. 계시록에서 '합당한'(ἄξιος)은 이곳 3:4과 심판과 관련해 부정적으로 사용된 한 예(16:6)를 제외하고는 모두 하나님(4:11)과 그리스도(5:2, 4, 9, 12)에게 사용되는 용어다. 그리스도의 합당하심에서 그들의 합당함(진정한 가치)이 나온다.

5-6절 (말미) 4절에 이어, "흰 옷"이 반복된다. 이기는 자('호 니꼰')에게 흰 옷이 약속된다(5절). "이와 같이"는 4절 내용을 염두에 둔 것일 것이다. 흰 옷은 구원받아 구별된 자들의 옷이다(7:9, 13). 그리스-로마의 제의와 축제에서 제사장들과 의식 참여자들이 흰 옷을 입었던 것과 비교된다(Aune, 1997: 147). 세상의 흰 옷인가, 그리스도의 흰 옷인가?

추가되는 두 개의 약속은 "생명책"과 "이름"에 대한 것이다. "생명책에서 [결코] 지우지(제거하지) 않을 것이다"라는 두 번째 약속은 생명책(3:5; 13:8; 17:8; 20:15; 21:27)에 기록된 그 이름을 그대로 남겨놓겠다는 것이다.

---

8. 두아디라 교회의 말씀에서는 "남은 자"로 불렸다(2:24). 아무리 죽은 것 같은 사데 교회라도 그곳에 주님께서 주목하시는 주님의 사람들이 있다. 소수라도 남지 않은 곳이라면 이미 교회가 아니란 뜻이다.

두 개의 부정어(οὐ μή)로 '지우지 않겠다'는 의지([결코])가 강조된다. 이는
생명의 약속을 보장하시겠다는 뜻이다(21:27; 눅 10:20; 출 32:32-33).[9] 구
원의 취소 가능성을 전제하는 말씀으로 볼 필요는 없다(참고, Fuller, 297,
304-6). 이 말씀은 오히려 견고한 구원의 확신과 굳건한 견인의 자세를 촉
구한다(참고, Beale, 1999: 279-82). 비슷한 말씀을 반복해서 주시는 것은
이들 사데 교회가 그대로 있기를 원하지 않으시기 때문이다. 그들이 영적
정체와 죽음의 상태에 머물지 않고 그 자리를 박차고 주 앞에 나오기를 원
하셨다. 그래서 꾸짖으시고 그래서 약속하신다.

세 번째 약속은 "내 아버지 앞과 그의 천사들 앞에서" 그 이름을 "시인
(인정)하겠다"는 것(마 10:32; 눅 12:8; 요일 4:15 참고)이다. 이 약속은 또한
구원에 대한 보장을 반복, 강조하신 것이다. 구원보다 큰 것이 없다. 주님께
서 인정하시는 '이름'과 세상이 인정하는 명성은 같지 않다. 주님께 인정받
아야 진짜다. 그 어떤 존재에게도 아니다. 4절에서 그들을 적은 수의 이름
(사람)들이라 부르셨던 주님은 그 '이름'을 시인(인정)하시겠다고 선언하
신다. 누가 과연 이름이 있는 자인가. 마지막으로 6절에서 들어야 할 것을
마땅히 들으라고 명령하며 마치신다. 그것은 성령이 교회들에게 하시는 말
씀이다. 물론 사데 교회에만 주시는 말씀은 아니다.

---

9.   하나님의 책과 관련된 말씀은 구약과 신약에 종종 나타난다(개역개정 발췌). 출
     32:33, "누구든지 내게 범죄하면 내가 내 책에서 그를 지워 버리리라." 시 69:28,
     "그들을 생명책에서 지우사 의인들과 함께 기록되지 말게 하소서." 단 12:1, "그때에
     네 백성 중 책에 기록된 모든 자가 구원을 받을 것이라." 빌 4:3, "나의 동역자들을
     도우라. 그 이름들이 생명책에 있느니라." 계 20:12, "책들이 펴 있고 또 다른 책이
     펴졌으니 곧 생명책이라." 20:15, "누구든지 생명책에 기록되지 못한 자는 불못에 던
     져지더라." 21:27, "오직 어린 양의 생명책에 기록된 자들만 들어가리라."

해설

계시록에서 흰 옷을 입는다는 것은 특별한 의미가 있다. 그리스도께서는 그를 따르는 정결한 자들에게 흰 옷을 입고 그리스도와 함께 다니게 하겠다고 약속하신다(3:4, 5). 또 라오디게아 교회에는 흰 옷을 사서 입을 것을 권고하신다(3:18). 또 흰 옷은 하늘의 예배에 참여하는 이십사 장로가 입고 있는 옷이다(4:4). 다섯째 인에서 순교자들이 흰 옷을 입고 있다(6:11). 구원받은 이들을 가리키는, 셀 수 없는 많은 무리들이 흰 옷을 입고 하늘 보좌 앞에 서 있다(7:9, 13). 그리스도의 재림 때에 백마 탄 그리스도를 따르는 하늘의 군대들 또한 흰 옷을 입고 있다. 이렇듯 흰 옷은 승리와 영광의 상징이고 속된 것에서 구별된 신분을 가리키는 징표가 된다. 그렇게 이긴 자들과 거룩한 자들의 옷으로 나타난다.

그런데 흰 옷이라 할 때 '옷'을 가리키는 단어가 다 똑같은 것은 아니다. 3장과 4장의 '옷'은 '히마띠온'(ἱμάτιον)이다. '히마띠온'은 통으로 된 옷 '키똔'(χιτών) 위에 입는 겉옷을 가리킨다. 겉에 입는 흰 옷의 의미는 다른 색깔의 겉옷들과 구별된다는 뜻이다. 그런데, 6장의 순교자들과 7장의 많은 무리들이 입고 있는 옷은 '스똘레'(στολή)다. 이 옷은 긴 가운을 가리키는데 일종의 예복이라 할 수 있다. '스똘레'와 비슷한 말은 그리스도께서 입으신 '뽀데레스'(ποδήρης)인데 발에까지 끌리는 긴 옷을 가리킨다(1:13). 순교자들과 구원받은 이들은 흰 예복('스똘레')을 입고 있다. '스똘레'에서 영어 '스톨'(stole)이 나왔다. 예복이나 특정 의식을 위한 긴 가운(gown)인 스톨이 후에 예배 집례자나 졸업식 등에서 학위를 가진 이들이 어깨에 두르는 스톨이 된 것이다.

19장에서 그리스도를 따르는 하늘 군대가 입은 흰 '옷'은 '뷋시노스'(βύσσινος)이다. '뷋시노스'는 '뷋소스'(βύσσος), 즉 아마포(세마포)로 만든 옷이란 뜻이다. 아마로 된 흰 천이 당시 상당히 고급스런 옷감이었을 것이라 추정되는 것은 음녀 바벨론이 입고 있고 또 거래하는 사치스런 옷 품목인 "아마포(세마포), 자주색 옷감, 붉은 색 옷감"(18:12, 16)에 나오고 있는 점, 누가복음의 나사로와 부자 이야기에서 부자가 자색옷과 아마포 옷을 입고 있다고 소개되는 점(눅 16:19) 때문이다. 계시록 19장에서는 그리스도의 신부인 교회가 빛나고 깨끗한 아마포 옷을 입게 된다고 한다(19:8). 하늘의 군대도 흰 아마포 옷을 입고 등장한다(19:14). 흰 아마포 옷은 최종적인 승리와 영광을 획득한 성도의 옷으로 상징화되고 있는 것을 알 수 있다. '옷'을 가리키는 여러 단어가 섞여서 비슷한 의미로 쓰인 것이라고 볼 수도 있으나, 한편으로 '히마띠온', '스똘레', '뷔시노스'의 전환은 일반적인 겉옷에서 준비된 예복으로, 그리고 준비된 예복에서 최종적으로는 영광스런 빛의 의복으로 전환되고 있다고 볼 수 있다.

제8장
요한계시록 3:7-13
빌라델비아 교회

빌라델비아('필라델페이아') 교회에 주시는 말씀도 서두(7절), 본문(8-11절), 말미(12-13절)로 구성된다. 본문은 그들이 행한 것에 대해 칭찬하고(8절), 그에 따라 승리의 약속(9절)과 보호의 약속(10절)이 주어진다. 끝으로 계속 '굳게 잡으라'고 명령하신다(11절). 빌라델비아 교회에 보상의 말씀이 세 번(8절, '열린 문을 준다'; 9절, '유대인들의 승복'; 10절, '지킬 것이다')에 걸쳐 주어진다. 9절이 유대인들(그들의 굴복과 교회의 승리)에 대해 언급하는 부분이라면, 8절은 교회의 행위에 대한 칭찬, 10-11절은 계속된 믿음을 촉구하는 말씀이다. 빌라델비아 지역에 대해서는 서론의 "빌라델비아" 항목을 보라.

    A. 서두(7절)

        X. 본문(8-11절)

            a. 행한 것에 대한 칭찬과 열린 문을 주심(8절)

                x. 유대인들의 승복(9절)

            a'. 내가 지키겠다. 너는 굳게 잡으라(10-11절)

    A'. 말미(12-13절)

번역

7 너는 빌라델비아에 있는 교회의 사자에게 쓰라. 거룩한 이, 참된 이, 다윗의 열쇠를 가진 이, 열면 아무도 닫을 수 없고 닫으면 아무도 열 수 없는 이가 이것들을 말한다. **8** '나는 너의 행위(들)를 안다. 보라. 내가 네 앞에, 누구도 닫을 수 없는 열려 있는 문을 두었다. 네가 적은 능력을 가지고도 내 말을 지켰고 내 이름을 부인하지 않았기 때문이다. **9** 보라. 내가, 사탄의 회당, 즉 스스로 유대인들이라 부르나 실제는 그렇지 않고 거짓을 말하는 자들 가운데 (몇 명을 네게) 주겠다. 보라. 내가 그들에게 행할 것이다. 그런즉 그들이 와서 네 발 앞에 절할 것이다. 그리고 내가 너를 사랑하는 것을 그들이 알게 될 것이다. **10** 네가 나의 인내의 말을 지켰으므로, 내가 너를 그때에 지킬 것이다. 곧 땅 위에 거주하는 자들을 시험하려고 온 세상에 닥쳐 올 시험의 때이다. **11** 내가 속히 올 것이다. 아무도 네 승리의 관을 빼앗지 않게, 네가 가진 것을 굳게 잡으라. **12** 이기는 자는, 내가 내 하나님의 성전에서 기둥이 되게 할 것이다. 그가 더 이상 밖으로 나가지 않을 것이다. 또 내가 그 위에, 내 하나님의 이름과 내 하나님의 성, 즉 하늘에서 내려오는 새 예루살렘의 이름과 나의 새 이름을 쓸 것이다. **13** 귀 있는 자는 성령이 교회들에게 말씀하시는 것을 들으라.'

주해

7절 (서두) 7절은 네 개의 정관사로 시작되는 그리스도의 호칭이 있는 부분이다. 네 개의 동일한 정관사(ὁ)가 동반하는 네 개의 호칭이 두 개씩 묶인다. 첫 번째 두 개는 "거룩한 이"(ὁ ἅγιος)와 "참된 이"(ὁ ἀληθινός)다. 정관사('호')를 동반한 형용사가 명사적으로 쓰인 예다. 그다음 두 개는 모두 정관사('호')를 동반하는 독립적 분사인데, "가지고 계신 이"(ὁ ἔχων)와 "열고 … 닫는 이"(ὁ ἀνοίγων … κλείων)다. 형식만 둘씩 둘씩 비슷한 것이 아니라, 내용 또한 둘씩 둘씩 비슷하다.

거룩과 참(진실)은 그리스도의 신적 속성이다(7절). 하나님께서도 거룩하고(ἅγιος) 진실하신/참되신(ἀληθινός) 분(6:10)으로 불리신다. 거룩함(출 15:11; 레 10:3; 11:44-45; 19:2; 20:8, 26; 21:8, 23; 민 20:12; 벧전 1:15-16 등)과 참됨(진실함; 신 32:4; 삼하 22:31; 느 9:33; 시 33:4; 36:5; 86:15; 89:14; 91:4; 96:13; 요 3:33; 7:28; 17:3; 살전 1:9; 계 15:3; 16:7; 19:2, 9; 21:5 등)은 하나님께 속한다. 그리스도 또한 거룩하신 분(막 1:24; 눅 4:34; 요 6:69; 히 7:26)이자 참되신(진실하신) 분(요 1:9; 6:32; 8:16; 15:1; 요일 2:8; 5:20; 계 3:7, 14; 19:11)이시다. 주님의 거룩과 진실 때문에 성도인 우리도 그분께 거룩함과 진실함(참됨)으로 나아가야 한다(고후 1:12; 7:1; 엡 4:24; 살전 2:10). 그분 앞에 더러운 것과 거짓된 것을 고집할 수 없다.

"다윗의 열쇠를 가진 이"는 힐기야의 아들 엘리아김에 대한 말씀(사 22:22, "내가 다윗 집의 열쇠를 그의 어깨에 두리니 그가 열면 닫을 자가 없겠고 닫으면 열 자가 없으리라", 개역개정)과 관련이 있다. 다윗 집의 열쇠를 맡은 엘리아김을 통하지 않고는 히스기야 왕을 접견할 수 없었다(왕하 18:18, 37; 사 36:3). 그리스도는 하늘의 열쇠를 맡은 분으로 그분을 통하지 않고는 하늘에 들어갈 수 없고, 하늘의 하나님께 나아갈 수 없다. 그분이 여시면 누구도 닫을 수 없고 그분이 닫으시면 누구도 열 수 없다. 그리스도께서 하늘의 주권을 소유하신다(마 11:27; 28:18; 요 3:35; 5:20-23; 엡 1:21-22; 단 7:14). 이 땅에 사는 동안 과연 누구를 의지해야 하는지, 그리고 누가 과연 미래를 열 수 있는지 알리는 말씀이다.

또한 그리스도는 "죽음(사망)과 음부의 열쇠"(1:18)를 가지고 계신다.

그분은 "열고 … 닫는 분(이)"이시다. 그가 천국 문을 닫으시면 사망과 음부의 문이 열린다. 사망과 음부의 문을 닫으시면 그 대신 천국 문이 열린다. 생명과 사망의 키(열쇠, κλείς)는 예수 그리스도에게 있다. 그분을 통하여 하늘로 올라가고, 그분을 통하여 음부로 내려간다. 그 어떤 사람이나 특정한 집단도 생명과 사망의 열쇠를 갖고 있지 않다. 그 열쇠는 오직 그리스도에게 있다. 그리스도께서는 제자들에게 천국 열쇠(들)를 주시며 그 문을 열고 닫는 사역 임무를 그의 몸 된 교회에 위임하신 바 있다(마 16:19; 18:18; 요 20:23; 참고, 엡 1:9-10, 22-23). 그래서 교회는 그리스도의 생명의 사역에 참여한다. 예수 그리스도의 메시아적 사역은 교회를 통해 성취된다(사 49:3-6; 눅 2:32; 행 13:47; 26:23; Beale, 1999: 285). 물론 그리스도를 떠난 교회에는 그 열쇠가 없다. 그리스도는 그의 교회(들)를 통해 그 문을 열고 닫으신다. 어떤 특정 사람(들)이 아니다. 어떤 특정 집단도 아니다. 오직 그리스도뿐이다. 그리고 그리스도께서 위임하신 그의 몸 된 교회들뿐이다. 주님의 교회들이다.

8절 (행한 것에 대한 칭찬) "나는 안다, 너의 행위(들)를"(οἶδά σου τὰ ἔργα)으로 시작되는 표현은 에베소 교회(2:2), 두아디라 교회(2:19), 사데 교회(3:1), 빌라델비아 교회(3:8), 라오디게아 교회(3:15)에 반복된다.[1] 주님은 그의 교회들이 한 일(들)을 평가하신다. 각 교회마다 평가가 다르다. 그 행위(그들이 한 일들)가 다르기 때문이다. "보라"(ἰδού)는 주의를 환기시키는 감탄사인데 여기서는 주님의 칭찬과 약속에 세 번이나 반복해서 썼다(3:8, 9[x2]). 일곱 교회의 편지 가운데 '이두'가 쓰인 곳은 서머나 교회

---

1. 이 가운데 에베소 교회는 앞부분은 같으나("나는 안다, 너의 행위를", 2:2). 그다음에 다른 것이 이어진다("네 인내를"). "나는 안다"('오이다')는 표현은 서머나 교회와 버가모 교회에도 역시 주어진다. 다만, 이 두 교회는 그다음에 나오는 내용들이 조금씩 다르다. 서머나 교회의 경우에는 "내가 안다, 너의 환난과 가난을"(2:9), 버가모 교회의 경우에는 "나는 안다, 네가 어디에 거하는지"(2:13)가 나온다.

(2:10), 두아디라 교회(2:22), 그리고 라오디게아 교회(3:20)인데 각 1회씩
쓰인다. 빌라델비아 교회에는 무려 세 번 사용된다.[2] 그리고 모두 그리스도
의 약속과 관련된 말씀의 맥락에 쓰이고 있다. "보라. 내가 네 앞에 누구도
닫을 수 없는 열린 문을 두었다"(8절).[3] "보라. 내가, 사탄의 회당 … 가운데
몇 명을 네게 주겠다. 보라. 내가 그들에게 행할 것이다"(9절). 이처럼 '보
라'는 보상과 승리를 약속하는 말씀들 속에 반복해 쓰인다. 그만큼 주님의
특별한 사랑의 심정을 느낄 수 있게 한다.

　빌라델비아 교회가 행한 것들을 다 아시는 주님은 빌라델비아 교회 앞
에 "누구도 닫을 수 없는 열린 문"을 두셨다. 그 문은 그들 앞에 열린 미래
의 문일 수 있고 또한 천국의 문을 가리키는 것일 수도 있다. 현재완료 분
사 수동태 '열려 있는'(ἠνεῳγμένην)은 그리스도께서 빌라델비아 교회의 문
을 열어놓으신 상태임을 부각한다. 빌라델비아가 아나톨리아 서편과 동편
(동방)을 이어주는 길목에 위치해 동방의 문의 역할을 한다는 점을 유념할
필요가 있다. 주님의 교회는 하늘의 것을 맬 수도 풀 수도 있는 권한을 가
진다(마 16:18; 18:18; 요 20:23). 빌라델비아 교회는 그 역할(복음의 능력)
을 잘 감당할 수 있는 교회였다. 주님은 그들이 가진 것이 적었는데도("적

2.　'보라'는 계시록에 모두 27번, 일곱 교회에 대한 말씀에 6번 사용된다(2:10, 22; 3:8,
9[x2], 20). 그중 빌라델비아 교회에 세 번 사용되었다(3:8, 9[x2]). 주님께서 그만큼
빌라델비아 교회에 특별한 관심을 가지고 계신다는 것을 알 수 있고 또한 미래의 약
속에 대한 주의를 환기시키려 하신다는 것을 알 수 있다.

3.　"열려 있는 문"을 꾸며주는 종속절 "누구도 닫을 수 없는"(ἣν οὐδεὶς δύναται κλεῖσαι
αὐτήν)은 그 안에 관계대명사 목적격 '헨'(ἣν)과 인칭대명사 목적격 '아우뗀'(αὐτήν)
의 동시 사용으로 목적어가 중복 사용된 경우다. 이것은 관계대명사 אֲשֶׁר와 함께 대
명사를 중복하여 종종 사용하는 히브리식 용법이라 볼 수도 있고, 반복을 통한 강조
로도 볼 수 있지만, 요한계시록의 문체적 특징일 수도 있다. 이것은 Aune의 지적처
럼, 계시록에 여러 번(9회, 3:8; 7:2, 9; 12:6, 14; 13:8, 12; 17:9; 20:8) 나타나는 현상
이다. 보다 자세한 해설은 Aune, 1997: 229를 보라.

은 능력을 가지고도"),[4] 두 가지를 잘 해냈다고 평가하신다. 하나는 주님의 말씀을 지켰고 또 하나는 그 이름을 부인하지 않은 것이다. 전자는 말씀대로 사는 삶을, 후자는 불신적 여건(헬라 신화적 사회) 속에서 지켜낸 믿음을 강조한다. 말씀과 믿음을 지키는 것이 얼마나 중요한가. 주님의 말씀을 지킬 때, 주님 안에 거하게 되고, 그분과 동행하게 된다(요일 3:23-24; 요 15:10-12). 그분의 계명은 그의 아들 예수 그리스도의 이름을 믿고 서로 사랑하는 것이다(요일 3:23). 그 말씀을 지키는 것은 또한 그의 이름을 따라 은혜와 믿음의 삶으로 사는 것과 관련이 있을 것이다. 주님은 빌라델비아 교회 성도들의 삶과 믿음을 평가하셨다. "적은 능력"을 가진 것은 이들이 처한 현실적 여건(주어진 달란트)이었으나, 이들은 그것으로 해야 할 것(말씀의 지킴과 그 이름을 부인하지 않음)을 해냈다. 부족하다고 불평하지 않고 해낼 일을 한 것이다.

8절 헬라어의 내적 구조는 다음과 같다. 앞뒤에 빌라델비아 교회의 행위에 대한 주님의 인정이 있고 중간에 그리스도의 보상이 제시된다.

> a. 나는 너의 행위(들)을 안다(8a절).
>
> > x. 내가 네 앞에 열린 문을 두었다(8b절).
>
> a'. 네가 내 말을 지켰고 내 이름을 부인하지 않았다(8c절).

9절 (승리의 약속) 8절에 이어, "보라"('이두')가 반복된다. 그리스도는 당시의 유대인들의 회당을 "사탄의 회당"이라 부르셨다(2:9; 3:9). 그들의 신앙(그리스도를 부인하는)과 행위(믿는 자들을 저주하고 핍박하는)가 사

---

4. 빌라델비아는 출토된 유적 등을 토대로 볼 때 일곱 지역 가운데 가장 작은 도시였을 것으로 추정된다(Blake와 Edmonds, 137). 이는 빌라델비아 교회의 종교적, 사회적 지위가 미미했다는 뜻일 수 있다(Beale, 1999: 285-86).

탄적이기 때문이다. 그리스도께서는 심지어 그들이 참 유대인이 아니라고 선언하신다. 그들은 스스로 유대인이라 부르지만 실제는 그렇지 않고 도리어 거짓말하는 자들이다(3:9; 2:9). '참된 분'(3:7)이신 그리스도께서 그들을 인정하지 않으신다. 도리어 그들의 거짓을 드러내신다. 그들 '거짓' 유대인들은 '참된' 메시아이신 예수를 거짓되다 주장하던 이들이다(Beale, 1999: 283). 빌라델비아 지역에서 교회를 공격하던 그들이 혈통적으로 정통 유대인들이 아닌 것을 지적했을 가능성도 있으나, 그렇게 보기는 어렵다. 그보다는 그 믿음과 행위가 하나님의 백성인 유대인답지 않다고 판단하셨을 것이다(서머나 교회, 특히 2:9의 해설 참고).[5]

그리스도는 교회에 약속하신다. "내가 행할 것이다"($\pi o\iota\dot{\eta}\sigma\omega$). 그들 유대인들에게 역사하셔서 자신께서 염두에 두신 특정한 상황을 만들어(이뤄) 내시겠다는 그리스도의 선언이다. 유대인들 가운데 몇 명(그 수가 몇인지 나오지 않는다. 소수일 수도 있고 다수일 수도 있다)이 빌라델비아 교회에 찾아와서("올 것이다"), 그 교회 앞에 부복하게 될("절을 할") 것이다(참고, 시 47:3; 사 45:14; 49:23; 60:14).[6] 그러면서 주님께서 얼마나 그 교회를 사랑하는지 그들로 알게 하실 것("[결국] 알 것이다")이라 하셨다. 세 개의 동사, "올 것이다"(미래), "절할 것이다"(미래), "알게 될 것이다"(가정법 부정과거, '알게 되게')가 모두 "(내가) 행할 것이다"의 내용이 된다(목적의 '히나'-절). 또한 "내가 너를 사랑하는 것"이라 하실 때, 일부러 인칭대명사 '에고'($\dot{\epsilon}\gamma\dot{\omega}$, 나)를 써서 강조하신다. 그리스도와 그의 교회를 폄하하고 멸

---

5. 2세기 초 안디옥 감독이던 이그나티우스는 빌라델비아에 보낸 편지에서 유대인들에 대해 여전히 경계하고 있다. 그리스도를 부인하는 그들이 "죽은 자의 묘비나 무덤"과 같다는 것이다(Ignatius. *Phld.* 6; Beale, 1999: 286).

6. '히나'($\ddot{\iota}\nu\alpha$) + 미래 직설법은 계시록에 열두 번 사용된다(2:10; 3:9[x2]; 6:4; 11; 8:3; 9:4, 5, 20; 13:12; 14:13; 22:14)(Aune, 1998a: 486; Wallace, 699). 이것은 목적이나 결과를 뜻하는 부사절이다.

시하던 유대인들이 교회에 찾아와 부복한다는 것은, 신앙에 있어 그리스도의 교회가 승리한다는 것을 뜻한다. 외견상 작고 부족한 교회임에도 신앙의 승리를 이뤄내서 복음의 큰 진전을 일으키게 될 빌라델비아 교회는 모든 교회의 표상이다.[7] 그리스도의 사랑이 그 기반이고 교회의 삶과 믿음이 그 도구다.

8절에서 그들을 세 문장으로 인정하신("적은 능력을 가졌다", "내 말을 지켰다", "내 이름을 부인하지 않았다") 그리스도는 9-10절에서 세 번의 약속을 주신다("내가 몇 명을 너희에게 주겠다", "내가 그들에게 행할 것이다", "내가 너를 지킬 것이다"). 그들이 행한 것에 대해 그 이상으로 갚아(베풀어) 주시는 그리스도의 약속의 말씀을 읽을 수 있다.

9절 헬라어의 내적 구조는 다음과 같다. 그들의 정체에 대한 말씀(9b절)이 중간에 제시되고 앞뒤로 유대인들의 굴복에 대해 말씀하신다(9a, 9c절).

> a. 나는 회당에서 몇 명을 주겠다(9a절).
> x. 그들은 유대인이 아니고 거짓말하는 자들이다(9b절).
> a′. 내가 행할 것이다(그들이 와서 절할 것이고 … 알게 될 것이다, 9c절).

10절 (보호의 약속) 이미 8절에 "내 말을 지켰다(ἐτήρησάς)"고 말씀하셨는데 10절에 "내 인내의 말을 지켰다('에떼레사스')"고 다시 강조하신다. "나의(내) 인내의 말"이라고 하신 것은, 주변의 비우호적인(헬라-로마의 종교사회적) 상황에서 주를 부인하지 않고 신앙과 그 말씀을 지키는 일에 인내가 많이 필요하기 때문이다. 인내 없는 승리는 없다. 인칭대명사 소유격

---

7. 유대인 문제를 거론하고 있는 교회는 서머나 교회(2:9-10)와 빌라델비아 교회(3:9)다. 흥미로운 것은 이 두 교회만 책망이 없는 교회라는 점이다(Lambrecht, 284).

'나의'(μου)가 '인내의 말'을 수식한다고 보면 "나의 인내의 말"의 뜻은 '내가 인내하라고 한 말'이다. 반면에 '나의'가 '인내'를 수식한다고 보면 "나의 인내의 말"은 그리스도의 인내에 대한 말씀이 된다(Osborne, 2002: 192; Beale, 1999: 289). 즉, 고난의 본이 되시는 그리스도의 인내에 대한 말씀이다. 그리스도의 인내는 성도가 따를 인내의 본이다.

"네가 지켰으므로 나도 너를 지킬 것이다." 주님은 이렇게 말씀하셨다. 그의 말씀을 지키는 교회를, 주님께서 또한 지키겠다고 하신다. "온 세상에 닥쳐 올 시험의 때"가 역사적으로 빌라델비아 교회에 어떤 형태로 임하였는지는 알려져 있지 않다. 그렇지만 그때 그 교회는 주님의 보호를 받았을 것이다. 이것이 주의 말씀을 지킨 교회인 빌라델비아 교회에 주신 약속 가운데 하나다.[8] 또는 이 말씀을 종말의 환란에 대한 말씀으로 이해할 수 있다. 그렇다면 이 말씀은 환란 때의 시험에서 보호해 주시겠다는 뜻으로 이해된다. 그런데, "~에서 지킬 것이다"(τηρήσω ἐκ)는 환란을 면하게 해주겠다는 말씀이기 보다는 환란에서 보호해 주시겠다는 말씀으로 이해하는 것이 좋겠다.[9] 환란에서 성도들을 보호하시는 하나님의 사역 방식은 계시록

---

8. 주님의 계명을 잘 지키는 교회라도 다 시험의 때를 피하는 것은 아니다. 시험을 피하는 은혜는 빌라델비아 교회에 주신 말씀이다. 서머나 교회의 경우처럼, 칭찬받는 교회라도 난관을 겪을 수 있다(2:10). 하나님께서 때로는 난관을 주시고, 때로는 난관을 피하게도 하신다. 주님의 뜻에 달려 있다.

9. '시험의 때에서 지키겠다'(10절)는 약속을 마지막 환난을 받지 않고 휴거되는 것으로 해석하는 '휴거론자'(rapturist), 또는 '전-환난기주의자'(Pre-tribulationist, 대환난 전에 휴거가 있다는 주장)들이 있다. 이들은 10절의 "~에서 지킬 것이다"(τηρήσω ἐκ)를 대환난을 피하게 하는 휴거의 약속으로 이해한다(Townsend, 252-9). Thomas 는 대환난을 피해 성도들을 다른 안전한 장소로 이동시킨다고 보았다(R. Thomas, 1992: 284-90, 특히 288을 보라). 그러나 첫째, 10절의 "시험의 때"가 '대환난의 때'를 가리키는 것으로 볼 근거는 분명하지 않다. '시험'(πειρασμός, 신약 21회)이란 말이 세계적 환난 또는 대환난의 예로 쓰인 예가 없다. 둘째, 여기서 "온 세상"이 함께 쓰이므로 마지막 때의 대환란으로 봐야 한다 할지라도 '~에서 지킬 것이다'를 대환

에서 여러 가지로 나타난다. 특정 재앙을 피하게 할 때(다섯째 나팔, 9:4)도
있고 재앙의 핍박을 인내로 견뎌내게 할 때(짐승의 핍박, 13:10), 또는 그 때
문에 죽임을 당할 때(다섯째 인, 6:9-11; 또 12:11; 13:15 등)도 있고 때로는
이김을 얻기 위해 적극적으로 싸우게 할 때(짐승 집단과의 싸움, 17:14)도
있다. 이처럼 하나님의 보호는 다양하게 나타난다. 어느 형태든 하나님의
보호의 손길은 성도들을 향해 펼쳐지며 그들을 구원의 믿음 안에 든든히
세운다.

빌라델비아 교회는 세 번의 칭찬과 세 가지 약속을 받았다. 그 교회는
그의 말씀을 지켰고(8절, 순종), 그의 이름을 부인하지 않았고(8절, 증거),
그의 인내의 말씀을 지켰다(10절, 인내). 그들에게 주어진 세 가지 약속은
다음과 같다. 그 앞에 열린 문을 주셨다(8절). 유대인들의 굴복이 있게 된다
(9절). 시험의 때를 면하게 해주신다(10절). 주님께 드려진 것 가운데 우리
에게 되돌려지지 않는 것이 없다. 늘 더 풍성히 돌려주신다.

11절 (지속적 명령) 주님의 속히 오심은 상을 주시기 위함이다(11절). 이
것은 심판을 경고받는 사데 교회의 경우와 대조된다(3:3).[10] 승리의 관은 본
래 경기 우승자에게 주어지는 영예의 관('스떼파노스')이다(2:10). 그의 말
씀을 지키는 삶과 순전한 신앙을 지키는 것의 종국은 승리의 관을 얻는 것

난 자체를 면하게 해준다고 볼 필요는 없다. 대환난 때의 보호(지킴)를 약속하신 것
으로 이해하는 것이 좋다. 비슷한 용례(τηρήσῃς … ἐκ)인 요 17:15의 "악에서 지켜주
시기를"도 악의 면제가 아니라, 악으로부터의 보호의 의미를 지닌다(Beale, 1999:
290-2; Osborne, 2002: 192-4). 따라서 이 구절에서 대환난 전 휴거가 언급되고 있
다고 보는 견해는 지지받기 어렵다. 그러므로 개역개정처럼 "너를 지켜 시험의 때를
면하게 하리니"로 번역하기 보다는 본문 그대로 "너를 그 시험의 때에 지킬 것이다"
로 직역하는 것이 좋겠다.

10. 사데 교회는 주님이 오실 때 '깨어 있을 것'을 강조하고(3:3), 빌라델비아 교회는 주
    님의 재림 때 '보상하실 것'(3:11)을 약속하신다. 교회마다 명령과 약속이 다르다. 교
    회의 형편이 다르기 때문이다.

이다. "누구도 빼앗지 않게", "굳게 잡으라"(참고, 3:11; 2:25)는 말씀으로 그 승리의 관을 향해 계속 전진할 것을 요구하신다. "누구도 ~ 않게"의 '히나 메데이스'(ἵνα μηδεὶς)는 '어느 한 사람, 그 누구라도 ~ 않게'의 의미를 가진다. 그 어떤 이설과 그 어떤 이의 유혹에도 흔들리지 않아야 한다. 주님의 말씀대로 바른 믿음과 바른 삶(일)을 견고히 붙잡아야 한다. 승리하고 있는 교회였으나 여전히 지속된 인내의 수고는 필요했다("굳게 잡으라").

10-11절의 내적 구조는 다음과 같다. 그리스도의 약속 두 가지("지킬 것이다", "올 것이다")가 연속되고 그 후에 교회에 대한 명령("굳게 잡으라")이 나온다는 점에서 교차 구조라 보기 어려울 수 있다. 그런데 '지키다'와 '굳게 잡다'는 유사한 의미를 가진다. 그리스도는 교회를 붙잡고 교회는 그리스도를 붙잡는다.

    a. 내가 지킬 것이다(10절).

        x. 내가 다시 올 것이다(11a절).

    a'. 받은 것을 굳게 잡으라(11b절).

12-13절 (말미) 주님은 12절에서 "나의"(μου)를 네 번 반복하신다: "내 하나님의 성전", "내 하나님의 이름", "내 하나님의 성", "나의 새 이름". 특히 하나님을 "나의 하나님"이라 강조하신다. 그리스도와 하나님의 관계를 부각하는 표현이다. 이는 '그(성자 예수 그리스도)의 하나님'과 다른 거짓된 신을 대조하는 것이기도 하다.

약속된 말씀은 세 가지다. 첫째, 하나님의 성전에서 기둥이 되게 하신다("만들겠다", "되게 하겠다").[11] 성전의 기둥이 된다는 것은 성전(하나님

---

11.   솔로몬이 성전을 만들 때 성전 앞에 기둥 둘을 세웠는데 그 이름이 야긴(יָכִין, 그가 세우실 것이다)과 보아스(בֹּעַז, 능력으로)였다(왕상 7:21; 대하 3:17).

나라, 미래의 교회)에서 중요한 존재와 역할을 맡는다는 뜻이다. 건물에서 기둥의 역할이 지대하다는 것은 의심할 여지가 없다(참고, 왕상 7:21; 갈 2:9; 딤전 3:15). 이 표현은 사데와 라오디게아의 길목에 위치해 있고 지진이 잦았던 작은 도시 빌라델비아의 지형적 상황과 관련이 있을 것이다. 역사적, 지리적으로 그다지 비중이 크지 않던 그들에게 하나님의 성전에서 비중 있는 역할을 하는 성전 기둥으로 삼겠다는 약속이다.

둘째, "그가 더 이상 밖으로 나가지 않을 것이다." '나가다'(ἐξέρχομαι)는 동사 자체에 접두어 '에끄'(ἐκ, 밖으로)가 붙어, '가다 + 밖으로 > 나가다'가 되는데, 이에 더하여 부사 '엑소'(ἔξω, 밖으로/밖에)를 사용하여 '밖'의 의미를 강화하고 있다. 또한 이중 부정 '우 메'(οὐ μὴ)의 사용으로 의미의 강화가 더해진다. "결코 밖으로 나가지 않을 것이다." 하나님의 성전에서 떨어져 나가는 일이 '결코' 없을 것이라는 뜻이다. 빌라델비아에 지진이 일어날 때면, 건물 안에 있던 자들은 건물이 무너질 것을 우려하여 밖으로 나가야 했을 것이다.[12] 나갈 필요가 없는 것은 다시 지진과 같은 상황이 일어나도 비교할 수 없이 견고한 '내'(주님의) 하나님의 성전에서 떠날 필요가 없다는 것이다. 그들이 더 이상 외인이나 객과 같지 않기 때문이다(엡 2:19; 3:6). 도리어 중심적인 존재가 될 것이라는 말씀이다.

셋째, 그 위에 세 가지 이름을 쓰신다('내가 쓸 것이다'). 이 이름들은 그('이기는 자')가 어디에 속하는지 천하에 드러내는 표식이다. 하나님의 이름과 새 예루살렘(미래의 완성된 교회, 하늘에서 내려온다, 21:2, 10)의 이름과 그리스도의 새로운 이름이 새겨진다.[13] 그는 하나님과 예수 그리스도

---

12. 주후 17년과 23년의 지진이 유명하다. 빌라델비아 대부분의 시민들이 도시 안에 거주하지 않고 도시 밖에 나가 경작하며 살았다고 한다(Tacitus, *Ann.*, 2.47; Strabo, *Geogr.* 13.4.10; Ramsay, 397).

13. 그리스도의 '새 이름'은 19:11-16의 "신실과 진실"(19:11), "하나님의 말씀"(19:13), "만왕의 왕, 만주의 주"(19:16)라는 이름 또는 "그 자신 외에는 아무도 알지 못하

에게 특별히 속한 자임이 천명된다. 또한 그는 새 예루살렘의 시민임이 그 이름으로 인해 공표된다.[14]

해설

헬라어로 예루살렘은 두 가지로 표기된다. 여성명사 '이에루살 렘'(Ἱερουσαλήμ, 마 23:37; 눅 2:25, 38, 41, 43, 45 등)과 중성명사 '히에로솔뤼 마'(Ἱεροσόλυμα, 마 2:1, 3; 3:5; 4:25 등)다. '이에루살렘'은 히브리어 '예루샬 라임'(יְרוּשָׁלַ͏ִם)의 음역에 기반하고 거룩성(ἱερός-, 거룩한)을 강조하는 '히에 로솔뤼마'는 중간기 이후에 나타난다. 구약 칠십인역(LXX)에서는 모두 '이 에루살렘'으로 번역된다. 계시록에는 '이에루살렘'만 쓰이고 있고(3:12; 21:2, 10) 요한복음에는 '히에로솔뤼마'만 쓰였다(요 1:19; 2:13, 23; 4:20, 21, 45; 5:1, 2; 10:22; 11:18, 55; 12:12). 계시록에 '이에루살렘'만 쓰인 것은 구약과의 연계성(또는 연속성)을 부각하려는 이유 때문이거나 새 예루살 렘에 성전('히에론')이 없기 때문으로 추정된다. 마태복음, 사도행전, 갈라 디아서 등의 용례에서 보듯이, 초대교회에서 두 단어는 혼용해서 쓰였다.[15]

는"(19:12) 이름일 수 있다. 새 이름에 대한 논의는 Osborne, 2002: 199를 보라. 역사 적으로 빌라델비아의 이름이 여러 번 바뀐 경험을 기억하자(서론의 "빌라델비아" 항목을 참고하라).

14. 이름이 그 위에 쓰여진다는 것은, 그 이름의 대행자가 된다는 것을 말하는 것일 수 있다. 그렇다고 하더라도 사도들에 의해 기록된 말씀(신약)에 더하여 자신이 이와 동등한 새로운 예언의 대행자임을 주장하는 것은 옳지 않다. Aune은 몬타누스파(2 세기말)의 '새 예언' 운동이 요한복음(보혜사 성령의 약속, 요 14:26)과 계시록(요한 의 계시받은 일과 빌라델비아 교회에 대한 '새 이름' 언급)에 기반하고 있다는 것을 지적한다(Aune, 1997: 245; Osborne, 2002: 200).

15. 이에 대해 참고할 만한 논의는 Aune, 1997: 232를 보라.

라오디게아('라오디께이아')에 주시는 말씀도 서두(14절), 본문(15-20절), 말미(21-22절)로 구성된다. 교차 구조로 된 본문은 네 부분이다. 미지근한 상태 지적(15-16절), 가난한 상태 지적(17절), 가난을 벗어날 것 권면(18절), 열심을 낼 것 권면(19-20절)이다. 네 부분은 소재로는 첫째(미지근함을 책망)와 넷째(열심을 권면), 둘째(가난한 상태를 지적)와 셋째(가난한 상태를 벗어날 것을 권면)가 연계되고, 형식(지적과 권면)으로는 첫째(미지근함을 책망)와 둘째(가난한 상태를 지적), 그리고 셋째(가난한 상태를 벗어날 것을 권면)와 넷째(열심을 낼 것을 권면)가 각기 어우러진다. 라오디게아 지역에 대해서는 서론의 "라오디게아" 항목을 보라.

    A. 서두(14절)

     X. 본문(15-20절)

       a. 미지근한 상태 지적(15-16절)   (a, 지적1)

        b. 가난한 상태 지적(17절)   (a′, 지적2)

        b′. 가난을 벗어날 것을 권면(18절)   (b, 권면1)

       a′. 열심을 낼 것을 권면(19-20절)   (b′, 권면2)

    A′. 말미(21-22절)

번역

14 너는 라오디게아에 있는 교회의 사자에게 쓰라. 아멘이 되는 이, 신실하고 참된 증인, 하나님의 창조의 시작인 이가 이것들을 말한다. **15** "나는 너의 행위들을 안다. 너는 차지도 아니하고 덥지도 아니하다. 네가 차든지, 덥든지 하기를 원한다. **16** 네가 이와 같이 미지근하여 덥지도 차지도 아니하니, 내가 너를 내 입에서 토해낼 것이다. **17** 너는, '나는 부자이다. 부유하여 부족한 것이 없다'라고 말한다. 그러나 네가 비참하고 가련하고 가난하고 눈 멀고 벌거벗은 자인 것을 네가 알지 못하고 있다. **18** 나는 내게서 네가, 부요할 수 있게 불로 정련된 금과, 입어서 너의 벌거벗은 수치가 보이지 않게 할 흰 옷을 살 것과, 볼 수 있게 네 눈에 안약을 바를 것을 권한다. **19** 나는 사랑하는 자들을 책망하고 징계한다. 그러므로 열심을 내라. 그리고 회개하라. **20** 보라. 내가 문에 서 있다. 그리고 두드린다. 만일 누구든지 내 음성을 듣고 문을 열면, 내가 그에게로 들어갈 것이다. 내가 그와 함께 먹고 그는 나와 함께 먹을 것이다. **21** 이기는 자에게는, 내가 이겨 내 아버지와 함께 그의 보좌에 앉은 것처럼, 나와 함께 내 보좌에 앉게 해줄 것이다. **22** 귀 있는 자는 성령이 교회들에게 말씀하시는 것을 들으라."

주해 및 해설

14절 (서두) 주님은 세 가지 이름으로 자신을 소개하셨다(14절). 첫째, "아멘이신 이"(ὁ ἀμήν)는, 하나님의 아들이신 그리스도께서 하나님 아버지의 말씀에 늘 '아멘'하는 분이시라는 뜻과 참된 진리를 선포하는 분이시라는 뜻을 내포한다. 헬라어 '아멘'(ἀμήν)은 히브리어 '아멘'(אָמֵן, 참으로/확실히)의 헬라어 음역이다.[1] 놀라운 것은 '아멘'이란 용어를 가장 많이 사용한 분이 예수 그리스도시라는 점이다. '아멘'은 "진실로", "참으로"라고 번역되고 있는 표현 형식(formula)에서 사용되고, "내가 참으로 너희에게 말한다"(ἀμὴν λέγω ὑμῖν) 또는 "내가 참으로 네게 말한다"(ἀμὴν λέγω σοι)에서도 사용되었다. '아멘'은 복음서에 모두 100회 나오는데, 마태복음에 31회, 마가복음에 13회, 누가복음에 6회 나타나고, 요한복음에는 '아멘 아멘'이 두 번 반복되는 형태로 25회 등장한다. 그리스도 자신이 참된 말씀을 주시는 분이셨다. 또한 그분은 아버지 말씀에 늘 '아멘'하시고 그 뜻을 따랐던 분이셨다(눅 22:42; 요 4:34; 5:30; 6:38-40).

둘째, "신실하고 참된(진실된) 증인"은, 아버지로부터 듣고 배운 모든 진리에 대해 신실하고 진실하게 증언하는 그리스도의 사역(요 6:19-20, 30; 8:16, 28-29)과 관련된다. '신실'과 '진실'은 그분을 묘사하는 중요한 표현이다(1:5; 3:7; 19:11). 아멘은 진리됨과 진리에 대한 순종을 가리키고, 신실과 참됨은 바른 열심(헌신)과 진실(순전)함을 뜻한다. 이는 그리스도 사역의 특징이다. 그리스도께서 미지근한 라오디게아 교회의 참된 본(믿음과 삶의)이 되심을 알려준다.

---

1. 히브리어 '아멘'은 '아만'(אָמַן, 확신[지지]하였다)의 히필형 '헤에민'(הֶאֱמִין, 믿었다)에서 왔을 것이다. 히브리어 '아멘'이 헬라어 번역본 칠십인역(LXX)에서 음역된 헬라어 '아멘'으로 사용된 경우는 세 군데다(대상 16:36; 느 5:13; 8:6). 그 외는 대부분 의역되고 있다. Osborne은 사 65:16에서 2회 반복된 '벨로헤이 아멘'(בֵאלֹהֵי אָמֵן)과 연관 짓는다(Osborne, 2002: 203-4). '벨로헤이 아멘'은 직역할 때 '아멘이신(또는 아멘의) 하나님으로(또는 ~안에서)'라는 뜻이다. 아멘이신 하나님을 부각하는 표현이다. '아멘의 대상이신 하나님'의 뜻으로 볼 수도 있다. 칠십인역은 '톤 쎄온 톤 알레씨논'(τὸν θεὸν τὸν ἀληθινόν, 진실하신 하나님[을])이라 번역했다. 개역개정은 "진리의 하나님으로"라고 번역하고 있다. 사 65:16과 계 3:14이 아멘을 이름과 연관해서 사용된 유일한 예라는 Beale의 지적은 적절하다(Beale, 1999: 299; 또한 Porter, 206).

셋째, 또한 그리스도는 "하나님의 창조의 시작"으로 나타나신다. '시작'(ἀρχή)은 '근원'(원천), '머리'(으뜸), '시작'(시효)이라는 의미를 갖는다. 모든 창조의 일은 그가 없이 시작된 바 없고 모든 창조의 역사는 그로부터 출발한다(골 1:18; 계 22:13).[2] 그리스도는 하나님의 일에 늘 '네'(아멘) 하셨고, 성부 하나님께서 하신 일을 증언하셨으며, 또한 하나님의 일(창조)에 처음부터 함께하셨다.

15-16절 (미지근한 상태 지적) 누구도 주님의 앎(지식)에서 피할 수 없다 ("나는 안다, 네 행위[들]를"). 그의 눈은 불꽃 같기 때문이다(1:14; 2:18; 19:12). 라오디게아 교회는 이것도 저것도 아닌, 그래서 주님의 눈에 시덥잖은 교회였다. 주님께서 보신 그들의 행위에 대한 평가는 "네가 차지도 않고 덥지도 않다"였다(15절). 차지도 않고 덥지도 않음은 매사에 흐리멍덩하고 애매모호한 상태이다. 여기서 찬 것과 더운 것이 무엇인지에 대해 설명하지는 않으신다.[3] 분명한 것은 진리를 따르는 일에 열심을 내라는 것이다.

---

2. Osborne은 창조 개념이 여기서 등장하는 것은 아멘과 관련된 사 65:16 다음의 구절인 17절의 하나님의 창조 선언과 관련이 있다고 본다(Osborne, 2002: 204). Beale은 아멘과 창조 개념은 사 65:15-16에서, 증인 개념은 사 43:10-12에서 온 것으로 본다(Beale, 1999: 297). "창조의 시작"에 대한 Beale의 강조점은 그리스도께서 '새 창조'(계 21:1-5의 신천신지의 창조를 포함한)의 시작이 되신다는 것이다(Beale, 1999: 297-301). Beale처럼 이 부분을 그리스도의 새 창조 사역까지 확대하여 해석하는 것도 가능하다. 이러한 해석은 특히 14절을 신적 기독론(아멘이신 하나님 되심)의 선언으로 볼 때 타당하다. 그렇지만, 14절을 하나님께 신실하게 순종하시는(성부께 아멘하시는) 성자의 역할을 뜻하는 것으로 본다면, 그리스도의 신적 특성이나 새 창조 사역에 더 비중을 둘 필요는 없을 것이다('하나님의' 창조를 부각함).

3. 라오디게아 교인들은 그것이 무엇인지 알았을 것이다. 라오디게아의 지리적 형편을 통해 잘 알고 있던 개념이었다. 북동쪽의 히에라볼리(히에라뽈리스, 현재의 파묵칼레)에서 따뜻한 온천수를 끌어오고 남서쪽의 골로새에서는 냉수를 끌어왔다. 온수(온천수)는 건강(치료, 세정)에 도움이 되는 반면, 냉수는 마실 물로 적합했을 것이다. 그러나 수로(도수관)를 통해 오는 동안 뜨거운 물과 찬 물은 모두 미지근한 물이 되었다. 이에 대해 Porter, 1987: 145-7; Cimok, 93; Osborne, 2002: 205를 보라. 미지근

주님은 하나님의 일에 아멘이셨고 신실하고 참된 증인이셨다(14절). 창조를 시작하신 때부터 주저하거나 멈추지 않으셨다.

그리스도께서는 라오디게아 교회가 차든지, 덥든지 하기를 원하셨는데(15절), 이제 그들의 미지근함 때문에 그 입에서 토해내겠다고 선언하신다(16절).[4] 그들과의 관계를 청산하시겠다는 말씀이다. 더 이상 그들이 주님의 교회로 간주되지 않을 것이다. 주님께서 '토해내고 싶은' 교회가 있을까? 교회가 교회의 역할을 감당하지 않을 때, 그러하다. 신앙과 사랑과 빛(윤리) 됨에 대해 흐릿한 교회는 그리스도의 교회로 남아 있기를 포기한 교회다. 딱히 배교 상태도 아니고 교회의 모습은 남아 있다. 그러나 주님의 말씀인 진리에 열심이 없는 교회는 그 힘을 상실한 상태에 있다. '아멘'과 '증인'이신 그리스도, 창조 사역의 시작이신 그리스도께 다시 배워야 한다.

> a. 나는 너의 행위, 즉 차지도 않고, 덥지도 않은 것을 안다(15a절).
>> b. 네가 차든지 덥든지 하기를 원한다(15b절).
> a'. 네가 차지도 않고, 덥지도 않고 미지근하므로(16a절)
>> b'. 내가 너를 내 입에서 토해낼 것이다(16b절).

주님은 최소한 두 번, 그들의 차지도 않고 덥지도 않은 상태를 지적하신다(15a, 16a절). 그들의 변화를 기대하시고(15b절, "네가 차든지, 덥든지 하기를 원한다")[5] 또한 그들의 변화를 촉구하시며 경계의 말씀을 주신다

한 온수는 다시 데우고 미지근해진 냉수는 다시 식혀 사용해야 했을 것이다. 히에라볼리는 고대 유적과 함께 파묵칼래 언덕에서 솟아나는 온천수로 유명 관광지가 되었다.

4. 라오디게아 교회의 이런 특성 때문에 영어 Laodicean은 종교나 정치 등에 미온적이고 무관심한 사람을 뜻하는 말로 쓰인다.

5. '원한다'(ὄφελον)는 '오페일로'(ὀφείλω, 해야 한다)에서 온 단어인데, 미완료 동사와

(16b절, "내가 너를 내 입에서 토해낼 것이다").

17절 (가난한 상태의 지적) 그리스도는 라오디게아 교회의 가난한 상태를 지적하신다(17절). 두 번째 평가다. 교통의 요로에 있을 뿐 아니라, 비싸고 좋은 품질의 검은 양모를 생산했고, 의약업 등의 발달로 라오디게아는 경제적으로 풍요했다. 교회도 "부자라 부족한 것이 없다"고 자부하고 있었다. 그들은 세 가지로 자신의 부요함을 표현하였다("부자다", "부유하다"[현재완료], "부족한 것이 없다"). 그들은 스스로 부자임을 인식하고 있고("부자다"), 이제까지 부유한 삶을 살아 왔으며(현재완료 "부유하다"), 그래서 누릴 것 누리며 부족한 것이 없이 살고 있다("부족한 것을 갖고 있지 않다"). 자족하는 마음(빌 4:11; 딤전 6:6) 때문이 아니라, 외적 부유함 때문에 영적인 시각이 결여된 상태에 빠져 있다.

그리스도는 "네가 모른다"(οὐκ οἶδας)라고 하신다. 17절의 "네가 모른다"는 15절의 "나는 안다"('오이다'), 즉 그리스도의 앎과 대조를 이룬다. 주님은 다섯 가지 형용사를 사용하여 그들의 실상인 내적 빈곤을 밝히 알려 주신다. "비참한/불쌍한"(ταλαίπωρος), "가련한/애처러운"(ἐλεεινός), "가난한"(πτωχός), "눈 먼/소경의"(τυφλός), "벌거벗은"(γυμνός). '비참한'과 '가련한'은, 비록 그들이 다 가진 것 같고 부족한 것이 없다는 자부심을 가졌지만 내적으로 비참하게 무너진 상태에 있음을 지적한다. '가난한'은, 비록 그들이 외적으로 상당히 부요했지만 실상 아무것도 가진 것이 없다는 점을 알려준다. '눈 먼'과 '벌거벗은'은, 그들 가까이에 의약 학교가 있고 비싼 검은 양털 생산으로 부요한 그들이지만 볼 것을 볼 수 있는 시각 능력이 결여되었고 정작 입어야 할 참된 옷은 입지 못한 상태임을 알려준다. 라오디게아 교회는 무언가 가지고 있다고 말하지만, 그들의 빈 상태를 알지 못

함께 쓰이며 희구적인 감탄사로 쓰인다('네가 ~하기를 바란다/원한다'; 고후 11:1, [I wish you would ~]; Thayer, 3903; Turner, 1963: 91).

한 교회였다.[6] 다섯 가지가 다 내적 상태를 가리키면서도, 앞의 둘(비참한, 가련한)은 다소 추상적인(또한 전반적인) 상태를 가리키는 반면, 뒤의 셋 (가난한, 눈 먼, 벌거벗은)은 좀 더 구체적이다. 이어지는 18절은 특히 이 뒤의 셋과 관련된 말씀이다.

18절 (가난을 벗어날 것을 권면) 그리스도는 라오디게아 교회가 정련된 금과 흰 옷과 안약을 그분에게서(παρ' ἐμοῦ) 구입할 것을 원하신다(18절). 이것들은 모두 그리스도만이 주실 수 있는 것이다. "불로 정련된 금"은 그리스도의 말씀, 즉 진리를 가리킨다고 볼 수도 있고 순전한 믿음을 의미한다고 할 수도 있다. 그것은 불순물이 섞이지 않은 제련된 상태의 순수한 금 (순금), 즉 참됨과 순전함을 부각하는 표현이다(욥 23:10; 애 4:1). "흰 옷" 은 거룩과 성결을 뜻하고(3:3-4; 4:4; 6:2; 7:9; 19:11, 14), "안약"은 영원한 세계를 보는 영적 능력을 비유할 것이다(요 9:39 참조).

18절의 "정련된 금"과 "흰 옷"과 "안약"은 17절의 "가난하고 눈 멀고 벌 거벗은"과 각각 관련된다. 그런데, 세 가지 내용이 언급되는 순서가 바뀐다. 이것은 "권한다"의 목적어로 사용된 두 개의 부정사("살 것"과 "바를 것") 때문일 것이다. "살 것"(ἀγοράσαι)은 정련된 금과 흰 옷이고, "바를 것"(ἐγχρῖσαι)은 안약이다.[7] 가난하기 때문에 금이 필요하고 눈 때문에 안약이 필요하고 벌거벗은 이유로 옷이 필요하다. 세 가지가 모두 목적의 가정법으로 귀결된다("네가 부요할 수 있게", "입고 너의 벌거벗은 수치가 보이

---

6. Newton은 이를 "보이는 것대로가 아닌 것들"(things are not what they seem)이라고 설명한다. 서머나 교회는 라오디게아 교회와 반대였다(2:9, "나는 너의 환난과 가난을 안다. 그러나 네가 부요하다"; Newton, 78-79). 신앙인이면서 손에 잡히는 물질적인 번영을 추구하던 이들에게 세상을 다르게 볼 것을 요구하는 도전이라 할 수 있다 (Koester, 2008: 766).
7. 라오디게아는 가까이에 의술 학교가 있었는데 특히 안약으로 유명했다(서론의 "라오디게아" 항목을 보라). 그러나 영원한 영적 세계는 그들이 자랑하는 안약을 바른다고 볼 수 있는 게 아니다. 그리스도의 안약이 필요했다.

지 않게", "네가 볼 수 있게"). 그들은 비참하고 가련한 상태를 벗어나야 한
다. 그리스도께서는 그런 상태를 극복할 수 있다는 소망을 제시하신다. 세
가지가 특정하는 것은 다름 아닌, 영적 세계의 진정한 가치다. 외적 소유에
부요함이 있는 것이 아니라, 내적 소유에 그 부요함이 있다. 이런 점에서 18
절은 17절과 연관된 역설적(paradoxical) 권면이다.

19-20절 (열심을 낼 것을 권면) 그리스도께서는 인칭대명사 '에고'(ἐγώ,
내가)로 강조하시면서, 그들을 "내가 사랑하는 자들"이라 부르신다. 관계
대명사 복수('호수스')를 사용한 "내가 사랑하는 자들"(ὅσους ἐὰν φιλῶ)은
'내가 사랑하는 자들은 다(모두)'("As many as I love", KJV)라는 뜻으로 사
랑의 대상을 강조한다(참고, 1:2; 2:24).[8] 그리스도께서는 사랑하시는 자들
에게 또한 책망과 권면의 말씀을 주신다(19절). 주님의 꾸짖음("책망한다")
과 징계(또는 교정, "징계한다")는 사랑하는 자에게 주시는 것이다(잠 3:12;
13:24; 히 12:6). 미지근한 그들에게 주님은 사랑하는 자에게 주시는 책망
의 말씀을 하신 것이다.

또한 주님은 그들이 그 자리에 남아 있지 말고 돌이켜 열심을 낼 것("열
심을 내라")과 회개할 것("회개하라")을 명하신다(19절; 참고, 2:5, 16, 22;
3:3). 이 말씀은 앞에 나오는 미지근한 그들의 상태에 대한 말씀(15-16절)과
특히 관련이 있다. 평온한 종교 생활에서 적극적인 신앙의 자리로 나아갈
것이 촉구된다. 그리스도께서 그리하시듯, 그의 교회도 진리의 말씀에 대
해 '아멘'(순종함)과 '신실하고 진실한 증인'(열심 있는 참 증인)이 되는 것
이 마땅하다. 또한 그리스도의 재창조 사역에 함께 동참하는 것이 당연하

---

8. '사랑하다'는 말을 '아가빠오'(ἀγαπάω)로 쓰지 않고 '필레오'(φιλέω)로 쓰고 있는 것
때문에 그 차이에 주목하는 이들이 있다. 그러나 요한복음에서처럼 계시록에서도
두 용어가 혼용되고 있는 점('아가빠오', 1:5; 3:9; 12:11; 20:9; '필레오', 3:19; 22:15)
을 지적한 Osborne의 말은 타당하다(Osborne, 2002: 210, 각주 22).

다. 주님께서 시작하신 일을 주님의 손을 잡고 힘을 다해 이뤄가는 교회를
기대하신다. 라오디게아 교회는 부요하지만 가장 부족한 교회다. 달라져야
한다. 힘을 내야 한다.

"보라. 내가 서 있다." 이렇게 20절 말씀이 시작된다. 주님께서 문에 서
계신다. "서 있다"를 현재완료(ἕστηκα)로 표현한 것은 서 계신 현재 상태를
부각할 것이다. 그 문은 마음의 문, 영혼의 문이다. 주님께서 말씀하셨다.
"내가 두드린다"(κρούω). 그리스도는 제자들에게 기도를 가르쳐 주시면서
"두드리라"고 말씀하셨다(마 7:7-8; 눅 11:9-10). 이제 주님 자신이 제자들
의 문을 두드리신다. 예수께서는 주인이 문을 두드리면 열어 주려고 기다
리는 사람처럼 되라고 하신 바 있다(눅 12:36).[9] 그런데 문이 닫혀 있을 때
면, 그리스도께서는 그 문을 두드리시며 사랑하는 자를 부르신다(아 5:2의
사랑의 문 두드림과 비교하기도 함, Beale, 1999: 308; 비교, Wiarda, 205).
주님은 인격적이시다. 강압적이거나 폭압적이지 않으시다. 마음 문을 열고
그분께 나아가길 원하신다. 비록 주님의 음성에 귀를 닫고 그 두드림을 외
면할 때도 교회가 겉으로는 평온할 수 있다. 아무런 일도 일어나지 않는다.
교회는 주님으로부터 겉돌고 주님의 뜻은 외면된다. 그러나 주님은 나태한
교회에 도전하신다. 문을 두드리신다. 문을 열면 주님과 함께 정찬에 참여
하여 음식을 나누며 먹는 친밀한 사귐의 기쁨을 누릴 것이다("함께 먹을 것
이다"). 주님과 함께 동행한다. 주님과 함께하면, 주님이 하시는 것을 교회
도 하게 될 것이다. 19-20절은 이중 강조 방식으로 구성된다. 반복을 통하
여 강조하고자 하는 목적을 가진다.

---

9. 눅 12:35-40의 문지기 비유가 계 3:20에 그대로 반영되었다고 보는 학자들도 있다
   (예, Bauckham, 1976-1977: 170-3). 그렇게 해석하면 주인이 자기의 집에 돌아와 그
   문을 두드리는 것이 된다. 그러나 이러한 해석에 대한 근거가 부족하다. 상세한 논
   의는 Aune, 1997: 250-4를 참고하라.

a. 그리스도의 책망과 권고(19절)

(ㄱ) 책망한다-징계한다.

(ㄴ) 열심을 내라-회개하라.

a'. 그리스도의 초청(20절)

(ㄱ) 서 있다-두드린다.

(ㄴ) 듣고 열면 함께 동행하게 될 것이다.

특히 20절은 그리스도의 지속적인 행동(완료-현재, '서 있다-두드린다')과 미래적 약속(미래, '들어갈 것이다-먹을 것이다')을 강조한다. 교회의 회복을 위해, 그리스도께서 최선의 노력을 기울이시는 것을 볼 수 있다. 지금도 하고 계시고(서 있다-두드린다), 앞으로 하실 것이다(들어갈 것이다-먹을 것이다). 교회가 할 일은 단지 우리를 위하여 일하시는 그리스도의 말씀을 '듣고' 마음(문)을 '여는' 것이다. 그리고 온 힘을 다해 주님을 따르는 것이다.

21-22절 (말미) 그리스도와 함께하지 않는 자에게는 하늘의 보상이 없다. 이기는 자('호 니콘')는 주님과 함께 그의 보좌에 앉게 된다("내가 ~[해] 줄 것이다", δώσω). 하늘에서 그리스도와 함께 그리스도의 보좌에 앉게 해 주실 것이다.[10] 주님의 왕권(통치권)을 나눠 갖게 해 주실 것이다. 주님은 자신도 "이겨"(승리하여) 그의 아버지와 함께 그의 보좌에 앉았다고 말씀하신다. 이기는 자도 그같이 그리스도의 보좌에 함께 앉게 될 것이다. '이

---

10. 라오디게아 교회에 대한 약속이 '보좌'에 대한 것인 이유가 4-5장의 하늘 환상에서 초점이 되는 '보좌' 주제와 관련이 있다는 Bauckham의 주장은 흥미롭다(Bauckham, 1993a: 6). 반면에 Osborne은 보좌에 대한 약속의 성취가 훨씬 뒤(20:4과 22:5)에 나타나는 점을 지적한다(Osborne, 2002: 214-5).

김'(승리)이 강조된다. 영적 승리는 세속적인 승리와 다르다. 세속적 승리와 권세(권력)에 마음을 온통 내주어선 안 된다. 진리의 말씀에 철저히 순복하고 진리에 대해 신실하고 진실된 증인이 되는 것이 성도의 나아갈 길이다. 그것이 그리스도의 재창조 사역에 함께하는 것이다. 그런 교회에 주님의 보좌에 앉는 일이 약속된다. 이 말씀도 성령께서 교회들에게 하신 말씀이다(22절). 그러므로 라오디게아 교회를 포함한 모든 교회가 들어야 한다.

제10장
요한계시록 4:1-11
하늘의 예배

2-3장과 4장(또는 4-6장)의 차이는 각 장면이 펼쳐지고 있는 자리(장소)의 변화다. 2-3장은 그리스도께서 지상의 교회들에게 말씀하신 내용이다. 반면에 4장에서는 자리가 땅에서 하늘로 바뀐다. 지상과는 다른 하늘의 세계가 펼쳐진다. 그러면서 동시에 4장은 1-3장과 연속성을 갖는데 1절의 "내게 말하던 그 나팔 소리 같은 음성"은 이전에 요한에게 말씀하셨던 그리스도의 음성(1:10)이기 때문이다. 그리스도의 음성은 2-3장에 이어 4장에도 계속 들리고 있는 것이다.[1] 비록 지상(1:9-3:22)과 천상(4장)이라는 자리의 변화가 있지만, 모두 현재적 계시(환상)라는 점에서 1:9-3:22와 4장은 공유하는 영역이 있다.

4장은 모두 다섯 부분으로 구성된다. 요한은 하늘이 열리고 하늘에 하

---

1. 그리스도의 "나팔 소리 같은 음성"(1:10; 4:1)은 1장의 다른 부분(그리스도의 나타나신 장면, 12-20절)과 2-3장의 각 교회에 말씀하신 음성과 동일한 어조(tone)와 크기를 갖지 않을 수 있다. 1:15에서 그의 음성은 "많은 물 소리" 같은 반면, 요한 위에 오른손을 얹고 말씀하실 때는 나팔 소리와 다른 어조였을 수 있다. 그렇다고 1:10과 4:1의 '나팔 소리 같은 음성'이 그리스도의 음성이 아니라 천사의 음성이라고 단정할 수 있는 근거는 없다. '나팔 소리 같은 음성'은 단 두 곳(1:10; 4:1)에만 나온다.

나님의 보좌가 있는 장면을 보게 된다(1-3절). 이십사 장로가 보좌에 앉아 있다(4절). 그리고 보좌로부터 나오는 것들과 일곱 영과 유리 바다가 나타난다(5-6a절). 그다음 네 생물이 등장한다(6b-8a절). 이들 이십사 장로와 네 생물이 하나님께 경배와 찬양을 드린다(8b-11절). 이 부분들은 교차 구조를 형성한다(비교, Giblin, 1998: 501-2).

> A. 하늘의 계시, 보좌의 하나님(1-3절)
>> B. 이십사 장로(4절)
>>> X. 보좌와 권능, 성령(5-6a절)
>> B′. 네 생물(6b-8a절)
> A′. 하나님에 대한 찬양과 경배(8b-11절)

시작 부분(1-3절, A)과 마지막 부분(8b-11절, A′)은 보좌의 하나님께 초점을 맞춘다. 시작 부분에서는 하나님의 신성적 모습이 드러나고 마지막 부분에서는 하나님께 대한 경배와 찬양이 나온다. 땅의 존재를 대표하는 이십사 장로들(4절, B)과 하늘의 존재를 대표하는 네 생물(6b-8a절, B′)이 양 쪽으로 각기 등장하며 서로 병행을 이룬다. 가운데 부분(5-6a절, X)에 그 외의 다른 요소들(보좌에서 나오는 번개, 소리, 천둥들, 보좌 앞의 일곱 영들, 유리 바다 등)이 담겨 있다.

오스본은 4장의 이미지가 에스겔 1장과 이사야 6장에서 가져온 것이라고 보는데(Osborne, 2002: 220), 이 두 부분이 계시록 4장과 공유된 부분이 있는 것은 사실이다.[2] 보좌에 앉으신 하나님에 대한 것이 공유된다(사 6:1;

---

2. Beale은 계 4-5장과 단 7장이 연관된 점 열네 가지를 제시한다(Beale, 1999: 314-5). 하나님의 현현과 계시 장면의 환상들이 서로 공유하는 바가 많은 것은 사실이다. 그러나 어떤 차이가 있는지를 이해하는 것도 중요하다. 계시록은 구약의 단순 인용(또

겔 1:26-28; 10:1; 참고, 단 7:9). 그런데 에스겔 1장보다는 이사야 6장과 공
유되는 부분이 더 많이 나타나는데, 특히 이사야의 스랍(세라핌)은 계시록
의 네 생물 이미지와 비슷하다. 반면에 에스겔 1장의 그룹(케루빔)은 이와
다른 존재라 할 수 있다(서론의 "천상의 네 생물" 항목을 참고하라). 또한
이사야와 에스겔에 없는 이십사 장로에 대한 것이나 하나님 찬양 부분은
계시록만의 것이다. 계시록 4장은 연관된 구약의 내용을 좀 더 보완하고 다
른 측면을 강조하고 있다.

　4-5장의 하나님과 그리스도에 대한 경배, 하늘 예배는 21장의 새 하늘
과 새 땅에서 완성된다. 4장의 예배에는 네 생물을 포함한 천상의 존재들
과 지상의 존재를 대표하는 이십사 장로들의 경배가 중심이 된다면, 21장
의 예배에서는 새 예루살렘으로 나타나는 그리스도 교회 총원의 예배가 하
나님과 그리스도와의 동거와 동행으로 나타난다.

는 활용)이 아니라 사실적 계시의 실제적 기록이다. 에스겔과 다니엘이 주도적인 영
향을 주었다는 주장(예, Beale, 1999: 316의 "dominant influences")이나 단 7장이 계
4-5장의 틀/뼈대(framework)로 사용되었다는 주장(Beale, 1999: 366-9; 또한 Aune,
1997: 338)은 저자 요한이 계시록을 모작했다는 주장으로 오해될 수 있다는 점(이
러한 오해는 Beale의 본의는 아닐 수 있다; Beale, 1999: 368-9를 보라)에서 주의가
필요하다. 요한은 계시를 받고 계시록을 기록하였다. 다니엘을 비롯해 구약을 잘 알
고 있는 유대인 요한이 자신이 보고 들은 계시를 기록할 때에 구약의 익숙한 표현을
활용해 쓰는 것은 당연하다. 또 구약의 하나님이 또한 요한에게 계시하신 신약의 하
나님이시므로 하나님의 계시에서 공유되는 내용과 표현이 있는 것 또한 자연스럽
다. 계시를 기록하기 위한 용어-표현의 공유와 창작을 위한 내용의 모방은 서로 구
별되어야 한다.

A. 요한계시록 4:1-3 (하늘의 계시, 보좌의 하나님)

일곱 교회에 보내는 주님의 서신을 받은 후, 요한은 열린 하늘을 목도한다('나는 보았다', 1절). 하늘의 문이 열려 있다. 그 전에는 열려 있는 하늘의 문을 볼 수 있는 눈이 없었거나 이를 인식하지 못하였거나 하였을 것이다. 요한에게 '말하던 그 나팔 소리 같은 음성'은 그리스도의 음성이다 (1:10-11).

번역

1 이 일들 후에 나는 보았다. 보라. 하늘에 문이 열려 있고 처음 내가 들었던, 내게 말하던 그 나팔 소리 같은 음성이 말하고 있었다. "이리로 올라오라. 내가 이 일들 후에 일어나야 할 일들을 네게 보일 것이다." **2** (그러자) 곧 내가 성령 안에 있게 되었다. 보라. 한 보좌가 하늘에 놓였고 그 보좌 위에 앉으신 이가 있었다. **3** 앉으신 이는 그 모양이 벽옥(재스퍼)과 홍옥수와 같았고 그 보좌 둘레에 녹보석(에메랄드) 같은 무지개가 (있었다).

주해 및 해설

1절 (하늘의 문, 하늘의 음성) 1절에서 "이 일(들) 후에"($\mu\epsilon\tau\grave{\alpha}\ \tau\alpha\hat{\upsilon}\tau\alpha$)가 앞뒤(문장의 처음과 끝)로 두 번 반복된다. 일곱 교회에 대한 말씀(2-3장) 이후, 그리스도의 계시가 연속되며 확대된다. 이제 하늘의 장면이 보인다. "내가 보았다"($\epsilon\hat{\iota}\delta o\nu$)는 요한이 본 두 번째 장면임을 알려준다(1:12, 17). 첫 장면은 일곱 촛대와 촛대들 사이에 거니시는 주님이었고(1:12-13) 두 번째 그가 본 장면은 하늘에 열려 있는 문이었다. 현재완료 분사 '열려 있는'(ἠνεῳγμένη)은 하늘의 문이 열려 있는 상태를 뜻할 것이다. 요한이 볼 때, 지금 열려 있는 상태의 하늘 문이 있었다. 하늘이 열린 것에 대한 말씀이 구약에는 두(세) 곳(창 28:17; 시 78:23; 참고, 말 3:10)에 나오고 신약에 몇 차례 나타난다. 예수께서 세례를 받으실 때(마 3:16; 눅 3:21) 하늘이 열렸다. 예수께서 하늘이 열리는 것에 대해 말씀하신 바 있다(요 1:51). 스데반은 순교 전에 하늘이 열린 것을 보았다(행 7:56). 베드로는 환상 중에 하늘이 열리는 것을 보았다(행 10:11). 하늘 문은 언제든지 필요할 때 열리는 문이라 할 수 있겠다.[3]

요한이 들은 음성은 1:10의 "나팔 소리 같은 큰 음성"이었다. 그래서 "처음 내가 들었던, 내게 말하던 그 나팔 소리 같은 음성"이라고 한다.[4] 이 것은 그리스도의 음성이다. "말하고 있었다"의 현재분사 남성형 '레곤'(λέγων)은 주어가 되는 여성 명사 '포네'(φωνή)와 성이 맞지 않는다. 계시록에 나타난 히브리식 화법(לֵאמֹר, saying) 방식의 파격 문장이다(5:11-12; 11:1, 15; 14:6-7; Aune, 1997: 282; Beale, 318-9). 요한은 그리스도의 음성에 이끌려 "이리로 올라오라 … 보일 것이다"는 말씀을 듣고 하늘의 열린 문을 통과하여 하늘 안으로 들어간다.[5] "(내가) 네게 보일 것이다"(δείξω

---

3. 계시록에는 여러 계층의 하늘이 있지 않다. 고대 세계(헬라-로마와 유대교)의 일곱 하늘의 우주관과는 다르다. 고대 세계의 우주관에 대해서는 Aune, 1997: 318-9을 보라. 계시록은 하늘과 땅과 땅 아래 또는(그리고) 바다(예, 5:3, 13; 12:12-13, 17)로 세계를 묘사한다. 물론 하늘은 영적 하늘과 물리적(공간적) 하늘로 맥락에 따라 나뉜다. Aune은 하늘과 땅과 바다, 그리고 지하 세계의 구분이 유대인의 삼중적 우주관이라고 생각한다(Aune, 1997: 366).
4. '말하는'으로 번역된 부정과거 분사 '랄루세스'(λαλούσης)는 음성(φωνή) 보다는 나팔 소리(σάλπιγγος)와 성(여성)과 격(소유격)이 일치된다(참고, 1:11). 이렇게 나팔 소리에 일치시킨 것은 나팔의 특성을 부각하기 위함일 것이다(Beale, 1999: 205). '들었다'(ἤκουσα)의 목적어로 소유격(1:11; 4:1; 6:7; 11:12) 또는 목적격(9:14)이 다소 자유롭게 사용되었다.
5. 요한이 하늘에 올라간 것을 교회의 휴거와 같다고 주장하는 세대주의 종말론(예,

σοι)는 17:1; 21:9에 다시 나타난다(참고, 1:1; 21:10; 22:1, 6, 8). 계시해 보여 줄 것을 말씀하신 것이다. 향후 계시로 보여주실, "일어나야 할 일들"은 5-6 장(일곱 인) 이후의 계시의 장면들이다. 크게 보면 계시록 전체가 된다(1:1, 19; 22:6). 1절은 하늘의 열린 문을 통하여 독자의 시선을 하늘에 두게 하고 있다. 땅의 현장에서 하늘의 상황에 눈을 돌리게 하기 위한 것이다. 그렇게 시선을 바꾸는 책이 계시록이다. 하늘의 예배 장면은 우리의 눈을 들어 하나님께서 계시는 하늘을 바라보게 한다.[6] 하늘의 하나님을 바라볼 때 우리는 현실의 한계를 넘게 된다.

2절 (보좌에 앉으신 하나님) "내가 성령 안에 있게 되었다"(2절)는 1:10에 나온 바 있다. 요한이 계시를 받을 때, 그는 성령의 주재 아래 있게 된다. 성령의 통제 속에 요한은 영의 상태로 하늘 문을 통과하여 하늘에 들어가게 된다. "성령 안에"(ἐν πνεύματι)는 1:10; 4:2; 17:3; 21:10에서 반복된다.[7] 1:10의 "있게 되었다(있었다)"(ἐγενόμην)는 땅의 계시(1:9-20; 2-3장)와 관련되고 4:2의 "있게 되었다"('에게노멘')는 4장 이후의 하늘의 계시와 관련된다.[8] 1:10과 4:2의 "있게 되었다"는 성령에 사로잡혀 계시를 받는 특별한

Walvoord, 1966: 103)은 세대주의 그룹 안에서도 비판을 받는다(예, R. Thomas, 1992: 336-7). 요한의 몸은 밧모섬에 남아 있기 때문이다(1:9).

6.   하늘의 예배 장면을 그려주고 있는 4-5장의 배경이 어떤 것과 관련이 있는지에 대한 논란이 있다. 궁실에서의 황제의 예배 의식과 관련이 있다고 주장하는 대표적인 학자는 Aune(1983: 5-26)다. 반면에 Beale이나 Parker는 구약, 특히 단 7장과 겔 1-2장을 더 중요한 배경으로 간주한다(Beale, 1999: 313-5; Parker, 228-31).

7.   네 곳의 '성령 안에서'는 함께 사용되는 동사 부분이 앞의 두 곳(1:10; 4:2)과 뒤의 두 곳(17:3; 21:10)이 서로 다르다. 1:10과 4:2에서는 연관되는 술어가 '나는 있었다/있게 되었다'(ἐγενόμην)고 17:3과 21:10에서는 '그가 나를 데려갔다'(ἀπήνεγκέν με)다. 1:10과 4:2는 땅의 계시와 하늘의 계시를 각각 소개하며 상호보완하는데, 17:3은 짐승을 탄 음녀 에피소드를, 21:10은 어린 양의 신부 새 예루살렘 에피소드를 각기 알려주어, 서로 대조하는 내용을 담는다.

8.   디포넌트(deponent) 동사 γίνομαι(있다, 있게 되다)는 '있다'(be, L&N, 13.3) 또는 '있

상태를 가리킬 것이다(Bauckham, 1980: 67).

요한은 하늘에 놓인 보좌 하나를 보게 된다. 그 주변에 다른 보좌들(이 십사 장로의 보좌들)이 있으나(4절) 먼저 "한 보좌"(θρόνος)가 보인 것은 그 중요성 때문이다. 하늘에 놓인 '한 보좌'는 하늘의 하나님께서 앉으시는 보좌였다. 요한은 하나님께서 그 보좌에 앉으신 모습을 목도한다(참고, 단 7:9). 하나님 보좌의 등장은 하나님의 우주적-신적 통치권과 관련된다 (L&N, 37.70-71). 보좌는 왕권(kingship)과 주재권(lordship)을 상징한다. 계 시록에서 중요한 소재인 '보좌'는 신약에 62회 사용된 가운데 계시록에만 47회 사용된다(Boring, 1986: 259). "보라"는 말이 1절에 이어 반복된다. 요 한의 마음이 고조된 상태이다. 하늘 보좌에 앉으신 하늘의 하나님을 직접 뵙는 놀라운 장면이다.

특히 4장에서 보좌('쓰로노스')는 중요한 의미를 지닌다. 계시록에서 47회 쓰인 이 단어는 4장에서만 14번 사용된다. 하나님의 보좌(4:2[x2], 3, 4, 5[x2], 6[x3], 9, 10[x2], 모두 12회)와 장로들의 보좌(4:4[x2], 2회)가 함께 나온다. 3장에서는 라오디게아 교회에 대한 약속에 보좌에 대한 것이 있었 다(3:21). 4장에서는 '보좌'(단수)와 '보좌들'(복수)의 대조가 있다. 하늘과 땅의 그 어떤 보좌와도 비교할 수 없는 유일한 보좌는 하나님의 보좌다. 놀 랍게도 이십사 장로는 하늘에서 그들의 보좌에 앉게 된다. 신적 왕권이 수 여된 것이다. 하늘에 있는 이들 보좌(들)는 지상(황제나 왕들)의 보좌와 차 별된다. 그러나 이러한 하늘의 보좌들도 하나님의 유일한 보좌와는 확연히 다르다. 보좌에 앉으신 하나님의 이미지는 하나님의 주권적 권세와 우주적

게 되다'(become, L&N, 13.48)의 의미를 내포한다. 따라서 부정과거 ἐγενόμην은 '있 었다', '있게 되었다'로 번역할 수 있다. 4:2의 경우, 이 단어는 1:10에서처럼 '있었다' 로 번역해도 좋지만 의미의 작은 뉘앙스 차이로 '있게 되었다'(happened to become) 가 더 나아 보인다. 이전 상태(성령 안에 있기 전)와 달라진 점(성령 안에 있게 된 상 태)을 부각하기 때문이다(참고, L&N 13.107, 'happen').

통치, 심판주의 권한과 연관된다(1:4; 4장; 5:1, 6-7, 11, 13; 6:16; 7:9-11, 15, 17; 8:3; 12:5; 14:3; 16:17; 19:4-5; 20:11-12; 21:3, 5; 22:1, 3). 그리스도만이 성부 하나님과 함께 보좌에 앉으실 수 있다(3:21; 참고, 5:13). 그럼에도 '보좌에 앉으신 분'을 지칭할 때는 오직 성부 하나님을 가리킨다(4:2-3, 9-10; 5:1, 7, 13; 6:16; 7:10, 15; 19:4; 20:11; 21:5; 참고, 마 23:22).

승리하는 성도에게는 그리스도의 보좌에 함께 앉게 해주실 것이 약속된다(3:21; 20:4). 이십사 장로들이 보좌에 앉은 것(4:4; 11:16)은 그들이 모든 성도('이긴 자')들을 대표하기 때문일 것이다. 그런데, 계시록에서 하나님의 보좌는 사탄의 보좌(13:2; 16:10; 참고, 2:13)와 대조된다. 하나님과 관련된 '보좌'에 비해 사탄의 '보좌'는 한시적이고 한계가 많다. 하나님에게 맞설 수 있는 보좌가 아니다. 하나님과 비교될 때 사탄은 무기력하다. 아울러 하늘의 보좌가 땅의 보좌, 예컨대 황제의 보좌와 대조된다는 주장도 충분히 가능하다(Osborne, 2002: 226). 땅의 보좌는 인간의 보좌일 뿐이고 그 영광과 힘이 제한된다. 아무것도 아니다.

1-2절에서 1장(또는 1-3장)과의 연계성을 강조하는 세 가지 표현이 주목된다. 첫째는 "처음 내가 들었던, 내게 말하던 그 나팔 소리 같은 음성"이다. 그 음성은 1장(1:10)에서 요한에게 말하였고 또한 4장에서 요한에게 말한다. 둘째는 "내가 이 일(들) 후에 일어나야 할 일들을 네게 보일 것이다"는 선언이다(참고, 1:1, 19). 특히 4:1의 "일어나야 할 일들"(ἃ δεῖ γενέσθαι)이란 표현은 1:1과 똑같은 표현이다.[9] 셋째는 "내가 성령 안에 있게 되었다"(ἐγενόμην ἐν πνεύματι)는 표현이다(1:10; 4:2). 1장(특히 9-20절)과 4장이 공유하는 이 세 가지는 1-4장을 연결하는 고리(장치)가 된다.

3절 (하나님의 신성[영광]) 보좌에 앉으신 하나님의 모습(ὅρασις)은 벽

9.　'일어나야 할 일들'(ἃ δεῖ γενέσθαι)은 계시록에서 세 번(1:1; 4:1; 22:6) 등장한다. 이 가운데 1:1과 22:6에서는 '속히'(ἐν τάχει)가 포함된다("속히 일어나야 할 일들").

옥(재스퍼), 홍옥수 등의 보석 같은 모습으로 형상화된다. 또 보좌에 둘러진 무지개(일종의 후광)도 녹보석(에메랄드)처럼 나타난다. 이들 벽옥(재스퍼), 홍옥수, 녹보석(에메랄드) 등의 보석은 하나님의 신성을 형상화한 것이다(참고, 겔 1:26-28). 벽옥은 내재된 산화철의 종류에 따라 색상이 다양하다. 붉은 적색이 주를 이루지만 갈색, 회색, 청색, 황색, 녹색 등의 색상도 나타난다. 21:11은 벽옥이 투명하다(맑다)고 하는데, 맑고 투명한 벽옥 재스퍼의 모습을 묘사하는 것 같다. 벽옥은 새 예루살렘 성곽의 재료가 되고(21:18) 또한 열두 기초석의 재료가 되는 첫 번째 보석이기도 하다(21:19). 석영에서 비롯된 홍옥수(카넬리안)는 산화철을 품고 있는 붉은 색조의 보석이다. 홍옥수를 가리키는 '사르디온'(σάρδιον)은 당시의 사데(Σάρδεις)라는 이름과 관련이 있을 것이다. 홍옥수는 새 예루살렘에서 여섯 번째 기초석을 형성한다(21:20). 규산염 광물인 녹색의 에메랄드(녹보석)는 비취색의 순도와 함께 투명할수록 가치가 있는 보석이다. 보좌를 두른 무지개의 모습이 에메랄드와 같다는 것은 비취색이 곁든 밝고 투명한 색상의 무지개(후광의 역할) 형상의 묘사일 것이다(겔 1:28). 각각이 무엇을 의미하는지 따지는 것보다 이들이 합쳐 하나님의 신성적 영광(광휘)을 가리키는 것임을 이해하는 것이 더욱 중요하다.

하나님의 보좌가 있는 그곳이 하늘의 성전이다(참고, 7:15; 8:3; 사 6:1, 4; 겔 10:1, 3, 18). 21장에서 소개되는 새 예루살렘에는 성전이 따로 존재하지 않는다. 하나님과 어린 양께서 직접 성전이 되신다(21:22). 3절은 보좌에 앉으신 하나님의 신성적 찬란한 빛(들)을 여러 보석으로 표현하는데 21장에서는 하늘에서 내려오는 새 예루살렘이 그러한 신성적 빛을 다양하게 두른 모습으로 나타난다(21:19-21). 모든 신적 광채(영광)는 하나님에게서 기원한다. 그분에게서 나와 그 나라(새 예루살렘)에 덧입혀진다.

a.   내가 보았다, (보라) 하늘 문, 나팔 소리 같은 음성(1a절)

   - 하늘에 오르기 전

      x. "올라오라 … 내가 보일 것이다"(1b절)

a′. 내가 있게 되었다, (보라) 하늘 보좌, 앉으신 이, 무지개(2-3절)

   - 하늘에 오른 후

1-3절은 단순한 구조로 되어 있다. 두 개의 동사, "올라오라", "(내가) 보일 것이다"(1b절, x)를 중심으로 하늘에 오르기 전에 요한이 본 장면(1a절, a)과 하늘에 올라 본 장면(2-3절, a′)이 병행된다.

B. 요한계시록 4:4-8a (이십사 장로, 일곱 등불, 네 생물)

4-8a은 교차 구조로 된 1-11절 구조의 한가운데 위치하며, 이 역시 교차적 구조(B-X-B′)를 형성한다. 이십사 장로(4절)와 네 생물(6b-8a절)은 서로 대칭적 병행 관계에 있다.

B. 이십사 장로(4절)

   X. 보좌와 권능, 성령(5-6a절)

B′. 네 생물(6b-8a절)

번역

4 또 그 보좌 둘레에 있는 이십사 보좌들과, 그 보좌들 위에 흰 옷을 입고 앉아 있는 이십사 장로들과, 그들의 머리 위에 (놓인) 금으로 된 승리의 관들을

보았다. **5** 그 보좌로부터 번개들과 소리들과 천둥들이 나오고 있었다. 그리고 그 보좌 앞에 일곱 등불이 켜져 있는데 곧 하나님의 일곱 영이시다. **6** 또 그 보좌 앞에 수정 같은 유리 바다 같은 것이 (있었다). 또 그 보좌 가운데와 보좌 둘레에 앞뒤에 눈들로 가득한 네 생물이 (있었다). **7** 첫째 생물은 사자 같고 둘째 생물은 송아지 같고 셋째 생물은 사람 같은 얼굴을 가지고 있고 넷째 생물은 날아가는 독수리 같았다. **8a** 그런데 네 생물은 각각 여섯 날개씩 가지고 있고 그 둘레와 안에 눈들로 가득하였다.

주해

4절 (이십사 장로) 이십사 장로들과 그들이 앉은 보좌가 나타난다. 이들 보좌는 하나님의 보좌를 둘러싸고 있다. 이십사 장로가 누구를 뜻하는지에 대한 논란이 있다. 첫째는 천상의 존재인 천사들의 집단으로 보는 것이다. 래드와 오스본은 이십사 장로의 역할이 경배와 찬양에 있고 계시록에 나오는 다른 구원된 성도들과 구별된다는 점에서 다스리는 역할을 맡은 천사의 집단(시 89:7; 욥 1:6; 2:1; 사 24:23)으로 보아야 한다고 주장한다(Ladd, 1972: 74-75; Osborne, 2002: 229-30, 252, 442; 또한 Caird, 63-64). 비일도 천사로 보지만, 다만 이들 천사들이 열두 지파와 열두 사도를 상징하고 있다고 본다는 점에서 한 걸음 나아갔다(Beale, 1999: 322; 또한 Lupieri, 134-5). 이십사 장로를 신구약의 모든 성도들을 대표하는 상징적인 존재로 볼 필요가 있다. 즉 지상(하나님의 백성들)의 대표자들이다(이긴 자들을 대표함, 특히 3:21의 약속을 보라). 이들의 숫자가 이십사인 것은 구약의 열두 지파(족장)와 신약의 열두 사도를 합한 수이기 때문이다. 구약과 신약의 하

나님의 백성을 대표하는 이십사 장로들이다.[10] 계시록에서 숫자 24와 관련
된 숫자는 12 + 12일 것이다. 열둘에 열둘이 더해 나오는 곳은 21장이다. 새
예루살렘의 열두 문의 이름이 열두 지파의 것이고, 열두 기초석에는 열두
사도들의 이름이 있다. 이들이 합하여 이십사다. (새 하늘과 새 땅에 관해
묘사하는 21-22장에서는 더 이상 이십사 장로가 나오지 않는 점을 주목하
자.) 그렇지만 이십사 장로가 특정 인물들로서 열두 족장과 열두 사도만을
가리킨다고 간주할 수도 없다. 중요한 것은 그들이 지상의 존재들을 대표
하는 자들이라는 점이다.[11]

　　이십사 장로들이 보좌에 앉아 있는 것은 그들이 하나님의 왕권과 통치
에 함께 참여하고 있음을 뜻한다(참고, 마 19:28; 눅 22:30). 그들은 왕이신
하나님의 사역에 동참하고 있다. 이들은 성도들을 대표하므로 그들이 보좌
에 앉음은 모든 성도들이 왕 노릇(하나님의 왕권에 참여함)하고 있음을 뜻
한다. 성도들이 현재 가지고 있는 영적 왕권에 관한 묘사일 것이다.[12] 천사

10.　Irmer는 하늘에 있는 이십사 장로를 '현세의 교회'(Temporal Church)와 대별하여
　　　'종말적 교회'(Eschatological Church)라 부른다. 그는 지상의 교회는 '7'로 상징되고
　　　하늘의 교회는 '12'로 상징된다고 했다(Irmer, 5-12; 또한 Carroll, 57). 그러나 이십사
　　　장로를 '하늘의 교회'라 부를 필요는 없다. 그러한 해석에는 무리한 점이 있다. 12를
　　　하늘의 완성수로 보는 것은 자연스럽지 않다. 또한 이십사 장로를 대표자가 아니라
　　　교회의 전체로 보는 것도 문제가 된다. 계시록은 교회를 '교회', 또는 '신부'로 부르
　　　고 있기 때문이다. 한편 Deere는 고전 6:3과 히 2:5를 근거로 보좌에 앉은 이십사 장
　　　로를 천사들로 간주할 수 없다며 Ladd의 견해에 반대한다(Ladd, 1972: 74-75; Deere,
　　　63).
11.　이십사 장로의 역할이 네 생물과 같은 점도 있지만 달라지는 부분도 있음에 주목해
　　　야 한다. 예컨대, 5장(4-5절)과 7장(13-17절)에서 요한과 인격적으로 대화하는 장면
　　　을 보라. 또한 일곱 나팔의 때에 있는 이십사 장로의 경배와 찬양, 특히 찬송의 탄원
　　　적 성격(11:17-18)과 다섯째 인의 순교자의 탄원(6:9-11)과 비교해 보라. 이를 통하여
　　　순교자들과 장로들에게 유사한 인성적 특성이 있다는 것을 알 수 있다. 그리하여 구
　　　원받은 인류를 대표하는 이십사 장로의 역할을 짐작할 수 있다.
12.　'나라와 제사장으로 삼으신 것'(1:6; 5:10)은 성도의 왕 노릇과 관련이 있다. 그의 '나

들이 왕권을 누리는 일은 성경에 나타나지 않는다. 그들은 전령 또는 일꾼 일 뿐이다(히 1:13-14). 그래서 4장에서 천상의 존재인 네 생물 기사(4:6-8) 보다 지상의 존재를 대표하는 이십사 장로에 대한 기사(4:4)가 먼저 나왔 을 것이다.

이십사 장로가 흰 옷을 입고 있고 그 머리 위에 금으로 된 승리의 관 ('스떼파노스', 고대 스포츠 경기의 승리자에게 씌워준 승리의 관)이 있는 것은, 첫째 그들은 승리한 신구약 모든 성도들의 대표자들이고, 둘째 하나 님의 왕권에 참여하고 있기 때문이다. 이들 이십사 장로들은 승리한(할) 모 든 성도들을 대표하여 하늘의 이십사 보좌에 앉아 있다.

5-6a절 (보좌와 권능, 성령, 유리 바다) 이 부분은 하나님의 보좌와 관련 하여 세 가지의 짧은 내용이 담긴다. 첫째, 하나님의 보좌로부터 "번개(들) 와 소리(들)와 천둥(들)"이 나온다(5a절). 하나님의 강력한 임재(현현)가 있 을 때, 그의 특별한 권능이 드러날 때, 이들 현상이 등장한다(8:5; 11:19; 16:18; 출 19:16; 시 76:19; 97:4; 143:6; 사 29:6; 히 12:18-19). 이러한 현상 은 하나님의 신적 능력과 주권적 섭리가 진행되고 있음을 보여준다. 이들 은 모두 복수로 표기되어 그 힘(권능)의 세기가 크다는 것을 알려준다.[13]

둘째, 보좌 앞에 켜진 일곱 등불, 즉 하나님의 일곱 영은 성령을 가리킨 다(5b절). 성령은 등불, 즉 빛으로 표현되며 그 수가 일곱인 것은 모든 교회 를 대표하는 일곱 교회 모두에 보냄을 받기 때문이다(1:4; 3:1; 4:5; 특히

라'가 된다는 것은 하나님의 나라로 세워진다는 뜻이다. 또는 하나님 나라에 가입된 다는 뜻이면서 동시에 그 나라의 왕 노릇에 참여한다는 뜻이다(1:6; 5:10). 12:10에 서 '나라가 이뤄졌다(되었다/일어났다, ἐγένετο)'의 뜻은 그의 나라가 완성되고 있다 는 뜻이다.
13. 계시록에서 번개, 소리, 천둥은 모두 네 번 등장한다. 보좌 앞에서(4:5); 일곱째 인에 서(8:5); 일곱째 나팔 때에(11:19); 일곱째 대접에서(16:18) 나타난다. 모두 하나님의 강력한 임재(presence)와 승인(approval)의 표식이다.

5:6; 참고, 슥 4:10). 하나님의 영인 성령은 하나님의 보좌 앞에 불이 켜진
등불(횃불)로 나타난다.[14] 성령은 모든 교회에 보내지시며, 참된 진리를 가
르치시고 그 빛을 비춰 알게 하시는 진리의 영이다(요 14:17, 26; 15:26;
16:13-14). 성령이 하나님의 보좌 앞에 있음은 하나님의 왕권적 통치와 성
령의 사역의 연관성을 보여준다. 하나님께서는 성령을 통해 역사하신다.
등불(성령)과 촛대(교회)가 공유하는 것은 '빛'을 내는 역할이다. 등불은 촛
대에 빛(빛의 원천)을 주고 촛대는 그 빛으로 주위를 비춘다.

셋째, 그 보좌 앞에는, 투명한 수정과 같은 유리로 된 바다가 펼쳐져 있
다(6a절). 유리 바다같이 깨끗하고 투명하고 넓은 바다다(겔 1:22에는 "수
정 같은 궁창"이 나옴). 신적 광채를 드러내는 보석들의 경우와 같이 투명
성은 신성적 순수와 거룩을 가리킬 것이다. 바다로 표현된 것은 그 공간이
상당히 광활하기 때문일 것이다.

계시록에서 '바다'의 세 가지 용례가 관찰된다. 하나는 하나님과 관련
된 유리 바다다(4:6; 15:2). 하나님의 보좌 앞에 있는 이 유리 바다는 하나
님의 주권적 능력의 광대함을 가리킨다(참고, 겔 1:22-26). 또 하나는 하늘
과 땅과 바다라는 구분에서 보듯, 물질 세계의 바다다(7:1-3; 8:8-9; 10:6;
14:7; 16:3; 18:17-21). 마지막으로는 악의 세력이 출현하는 바다다(12:17;
13:1). 두 번째와 세 번째는 혼용해 쓰일 수 있다. 바다를 모두 '악의 저수지'
로 보는 케어드(G.B. Caird)의 견해(Caird, 65-66)에는 동의할 수 없다.

번개와 소리와 천둥이 하나님의 신성적 힘의 강도(세기)를 가리킨다면,
수정 같은 유리 바다는 신성의 깊이(무한함)와 넓이(광대함)를 가리키는 것

14. 구약에서 항상 켜져 있어야 하는 하나님의 등불, 일곱 등잔(출 27:20-21; 민 8:2-3;
삼상 3:3 등)은 성령을 상징한 것이다. Tanner는 성령이 일곱 영으로 나타나는 것(계
1:4; 3:1; 4:5; 5:6)은 슥 4장의 '일곱' 숫자의 반복(2절의 "일곱 등잔"과 "일곱 관"; 6
절의 "나의 영"[성령]; 10절, "일곱은 온 세상에 두루 행하는 여호와의 눈")과 사 11:2
"여호와의 영"에 대한 것과 관련 있다고 소개한다(Tanner, 82-83).

으로 이해된다.[15] 번개와 소리와 천둥은 힘을, 일곱 등불은 빛(성령)을, 유리 바다는 그 깊이와 넓이를 형상화한다. 이 부분에서 "켜져 있는 일곱 등불"로 나타나는 성령에 관한 묘사를 가운데 둔 이유는 보좌에서 나오는 번개-소리-천둥과 보좌 앞의 유리 바다가 모두 성령과 관련되어 있음을 암시하려는 것 때문일 수 있다.

　　a. 보좌에서 나오는 번개, 소리, 천둥(5a절)　- 신적 권능

　　　x. 보좌 앞의 일곱 등불(5b절)　　　　　- 성령

　　a'. 보좌 앞의 유리 바다(6a절)　　　　　- 신적 깊이(넓이)

6b-8a절 (네 생물) 네 생물(ζῷα)이 등장한다(6b절). 이십사 장로가 지상적 존재(인류, 하나님의 백성)를 대표한다면, 이 네 생물은 천상적 존재(천사, 천군들)를 대표한다. 네 생물이 하나님의 보좌 가운데와 둘레에 있다는 것은 그 보좌를 중심으로 사방위(동서남북)에 있거나 보좌를 정면으로 하여 좌우로 배열된 상태를 뜻할 것이다.[16] 네 생물의 특징은 눈이 가득

---

15. 유리 바다는 4:6에 이어 15:2에 한 번 더 나오는데, "불이 섞인 유리 바다"로 나타난다. 박해를 받았으나 결국에는 승리한 이들이 그 유리 바닷가에 서서 거문고로 노래한다. 불이 섞인 유리 바다는 하나님의 진노가 잠재된 이미지를 보여주는 것 같다(Osborne, 2002: 232). 그분의 진노가 끓어오르는 상태라는 것을 추정할 수 있다. 실제로 15:2 이하에는 하나님의 진노와 관련된 대접 재앙이 나타난다. (바다는 계시록에 26회 나온다.) 또한 4:6의 '수정 같은'(ὁμοία κρυστάλλῳ) 또는 '수정같이 투명한'이란 표현은 4:6에 이어 22:1에 나온다. 22:1에서는 '수정 같은'(ὡς κρύσταλλον)이 생명수의 강을 묘사할 때 쓰인다. 한편 Osborne은 유리 바다가 광대함(vastness), 초월(transcendence), 거룩(holiness)을 뜻한다고 본다(Osborne, 2002: 231).

16. '보좌 가운데'(μέσῳ τοῦ θρόνου)라는 말은 네 짐승이 보좌 안에 들어가 있다는 뜻이 아니라, 보좌의 영역(공간) 안에 있다는 뜻일 것이다(Beale, 1999: 329). 하나님의 보좌의 웅장한 규모를 암시하는 말이면서 그만큼 네 생물이 보좌에 가까이 위치해 있다는 뜻일 수도 있겠다.

하다는 것인데, 천상천하의 많은 것을 보는(관찰하는) 역할을 맡았기 때문
일 것이다.

네 생물의 모습은 각각 사자, 송아지, 사람, 독수리의 형상이다(7절). 사
자는 용맹성(능력과 승리)을, 송아지는 근면성(일과 섬김)을, 사람은 지성
(또는 언어)과 감성(자애)을, 독수리는 신속성(신성과 심판)을 상징할 것이
다.[17] 이들은 천상적 존재를 대표한다.[18] 천상의 천사들을 대표하는 네 생물
은 천사들의 역할을 상징화한 모습으로 나타났다. 천상적 존재인 천사는
신적 명령을 수종 드는 존재(수종자)다.

네 생물이 두 날개가 아니라, 모두 여섯 날개씩 가지고 있는 것(8a절)은
그만큼 훨씬 자유자재로, 어느 곳이든 이동할 수 있다는 것을 뜻한다. 이동
할 수 있는 동력(mobility)이 크다. 날개 둘레와 그 안에 눈들이 가득한 모
습(8a절)은 6b절의 내용('앞뒤에 눈으로 가득한')을 반복하되, 좀 더 세부
적이다. 6b절과 8a절의 반복 때문에 교차 구조가 형성된다. 눈이 가득한 것
은 그들의 역할이 주로 '보는'(관찰하는) 것임을 암시한다. 천상적 존재인
천사들의 대표자로서 그들은 하나님께 예배드리는 일에 나설 뿐 아니라 그
많은 눈으로 많은 것을 관찰하고 많은 정보를 수집하여 모든 것을 하나님

---

17. 폴리갑의 제자 에이레나이오스(Irenaeus, 130-202년)는 네 복음서를 가리켜, 각각
    효과적인 사역과 지도력과 왕권을 상징하는 사자, 희생적이고 성직자적인 모습의
    송아지, 성육신하신 그리스도를 가리키는 인간, 날개를 펴 교회 위에 맴도는 성령의
    은사를 연상시키는 독수리 등 계 4장의 네 생물에 비유하였다(Irenaeus, *Haer.* 3.11.8).
    비유에 사용된 네 생물이 각각 전통적인 순서, 즉 마태, 마가, 누가, 요한을 가리키는
    지 또는 그 순서가 다른지(예, 요한, 누가, 마태, 마가)에 대한 논란은 Aune, 1997:
    300을 보라.
18. Carroll은 네 생물을 '모든 피조물'이라 해석하는데, 이러한 해석에는 문제가 있다
    (Carroll, 57; 또한 Beale, 1999: 330). 그 이유는 5장에서 서로 다른 세 집단이 등장하
    기 때문이다. 첫 집단은 네 생물과 이십사 장로고(8-10절), 둘째 집단은 많은 천사들
    이고(11-12절), 세 번째 집단은 모든 피조물이다(13절). 따라서 네 생물과 '모든 피조
    물'은 서로 다른 집단일 수밖에 없다.

께 보고드리는 역할을 할 것으로 추정된다. 물론 '많은 눈'은 꼭 실재적일 필요는 없다. 그 역할의 비중을 말하는 상징적인 언어일 수 있다.

　　　　a. 눈이 앞뒤에 가득한 네 생물(6b절)

　　　　　　b. 네 생물의 모습-특징(7절)

　　　　　　b′. 네 생물의 여섯 날개(8a절)

　　　a′. 눈이 둘레와 안에 가득함(8a절)

해설

　하늘의 이십사 장로가 구약의 열두 지파와 신약의 열두 사도를 대변한다면, 사도 요한 자신도 이십사 장로 안에 포함되는 것일까? 또 21:14에서 새 예루살렘의 열두 기초석에 적힌, 어린 양의 열두 사도에 저자 요한이 포함되는가?

　저자 요한이 하늘의 광경을 목격하고 있는 상황에 이십사 장로를 보게 된 일은 요한이 이십사 장로에 포함되지 않는다는 것을 시사하는 것일 수 있다. 그러나 이십사 장로는 구약과 신약의 성도들을 대표하는 자리로 하늘의 보좌에 있는 것이라는 점을 주목하면, 이들 한 개개인이 누구냐라는 것보다, 대표하는 그들의 역할(기능)이 중요하다고 할 수 있다. 즉, 대표하는 사람이 아니라 대표하는 역할에 초점이 있다. 따라서 밧모섬의 요한이 이십사 장로 안에 포함되는지 않는지는 중요하지 않다. 계시록 본문도, 또 저자 자신도 이를 분명하게 해야 할 필요가 있음을 암시하지 않는다.

　네 생물은 구약의 스랍과 그룹과 어떤 관계에 있을까? 이사야 6장에서 여섯 날개를 가진 스랍(세라핌)이 출현한다. 이것은 에스겔 1장과 10장의 그룹(케루빔)과 다른 천사 집단일 것이다(서론의 "천상의 네 생물" 항목을 보라).[19] 스랍은 여섯 날개를 가진(사 6:2) 반면, 그룹은 네 날개와 네 바퀴를 가지고 있다(겔 1:6, 16-21).

	스랍(사 6장)	네 생물(계 4:7-9)	그룹(겔 1, 10장)
이름	세라핌(שְׂרָפִים), '타는 존재들'	네 생물(τέσσαρα ζῷα)	네 생물, 케루빔(כְּרֻבִים), 어원 미상
출처	사 6장에만 나옴	계시록	구약 곳곳에 나옴
눈		날개 안과 밖에 많은 눈	몸과 등과 손과 날개에 많은 눈, 바퀴에 많은 눈
얼굴	얼굴 모양이 나오지 않음	네 생물이 각기 사람, 사자, 송아지, 독수리 얼굴 가짐(계 4:7)	한 개체의 얼굴이 네 가지(사람, 사자, 송아지[소], 독수리; 겔 1:10; 10:14)
날개	여섯 날개 가운데, 두 날개는 얼굴을 가리고 둘로 발을 가리고 둘로 날아다님(사 6:2)	여섯 날개(계 4:8)	네 날개 가운데, 둘로 몸을 가리고 둘로 케루빔끼리 서로 연결한다(겔 1:11). 날개 밑에 손도 있다(겔 1:8; 10:8, 21).
낢	날개로 날아다님(사 6:2)		각기 네 바퀴가 있고 그 안에 영이 있어, 영을 따라 바퀴를 사용하고 또한 날개로 사방으로 다님(겔 1:16-21)
역할	하나님을 찬양하는 역할(사 6:3, "거룩하다, 거룩하다, 거룩하다")	하나님을 찬양함(계 4:8, "거룩하다, 거룩하다, 거룩하다")	하나님의 명령을 받아 사방에 다니며 그 뜻을 수행하는 역할(겔 1:14-25; 10:1-17)

네 생물이 에스겔 1, 10장의 그룹(케루빔)과 이사야 6장의 스랍(세라핌)

---

19. 요한이 스랍과 그룹을 혼합하고 변형하여 사용하고 있다는 Osborne의 주장(Osborne, 2002: 234-5; 또한 Smalley, 121-2)에 동의할 수 없다. 스랍과 그룹은 다른 천사 집단이고 스랍에 대한 사 6장의 묘사(특히 2-3절, '여섯 날개')와 계 4장의 네 생물 묘사에 차이점은 발견되지 않는다. 반면에 겔 1장과 10장의 그룹에 대한 묘사는 계 4장의 네 생물의 묘사와 차이가 있다. Beale은 겔 1, 10장의 그룹과 사 6장의 스랍과 계 4장의 네 생물이 서로 다르다고 주장하지만(Beale, 1999: 330), 스랍과 계 4장의 네 생물이 사실상 차이가 없다는 점을 간과한다. Aune는 유대교의 메르카바(Merkavah, '전차'라는 뜻, 겔 1장에서 유래) 문학과의 유사성에 대해 소개하면서 동시에 그 차이점을 부각한다(Aune, 1997: 278-9, 301; 참고, Seal, 2008: 340).

과 관련 있는 것은 맞다(Caird, 64-65; Aune, 1997: 298-300; Beale, 1999: 328-30; Osborne, 233-6). 그러나 그룹(케루빔)과 스랍(세라핌)은 서로 다른 존재다. 계시록 4장의 네 생물은 스랍(세라핌)과 같다는 점을 지적할 필요가 있다.

4:5의 '등불'과 1:12의 '촛대'는 같은 것인가, 다른 것인가? 일곱 금촛대의 촛대 '뤼크니아'(λυχνία)는 계시록 1:12-13, 20; 2:1, 5; 11:4에 나온다. 이때의 '뤼크니아'는 주님의 해설처럼 교회를 가리킨다(1:20). 반면에 일곱 영을 가리키는 일곱 등불에서 '등불' 즉 '람빠스'(λαμπάς)는 계시록 4:5와 8:10에만 나온다. '뤼크니아'는 구약 칠십인역(LXX)에서 성소의 등대(등잔대)를 가리키는 용어다(예, 출 25:31-35; 26:35 등). 반면에 '람빠스'는 등잔대를 가리키지 않고 대부분 '횃불'을 가리킨다(창 15:17; 삿 7:16, 20; 요 18:3; 행 20:8 등). 본래 '람빠스'는 횃불(torch)과 램프(lamp)의 의미를 둘 다 포함하고 있다(영어 lamp가 헬라어 '람빠스'에서 나왔다). '람빠스'를 램프의 의미로 쓸 때는 '불을 붙여 빛을 낸 것'에 초점이 있고 '뤼크니아'는 램프를 설치한 '대'(stand)에 초점을 둔 것이다(L&N, 6.104, 6.105). 따라서 일곱 영, 즉 성령을 가리키는 일곱 등불(4:5)은 교회를 가리키는 일곱 촛대와 다르다. 다만, 공유하는 점은 둘 다 빛을 내는 일과 관련된다는 것이다. 성령의 역할과 교회의 역할이 빛을 내는 일과 깊이 관련된다. 성령을 통해 교회가 빛을 발산한다.

C. 요한계시록 4:8b-11 (네 생물과 이십사 장로의 찬양과 경배)

8b-11절에는 두 종류의 찬양과 경배가 나온다. 하나는 네 생물의 찬양과 경배고 또 하나는 이십사 장로의 찬양과 경배다. 이 두 부분은 다음과 같

이 평행 구조를 가진다.

    a. 네 생물- 밤낮으로 쉼이 없음(8b절)

       b. 찬양(λέγοντες)의 내용1(8b-9절)

   a′. 이십사 장로- 엎드려 경배함(10절)

      b′. 찬양(λέγοντες)의 내용2(11절)

번역

8b 그들은 밤낮으로 쉬지 않으며 말하였다. "거룩하다, 거룩하다, 거룩하다. 주 하나님, 곧 전능하신 분, 지금도 계시고 전에도 계셨고 또한 오실 이시다." **9** 생물들이 보좌에 앉으신 이, 영원히 사시는 이에게 영광과 존귀과 감사를 드릴 때에, **10** 이십사 장로들은 보좌에 앉으신 이에게 엎드려 그 영원히 사시는 이에게 경배하고 그들의 승리의 관들을 그 보좌 앞에 던지며 말하였다. **11** "우리 주 하나님이여, 영광과 존귀와 능력을 받으시는 것이 합당하십니다. 주(당신)께서 만물을 지으셨기 때문입니다. 그것들은 주(당신)의 뜻대로 존재하였고 또한 창조되었습니다."

주해

8b-9절 (네 생물의 찬양과 엎드림) 먼저 네 생물이 하나님을 찬양한다. 낮과 밤으로 쉼 없이(멈추지 않고) 말하고 있다(8b절, '말하며', 현재 분사 λέγοντες). 이들은 "거룩하다"(거룩한, ἅγιος)를 세 번 반복한다. 후대에 '뜨리사기온'[trisagion]으로 알려진 "거룩하다, 거룩하다, 거룩하다"는 표현은

오직 하나님께만 쓰이는데,[20] 성경에서 오직 두 군데, 계시록 4:8과 이사야 6:3에 쓰였다. 이사야 6:1-3에는 스랍(שְׂרָפִים)의 찬양과 경배가 담겨 있다 ("거룩하다, 거룩하다, 거룩하다. 만군의 여호와여").[21] 이것은 하나님의 거룩하심, 그분의 구별되심에 대해 강조하는 표현이다. "주 하나님"(κύριος ὁ θεός)은 구약의 여호와 하나님 '아도나이 엘로힘'(YHWH Elohim, יְהוָה אֱלֹהִים)의 헬라식 이름(번역)이다(1:8의 주해와 해설 참고). 계시록에서는 주 하나님을 전능하신 분(전능자, παντοκράτωρ), 즉 '모든 능력을 가지신 분'이라고 부른다(계 1:8; 4:8; 11:17; 15:3; 16:7, 14; 19:6; 19:15; 21:22). 또한 하나님의 시간적 초월성과 항시성을 강조하는 이름, '전에도 계셨고 지금도 계시고 또한 오실 이'(1:4, 8)로 일컬어진다. 주 하나님과 전능하신 분이 함께 쓰이는 하나님의 명칭 "주 하나님 전능하신 분"(κύριος ὁ θεὸς ὁ παντοκράτωρ)이라는 표현은 구약(LXX)에 13회(호 12:6; 암 3:13; 4:13; 5:8, 14, 15, 16, 27; 9:5, 6, 15; 나 3:5; 슥 10:3), 신약에 2회(계 4:8; 21:22) 등장한다. 반면에 '뀌리오스 빤또끄라또르'(주 전능하신 분)는 구약에 86회(주로 학개, 스가랴, 말라기, 예레미야) 신약에 1회(고후 6:18) 나타난다.

하늘의 천상적 존재를 대표하는 네 생물은 영원히 살아 계시는(사시는) 하나님을 입술로 찬양할 뿐 아니라, 그분께 마땅한 경배를 드린다(9절). 하나님에 대한 찬양과 경배에서, 하나님의 시간적 영원성이 두 번 반복된다(8b절의 "전에도 계셨고 …"와 9b절의 "영원히 사시는 이"). 앞부분(8b절)

---

20. '뜨리사기온'(라틴어로는 tersanctus)에 대한 역사적 용례는 Aune, 1997: 302-307을 참고하라.

21. 사 6:3의 "거룩하다, 거룩하다, 거룩하다. 만군의 여호와여"의 70인경(LXX)의 헬라어 번역은 ἅγιος ἅγιος ἅγιος κύριος σαβαώθ이고 히브리어 원문은 קָדוֹשׁ קָדוֹשׁ קָדוֹשׁ יְהוָה צְבָאוֹת이다. LXX 이사야는(이사야에서만) '만군의 여호와'(יְהוָה צְבָאוֹת)의 음가를 살려 κύριος σαβαώθ로 번역하고 있으나 이사야 외에는 대부분, 계 4:8에 '주 하나님' 다음에 나오는 이름, '전능자'(ὁ παντοκράτωρ)로 번역한다. 계 4:8은 사 6:3의 하나님 찬양을 반영한다.

에 하나님의 거룩하심과 전능하심에 대해 찬양하고, 뒷부분(9절)에 "영광과 존귀와 감사"를 그분께 드린다. "드릴 때에"(ὅταν δώσουσιν)의 '호탄'(ὅταν)은 본래 '~ 때마다'(whenever)의 뜻이지만 '~ 때'(when)의 의미로 쓰일 수 있다. ESV와 RSV, NIV는 '~ 때마다'로 NAS, KJV는 '~ 때'로 번역하는데 개역개정은 후자로 번역하고 있다. '~ 때마다'로 이해하면 네 생물이 찬양할 때마다 (거기에 맞춰) 이십사 장로들이 경배하는 것으로 해석된다. 어느 쪽이든 지속적으로 찬양과 경배를 드리는 데 초점이 있는 것은 분명하다. "드릴 때에"의 '드릴'('도수신')이 미래형으로 쓰인 점이 특이하다. 미래형은 10절에서 더욱 도드라진다. '엎드려'('삐순따이'), '경배하고'('쁘로스뀐네수신'), '던지며'('발루신')가 다 미래시제다. 요한의 입장에서 아직 일어나지 않은 일이라는 점을 의식하는 것일 수 있다(Aune, 1997: 276). 그래서 5장에 있게 될 어린 양 출현에 대해 기대하는 것일 수 있다(Lupieri, 137).

9절의 영광('독사')과 존귀('띠메')와 감사('유카리스띠아')는 거룩하고 전능하신 하나님의 존재 자체와 그 사역에서 비롯된다. 여기서 영광은 그분의 신성(본질), 존귀는 그분의 가치, 감사는 그분의 하신 일(사역)과 관련이 될 것이다. "보좌 위에 앉으신 이"로 언급되는 것은 그분의 주(Lord)와 왕(King) 되시는 주권을 부각한다. 또한 "영원무궁히 사시는 분"은 그의 영원하신 신적 존재성을 부각하는 표현이다. 하나님께 드려질 찬양과 경배의 마땅함은 이렇게 그분의 주권과 존재에서 비롯된다.

10-11절 (이십사 장로의 경배와 찬양) 8b-9절이 네 생물의 찬양과 경배라면, 10-11절은 이십사 장로들의 경배와 찬양이다(비교, 19:4). 경배의 대상이신 하나님을 "영원히(세세토록) 사시는 이"라 반복하는 것(9, 10절)은 그분이 천상천하의 어떤 존재와도 구별되는, 유일한 경배의 대상이시기 때문이다. 그래서 모두 엎드려 경배한다. 엎드려 경배받는 대상은 오직 하나

님과 그리스도시다(4:10; 5:8, 14; 7:11; 11:16; 19:4, 10; 22:9). 그 외에 어떤 존재도 경배의 대상이 될 수 없다.

지상적 존재들을 대표하는 이십사 장로는 그들의 승리의 관('스떼파노스')을 하나님의 보좌 앞에 던진다. 경외와 승복의 자세다.[22] 하나님만이 진정한 통치자이자, 진정한 경배의 대상이 되시기 때문이다. 그들이 얻은 모든 승리와 영예가 하나님으로부터 비롯된 것이므로 사실상 하나님만이 그 모든 칭송을 받으실 만하다. 승리(이김)와 영예가 자신의 것이 아니란 고백이다. 하나님만이 참된 승리자가 되시고 또한 승리를 부여하시는 분이라는 사실을 고백하는 것이다. 우리는 그분 앞에 아무것도 아니고 우리 손에 쥔 것도 아무것도 아니다. 하나님 앞에서는, 또 하나님을 경배하는 자리에서는 그 어떤 것의 소유도 주장할 만한 것이 없다. 우리는 이십사 장로를 포함해서 그 누구도 경배를 받을 존재가 될 수 없다. 오직 하나님만이 모든 존귀를 받으실 만하다. 하나님만이 "합당하시다"(ἄξιος εἶ). 하나님 외에 하늘과 땅, 그 어디에도, 그 누구도 신적 경배를 받기에 합당한 이는 없다.

"주 하나님"(ὁ κύριος καὶ ὁ θεός)이란 이름(11절)은 네 생물도 사용하여 부른 바(8절) 있다. 천상적 존재들과 지상적 존재들 모두를 주관하시는, 모든 존재의 주인이신 하나님이시다. 이어서 "우리의 하나님"(ὁ θεὸς ἡμῶν)이라는 표현이 나온다. 로마에서 "우리 주 하나님"(*dominus et deus noster*)이라는 표현은 도미티아누스 황제가 스스로를 가리켜 불렀던 명칭이기도 하였다(Dio, *Hist. rom.* 67.5.7; 67.13.4; Suetonius. *Dom.* 13.2).[23] 황제들은 종

---

22. Boring은 파르티아(Parthia)의 왕이 경의의 표현으로 네로의 조형 앞에 자신의 왕관을 놓은 일을 소개한다(Boring, 1989: 103; S. Moore, 1995: 36).

23. Parker는 이 명칭이 헬라 톨레미 제국의 통치자들에게 쓰여졌고 로마제국에서도 도미티아누스 이전에 일부 쓰인 예가 있다고 논증한다(Parker, 209-17). 로마의 역사가 Suetonius가 소개한 내용은 "우리 주와 우리 신이 이것을 이루라 하신다"(Our Master and Our God bids that this be done)이다(Suetonius, *Dom.* 13.2). Dio Cassius는 이 문

종 자신들을 그같이 신격화하였다. 11절의 찬양은 누가 참 '우리 주 하나님'인지를 알려 주는 고백이라 할 수 있다.[24] 하나님 외에 인간 황제(지도자)가 이런 명칭을 가지는 것은 그 자체로 신성 모독적인 것이다.

네 생물은 "영광과 존귀와 감사"를 돌렸고(9절), 이십사 장로는 "영광과 존귀와 능력('뒤나미스')"을 받으시는 것이 합당하다고 찬양하였다. 찬양의 이유는 하나님께서 만물을 창조하셨기 때문이다. 하나님의 뜻대로(뜻을 따라), 만물이 존재하게 되었고 창조된 피조물로 자리하게 되었다. 11절 찬송의 내용은 하나님의 창조를 앞뒤로 반복하며(a와 a'), 그 가운데 피조물의 존재에 대해 기록한다(x)(Osborne, 2002: 241-2). 두 번째 부분에 언급되는 존재하게 된(보존된) 것이 세 번째 부분에 언급된 창조된 것의 뒤에 위치하지 않은 이유에 대해 비일은 피조물의 보존(preservation)을 강조하기 위한 것이라고 하지만(Beale, 1999: 335), 이 세 가지의 배열이 교차 구성이라는 점을 이해할 필요가 있다. 한편, 아우니는 배열의 난점 때문에 사본상의 많은 이문이 생겼다고 소개한다(Aune, 1997: 274).

a. 만물을 창조하셨다.

  x. 주의 뜻대로 있게(존재하게) 되었다.

a'. 그들이 창조되었다.

찬양의 내용은 9절(네 생물의 찬양)과 비교할 때 영광과 존귀는 동일하게 언급되지만 감사를 능력으로 대체하고 있다. 능력은 그분의 힘을 가리키는데, 이는 그의 이름 '전능하신 하나님'(8절)과 깊은 연관이 있다. 능력

장이 말만 아니라 문서에도 사용되었다고 알려준다(Dio, *Hist. rom.* 67.5.7).

24. 계 4:8, 11의 찬양을 요한 당시 로마 황제에게 바치는 칭송적 명칭과 찬가(acclamation)와 비교하는 Seal, 2008: 341-51을 참고하라.

과 감사가 다 하나님의 사역과 관련된다. 능력은 하나님께서 하실 수 있는 힘을 가리키고 감사는 그 힘으로 행하신 하나님께 마땅히 드릴 마음의 표현이다. "받으시는 것"으로 번역된 '라베인'(λαβεῖν)은 사실 '취하는 것'(to take)이다. 수동적 뉘앙스보다는, 능동적 의미가 있다(예, 11:17). 여기서 부각되는 것은 하나님의 능동적인 자격이다. 하나님께서는 영광과 존귀와 능력을 스스로 취하실 수 있는 분이시다. 어느 누가 그분처럼 신성적 존재와 가치와 힘을 스스로 드러낼 수 있겠는가!

해설

4장에 시작된 예배 주제는 4-5장, 7장, 11:15-18; 15장, 19:1-10에 걸쳐 나타나는데 계시록의 가장 중요한 주제 가운데 하나다(Koester, 2017: 110). 그런데 4장에서 하늘의 예배에 참여한 이십사 장로와 네 생물이 21장의 새 예루살렘에서는 더 이상 나타나지 않는 것은 어떤 이유일까? 이십사 장로와 네 생물은 특히 5장(일곱 인을 떼는 장면)에 여러 번 등장한다(5, 6, 8, 11, 14절). 주로 하나님과 어린 양 경배와 관련된다. 그리고 구원받은 이들을 묘사하는 7장에 두 번(11, 13절), 일곱 나팔과 관련해서 한 번(11:16), 다시 14장에서 한 번(3절), 마지막으로 어린 양 혼인 잔치 때(19:4)에 등장하고 그 이후에는 더 이상 나타나지 않는다.

이십사 장로는 21장의 새 예루살렘에 관한 묘사에서 다른 형태로 등장하는데, 열두 지파는 열두 진주문 위에 쓰인 이름으로(21:12-13), 열두 사도는 성곽을 이루는 열두 기초석(보석)의 이름으로(21:14) 등장한다. 더 이상 신구약 성도의 대표자로서 하나님 앞에 있는 역할이 아니라, 미래의 하나님 나라인 새 예루살렘에서의 중요한 쓰임새를 위한 역할(기초로서의 역할)을 다한다. 그때는 인간 대표자들이 필요한 것이 아니고 성도 모두가 다

중요하기 때문일 것이다. 그때에는 네 생물이 등장하지 않는 것은 새 하늘
과 새 땅에서는 천상의 존재들의 역할이 더 이상 필요하지 않기 때문일 수
있다.

제3부
종말의 시작
요한계시록 5:1-6:17

2-3장은 지상에 있는 교회들에 대한 계시였다. 4장에서는 장소적 배경이 하늘로 옮겨진다. 하늘에 펼쳐진 영광스러운 보좌 주변의 모습은 계시를 받는 현재의 모습이다. 하늘의 장면은 4-5장에서 연속된 내용이다. 4-5장에서는 성부 하나님에 대한 경배(4장)와 어린 양에 대한 경배(5장)라는 주제도 공유된다. 그런데 5장에서는 종말에 있을 하나님의 계시가 역사적으로 시작된다. 하나님의 책(두루마리)의 인을 떼는 일에서 계시가 시작된다. 어린 양이 일곱 인을 떼는 일로 종말의 재앙은 시작된다. 제3부인 5-6장은 종말의 시작을 알리는 일곱 인 주제를 담고 있다.

한편, 종말의 종결은 그리스도의 재림과 아마겟돈 전쟁(19:11-21), 그리고 천년 나라(20:1-10)가 될 것이다. 그때 이 땅에서의 모든 일이 끝이 난다. 종말의 끝이다. 종말의 시작은 어린 양이 떼시는 일곱 인이고 종말의 끝은 순교자들의 나라, 또는 순교자들을 중심으로 하는 나라인 천년 나라다. 모든 역사는 시작과 끝이 있다. 모든 재앙도 그러하다.

제11장
요한계시록 5:1-14
인봉된 책과 어린 양

　　5장은 크게 두 부분으로 나뉜다. 전반부(1-5절)와 후반부(6-14절)다. 전반부에서 초점은, '누가 두루마리의 인을 뗄 수 있는 존재인가?'이다. 후반부는 인을 떼러 나타나시는 어린 양과 그에 대한 찬양으로 구성된다. 후반부의 긴 분량을 고려하면, 비교적 짧은 전반부는 후반부의 배경이라 볼 수도 있다. 전반부와 후반부 모두 "또 나는 보았다"(Καὶ εἶδον)로 시작한다(1, 6절).[1] 요한과 출현 존재들이 각각 나온 다음, 대화나 찬양(경배) 부분이 뒤따른다(2-5, 8-14절). 2-5절에서는 힘센 천사, 요한, 장로가 등장하고 그리

1. 　계시록에서 "나는 보았다"('에이돈')는 45회, 그 가운데 "또(그리고) 나는 보았다"('까이 에이돈')는 32회 나타난다. '에이돈'은 1:12에서 처음 등장하고 '까이 에이돈'은 5:1에서 나타나기 시작한다. '에이돈'은 5:1, 2, 6, 11에 나온다. Mathewson은 '에이돈'의 등장이 소단락 구분의 근거라고 본다. 그래서 1절, 2-5절, 6-10절, 11-14절로 나눈다(Mathewson, 2008: 65-66; 또한 Aune, 1997: 329; Osborne, 2002: 247). 이 구조의 문제는 4:8-14가 네 생물과 이십사 장로의 찬양(8-10절), 많은 천사의 찬양(11-12절), 모든 피조물의 찬양(13-14절)으로 연속된 일종의 '돌림 찬양'이란 점을 고려하지 않은 것이다. 따라서 8-14절을 쪼개어 나누지 않는 것이 좋다. 기계적으로, '에이돈'이나 '까이 에이돈'을 소단락을 나누는 장치로 보는 것에는 문제가 있다. 뒤의 8-14절의 구조를 참조하라.

스도는 사자와 다윗의 뿌리로 칭해진다. 8-14절에서는 그리스도가 죽임당하신 어린 양으로 나타나시고, 네 생물, 이십사 장로들, 많은 천사들, 모든 피조물이 등장한다. 본문은 다음과 같이 평행(parallel) 구조를 이룬다.

A. 요한이 본 두루마리(봉인된 책)(1절)

　　B. 두루마리를 떼기에 합당하신 사자, 다윗의 뿌리(2-5절)

A′. 요한이 본 어린 양(6-7절)

　　B′. 어린 양에 대한 찬양과 경배(8-14절)

전체적으로 봉인을 떼실 수 있는 어린 양의 존재가 부각된다. 4장에서 하나님에 대한 경배와 찬양이 주를 이룬다면, 5장에서는 어린 양에 대한 경배와 찬양이 반복 강조된다. 이런 점에서 4장과 5장 사이에는 연속성이 있다. 그러면서 5장은 6장과 함께 미래 종말에 관한 재앙 계시의 장을 열고 시작하는 역할을 한다.[2]

A. 요한계시록 5:1-5 (봉해진 두루마리와 힘센 천사)

번역

1 또 나는 보좌에 앉으신 이의 오른손에 있는 두루마리(책)를 보았다. 그 안과 밖에 글이 쓰여 있고 일곱 인으로 봉해져 있었다. **2** 또 나는 큰 소리로 외치는 힘센 천사를 보았다. "누가 그 두루마리를 펴고 그 인들을 떼기에 합당

2.　4장과 5장의 연속성도 무시할 수 없지만, 5장 자체에서도 새로운 면(봉인된 두루마리, 어린 양 등)이 나타난다. 이에 대해 Mathewson, 2008: 62-63을 보라.

한가?" **3** 하늘이나 땅 위에나 땅 아래에나 아무도 그 두루마리를 펴고 그것을 보는 것을 할 수 없었다. **4** 그래서 나는 몹시 울었다. 그 두루마리를 펴거나 그것을 보기에 합당한 자가 아무도 발견되지 않기 때문이었다. **5** 장로 가운데 한 사람이 내게 말하였다. "울지 말라. 보라. 유다 지파에서 나오신 사자, 다윗의 뿌리가 승리하셔서, 그 두루마리와 그 일곱 인들을 떼실 수 있다."

주해 및 해설

1절 (요한이 본 두루마리와 힘센 천사) 하늘의 예배 광경이 끝나고, 인봉된 두루마리(책)로 계시의 초점이 이동한다(1절). 요한은 보좌에 앉으신 하나님께서 오른손에 한 두루마리를 가지고 계신 것을 본다("나는 보았다", 1절). 오른손은 행위의 중심이 되는 손이다(1:16-17, 20; 2:1; 5:1, 7; 10:5; 13:16). 그 두루마리의 안쪽(앞)과 바깥쪽(뒤)에 글이 쓰여 있는데(현재완료 분사 '게그람메논'), 특별한 점은 일곱 인으로 봉인된 것이다. 현재완료 분사 수동태 '까떼스프라기스메논'(κατεσφραγισμένον, '봉인된/밀봉된')은 전치사 '까따'(κατά)가 접두어로 쓰인 강화적 의미('철저히')와 아울러 하나님에 의해 봉해진 상태(현재완료 수동태)임을 부각한다. 안팎으로 글이 기록된 것은 그만큼 계시가 그 안에 많이 담겼음을 뜻한다(참고, 겔 2:10).[3]

---

3. Bauckham은 계 5:1(안과 밖에 쓰인 글; 손에 있는 두루마리)과 10:2(펼쳐진 두루마리), 8-10절(먹이는 장면)이 겔 2:8-3:3을 근거로 한 것이고 따라서 5장과 10장의 두루마리가 결국 같은 책이라고 결론을 짓는다(Bauckham, 1993a: 246-7, 250). 그러나 Bauckham은 에스겔 본문과 계시록 본문의 차이에 제대로 주목하지 않는다. 계시록 10장은 이미 '펼쳐진 책'(10:2, 8)이고 에스겔의 책은 손에 있는 것을 펼친 것(2:9-10)이다. 또한 요한에게 주신 책과 에스겔에게 주신 책이 같을 수 없다. Baynes는 Bauckham을 비판하며 슥 5:1-4(날아가는 두루마리)와 계 5:1의 연관성을 드러낸다. 그다음 본문인 슥 6:1-3의 내용이 계시록 5장의 네 말의 에피소드와 비슷하다는 점도 거론한다(Baynes, 807-8).

계시들이 봉인되어 있고 그 인들이 떼어지기를 기다린다. 일곱 인으로 봉인된 것은 이 두루마리가 그만큼 중요한 문서임을 알려준다. 아무나 함부로 떼서 볼 수 있는 문서가 아니라는 것과, 누군가 일곱 인을 떼서 그 속의 내용을 드러내기를 기다리고 있음을 동시에 알려준다. 또한 봉인되었다는 것은, 인이 떼어진 후에 나타나는 종말적 재앙이 아직은 일어나기 전이라는 뜻이다.[4] 두루마리는 아직 봉인된 상태다. 그 속에 담긴 종말 계시의 내용이 아직은 공개되지 않았다.

두루마리에는 안팎으로 글이 쓰여 있는데, 그것은 그만큼 계시의 내용이 많음을 뜻할 수도 있고 또는 당시의 계약서처럼 바깥의 글은 안에 있는 내용을 요약하는 것일 수도 있다(Osborne, 2002: 249). 그런데 두루마리에 담긴 것이 요한계시록의 계시 전체라기보다는 일곱 인 재앙을 중심으로 한

---

4. 두루마리를 봉인한다는 개념은 단 12:4, 9에 나온다. 12:4의 "이 글을 봉함(봉인)하라"(LXX, σφράγισαι τὸ βιβλίον). '봉함(봉인)하라'(σφράγισαι)는 명령(부정과거 명령법 중간태 2인칭 단수)이 다니엘에게 주어진다. BHS의 명령형 남성 단수 '하톰'(חֲתֹם, '인을 쳐라/봉인하라')도 같다. 또한 12:9, "간수하고 봉함할 것이니라"(LXX, κατακεκαλυμμένα καὶ ἐσφραγισμένα)는 현재완료 분사(수동태 복수)로 쓰였는데 다니엘에게 주는 임무(가서 간직하고 봉인해 둘 것)에 대한 것이다. 인을 치고 보존하는 책임이 다니엘에게 주어졌다. 다니엘서에 나오는 인을 상징적인 것으로 볼 수도 있는데, 이 경우 지혜 있는 자만이 알 수 있는 계시임을 뜻하게 된다(사 6:9-10; 29:10-12; 43:8; 렘 5:21; 마 13:14-15). 반면에 계 5장의 봉인된 두루마리는 하나님에 의해 봉인된 것이므로 다니엘이 봉한 두루마리와 같다고 할 수 없다. 사람이 봉인한 것도 아니고 상징적인 봉인도 아니다. 봉인된 책(두루마리)에 심판과 구원의 계시가 담겼다는 Beale의 주장이 일리는 있으나(Beale, 1999: 339-42) 계 5장의 일곱 인이 단 12:4, 9에서 왔다는 주장(Beale, 1999: 347)에는 동의할 수 없다. 봉인된 계시의 두루마리라도 다 같은 것은 아니다. 그렇게 볼 이유가 없다. 하나님에 의해 봉인된 계 5장의 두루마리는 6장에서 일곱 인의 재앙과 직접 관련이 된다. 하나의 인을 떼자 하나의 재앙이 일어난다. 계 22:10에서는 "이 책의 예언의 말씀들을 봉인하지 말라"고 하셨다. 이때의 책(두루마리)은 계시록이 될 것이다. 다니엘에게는 봉인하라고 하신 반면 요한에게는 봉인하지 말라고 하신 이유는 무엇일까? 비록 공통적인 측면이 있다 해도 두 책의 성격과 목적이 다르기 때문이다.

계시의 내용이라고 보는 것이 자연스럽다. 하나의 인이 떼일 때마다 인의 재앙이 하나씩 등장하기 때문이다. 그런데 인의 재앙 외의 다른 재앙들도 그 안에 기록되어 있을 가능성이 있다고 보는 것은 일곱째 인이 사실상 일곱 나팔과 그 이후의 재앙들을 견인하기 때문이다(8장과 8장 이후). 특히 두루마리의 계시는 단순히 미래의 사건을 예언한 계시의 기록이라는 특성을 넘어선다. 봉인이 풀릴 때마다 그 계시의 내용이 성취된다. 따라서 이 두루마리는 각 인이 떼어질 때마다 쓰여진 계시의 내용이 실행되어야 하는 그런 특별한 두루마리라 할 수 있다. 계획된 계시(섭리)가 수행된 계시(역사)가 된다.

　보캄(Richard Bauckham)은 5장과 10장의 두루마리를 같은 것으로 보고 있지만(Bauckham 1993a: 250), 그렇게 볼 필요는 없다. 첫째, 같은 두루마리였다면 5장에서 '비블리온'(βιβλίον, 두루마리)이라고 썼던 요한이 10:2에 '비블라리디온'(βιβλαρίδιον, 작은 두루마리)이라는 식으로 바꿔 표현하지 않았을 것이기 때문이다. 비록 10:10에서 '비블리온'이라고도 표기하고는 있지만, 만일 같은 두루마리(책)를 가리키려 했다면 여러 장 이후에 쓰게 된 10장에서 2장에 쓴 바로 그 두루마리를 언급했을 때의 용어인 '비블리온'을 다시 썼을 가능성이 크다. 용어 사용의 일관성 때문이다. '비블라리디온'은 10장에서만 쓰인다(10:2, 9, 10). 또한 '비블리온'이 뒤에서는 생명책을 가리키는 용어라는 점도 주목할 필요가 있다(13:8; 17:8; 20:12; 21:27). 그러한 경우에는 '또 비블리온 떼스 조에스'(τὸ βιβλίον τῆς ζωῆς) 즉 '생명의 책'으로 특정된다. 요한계시록을 직접 가리킬 때는 항상 '이 책'(βιβλίον τοῦτο)이다(모두 7회; 22:7, 9, 10, 18[x2], 19[x2]; 참조 1:11). 다시 말해, 계시록에서 '비블리온'은 동일한 한 두루마리(책)만을 가리키는 용어가 아니다.

　둘째, 5장의 두루마리는 하나의 인을 떼면 바로 인의 재앙이 실현되는 그런 두루마리다. 10장의 두루마리에는 그런 특성이 드러나지 않는다. 5장의 것이 계시의 실행(성취)이 뒤따르는 두루마리라면, 10장의 두루마리는 전달(예언과 증언)을 위한 두루마리다(10:11).

셋째, 하나님의 오른손에 있던 '비블리온'(5:1)이 어떤 힘센 천사의 손에 들려진 '비블라리디온'과 동일한 것일 수 없을 것이다. 하나님의 오른손에 있다가 어린 양께서 취하셨던 '비블리온'은 일곱 인과 그 이후의 재앙과 관련된 섭리적 계시가 하나님에 의해 직접 기록된 두루마리이면서 어린 양께서 취하신 후 실행시키는 수행적 계시의 특성을 가지고 있었다. 그러므로 이 두루마리는 이와 다른 성격을 가진 '비블라리디온'(또는 '비블리온', 10장)과 다를 수밖에 없다. 봉인된 인을 뗄 때 계시적 재앙이 수행되는 '비블리온'과 이와 관련된 것을 단순히 적은 '비블리온'(비블라리디온)은 같은 책(두루마리)이 아니다.

2절 (누가 합당하신가?) 요한은 힘센 천사를 보았다("나는 보았다", 2절). "힘센 천사"(ἄγγελος ἰσχυρός)는 5:2와 10:1, 18:21에 나온다. 천사 중에 중요한 역할을 하는 천사일 것이다. 두 힘센 천사는 5장과 10장의 두루마리 계시 사건에 등장한다(5:2; 10:1). 또 다른 힘센 천사는 18장의 바벨론의 패망과 관련해 나타난다(18:21). 세 군데 다 동일한 천사가 아닐 가능성이 높다. 5:2에는 정관사가 없으므로 '어떤 힘센 천사'를 가리키고, 10:1에서는 형용사 "다른"(ἄλλος)이 덧붙여져 '다른 힘센 천사'이고 18:21에서는 수사 '한'(하나, εἷς)이 더해져 '한 힘센 천사'를 가리킨다. 5:2과 10:1의 천사가 모두 계시의 전달과 관련된 것은 주목할 만한 것이다. 5:2의 힘센 천사는 봉인된 두루마리와 관련되고, 10:1의 힘센 천사는 요한에게 전달된 계시의 두루마리와 관련이 된다. 반면에 18:21의 힘센 천사는 바벨론 심판에 관여한다. 5:2에서는 힘센 천사가 큰 소리로 선포한다. 현재 분사 '깨뤼쏜따'(κη-ρύσσοντα, 선포하고 있는)는 강력히 메시지를 선포하고 있는 천사의 모습을 그려준다.

힘센 천사가 외치는 내용은 "누가 합당한가?"(τίς ἄξιος)다. 하나님의 오른손에 있는 이 봉인된 두루마리를 열기(여는 것)에 합당한 분, 그 인들을 떼기(풀기)에 그런 힘과 자격이 있는 분이 누구인지 묻는다.[5] 공개적인(선포하는) 질문이다. 먼저 하나님의 오른손에서 두루마리를 받을 수 있어야 하고, 다음에는 그 안의 인을 떼낼 수 있어야 하고, 그리고 그 책(두루마리)을 열 수 있어야 한다. '그런 자격과 능력을 가진 분이 누구냐?'라고 묻는 그 질문에는 부정과 긍정이 교차한다. 하늘과 땅의 어떤 존재도 그런 자격과 힘이 없다(부정). 그러나 오직 한 분이 계신다. 그만이 하실 수 있다(긍정). 그리스도께서 '합당하신(한)'(ἄξιος) 것에 대해 5장에서 반복하여 진술된다(2, 4, 9, 12절). 그리스도의 합당하심은 5장의 주요 주제다.

3절 (합당한 자가 없다) 3절은 요한의 해석이다. 천사의 질문에 대해 요한은 부정적으로 자답한다. 그 어떤 하늘의 존재(천사들)나, 땅 위(인간들) 또는 땅 아래(죽은 자들과 지하의 세력들)의 그 어떤 존재, 그 누구에게도 그런 능력이 없다. 그렇게 할 수 있는 분은 오직 한 분뿐이기 때문이다. "아무도 할 수 없었다"(οὐδεὶς ἐδύνατο)에서 미완료과거형 '에뒤나또'(할 수 있었다)는 과거의 지속적 의미가 있다. 어린 양이 등장하기 전까지 아무리 찾아도, 그 아무도 그렇게 할 수 있는 자가 없었다는 뜻이 된다. 왕이 봉인한

---

5.   두루마리를 '여는(펴는) 것'(부정사 ἀνοῖξαι)이 인을 떼는 것(부정사 '뤼사이')보다 먼저 나오는 것에 대해 Osborne은 "두루마리를 펴는 것, 다시 말해(even) 인을 떼는 것"을 뜻한다고 이해한다(Osborne, 2002: 251, 각주 3). 그런데 '여는 것'을 더 중요하게 보고 앞에 쓴 것(강조법)으로 볼 수도 있다. 부정사 '아노익사이'(여는 것)는 5장에서 다섯 번 출현한다(5:2, 3, 4, 5, 9). 이 가운데 4회(5:2, 3, 4, 5)는 '아노익사이'가 다른 부정사보다 먼저 사용되거나(2, 3, 4절) 대표적으로 사용된다(5절). 9절은 행위의 선후에 따라 '아노익사이'(여는 것)보다 '라베인'(λαβεῖν, 받는 것)이 먼저 언급된다. 다만 9절의 '아노익사이'(여는 것)는 인(봉인)들('스프라기다스')과 연결된다('봉인된 것을 열다/펼치다').

편지를 받고 그 인을 떼어 읽을 수 있는 자는 누군가? 편지에 쓰여진 일을 이룰 수 있는 자일 것이다. 하나님께서 진행하시는 종말 계시의 일을 이룰 수 있는 분은 그런 점에서 그리스도 밖에 없다. 인간일 수 없다. 따라서 사람이 그 인을 뗄 수 있다고 하거나, 감춰진(봉인된) 것을 풀어 그만이 해석할 수 있다고 하는 것 자체가 거짓이다. 교회는 거짓된 미혹에 주의해야 한다. 계시를 받는 요한이나 그 '힘센 천사'에게도 인을 떼는 것이 허락되지 않았다.

4절 (합당한 자가 없어 요한이 울다) 그렇게 할 수 있는 이가 아무도 없어서 요한은 울게 된다(4절). 요한은 심하게(크게, 많이) 울었는데 두루마리를 열고(펴고) 볼(읽을) 자격이 있는 자를 찾을 수 없었기 때문이다. "합당한"('악시오스')은 두 개의 부정사와 관련된다. 두루마리를 여는 것('아노익사이')과 보는 것('블레뻬인')이다. 두루마리를 여는 것도, 그 안의 내용을 보는 것도 그에 합당한 자가 없었다('우데이스 휴레쎄', 아무도 발견되지 않았다). 아직 그리스도가 출현하지 않은 상황에서 그런 자를 찾을 수 없는 것은 당연하다. 인을 떼서 책을 펼칠 존재가 천상천하에 아무도 없다는 것은 이 두루마리 계시의 주체가 유일하신 신적 존재(하나님)라는 것과 또한 그분의 특별한 신적 계시라는 점을 동시에 알려준다. 따라서 역시 신적 존재(아들)만이 그 계시를 여실 수 있다(5:2, 3, 4, 5, 9; 반복되는 부정사 '아노익사이'를 보라). 그 계시를 내신 분이 성부시고 그 계시를 이루시는 분이 성자시다. 그 외에는 누구도 계시자의 자격이 없다. 계시를 받게 되는 요한조차도 단지 사람(목격자)일 뿐이다. 그런데 그 책은 열려야 하는 책이었다. 닫힌 채 감춰져 있을 책이 아니었다.

5절 (인을 떼실 수 있는 분) 하늘에 있던 장로들 가운데 한 사람이 요한에게 울지 말라고 하는데(5절), 그는 이미 누가 그 인을 뗄 수 있는지 알고 있기 때문에 그렇게 하였을 것이다. 이십사 장로의 역할 가운데 하나는 이

처럼 요한과 대화를 하며 상담자와 해설자 역할을 하는 것이다(5:4-5; 7:13-
17). 천사와의 대화(예, 10:3-4, 9-10; 17:1; 19:9-10; 21:9-10; 22:8-9)보다 좀
더 인격적인 측면이 부각된다. 장로와 천사의 차이일 수 있다. 천사가 "누
가 합당하냐?" 할 때, 하늘에 있는 네 생물과 이십사 장로는 이미 그 답을
알고 있었다. 유다 지파 출신, 다윗 가문의 상징은 사자(lion)다(창 49:9-10
의 유다에 대한 예언 참고). 그래서 예수를 "유다 지파에서 나오신 사자"라
하였다. 사자는 용맹함과 승리의 힘을 상징할 것이다(Osborne, 2002: 253).
그는 또한 '다윗의 뿌리('리자')'가 되신다(5절; 22:16). 이사야 11:1, 10에 이
새의 뿌리에서 한 가지(또는 싹)가 난다고 예언한 바 있다. 본래 이새(다윗)
의 계열로 오실 미래의 그리스도를 가리키는 표현인데, 여기서 '뿌리'에 해
당하는 히브리어 단어(שֹׁרֶשׁ)는 뿌리, 기초(토대)를 가리킨다(시 44:2; 52:5;
잠 12:3, 12; 사 53:2). 하나님께서 다윗에게 그의 나라 왕위가 영원히 견고
하게 될 것(삼하 7:13, 16; 왕상 2:45; 9:5; 대상 17:12, 14; 22:10)을 약속하셨
는데, 결국 만왕의 (왕 중의) 왕이신 예수 그리스도를 통해 성취된다(계
17:14; 19:16). 그 뿌리로부터 메시아 나라(제2의 다윗 왕국)가 활짝 피어난
다. 그러므로 그리스도는 본질적으로 다윗 왕국의 기반(토대)이 되신다.
'다윗에게서 난 가지'라는 표현은 예레미야 23:5; 33:15에 있다.

　　그분이 "승리하셨다"(ἐνίκησεν). 이 진술에는 실제적, 선언적, 결말적
(궁극적) 의미가 있다. 승리하신 다윗의 후손 사자가 두루마리와 일곱 인을
떼실 수 있는 분이시다. 부정사 '아노익사이'(ἀνοῖξαι, 여는/떼는 것)는 '에
니께센'(승리하셨다)의 목적어로 목적(NSA, '떼시기 위해 승리하셨다')과
결과(ESV; RSV, '승리하셔서 떼실 수 있게 되었다')의 의미 둘 다 가능하다.
그리스도의 승리가 그리스도께서 두루마리를 여실 수 있는 합당한 근거가
된 것이다. 그리고 그리스도의 승리는 그의 몸 된 교회 또한 승리하게 될 초
석이 된다.

a. 누가 두루마리를 열고 봉인을 떼기에 합당하냐(2b절)?

　b. 아무도 열거나 볼 수 없었다(3절).

　b′. 아무도 열고 볼 수 없어, 요한이 울었다(4절).

a′. 두루마리와 그 봉인을 열 다윗의 뿌리, 유다 지파의 사자가 소개된다(5절).

3-4절에 두루마리의 봉인을 뗄 수 있는 자가 없다는 말이 두 번 반복된다(b와 b′). 자격 있는 자를 찾을 수 없다는 강한 부정의 선언이다. 봉인을 뗄 수 있는 자에 대한 천사의 질문(2b절, a)은 그리스도를 내세우는(소개하는) 한 장로의 답변을 통해 해결된다(5절, a′).

B. 요한계시록 5:6-14 (어린 양, 그에 대한 경배)

5:6-14는 두 부분으로 나뉜다. 6-7절과 8-14절이다. 6-7절은 어린 양 그리스도를 묘사하고 그분이 보좌에 앉으신 성부께 나아가 그 오른손에서 두루마리를 취하는 장면을 묘사한다. 그리고 8-14절은 그러한 어린 양께 하늘에 있는 존재들이 경배와 찬양을 드리는 장면을 다룬다.

8-14절에서는 시작 부분(8절)과 마지막 부분(14절)에서 어린 양에 대해 경배하는 주체로서 네 생물과 이십사 장로가 등장한다(a와 a′). 천상적 존재들을 대표하는 네 생물과 지상적 존재들을 대표하는 이십사 장로의 엎드림과 찬양(x1)은 하늘과 땅의 모든 존재가 어린 양에게 경배를 드리는 것이 마땅하다는 기독론적 내용을 담고 있다. 그런데 이들만이 아니다. 많은 천사들(11-12절, x2)과 모든 피조물(13절, x3)의 찬양이 함께 담긴다. 그런 점에서 삼중(triple) 찬양(x1-x2-x3)이다. 어린 양께서 경배와 찬양을 받으시는

것의 합당함이 최고조로 강조된다. 이들의 찬양이 합쳐져 어린 양 찬양과
경배의 아름다운 하모니를 이룬다.[6]

    a. 네 생물과 이십사 장로의 엎드림(8절)

        x1. 네 생물과 이십사 장로의 찬양(9-10절)

        x2. 많은 천사들의 찬양(11-12절)

        x3. 모든 피조물의 찬양(13절)

    a′. 네 생물과 이십사 장로의 경배(14절)

번역

6 또 나는 보좌와 네 생물 사이와 장로들 사이에 어린 양이 서 계신 것을 보
았다. 죽임을 당하신 것 같았고 일곱 뿔과 일곱 눈을 가지고 계셨다. 그 눈들
은 모든 땅으로 보냄을 받은 하나님의 일곱 영들이었다. **7** 그가 나아와 보좌
에 앉으신 이의 오른손에서 두루마리를 취하셨다. **8** 두루마리를 취하실 때,
네 생물과 이십사 장로들이 어린 양 앞에 엎드렸다. 그들은 각기 하프와, 성
도들의 기도들인 향으로 가득 찬 금 대접들을 가지고 있었다. **9** 그들이 새 노
래로 노래하며 말하였다. "그분은 두루마리를 받고 그 인들을 떼기에 합당
하십니다. 주는 죽임을 당하셨고, 그 피로 모든 지파, 방언, 백성, 민족 가운
데서 사람들을 사셔서 하나님께 드리셨기 때문입니다. **10** 또 그들을 우리 하
나님께 나라와 제사장들이 되게 하셨습니다. 그래서 그들이 땅에서 왕 노릇
할 것입니다." **11** 또 내가 보고 들었다. 보좌와 생물들과 장로들을 둘러선 많

---

6. 천상적 존재라는 점에서 네 생물(a)과 많은 천사들(a′)에게 공통성이 있듯이, 지상적
    존재 또는 이들을 포함한다는 점에서 이십사 장로(b)와 모든 피조물(b′)이 공통성을
    가질 수 있다.

은 천사들의 음성이 있었다. 그 수는 만만이고 천천이었다. **12** 그들은 큰 음성으로 말하였다. "죽임을 당하신 어린 양은 능력과 부귀와 지혜와 힘과 존귀와 영광과 찬송을 받으시기에 합당하십니다." **13** 또 나는, 모든 피조물, 즉 하늘에 있는 것과 땅 위에 있는 것과 땅 아래 있는 것과 바다 위에 있는 것과 그들 안에 있는 모든 것들이 말하는 것을 들었다. "보좌에 앉으신 이와 어린 양께 찬송과 존귀와 영광과 권능이 영원무궁할 것입니다." **14** 그리고 네 생물들이 말하였다. "아멘." 또 장로들이 엎드려 경배하였다.

주해

6-7절 (요한이 본 어린 양) 이번에는 요한이 어린 양을 보았다('나는 보았다', 6절). 요한은 예수께서 다윗 계열의 사자로 나타나셔서 두루마리를 열고 그 인들을 떼시는 분으로 나타나길 기대하고 있었을 것이다. 그런데 그분이 나타나신 모습이 어린 양 '아르니온'(ἀρνίον)이다(요 1:29).[7] 그분이

---

7. 누가(행 8:32)와 베드로(벧전 1:19)는 '어린 양'을 '암노스'(ἀμνός)로 쓰는데, 계시록 저자 요한은 다른 단어 '아르니온'(ἀρνίον)을 쓴다. 특히 요한복음에서 예수께서 "세상 죄를 지고 가시는 어린 양"이라 할 때, '암노스'를 썼다는 점(요 1:29, 36)에서 요한복음의 저자와 계시록의 저자가 다르다는 주장의 빌미가 되기도 한다(Whale, 290; 참고, Guthrie, 1970: 939; Morris, 29). 그러나 (1) 모국어(히브리어와 아람어)가 아닌 제2 언어(헬라어)를 사용하는 요한에게 부분적으로(그리고 제한적으로) 동의어를 사용하는 것이 이상한 것일 수 있을까? (2) 또 '아르니온'은 신약에서 요한밖에 쓴 저자가 없다. 요한은 계시록(30회) 외에 요 21:15에도 이 단어를 사용한다. 목양해야 할 '어린 양들'(복수)을 가리킨다. 요한복음의 마지막 부분에 쓰인 '아르니온'을 쓰고 시간(대략 10여년 후로 추정)이 지나 계시록을 쓸 때에는 '어린 양이신 그리스도'를 가리키는 용어로 쓴 것은 부자연스러운 것이 아니다. 계시록의 고난받으신 어린 양의 이미지는 목양의 대상(즉, '아르니온')인 당시의 고난받은 성도들과 그 교회들과 깊은 연관이 있기 때문이다. Charles가 계시록의 '아르니온' 29회 사용과 요한복음의 '암노스' 2회 사용을 대조할 때 요한복음(21:15)에서 '아르니온'을 1회 사용한 것을 언급하지 않고 누락한 것에 대해(Charles, xxx), Whale은 강력히 비

어느 순간 보좌 가까이 서 계시는데 그것도 죽임을 당한 것 같은 모습이다. 왜소하고 나약하며 또 피 흘리며 희생된 모습, 그런 어린 양의 모습으로 그리스도께서 나타나셨다(5:6, 9, 12). 다윗 왕조를 상징하는 용맹스러운 사자가 아니라 죽임당하신 어린 양의 모습으로 나타나길 원하셨던 분은 예수 그리스도 그분 자신일 것이다. '이긴 자'가 아니라 '진 자'(고난받은 종, 유월절 어린 양)의 모습으로 나타나신 것이다(사 53:1-10; 출 12:21; 대하 35:1, 6; 고전 5:7).[8] 어린 양('아르니온')인 성도(요 21:15)의 이미지를 스스로 취하신 것이다. 더구나 피흘려 죽임을 당하신 모습 그대로 나타나셨다.

　사실 그의 죽음이 그의 승리다. 메시아적인 정복이다(Boring, 1986: 266-7). 죽음으로 승리를 얻으신 것이다. 사실 용맹스런 사자의 형상이라고 한들, 그분의 능력을 다 드러낼 수 있는 이미지가 아니다. 하나님의 아들은 죽임당하신 어린 양의 모습을 스스로 취하신 것이다. 그렇게 자신을 드러내셨다. 이것이 세상과 교회에 나타내시는 그의 모습이고 또한 그를 따르는 교회의 모습이다(참고, 6:9; 18:24; Kowalski, 55). 교회는 세상적인 힘을 내세우는 집단이 아니다. 오히려 자신을 비움과 낮아짐과 희생으로 참된 섬김을 드러내는 하나님 나라다. 약하고 고난받는 자가 진정 승리하는 자가 되는 것이 하나님 나라의 역설이다. 교회는 강할 때 패배하고 약할 때 승리한다.

　어린 양은 보좌와 네 생물과 이십사 장로 사이에 서 계신다. 현재완료형 분사 '헤스떼꼬스'(ἑστηκός, 서 계신다)는 함께 쓰인 또 다른 현재완료형 분사 '에스파그메논'(ἐσφαγμένον, 죽임을 당하신)과 함께 예수 그리스도에

판한다(Whale, 290-1). '아르니온'에 대한 논의는 Mounce, 1968: 43; Middleton, 70-71을 참고하라.

8.　Mounce는 이것을 '희생을 통한 승리'(victory through sacrifice)라 칭하였다(Mounce, 1977: 144; 참고, Beasley-Murray, 1974b: 280-1).

대해 중요한 의미를 가지게 된다. "죽임을 당하신" 어린 양 예수 그리스도는 그렇게 서 계셨다. 현재완료형이 끝나지 않은 상태나 그 결과를 보여준다면 이 모습은 그리스도의 사역이 끝나지 않고 여전히 지속되고 있음을 암시하고 있다. 그리스도는 순교자의 원형(proto-martyr)이다(Middleton, 97, 130-1). 그리고 고난 속에 있는 교회의 모습을 반영하고 있다.

5장에서 어린 양은 아버지 하나님과 함께 보좌에 앉아 계시지 않는다. 그리스도께서 성부의 오른편에 앉아 계시는 것(엡 1:20)은 하나님과 보좌에 함께 앉으신 것을 뜻한다(계 3:21; 22:1). 그러나 여기서는 보좌에 앉아 계시지 않는다. 보좌와 네 생물 사이, 이십사 장로 사이에 계신다. '엔 메소'(ἐν μέσῳ, 사이에)는 '가운데'(in the middle), '사이에'(in the space between)의 의미다(LSJ, 27860). 따라서 보좌와 네 생물 사이라는 것은 네 생물보다 보좌에 더 가까이 계신 것을 말한다. 7:17에는 "보좌 가운데 계신 어린 양"으로 나타나시는데, '아나 메손'(ἀνὰ μέσον)은 중간/중앙(midway between, center)을 가리킨다(BDAG, 635; L&N, 83.10; Aune, 1997: 351-2). 네 생물이나 이십사 장로보다는 보좌에 가까이 계시면서 거대한 보좌의 중심 부분에 계신다는 뜻이다.

"보좌"(θρόνος)는 계시록에 47회 가량 등장하는데, 그리스도에게 쓰인 예는 단 2차례(22:1, 3) 밖에 없다. 그것도 모든 것이 완성된 다음, 22장(1, 3절)에 가서야 "하나님과 어린 양의 보좌"(보좌가 단수로 쓰인 것은 두 분이 보좌를 공유하신다는 것을 의미함)라는 말이 등장한다. 하나님과 관련된 보좌라는 용어는 1:4; 4:2, 3, 4, 5, 6, 9, 10; 5:1, 6, 7, 11, 13; 6:16; 7:9, 10, 11, 15, 17; 8:3; 11:16; 12:5; 14:3; 16:17; 19:4, 5 등에 반복해 나타난다. 또 이십사 장로의 보좌(4:4), 천년 나라의 성도들의 보좌(20:4)의 용례가 있다. 짐승의 보좌란 말도 13:2; 16:10에 있다. 22장 이전에 그리스도 또는 어린 양의 보좌가 나타나지 않는 이유는 모든 것이 종결되기 전까지 그리스도는 쉬지 않으신다는 뜻일 수 있다. 아버지의 보좌에 함께 앉으셔서 영광을 누리시는 것보다(비교, 3:21) 아버지의 뜻을 수행하는 데 더 헌신하신다. 그래서 그분은 서 계신다(6절). 그리스도의 사역은 계속되고 있다.

또한 어린 양은 일곱 뿔과 일곱 눈을 가진('아르니온'은 중성이나, 특이하게 현재 분사 남성 단수 ἔχων) 분으로 나타나신다. 일곱 뿔은 완전한 권세(전능)를 상징하고(왕상 22:11; 삼하 22:3; 대하 18:10; 참고, 단 8:6-8) 일곱 눈은 모든 것을 보시는 초월적 능력(전지)을 상징한다(슥 4:10; 대하 16:9).[9] 또 일곱 눈은 모든 땅으로 보냄을 받은 하나님의 일곱 영, 즉 성령을 가리킨다. 성령을 일곱 영이라 하는 것은 성령께서 모든 교회(일곱 교회가 대표된다)에 보냄을 받기 때문이다(1:4; 4:5; 5:6). 성령께서 보냄 받지 않은 교회가 없고 보냄 받지 않은 곳이 없다. 어린 양이 일곱 눈을 가지신 것은 예수 그리스도와 성령의 깊은 관계를 나타낸다. 성령은 성부 하나님과 그의 아들 그리스도에게서 나온다(요 15:26; 20:22; 행 2:17-18; 엡 1:17). 일곱 뿔과 일곱 눈을 가지신 어린 양은 신적(완전한) 능력과 신적(완전한) 지식을 가지셨다.[10] 겉은 볼품 없어도 그 속(본질)은 다르다. 이것이 어린 양

---

9. Mathewson은 현재완료형으로 쓰일 때는 새롭고 중요한 담화의 내용을 처음으로 소개할 때 사용하는 경우라는 점을 부각한다(Mathewson, 2008: 74). 예컨대, "봉해져 있었다"(1절)나 "서 계셨다"(6절), "취하였다"(7절)의 경우이다. "완료 시상은 내러티브의 중심이 되는 행동을 강조한다"(Mathewson, 2008: 74).

10. 일곱 뿔을 가진 것을 강력한 '숫양'(ram)의 모습이라고 보고 앞의 '사자'(lion)의 이미지에 연결시키는 Osborne의 견해는 다소 지나친 것 같다(Osborne, 2002: 255-6). 그는 '사자 – 어린 양 – 죽임을 당한 어린 양 – 숫양'의 교차 구성도 제시하였다(Osborne, 2002: 255-6). Aune는 아예 일곱 뿔을 가진 양은 '아르니온'이 아니라 숫양 '아렌'(ἀρήν, ram)을 가리키는 것으로 보아야 한다고 주장한다(Aune, 1997: 323, 367-8). 그러나 헬라어권에서 사역하는 요한이 '아렌'과 '아르니온'의 차이를 몰라 '아르니온'을 쓴 것은 아닐 것이다. 요한이 의도적으로 아르니온을 썼다고 볼 수 있는 이유는 다음과 같다. 첫째, 요한은 일곱 뿔(또 일곱 영)과 관련해서 사자('레온')나 어린 양('아르니온')처럼 다른 용어(예컨대, '아렌')를 쓰지 않는다. 둘째, 아르니

의 신비다.[11]

7절은 어린 양 그리스도께서 보좌에 앉으신 성부 하나님의 오른손에서 두루마리를 받으시는 장면이다.[12] "나아오셨다"(오셨다)와 "취하셨다"(εἴ-ληφεν, 현재완료)가 강조된다.[13] 성부의 보좌에 나아와 그 오른손에서 인봉된 두루마리를 취하실 수 있는 분은 어린 양 성자 그리스도시다. 하나님의 독생자 외에 누가 감히 성부 하나님의 오른손에서 무엇인가를 취할 수 있겠는가?

8절 (네 생물과 이십사 장로의 엎드림) 어린 양께서 하나님의 오른손에서 두루마리를 취하실 때 보좌 주위에 포진하고 있던 네 생물과 이십사 장로들이 그에게 엎드린다(8절). 경배의 행위다. 이들은 본래 보좌에 앉으신 하나님을 경배하는 존재들이다(4:8-11). 성부에 대한 경배에서 성자(어린 양)에 대한 경배로 이어졌다. 이들은 각기 하프(수금, κιθάρα)를[14] 가지고 있

온을 뿔과 연관시킨 표현은 외적(겉 모습)으로 죽임당한 '아르니온'의 약함을 부각하면서, 동시에 내적(실제적)으로 일곱 뿔과 일곱 영을 소유한 능력을 가지셨음을 강조하는 역설적 표현으로 볼 수 있다(참고, Hillyer, 229). 그래서 숫양('아렌')이라 쓰지 않았을 것이다. 그는 계속해서 '아르니온'이라 불리신다(계시록 28회).

11. 계시록에서 성자 그리스도는 주로 어린 양('아르니온') 이미지로 나타나신다. 5장 4회(6, 8, 12, 13절), 6장 2회(1, 16절), 7장 4회(9, 10, 14, 17절), 12장 1회(11절), 13장 1회(8절), 14장 4회(1, 2[x2], 10절), 15장 1회(3절), 17장 2회(14[x2]절), 19장 2회(7, 9절), 21장 5회(9, 14, 22, 23, 27절), 22장 2회(1, 3절)이다. 모두 28회다. 흥미로운 것은 나팔과 대접 재앙 부분(8-9장과 10-11장, 16장)에서 '아르니온'이 보이지 않는다. 또 그리스도의 재림 장면(19:11-21)과 천년 나라(20:1-10)와 최후의 심판(20:11-15)에서 그리스도는 '아르니온'으로 나타나지 않으신다.

12. 물건을 주고받을 때 오른손을 사용하는 것이 헬라-로마의 문화였다. 따라서 하나님의 오른손에 두루마리가 있던 것은 전달의 목적이 있다고 Aune는 생각한다(Aune, 1997: 354).

13. 본문에 처음 나오면서 중요한 개념을 강조하는 경우 현재완료 시상을 쓰는데, 이 단어는 8, 9, 12절에서는 부정과거로 쓰인다(참고, Mathewson, 2008: 72-74; Porter 외, 319-20).

14. 발현악기 '끼싸라'(하프/수금)는 로마 시대에 가장 애용되는 악기였다(Tenney, 53-

는데, 성부와 성자를 찬양하는 일에 음성과 악기를 함께 동원한다. 하나님과 그리스도를 찬양하는 것과 그 안에서 즐거워하는(누리는) 것이 그들의 몫이다.

또 그들이 각기 가지고 있는 것은 금 대접인데[15] 성도들의 기도가 향연(香煙, 또는 향)이 되어 그 안에 가득 담겨 있다. 구약에서 향은 성막과 성전 제사에 필수적인 도구였다(출 30:1-10, 34-38; 37:25-29; 40:26-27; 레 16:12-13; 신 33:10; 대하 13:11; 시 141:2; 말 1:11; 눅 1:10). 계시록에서 향은 하나님께 드려진 성도의 기도를 가리키거나(5:8) 성도의 기도와 함께 드려지는 향이다(8:3, 4). 향이 구약 제사에 필수적인 것이라는 점에서 하나님 예배에 성도의 기도가 중요하다는 사실을 알 수 있다. 대접(φιάλη)은 안이 넓고 얕은 쟁반 또는 접시 같은 것으로 음식이나 음료수를 담을 수 있다(L&N, 6.124). 향연의 금 대접을 가지고 있는 이유는 성도의 기도가 이들을 통해 보좌 앞에 전달될 것이기 때문이다(8:3-4). 이들이 중보자는 아니다. 하늘과 땅에 있는 모든 이들의 대표자로서 이들의 기도를 전달하는 섬김의 역할을 한다. 사방위의 네 생물과 구약 열두 지파, 신약 열두 사도의 이십사 장로에게는 모든 공간, 모든 시간대의 성도의 기도를 모아 보좌에 전달하는 일이 주어졌다.

9-10절 (네 생물과 이십사 장로의 찬양) 9절의 "새 노래"('까이네 오데')는 앞서 하나님께 드린 찬양의 노래(4:8, 11)와 다른 새로운 곡조와 가사를 가리킬 수 있지만(Aune, 1997: 359), 그보다는 새로운 시대에 새로운 마음

---

54). 계시록에는 5:8; 14:2; 15:2에 나온다. '끼싸라'는 시편(LXX)에 11회(시 32:2; 42:4; 46:9; 70:22; 80:3; 91:4 97:5[x2] 107:3; 146:7; 150:3), 이사야서(LXX)에 5회(5:12; 16:11; 23:16; 24:8; 30:32) 등 출현한다.

15. '금 대접'(5:8)과 '금향로'(8:3)는 서로 다른 것을 가리킬 것이다. 둘 다 성도의 기도를 담는다는 공통점을 지니지만, 향로는 또한 진노를 상징하는 '불'을 땅에 쏟는 도구가 되기도 한다(8:5).

426 요한계시록 1:1-6:17 (KECNT 15A)

으로 부르는 새 노래라는 뜻일 것이다. 새 노래로 부르는 찬양은 평행법으로 쓰여진 시편 33:2-3, "수금으로 여호와께 감사하고 열 줄 비파로 찬송할지어다. 새 노래로 그를 노래하며 즐거운 소리로 아름답게 연주할지어다"(개역개정)를 실현한다(또한 시 40:3; 96:1; 98:1; 144:9; 149:1; 사 42:10). 여기서 "새 노래"는 "즐거운 소리"와 병행된다. 그것은 마음이 깃든 노래를 의미할 것이다. 구원받은 이들이 부르는 새 노래는 14:3에 나온다. 노래 내용의 초점은 어린 양께서 봉인된 인들을 떼기에 합당하시다는 것이다. 천사의 질문, "누가 합당한가?"('띠스 악시오스', 5:2)에 대한 답변이다.

9절에서 어린 양께서 인을 떼기에 '합당하신' 이유가 세 가지로 말해진다. 첫째, 그가 죽으셨기 때문이다. '죽이다', '살해하다'의 뜻을 가진 동사 '스파조'(σφάζω)가 수동태로 쓰여 '죽임을 당하다'가 되는데, 계시록에서 죽임당한 어린 양을 반복해서 묘사하는 중요한 용어가 된다(5:6, 9, 12; 13:8). 9절에 나오는 '죽임을 당하였다'(ἐσφάγης)는 표현은 또한 죽임을 당한 성도들을 묘사할 때도 사용된다(6:9; 18:24). 이들은 죽임당한 어린 양을 따라 죽임을 당한 영혼들이다. 어린 양 자신이 죽지 않고 다른 이들을 살릴 수 없고 그 죽으심 없이 승리하실 수 없다(롬 5:8, 10; 고후 5:15; 빌 3:10). 이러한 그의 죽으심이 그분이 인을 떼기에 '합당한' 이유가 된다. 그의 죽으심이 강하게 부각된다.

둘째, 죽음의 피로 많은 사람들을 사셨다. 자신의 핏값으로 그들을 사셔서 하나님께 드리셨기 때문이다(마 26:28; 막 14:24; 엡 1:7; 히 9:12; 계 1:5; 5:9; 7:14; 12:11). 속량된 이들이 하나님의 백성이 되었다. 그래서 인들을 떼시기에 합당하신 것이다. 어린 양이 자신을 내주어 십자가에서 죽으심으로 사신 많은 이들을 가리키는 말은 "다양한 지파, 방언, 백성, 민족에서 나온 이들"(ἐκ πάσης φυλῆς καὶ γλώσσης καὶ λαοῦ καὶ ἔθνους)이다(참조, LXX 단 3:4, "민족, 지역(지방), 백성, 방언", ἔθνη καὶ χῶραι λαοὶ καὶ

γλῶσσαι). 온 세상에서 어떤 차별 없이 부름을 받은 이들이다(LXX 단 3:4
과 계 5:9의 차이는 '지역/지방' 대신에 '지파'가 들어간 것이다). 많은 이들
의 죄값을 지불하고 속량하시고 그 결과 죄와 죽음에서 건져내셔서, 하나
님의 사람들이 되게 하신, 큰 구원의 사역을 이루신 어린 양만이 두루마리
를 봉인한 인을 떼셔서 하나님의 계시를 펼치실 자격이 있었다.

셋째, 결국 속량된 이들을 하나님께서 나라와 제사장이 되게 하셨기 때
문이다(10절; 1:6 참고). 나라와 제사장이 되게 하셨다는 것은 그들이 하나
님 나라(하나님께서 다스리시는 나라, 백성, 영역)가 되고 더 나아가 다른
이들을 하나님께로 이끄는 제사장적 사역을 하게 하셨다는 뜻이다(참고,
벧전 2:5, 9).[16] 그들이 땅에서 왕 노릇할 것이라는 말씀이 미래적으로 사용
된다(βασιλεύσουσιν; 참고, 단 7:18, 22, 27).[17] 본래 왕 노릇은 왕이신 하나님

---

16. 5:10의 "제사장(들)"(ἱερεῖς)은 제사장(ἱερεύς)의 복수다. 성도의 제사장 됨을 가리키
　　는 1:6; 5:10; 20:6에서 모두 복수로 쓰인다. 성도의 제사장 됨이라는 정체성을 부각
　　한다. 반면에 동일하게 '제사장'으로 번역되는 벧전 2:5, 9(또한 LXX 출 19:6)의 '히
　　에라튜마'(ἱεράτευμα)는 '제사장직'(priesthood) 또는 그 역할에 초점을 두는 용어다.
　　또 계 5:10의 "나라"는 '바실레이아'(βασιλεία)고 벧전 2:9의 "나라"는 '에쓰노
　　스'(ἔθνος)다. 전자는 (주권적) 나라를 가리키는 말이고 후자는 민족(종족)을 뜻한다.
　　계시록에서 '나라'는 세상 나라와 대별되는 하나님 나라임을 가리킨다면 베드로전
　　서에서 '나라'는 특별한 민족('거룩한 종족')이 되었다는 점을 부각하는 것이라 말할
　　수 있다.
17. 현재형 '왕 노릇하다'(βασιλεύουσιν)인지 미래형 '왕 노릇할 것이다'(βασιλεύσουσιν)
　　인지 사본상의 논란이 있다. 알렉산드리아 코덱스(Codex Alexandrinus, A)는 전자
　　(현재형)를 취하지만, NA[28]은 시내산 코덱스(Codex Sinaiticus, ℵ)에 기초하여 후자
　　(미래형)가 더 정확한 것으로 본다. Beale은 현재형('바실류우신')이 적합하다고 주
　　장한다(Beale, 1999: 362-4). 상징적 해석을 선호하는 그는 미래의 왕 노릇이 아니라,
　　현재의 왕 노릇이 문맥에 부합한다고 본다. 그러나 현재형이 원본이라고 본다면, 왕
　　노릇은 구원받은 인류를 대표하여 보좌에 앉아 있는 이십사 장로와 관련이 있을 것
　　이다. 그들이 그들의 보좌에 앉아 있는 것 자체가 성도들을 대표하여 하나님의 왕권
　　에 참여하고 있는 것이기 때문이다. 하늘에서 왕권에 참여하는 것은 지상의 성도들
　　이 왕 노릇하는 것과 관련이 있다. Osborne은 알렉산드리아 사본을 따라 현재형을

의 몫이다(다스리신다, 11:15, 17; 19:6). 성도들과 관련하여서는, 계시록에서는 천년기 때와 새 예루살렘의 때에 왕 노릇하게 되는 장면이 각각 나온다(20:4, 6; 22:5). 미래, 이들이 왕같이 다스릴 것이라는 약속이다(참고, 2:26). 그런데 '땅에서' 왕 노릇하는 것이 미래적인 것이라면 천년기의 왕 노릇이라 할 수 있다(20:4, 6). 천년기(20:1-10)는 옛 하늘과 옛 땅이 사라지기(21:11) 전, 또한 새 하늘과 새 땅(신천신지)이 나타나기 전의 시기다. 신천신지에서 이뤄질 새 예루살렘에서의 일('왕 노릇', 21:24; 22:5)은 "땅에서"의 왕 노릇이라 하기에는 논란이 있을 수 있다. 그런데 이 모든 것이 어린 양이 이루신(또 이루실) 일이다(10절).

11-12절 (많은 천사들의 찬양) 이번에 요한이 보고 또 듣게 된 것("또 내가 보고 들었다")은 많은 천사들의 소리였다(11절). 이들 천사들은 하나님 보좌와 생물들과 장로들을 둘러서 있다. 그들의 수가 만만(1억)이고 천천(1백만)이라 하였는데 이는 그만큼 많은 수라는 뜻이다(참고, 단 7:10, 천천과 만만). 주님은 그를 잡으러 온 무리에게 그의 아버지께 구하여 열두 군단이 넘는 천사들을 보내게 할 수 있다고 하신 바 있다(마 26:53). 로마군 열두 군단은 대략 5만 명이 넘는 규모다. 만만, 천천은 하늘에 있는 천사들의 합일 수도 있겠다. 웅장하고 장엄한 장면이다. 헤아리기 어려운 수많은 천사들이 함께 큰 소리로 외쳐 부른다. 네 생물과 이십사 장로의 찬양에 이은 두 번째 찬양이다. 어린 양에 대한 찬양을 이어 부른다.

많은 수의 천사가 함께 큰 음성으로 찬양한다(12절). 내용의 초점이 비슷하다. '어린 양께서 합당하시다'는 것이다(9절 비교). 이번에는 인을 떼는 것에 대한 것이 아니다. 하나님께서 받으셔야 할 것을 어린 양도 받으시기

원본문으로 보면서도 그 의미는 미래적이라고(즉 미래적 현재형으로) 본다(Osborne, 2002: 268). Mounce 또한 이 부분을 미래의 약속으로 본다(Mounce, 1977: 149).

에 합당하다는 내용이다. 그 말은 죽임당하신 어린 양이 하나님이 되신다
는 고백이다. 마땅히 하나님만이 취하셔야 할 일곱 가지, 즉 능력(파워, '뒤
나미스'; 4:11; 7:12; 11:17; 12:10; 15:8; 19:1)과 부귀(부요, '쁠루또스'; 비교,
18:17)와 지혜(앎, '소피아'; 7:12)와 힘(강력, '이스퀴스'; 7:12)과 존귀(가치,
'띠메'; 4:9-10; 5:13; 7:12)와 영광(신성, '독사'; 1:6; 4:9, 11; 5:13; 7:12; 15:8;
19:1, 7; 21:11, 23)과 찬송(복됨, '율로기아'; 5:13; 7:12)을 어린 양께서도 받
으시기(취하시기)에 합당하다는 고백의 찬송이다. 앞의 네 가지(능력, 부
귀, 지혜, 힘)는 그리스도의 신적 속성이고 뒤의 세 가지(존귀, 영광, 찬송)
는 그에 합당한 경배의 내용이라 할 수 있다(Osborne, 2002: 262).

7:12의 하나님 찬양 역시 일곱 가지의 찬양이지만 순서가 바뀌고(찬송,
영광, 지혜, 감사, 존귀, 능력, 힘의 순), 부귀('쁠루또스') 대신에 감사('유카
리스띠아')가 들어간다. 계시록에서 일곱 가지 찬양은 찬양 드릴 수 있는 최
고의 것이라 할 수 있다. 완전하신 하나님께 드릴 수 있는 완전한 찬양이다.
오직 성부와 성자만이 받으시기에 합당하시다. 하나님께 드려지는 이런 찬
양의 유형은 다윗의 찬양(대상 29:11, 위대하심과 권능과 영광과 승리와 위
엄, 그리고 주권), 다니엘의 찬양(단 2:20, 지혜와 능력)에 나타난다. 또 주
하나님께 "영광과 능력을 돌리라"는 시편 29:1도 그러한 찬양의 유형이다
(또한 시 22:23; 29:2; 86:9; 96:7-8; 사 42:12; 렘 13:16; 대상 16:24, 28-29).
이러한 찬양의 유형은 계시록에서 자주 나타나는 형태의 찬양이다(4:11;
5:12-13; 7:10, 12; 11:15, 17).

13-14절 (모든 피조물의 찬양) 요한에게 세 번째 찬양이 들렸다(13절).
이번에는 모든 피조물이 드리는 찬양이다(참고, 빌 2:9-11; 사 45:23).[18] "하

---

18. 현재분사 중성 복수(λέγοντα, 말하기를)가 와야 할 곳에 남성 복수 '레곤따
스'(λέγοντας)가 온다. Thomas와 Beale는 앞의 복수의 주어(τὰ ... πάντα)를 인격화한
이유 때문으로 본다(R. Thomas, 1992: 407, 각주 102; Beale, 1999: 366). 반면에

늘에 있는 것과 땅 위에 있는 것, 그리고 땅 아래 있는 것과 바다 위에 있는 것"은 모든 공간에 있는 존재를 망라한다. 따라서 피조물 가운데 제외되는 존재가 하나도 없다. 모든 피조물이 일치하여 보좌에 앉으신 성부 하나님과 어린 양 성자 하나님께 찬양을 드린다. 12절의 일곱 가지 내용이 여기서는 네 개, 찬송(찬양)과 존귀(가치)와 영광과 권능(12절의 능력과 힘의 유사어)으로 요약된다. 여기에 "영원무궁히"(영원의 영원까지)라는 말이 더해진다. 하나님 되시는 성부와 성자는 동일하게 찬양의 대상이 되신다. 이에 견줄 수 있는 존재는 천상천하에 아무도 없다. 그 어떤 존재와도 격이 다르다. 그 앞에 요한은 단지 예배자일 뿐이다. 계시를 받는 자(요한)나 계시를 전달하는 자(천사)는 모두 경배 받으실 하나님 앞에 부복해야 할 종에 불과하다. 천상의 네 생물이나 지상 대표자 이십사 장로나, 많은 천사들, 그리고 모든 피조물은 다 예배자일 뿐이다.

모든 피조물의 찬양과 경배에 천상적 존재들을 대표하는 네 생물이 아멘으로 화답한다(14절). 그러자 지상적 영혼들을 대표하는 이십사 장로들이 화답하여 엎드려 경배한다. 성부와 성자는 찬양 받으시기에 합당하실 뿐 아니라 경배 받으시기에도 합당하시기 때문이다. 하나님에 대한 찬양이 불려질 때 할 일이 있다면 모두 함께 온 마음을 다해 하나님께 경배하는 것이다. 이렇게 찬양과 경배가 마쳐졌다. 4:8-11에서 시작된 하늘의 경배와 찬양이 여기서 마무리된다.

5장에서 어린 양에 대한 찬양이 2회(9-10절, 12절) 나타나고 성부와 어린 양에 대한 공동 찬양이 1회(13절) 나타난다. 4장에서 성부에 대한 찬양이 2회(8-9절, 10-11절)이었으므로 4-5장을 함께 보면, 성부에 대한 찬양 2회, 어린 양에 대한 찬양 2회, 공동 찬양 1회로 균형이 맞춰진다. 이는 성부

Aune은 필사자의 실수로 본다(Aune, 1997: 326).

에 대한 찬양 못지않게 어린 양에 대한 찬양도 비중 있게 불렸다는 뜻이다. 성부 하나님의 신성에 대한 찬양과 비등하게 성자 어린 양에 대한 찬양이 이뤄지고 있다. 성부의 찬양이 먼저고 어린 양의 찬양이 뒤따른다. 어린 양의 신적 특성이 강조되는 장면이다. 오직 성부와 성자만이 경배와 찬양의 대상이시다. 계시의 수종자 천사나 계시의 전달자 요한이라도 높임의 대상이 아니다. "형제들과 같이(함께) 된 종"들일 뿐이다(19:10; 22:8-9).

4장과 5장의 찬양을 분류해 보면 다음과 같다. 비슷한 점과 차이를 함께 발견하게 된다.

대상	찬양단	하나님/그리스도(근거)	경배/찬양 내용
1. 하나님	네 생물(4:8-9)	주 하나님, 전능하신 분, 언제나 계시는 분	거룩송(뜨리사기온); 영광과 존귀와 감사를 드림
2. 하나님	이십사 장로 (4:10-11)	보좌에 앉으신 분; 영원히 사시는 이; 주 하나님; 만물의 창조자와 주관자	영광과 존귀와 능력을 받으시는 것이 합당하심
3. 어린 양	네 생물과 이십사 장로(5:8-10)	많은 이들을 피로 사셔서 하나님께 드리시고 나라와 제사장이 되게 하심; 죽임당하신 어린 양	두루마리를 받고 인들을 떼기에 합당하심
4. 어린 양	많은 천사들 (5:11-12)	죽임당하신 어린 양	능력과 부귀와 지혜와 힘과 존귀와 영광과 찬송을 받으시기에 합당하심
5. 하나님과 어린 양	모든 피조물 (5:13-14)	보좌에 앉으신 이와 어린 양	찬송과 존귀와 영광과 권능이 영원무궁할 것임

해설

5장에서 하나님의 아들 예수 그리스도는 용맹한 사자(5절)와 죽임을 당한 어린 양(6-8, 12-13절)의 이미지를 동시에 가지고 계신다. 그런데 그리스도는 정작 사자가 아닌 어린 양의 모습을 가지고 출현하신다(29회 중 13:11

을 제외한 28회).[19] 그리스도는 계시록에서 사자의 모습을 가지고 나타나신 예가 없다. 왜 그럴까? 사자로 출현하지 않으시는 이유는 무엇일까? 어린 양의 역설이 여기에 있다.

첫째, 그리스도 자신이 어린 양으로 나타나시길 원하신다. 자기 자신을 사람들 앞에 드러내는 것을 좋아하시지 않는다. 그분의 성향이다. 칭송을 받을 때 오히려 자신을 숨기시는 그리스도의 사역 방식이다(예, 요 6:15). 약한 형상의 모습으로 강한 실상을 감추신다. 보이는 것이 다가 아니기 때문이다. 보이는 것에 굴복하는 세상에 대한 반동(反動)이자 변혁(變革)이다.

둘째, 어린 양의 약했던 모습(십자가의 고난과 죽으심)을 세상은 기억한다. 세상도 그의 약함을 본 적이 있다. 그래서 강하다 생각하지 않을 수 있다. 그래도 개의치 않으시는 것이다. 세상은 그리스도와 교회의 강함을 알지 못한다. 세상은 사자의 모습은 보지 못하고, 어린 양의 모습만 보게 될 것이다. 도대체 어린 양이 무엇을 할 수 있는지 알지 못할 것이다. 사자라면 사람들이 무엇인가 기대할 만해 보이지만, 고난당하신 어린 양에 대해서는 세상의 기대가 없는 것은 당연하다. 사람들이 기대하지 않을 때 어린 양의 역사가 일어난다.

셋째, 그러나 그리스도는 그의 백성을 위해 죽으신 어린 양이시다(요 1:29, 36; 계 1:5; 5:9-10; 6:10; 7:14 등). 그래서 그를 믿는 자들을 이기게 하신다(계 12:11; 15:2; 17:14). 그의 고난과 죽으심은 그의 백성을 구원하기 위한 것이다. 그의 약해지심은 교회와 성도의 강함이 된다(사 53:4-6). 자신을 드려 핏값으로 교회를 사신 어린 양의 본은 교회와 성도의 길이다. 교회와 성도는 어린 양의 길을 따라가야 한다. 지는 길, 죽는 길이라도 따라야

---

19. 계시록에서 어린 양의 호칭은 28회인 반면, 예수 그리스도는 7회, 그리스도만은 4회 쓰인다(Guthrie, 1981: 64).

한다. 그 길이 생명의 길이다.

　　넷째, 약한 어린 양이 실상은 사자보다 강한 자임을 역설적으로 드러내신다. 겉의 약함이 실제(본질)의 강함이다. 반면에 용으로 등장하는 사탄(12-13, 17-18, 19-20장)은 겉모습이 훨씬 강해 보인다. 그러나 끝내 이기는 주체는 약해 보이는 어린 양이시다. 용은 결국 패배한다. 이것이 어린 양의 역설(paradox of lamb)이다. 교회는 어린 양의 역설을 깨달아야 한다. 약해 보이나 오히려 강한 본질을 알아야 한다. 세상은 약하게 보지만 실제로는 그 무엇보다 강하신 어린 양의 역설은 세상을 향한 교회의 역설이 되어야 한다. 지는 것이 이기는 것이다. 세상에서의 승리가 아니라 어린 양의 승리를 추구해야 한다.

　　다섯째, 놀랍게도 어린 양의 모습이 거의 끝까지(21장) 지속된다는 점에 주목해야 한다. 중간에 그리스도는 구름을 타신 인자의 모습(14:14-16)과 백마를 타신 승리자와 전능자의 모습으로 나타나시지만(19장), 그의 어린 양 이미지는 새 하늘과 새 땅, 새 예루살렘에서도 계속된다. 어린 양의 모습은 적어도 계시록에서는 그리스도의 이미지 가운데 가장 중요한 것이다(Middleton, 8-9). 죽임당하신 어린 양의 심상을 우리 교회는 가슴 깊이 새겨야 한다.

제12장
요한계시록 6:1-17
일곱 인(첫째-여섯째 인)

5장과 6장은 떼놓기 어렵다. 5장의 어린 양 출현의 목적이 인봉된 두루마리의 인들을 떼는 것이기 때문이다. 5장에 나타나신 어린 양은 두루마리를 취하신 후, 6장에서 하나씩 인을 떼고 두루마리를 펴신다. 일곱 인의 역사가 하나씩 진행된다.

6장에서 어린 양께서 여섯 인을 하나씩 떼실 때 여섯 인의 재앙이 시작된다. 네 인을 떼실 때 각각 다른 색깔의 말과 그 위에 탄 자들이 등장한다. 네 인의 경우들에는 내용이 서로 중복되는 부분이 있다. 반면에 다섯째 인과 여섯째 인은 형식과 내용이 앞의 네 인들의 경우와 다르다. 또한 다섯째 인과 여섯째 인은 분량이 그 앞의 네 인들보다 많다. 그리고 일곱째 인은 8장에 가서야 나타난다. 이런 점에서 일곱 인들을 떼는 내용은 넷 + 둘 + 하나의 진행 형식을 갖춘다.[1] 그런데 앞의 네 인은 4-5장의 네 생물과 연관된

---

1. Osborne은 인과 나팔과 대접 재앙이 4 + 3의 패턴을 가지고 있다고 주장하는데 (Osborne, 2002: 305), 정확한 파악이 아니다. 인 재앙과 나팔 재앙은 기본적으로 4 + 2 + 1의 구조다. 마지막 일곱째 재앙이 별도로(다른 패턴으로) 배치되어 있다. 그러나 대접 재앙은 5 + 2 또는 3 + 2 + 2다(계시록 16장의 일곱 대접 구조를 보라).

다. 이것이 4-5장과 6장의 또 하나의 연결점이다. 하나의 인이 떼이면 하나의 생명이 "오라"하고 이때 하나의 말과 그 위에 탄 기수가 나타난다.

A. 요한이 본 장면들 1 – 네 인(1-8절)[2]

(1) a1. 첫째 인: 흰 말과 그 위에 탄 자(1-2절)

(2) a2. 둘째 인: 붉은 말과 그 위에 탄 자(3-4절)

(3) a3. 셋째 인: 검은 말과 그 위에 탄 자(5-6절)

(4) a4. 넷째 인: 회녹색 말과 그 위에 탄 자(7-8절)

A′. 요한이 본 장면들 2 – 두 인(9-17절)

(5) b1. 다섯째 인: 순교자들(9-11절)

(6) b2. 여섯째 인: 천지격변(12-17절)

일곱 인의 재앙에서, '인'(σφραγίς)에는 그 내용을 닫는 것과 다시 그것을 여는 의미가 있다. 인봉되어 있을 때는 종말의 재앙이 일어나지 않는다. 그러나 인을 떼자마자 종말적 재앙이 시작된다. 인을 하나씩 뗄 때마다 재

---

2. "그리고 나는 보았다"(καὶ εἶδον)가 소단락 구분의 표식이 될 수 있는지 여부를 결정하는 것은 쉽지 않다. 6장에서 '까이 에이돈'은 5회(1, 2, 5, 8, 12절) 나오는데, 첫째 인에서 2회(1, 2절), 셋째 인에서 1회(5절), 넷째 인에서 2회(8절), 그리고 여섯째 인에서 1회(12절)다. '까이 에이돈' 대신 '에이돈'(나는 보았다)만 나오는 곳은 9절로서 다섯째 인에 대한 것이다. 그러면 왜 첫째 인 부분에서 2회 나타난 것일까? 또 둘째 인에서 '까이 에이돈'이나 '에이돈'이 나타나지 않는 이유는 무엇일까? 둘째 인 부분에서(3절) '에이돈' 대신에 '에꾸사'(ἤκουσα, 나는 들었다)가 쓰였을 수 있다. 그러면 '에꾸사'가 첫째 인(1절)과 셋째 인(5, 6절[2회]), 넷째 인(7절)에도 나오는 것을 어떻게 설명할 수 있을까? 이런 문제는 '까이 에이돈' 또는 '에이돈'이 소단락의 기계적 구별을 위해 쓰인 문학적 장치가 아니란 점을 보여준다. 이 표현이 단락 구분을 위한 목적으로 쓰일 때도 있지만, 그렇지 않을 때도 적지 않다는 점에 주목해야 한다. 특히 '에이돈'(나는 보았다)과 '에꾸사'(나는 들었다)는 요한 증언(체험)의 실재성과 계시의 생생함(또는 시각화)을 위해 등장하는 용어로 보아야 한다.

앙적 실현이 본격화된다. 일곱 인이 떼어지며 시작되는 재앙은 세상을 흔들어 놓기 시작한다. 세상은 결코 평탄하게 끝나지 않을 것이다. 종말이 다가오기 때문이다.

인의 재앙에는 상당 부분 마태복음 24장의 예수 그리스도 자신의 종말 담화의 내용과 유사한 것이 많다. 주님은 종말의 징조에 대해 말씀하셨다. 마태복음 24장의 말씀과 계시록 6장의 인의 내용을 비교하면 다음과 같다 (좀 더 상세한 분석은 김상훈, 2016: 33-53을 참고하라).

계 6장	마 24장(개역개정)
첫째 인 - 승리	전쟁: "난리와 난리 소문을 듣겠으나 너희는 삼가 두려워하지 말라. 이런 일이 있어야 하되 아직 끝은 아니니라."(6절), "민족이 민족을, 나라가 나라를 대적하여 일어나겠고"(7절)
둘째 인 - 전쟁	전쟁: "난리와 난리 소문을 듣겠으나 너희는 삼가 두려워하지 말라. 이런 일이 있어야 하되 아직 끝은 아니니라."(6절), "민족이 민족을, 나라가 나라를 대적하여 일어나겠고"(7절)
셋째 인 - 기근	기근: "곳곳에 기근과 지진이 있으리니"(7절)
넷째 인 - 죽음	환난: "이 모든 것은 재난의 시작이니라"(8절), "이는 그때에 큰 환난이 있겠음이라."(21절)
다섯째 인 - 순교자	신앙의 박해: "그때에 사람들이 너희를 환난에 넘겨 주겠으며 너희를 죽이리니"(9절), "그때에 많은 사람이 실족하게 되어 서로 잡아 주고 서로 미워하겠으며"(10절)
여섯째 인 - 천지격동	지진과 천지격동: "곳곳에 기근과 지진이 있으리니"(7절), "그날 환난 후에 즉시 해가 어두워지며 달이 빛을 내지 아니하며 별들이 하늘에서 떨어지며 하늘의 권능들이 흔들리리라."(29절)

네 개의 인(승리, 전쟁, 기근, 죽음)은 종말의 시작과 함께 진행될 일반적인 재앙(종말의 1차 징조)이라 할 수 있다. 일종의 예비적 단계라 할 수 있다(Ladd, 1972: 96). 다섯째 인과 관련된 순교자 출현은 앞의 네 개의 인과 직접 관련이 있을지, 또는 그 자체로 독립적인 것인지 분명하지 않다. 그런데 여섯째 인의 내용은 앞의 네 개의 인들과는 재앙의 강도가 다른 것 같

다. 그래서 천재지변(天災地變)이 아니라, 천지격동(天地激動)이라 할 수 있다. 이런 재앙은 마태복음 24:29의 내용(종말의 2차 징조)과 흡사하다(참고, 김상훈, 2016: 40-44).

A. 요한계시록 6:1-8 (네 개의 인)

일곱 인 가운데 첫 네 개의 인은 공통점이 있다. 첫째, 모두 다른 색깔의 말과 말 탄 자들이 나온다.[3] 둘째, 모두 네 생물과 관련이 있다. 네 생물이 각기 "오라"(1, 3, 5, 7절) 하고 말한다. 일종의 가이드 역할을 하는 것 같다. 여섯 날개와 많은 눈을 가진 천상의 생물들이 네 개의 인의 재앙에 일정 부분 간여한다는 뜻일까? 셋째, 네 개의 인이 떼질 때 모두 "오라"(ἔρχου)는 현재 명령법 동사가 쓰인다(1, 3, 5, 7절). 계속적(continuous) 의미보다 진행적(progressive) 의미로 이해된다. 이런 명령이 다섯째와 여섯째 인에는 없다. 이같이 여러 가지 점에서 네 개의 인들은 그다음의 인들과 다르게 구별된다.

또 흥미로운 것은 네 마리의 다른 색깔의 말과 관련된 네 개의 인의 재앙 내용이 조금씩 서로 중복된다는 점이다. 첫째의 흰 말의 승리와 둘째의 붉은 말의 전쟁은 서로 중첩되는 부분이 있다. 승리와 전쟁이란 주제 자체가 어느 정도 밀접한 연관성이 있기 때문이다. 넷째의 회녹색(청황색) 말의 죽음은 둘째의 전쟁의 검과 셋째의 기근과 관련이 있다. 이것은 첫째의 흰 말의 승리 부분과도 무관하지 않을 것이다. 네 개의 재앙이 완전히 분리되

---

3. 계시록 6장, 네 개의 인에서 네 말이 등장하는 것을 슥 1:7-17과 6:1-8과 연관 짓는 학자들이 많다(예컨대 Osborne, 2002: 274). 그러나 계시록의 네 말과 스가랴의 네 말의 차이에 좀 더 주목할 필요가 있다. 서론의 "네 말" 항목을 참고하라.

지 않고 다소간 의미 영역이 서로 중첩되고 있는 것 같다. 재앙들이 어느 정
도 중첩된다는 것은 인을 뗄 때마다 하나가 끝난 후 다른 하나가 시작되는
것이 아니라 하나의 인이 진행되고 있는 중에 또 다른 인 재앙이 겹쳐서 진
행된다는 뜻일 수 있다. 그렇다면 넷째 인이 떼인 후에는 네 개의 재앙이 동
시에 진행될 것이라는 뜻이 된다(Beale, 1999: 370-1). 이렇게 네 재앙은 중
복적 성격도 있으나, 또한 진행적 특성을 가진다. 승리를 추구하는 것(첫째
인)이 결과적으로 전쟁의 양상(둘째 인)으로 나타난다. 그 결과 기근(셋째
인)이 뒤따르고, 그 모든 종합적인 결과는 죽음(넷째 인)이다(Osborne,
2002: 274-5). 첫째 인과 넷째 인이 중간의 두 가지 인(또는 네 인 모두)의
'요약'(Beale, 1999: 370, 378)이라고 보기보다는 '시작과 동기'(첫째 인)와
'결과와 종합'(넷째 인)으로 보는 게 낫다.

　네 말에 탄 자들은 각기 도구(수단)를 가지고 있다. 흰 말을 탄 자는 활
과 승리의 관('스떼파노스')을 가졌고(2절), 붉은 말을 탄 자는 큰 칼을 받았
으며(4절), 검은 말을 탄 자는 저울을 가졌고(5절), 청황색 말을 탄 자는 음
부를 이끌고 있다(8절).

번역

1 또 나는 보았다. 어린 양이 일곱 인 가운데 하나를 떼실 때, 네 생물 가운데
하나가 천둥소리같이 "오라" 하는 것을 들었다. **2** 또 나는 보았다. 보라. 흰
말과 그 위에 활을 가지고 탄 자가 있다. 승리의 관이 그에게 주어졌고 그는
이기고 또 이기려고 나갔다. **3** 또 둘째 인을 떼실 때에, 나는 둘째 생물이
"오라" 하는 것을 들었다. **4** 그러자 다른 붉은 말과 그 위에 탄 자가 나갔다.
사람들이 서로 죽이도록 땅에서 평화를 거두는 일이 그에게 주어졌다. 또한
큰 검이 그에게 주어졌다. **5** 또 셋째 인을 떼실 때에, 나는 세 번째 생물이

"오라" 하는 것을 들었다. 나는 보았다. 보라. 검은 말과 손에 저울을 가지고 그 위에 탄 자가 있었다. **6** 또한 나는, 네 생물 가운데서 말하는 음성 같은 것을 들었다. "한 데나리온에 밀 한 되이고 한 데나리온에 보리 석 되이다. 그리고 올리브유와 포도주는 해하지 말라." **7** 또 넷째 인을 떼실 때에, 나는 네 번째 생물이 "오라" 하고 말하는 음성을 들었다. **8** 또 나는 보았다. 보라. 회녹색 말과 그 위에 탄 자가 있었다. 죽음이라는 이름이 그에게 주어졌고 음부(하데스)가 그 뒤를 따랐다. 또 검과 기근과 죽음과 땅의 짐승들로 땅의 사분의 일을 죽이는 권세가 그들에게 주어졌다.

주해

1-2절 (인 떼시는 어린 양과 첫째 인, 흰 말에 탄 자) 요한은 이제 어린 양이 일곱 인을 떼시는 것을 보게 된다(1절). 문장의 첫 시작은 "또(그리고) 내가 보았다"다. 요한이 목격했음을 강조하는 표현이다(1, 2, 5, 8, 12절; 참고, 9절). "나는 보았다"는 표현과 "나는 들었다"(1, 3, 5, 6, 7절)는 표현은 요한의 생생한 목격과 진실한 계시 증언을 확실하게 드러낸다. 요한은 보았고 들었다. 너무도 분명한 그것을 요한은 증언하지 않을 수 없었다. 6장에서 요한이 보고 듣고 한 것은 여섯 인에 대한 것이다.

어린 양이 첫째 인을 떼셨다. 그때 네 생물 가운데 하나가 천둥소리를 냈다. 계시록에서 천둥(우레) 소리는 신적 현현과 함께 천상적 장엄과 연관된다(4:5; 8:5; 10:3-4; 11:19; 14:2; 16:18; 19:6). 천둥소리에는 그 자체로 하늘의 소리라는 선언적 의미가 있다. 네 생물이 하나님의 보좌 앞에서 천상의 역할을 맡았기 때문일 것이다. 한 생물이 "오라"(ἔρχου) 하고 말했다. 일곱 인 가운데 앞의 네 인은 네 생물과 관련이 있다. 네 개의 인 가운데 하나씩 떼어질 때마다 네 생물 가운데 하나씩 "오라"는 말(명령)을 한다. 그 생물들은 하늘에서의 비중(위상)만큼이나 큰 음성을 가졌다. 첫째 생물의 소리만 '천둥소리'로 묘사되고 다른 경우는 음성의 크기에 관한 묘사가 생략되어 있으나, 그들 모두의 음성의 크기는 비슷할 것이다. "오라"는 말과 함께 특정한 색깔의 말과 그 위에 탄 자가 나아온다(2, 4, 5, 8절). "오라" 다음에 나오는 어구인 "그리고 나는 보았다"와 함께 쓰인 "보라"(ἰδού)는 독자의 주의를 환기시키는 역할을 한다(2, 5, 8절). 요한이 본 바에 독자도 동참하도록 이끈다.

첫째 인이 떼어지자, 흰 말과 그 위에 활을 가지고 탄 자가 나타난다(2절). '희다'는 뜻 자체도 승리의 이미지를 가지고 있는데(참고, 2:27; 3:4-5, 18; 6:11; 19:11) 그에게 주어지는 "승리의 관"('스떼파노스')은 더욱 승리의 의미를 강화한다. '승리의 관'이라는 용어에 더하여 두 번 '이기다'("이기고", 현재 분사 νικῶν; 또 "이기려고", 가정법 ἵνα νικήσῃ)를 사용한다. 승리의 의미를 반복, 강조한다.[4] 2절의 "주어졌다"(ἐδόθη)는 하나님께서 그에게 그러한 권한을 주셨다, 또는 그같이 허용하셨다는 뜻이다. 이 표현은 인의 재앙과 관련해서 최소 5회 나타난다(2, 4[x2], 8, 11절). 각각에 고유의 역할이 주어진 것을 묘사한다. 흰 말 위에 탄 자는 이미 승리의 관을 가졌음에도 계속적으로 승리를 추구하는 데 집착한다("이기고 또 이기려고"). 승리에 대한 육체적, 태생적 목마름의 묘사인 듯하다. 다른 이(집단)를 제치고 자신을 앞세우려는 욕망의 모습이 아닐까 한다. 이 때문에 통제와 압제, 군림과 억압, 승리와 패배, 혐오와 다툼을 양산할 것이다. 흰 말을 탄 자가 활을 가지고 있는 것은 그 활로 사람과 집단의 심성에 승리의 열망을 꽂아 놓아 인간의 부패된 승리 욕구를 자극하는 것을 형상화한 이미지일 수 있다.

3-4절 (둘째 인, 붉은 말을 탄 자) 둘째 인이 떼어질 때, 둘째 생물이 "오

---

4. Beale의 지적대로 동사의 반복을 통해 동사의 의미를 강조하는 히브리식 용법('철저하게 이겼다/이기려고')일 수 있다(Beale, 1999: 378).

라" 했다(3절). 이 음성 역시 천둥소리 같았을 것이다. 네 개의 인이 떼어질 때마다 하늘의 생물이 각기 음성을 내서 "오라"고 하는데 요한은 그 음성을 듣고 새로운 장면들을 목도하게 된다.

이번에는 붉은 말과 그 위에 탄 자가 나가는 것을 보게 된다(4절). "붉은"(πυρρός)은 '불'(πῦρ, fire)에서 나온 단어이다. 불타는(불타오르는, '불같이 붉은', VGNT, 3718), 새빨간(L&N, 79.31, fiery red) 색깔이다. 이 불은 전쟁의 타오르는 불과 관련이 있을 것이다. '붉은'은 계시록에서 두 번 사용되는데, 다른 한 번은 '붉은' 용의 색깔이다(12:3). 붉은 말을 탄 자에게 주어지는 것들이 있다. "주어졌다"('에도쎄')에 두 가지 내용이 연관된다. 첫째는 땅에서 평화를 취하여 서로 죽이게 되는 것이다. 붉은 말 위에 탄 자의 권한은 땅에서 평화를 취하는(제거하는) 것이다. 그리고 평화를 가져가면 남는 것은 불화와 다툼과 전쟁이다. 따라서 평화를 취하는 것과 서로 죽이는 것은 유사 내용의 반복적 표현이라 할 수 있다. 또 하나의 "주어졌다"는 동사는 전쟁을 상징화하는 큰 검에 쓰였다("큰 검이 그에게 주어졌다"). "큰 검"(μάχαιρα μεγάλη)은 상대를 해하는 강력한 병기다. 이러한 병기를 가진 모습은 땅의 전쟁, 즉 사람들이 서로에게 칼을 겨누고 싸우게 될 것을 말해준다. 민족이 민족을, 나라가 나라를 대적할 것이다(마 24:7; 막 13:8; 눅 21:10). 재난의 시작이다(마 24:8; 막 13:8).[5] 이런 재난이 계속 진행될 것이다.

5-6절 (셋째 인, 검은 말을 탄 자) 셋째 인이 떼어질 때, 다시 세 번째 생

---

5. Osborne은 이러한 전쟁의 특성이 내전(civil war)이라고 주장하는데 그럴 필요도 그럴 근거도 부족하다(Osborne, 2002: 278-9). 반면에 Beale은 이러한 전쟁의 모습을 박해로 규정한다(Beale, 1999: 379-80). 그러나 '죽이다'의 의미를 성도의 박해로 국한할 필요는 없다. 일반적인 전쟁의 용어로 보는 것이 자연스럽다. '죽다'는 죽임당하신 어린 양(5:6, 9, 12; 13:8)과 순교한 성도(6:9; 18:24)에게만 쓰인 용어가 아니다(예, 짐승의 경우, 13:3).

물이 "오라"라고 말한다(5절). 각 인이 떼질 때마다 네 생물이 돌아가며 "오라"라고 말하고 있다. 이번에는 검은 말과 그 말 위에 탄 자가 나온다. 흑색(검정)은 비참한 난관과 비애를 나타내기에 적합한 색이다. 그 말 위에 탄 자가 손에 저울을 가지고 있다. 저울로는 곡물의 무게를 측량한다. 곡물의 무게를 재서 긴축적으로 공급해야 하는 결핍의 상황을 가리킬 것이다 (예, 레 26:26). "네 생물 가운데서 나서 말하는 소리"는 네 생물 중 하나의 소리일 수도 있고 하나님의 보좌로부터 직접 나오는 소리(16:17; 19:5; 21:3)일 수도 있다. 후자의 경우는 특히 만사가 하나님의 통제 아래 진행되고 있음을 재삼 알려주는 것이 된다.

이번에는 "나는 보았다"('에이돈', 5절)뿐 아니라 "나는 들었다"('에꾸사')를 더욱 부각한다(5, 6절). 요한은 말하는 소리를 들었다. 그가 들은 것은 "한 데나리온에 밀 한 되, 그리고 또 한 데나리온에 보리 석 되"라는 말이다(6절). 밀과 보리는 지중해 지역의 주식이다. 한 데나리온(로마 은전)은 노동자 하루 품삯의 돈이다. 하루 종일 일하면 밀 한 되('코이닉스'는 1리터 조금 넘는 양) 또는 보리 석 되를 살 수 있게 된다는 말이다. 이러한 밀의 가격은 요한 시대의 로마 물가의 8배 가량되고, 이러한 보리 가격은 로마 물가의 5-6배 가량되는 가격이다(Aune, 1998a: 397; Beale, 1999: 381). 한 사람이 하루에 먹는 양이 밀 한 되라면 하루 종일 일해 자신이 먹을 밀만 달랑 살 수 있는 상황이다. 그만큼 살기가 어려워진다는 뜻이다. 그런데 밀에 비해 보리는 좀 더 저렴한 곡물이다. 석 되를 구할 수 있다. 그래도 가족이 사는 데는 부족하다. 반면에 올리브유와 포도주(지중해성 기후의 주요 기호 작물의 소산)는 해하지 말라고 했는데, 두 가지는 직접적인 양식(주식)을 위한 곡물에 해당되지 않는다. 보조 또는 기호 식품이다. 기근의 때에는 가난한 이들이 이 식품들을 사서 누릴 여력이 없을 것이다.

셋째 인은 기근의 재앙이지만, 그래도 극심한 기근은 아닌 것 같다. 첫째, 기본 주식(밀과 보리)은 해결되는 것 같다. 둘째, 타격을 받지 않은 소산 (올리브유와 포도주 등)도 있다. 셋째, 물론 전 가족을 돌보는 데는 난관이 있을 것이다. 넷째, 전쟁(둘째 인)의 폐해가 기근으로 나타날 수 있다. 그러나 전쟁에 국한해서 볼 필요는 없다. 간헐적, 국지적, 시대적 기근과 곤경은 어느 때나 있기 때문이다. 다섯째, 이러한 때에 있을 사회적, 육체적 약자들의 난관을 예상할 수 있다. 가난한 이들은 계속 난관과 결핍으로 힘들 수 있다. 광범위한 기근과 절대절명의 기근은 아니지만 식량 자원의 상대적인 결핍이 지역, 집단에 따라 적지 않게 나타날 수 있다. 절대적인 고갈이 아닐 수 있어도 제한된 식량 자원으로 인한 빈익빈 부익부 현상이 심화될 수 있다. 특히 지속적인 기근 현상은 열악한 지역에서는 더욱 퍽퍽한 고난의 삶으로 귀결될 것이다.

7-8절 (넷째 인, 회녹색 말을 탄 자) 넷째 인이 떼어질 때 요한은 네 번째 생물이 "오라"하는 말을 듣는다(7절). 네 인 가운데 마지막 것이다. 이렇게 하여 네 생물과 관련된 네 인의 재앙은 마무리가 될 것이다.

이번에는 회녹색(청황색) 말과 그 위에 탄 자를 보았다(8절). "회녹색"(χλωρός)은 죽음의 색깔로 나타난다.[6] 사람이 죽으면, 시신의 피부가 누렇고 푸르스름하게 되는데, 이 색깔이 회녹색(청황색)과 비슷할 것이다. 죽음의 색이다. 그 말을 탄 자에게 죽음(사망)이라는 이름이 주어진다. 음부(하데스)가 그 뒤를 따른다고 하는데 음부(저승)는 죽은 후에 사람이 가는 곳(공간)이다. 음부가 죽음의 뒤를 따르는 모습은 후에 재림하시는 그리스도(19:11) 뒤에 그의 군대가 뒤따르는 모습(19:14)과 비슷한 것 같다. 그리

---

6. '회녹색'(χλωρός)은 계시록에 세 번(6:8; 8:7; 9:4) 쓰인다. 8:7과 9:4 모두 '푸른 (풀)'을 가리킬 때 쓰인다. 이 색깔은 파란색 또는 녹색을 가리키는 말이기 보다는 노르스름하면서 녹색빛을 띈(greenish-yellow) 색깔을 가리킬 것이다. 이제 갓 자라난 풀의 색깔(light green)을 의미하거나, 죽은 시체의 색깔(pale greenish gray)을 표시할 때 쓴다(L&N, 79.34-35).

스도와 그의 군대가 함께하듯, 죽음과 음부는 함께 한다.[7] 둘은 동반자이고 죽음이 갈 때 음부가 따라가며 음부는 죽은 자를 삼키는 것 같다(Beasley-Murray, 1974a: 134). 토마스는 음부가 죽음을 따라가는 모습이 죽음의 희생자들(죽은 자들)을 억류(구금)한 장례차가 뒤따르는 것과 같다고 생각한다(R. Thomas, 1992: 437).

검(살해)과 기근(굶주림)과 죽음(질병 또는 여러 형태의 죽음)과 땅의 짐승은 죽음을 일으키는 네 가지 요인(수단)이다(비교, 겔 14:21; 렘 15:2; 18:21; 43:11). 검(붉은 말)과 기근(검은 말)과 죽음(흰 말, 붉은 말, 검은 말)은 앞의 세 말을 탄 자의 재앙과 중복되는 부분이 있다. 4절의 '마카이라'(μάχαιρα, 다소 짧은 검)를 8절에서 '롬파이아'(ρομφαία, 장검)로 바꾸고 있다. 4절의 "큰/거대한 검"('마카이라 메갈레')은 전쟁 자체를 상징화하고 8절의 "검(장검)"은 전투용 살상 무기를 그려주고 있다고 볼 수 있는데 그 이상의 구분은 무의미할 것이다. 둘은 혼용해서 쓰일 수 있다. 세 번째 단어인 "죽음"(θάνατος)은 육체적 죽음(사망)을 가리킬 뿐 아니라 전염병(plague)을 뜻한다(L&N, 23.158). 여기서는 전염병, 질병의 뜻으로 보는 게 맞다. 그런 의미가 아니라면 '죽음'이 두 번 나올 이유가 없을 것이고 죽음의 네 요인 중 한 요인으로 '죽음'이 등장하지 않을 것이다(참고, 겔 14:21, "칼['롬파이아']과 기근과 사나운 짐승과 전염병"; 렘 14:12, "칼['마카이라']과 기근과 전염병"). 전염병의 창궐은 많은 죽음을 가져오는 중대 요인이다.

또한 네 번째 요인인 땅의 짐승은 사나운 짐승과 그 외의 사람을 해치

---

7. 계시록에서 하데스(음부)는 죽음과 늘 함께 쓰인다(1:18; 6:8; 20:13, 24). 구약에도 음부(스올, שְׁאוֹל)와 죽음(מָוֶת)이 같이 사용되는 구절이 많다(삼하 22:6; 시 6:5; 18:5; 49:14; 55:15; 116:3; 잠 2:18; 7:27; 사 28:15, 18; 38:18; 호 13:14; 합 2:5). 두 단어는 평행적으로 사용된다.

는 존재들을 가리킬 것이다.[8] 계시록에서 짐승(θηρίον)은 38회 사용되는데 6:8을 빼면 모두 사탄적 존재(짐승[들])를 가리킨다. 따라서 6:8의 '짐승들' 또한 사탄적 존재들을 가리켰을 가능성이 높다. 이들 짐승은 사탄의 통제를 받는 종교적, 정치적, 경제적 압제자들로 나타난다. 비록 6:8의 땅의 짐승을 사탄적 존재나 악한 세력으로 제한할 필요는 없지만, 이 짐승은 ("땅의"라는 소유격 명사가 암시하듯) 사람에게 해를 끼치고 죽게 하는 사탄적 존재들과 폭압적 세력들을 우선적으로 가리킨다고 생각하지 않을 수는 없다. 따라서 검(칼)은 전쟁과 테러와 각종 살상을, 기근은 악화된 기후와 자원(물 등) 부족, 그리고 흉작과 각종 결핍 상태를, 죽음은 광범위한 전염병과 각종 질병을, 땅의 짐승은 흉포한 짐승들과 인류에 해를 끼치는 많은 사탄적 존재들과 국가 및 지역의 모든 폭압(억압) 권력들을 망라한다고 볼 수 있다. 얼마나 많은 이들이 포악한 압제 권력에 의해 죽임을 당하고 있는가!

네 가지를 죽음에 이르는 "모든 종류의 화"(all kinds of woes)라는 말(Beale, 1999: 385)에는 일리가 있다. 네 가지는 사람들이 죽게 되는 대표적인 요인들이다. 넷째 인의 재앙에 첫째-셋째 재앙이 어느 정도 누적되는 것은 첫째-셋째의 재앙도 순차적이기보다는 동시적 또는 다발적으로 일어날 가능성이 있음을 암시한다.

땅의 1/4의 권세가 지구의 1/4의 범위를 뜻한다면, 전체의 3/4은 해당되지 않을 수 있다. 그렇다고 1/4에 해당되는 사람들이 모두 죽게 된다는 뜻일 필요는 없다. 물론 인구 1/4의 죽음의 가능성을 배제할 수는 없다. 반면에 여섯째 나팔은 인구 1/3의 죽음을 좀 더 분명하게 예고한다(9:15). 땅의 1/4의 범위는 글로벌하지만 인류 전체에 해당되는 것은 아니고 그렇다

---

8. 6절은 같은 '수단의(instrumental) 여격'이라도 무생물인 앞의 세 경우(검, 기근, 죽음)는 ἐν을 쓰고 생물(인간을 포함)인 경우(땅의 짐승)는 ὑπό를 쓴 예다(Porter, 1995: 179).

고 특정 지역에만 해당되는 국지적인 것 또한 아니다. 지구 전체의 상당한 범위에 해당된다고 볼 수 있다.

이를 미래적 의미로 생각하면, 아직 우리 시대는 이런 재앙을 경험한 것이 아닐 수 있다. 1차 세계대전(군인 약 1,000만 명, 민간인 약 770만 명 사망)과 2차 세계대전(군인 약 2,400만 명, 민간인 약 4,900만 명 사망)의 결과 8천-1억 명 가량의 죽임을 당한 바 있다(Wikipedia, "World War II"). 1939년의 세계인구는 23억으로 알려져 있다. 제2차 세계대전의 폐해를 입은 지역이 유럽, 태평양-대서양 지역, 중국, 동남 아시아, 극동 아시아(한국, 일본), 중동, 지중해, 아프리카, 호주, 남북미 대륙에 걸쳤다고 보면 세계의('땅의') 1/4는 전화(전쟁 피해)의 범위에 들었다고 볼 수 있다. 만일 3차 세계대전이 일어난다면 더 많은 이들의 희생을 가져올 것이다. 땅의 1/4의 인류가 다 죽임을 당하는 것이 아니라, 1/4에 해당되는 지역이 이런 죽음의 영역(세력권)에 들게 되는 것(죽이는 권세가 다 이뤄진 것은 아닌 경우)이라고 해석한다면, 넷째 인의 재앙이 제1-2차 세계대전을 통해 이미 이뤄졌다고 볼 여지도 있다. 그러나 이 일이 실제로 인류 1/4에 가까운 이들이 죽게 되는 일을 뜻하는 것이라면, 우리는 역사적으로 아직 이렇게 많은 죽음을 경험한 적이 없다는 점에서 넷째 인의 재앙이 아직 오지 않았다고 볼 수 있다.

이렇게 보면 넷째 인의 일들이 이뤄지기 전에는 그 후의 일들(나팔과 대접, 그리고 재림 등의 사건들)이 일어나지 않을 것이라고 생각할 수 있다. 따라서 이제는 세상의 종말이 온 것이라는 증표, 즉 이를 좀 더 분명히 예측할 수 있는 사건은 인류의 1/4 가량의 죽음이 일어나는 넷째 인의 재앙일 때일 수 있다. 그때 세계적-국지적 전쟁, 기근, 질병, 폭압 등으로 인해 인류의 상당히 많은 이들이 죽는 일이 일어날 것이다.

이렇게 네 개의 인이 떼어질 때 등장하는 네 마리의 말과 그 위에 탄 자

들은 각기 승리(백색), 불화(적색), 기근(흑색), 죽음(회녹색)을 상징하는 네
가지 재앙이다.[9]

해설

계시록에는 흰 말(백마)을 탄 자가 두 차례(6:2; 19:11; 비교, 19:14) 나
온다. 6장의 흰 말을 탄 자나 19장의 흰 말을 탄 자, 둘 다 그리스도를 가리
키는가?

6장의 흰 말을 탄 자가 19장에 나타나는 흰 말을 타신 그리스도와 같은
존재일 필요는 없다.[10] 두 모습이 담고 있는 이미지는 유사하지만, 동일할
가능성은 적다. 첫째, 6장의 흰 말 위에 탄 자는 다른 세 말 위에 탄 자와 유
사한 급의 존재로 보는 것이 자연스럽다. 네 생물들이 각기 "오라"는 명령
을 하고 말 탄 자들이 그 말에 따라 출현한다. 생물이 그리스도에게 그같이
(다른 말 탄 자에게 하듯) 지시하는 것은 자연스럽지 않다. 둘째, 첫째 인을
포함해서 계속 인을 떼시는 분은 어린 양 그리스도시다. 그분이 인을 떼시

---

9. 말이 등장하는 슥 6장과 비교할 때 계 6장의 네 개의 인들과 관련된 네 말에는 어떤
    차이가 발견되는가? 슥 6:5에서 '온 세상의 주 앞에 있다가 나가는 하늘의 네 바람'
    은 하나님 앞에 있다가 어떤 명령을 받고 세상으로 나가는 네 바람인데, 네 종류의
    말(복수)과 병거(마차)로 나타난다. 붉은 말들, 검은 말들, 흰 말들, 어룽지고 건장한
    말들의 병거들이다. 이 말들이 북쪽으로, 남쪽으로, 땅에 두루 돌아다니도록 풀리게
    된다. 계 6장의 네 인의 네 말과 슥 6장의 말이 같다고 볼 수 없는 이유는 다음과 같
    다. 첫째, 단수-복수의 차이가 있다. 계시록은 모두 네 말만 나타나지만 스가랴는 각
    방향별로 복수의 말(들)이 이끄는 네 개의 병거(마차)가 등장한다(슥 6:2-3). 둘째,
    넷째 말의 색깔(어룽지고 건장한 말)이 다르다. 셋째, 또한 역할이 다르다. 오히려 계
    7:1-3에 나오는 네 방향의 바람과 관련된 네 천사의 역할이 스가랴의 네 말과 유사
    한 점이 있다. 두 부분 모두 바람과 관련이 되기 때문이다.
10. 예컨대, Irmer는 흰 말을 탄 자를 모두 그리스도로 이해한다(Irmer, 7; 또한 Lupieri,
    142-3).

다가 그 인의 계시 속에 다른 모양(흰 말을 탄 자)으로 자신을 나타나는 것 역시 자연스럽지 않다. 셋째, 그다음 인들을 떼시는 장면에도 그리스도는 어린 양의 모습으로 계속 출현하신다. 갑작스럽게 모습을 변환하실 이유도 없고 네 말 가운데 한 말을 탄 자로 굳이 나타나실 이유도 없다. 격이 맞지 않는다. 넷째, 그리스도가 나타나실 때는 굳이 자신을 제3자로 숨기실 필요가 없다. 그리스도의 이미지로 나타나신다(예, 1장의 출현, 5-6장의 어린 양, 14장의 인자 같은 이, 19장의 그리스도 등).

또한 백마 탄 자가 13장에 출현한 적그리스도라는 말(예, Beale, 1999: 375-8)도 적절하지 않다. 13장에 일어날 사건을 6장에서 일어난 것으로 보는 상징적 해석 방식은 본문의 흐름에 어울리지 않다. 13장 에피소드는 일곱 나팔(8-9장)이 있고 난 후에 발생한다. 따라서 6장에 나오는 백마 탄 자를 그리스도 또는 적그리스도로 단정하는 것 자체가 의미 없는 일이다.[11] 그럼에도 불구하고 첫째-넷째 인의 네 말을 탄 자가 모두 부정적인 의미를 갖고 있다고 할 수는 있다(Kerkeslager, 119-21).[12] 어린 양이신 그리스도께서 떼신 인을 통해 이뤄지는 인의 재앙이기 때문이다. 중요한 것은 흰 말을 탄 자나 다른 말을 탄 자들 모두가 하나님 섭리의 수행자들이라는 사실이다. 그 이상도 그 이하도 아니다.

---

11. 백마 탄 자를 그리스도 또는 적그리스도로 보는 주장에 대해 Hodges, 324-8; Kerkeslager, 116-7; Beale, 1999: 375-8을 참고하라. 둘을 동일한 존재로 보는 견해에는 동의할 수 없지만, 6장의 백마 탄 자의 인에서 시작된 재앙이 19장의 백마 타신 그리스도의 승리로 마무리된다는 Hodges의 견해는 옳다. 그러나 6장의 백마 탄 자를 그리스도로 간주하면서 이것을 휴거로 보려는 Hodges의 견해는 문제가 있다 (Hodges, 327-34).

12. Kerkeslager는 아폴로가 활을 가지고 있는 점을 지적하며 백마 탄 자와 헬라 신 아폴로를 비교하고 아폴로가 9:11에서 부정적으로 사용되었음을 부각한다(Kerkeslager, 119-21). 한편, 아폴로의 헬라명은 Ἀπόλλων(아폴론)이고 9:11의 아볼루온은 Ἀπολλύων (아뽈뤼온)이다. 모음 하나 차이가 있다.

B. 요한계시록 6:9-17 (다섯째 인과 여섯째 인)

다섯째 인(9-11절)과 여섯째 인(12-17절)은 앞의 네 인과 다소 다르다. 첫째, 말들과 말에 탄 자들, 그리고 네 생물이 등장하지 않는다. 둘째, 분량이 네 인에 비해 길고 이 둘은 서로 비슷한데 이 둘 중에 여섯째 인이 좀 더 길다. 셋째, 내용도 달라졌다. 다섯째 인은 순교자에 대한 것이고 여섯째 인은 천지격변을 예고한다.

번역

9 또 나는 보았다. 다섯째 인을 떼실 때에, 하나님의 말씀과 그들이 가진 증언 때문에 죽임을 당한 영혼들이 제단 아래 있었다. **10** 그들이 큰 소리로 외쳤다. "거룩하고 참되신 대주재여, 어느 때까지 땅 위에 거하는 자들을 심판하지 않으시고 우리의 피를 갚지 않으시렵니까?" **11** 또 각각 그들에게 흰 옷과 함께 말씀이 주어졌다. 아직, 그들처럼 죽게 될 그들의 종료 종들과 형제들의 수가 찰 때까지 "잠시 쉬라"는 말씀이었다. **12** 또 나는 보았다. 여섯째 인을 떼실 때에, 큰 지진이 일어나고 해는 검은 상복처럼 검게 되고 달 전체가 피같이 되며 **13** 하늘의 별들이 땅에 떨어졌다. 무화과나무가 거센 바람에 흔들려 설익은 열매가 떨어지는 것과 같았다. **14** 하늘은 두루마리가 말리듯이 찢어지고 각 산과 섬은 그 자리에서 옮겨졌다. **15** 땅의 왕들과 권력자들과 장군들과 부자들과 힘센 자들과 모든 종과 자유인이 동굴과 산들의 바위틈에 자신들을 숨겼다. **16** 그러면서 산들과 바위들에게 말하였다. "우리 위에 떨어져 보좌 위에 앉으신 이의 얼굴과 어린 양의 진노로부터 우리를 숨겨주라. **17** 그들의 큰 진노의 날이 왔기 때문이다. 누가 설 수 있겠는가?"

주해

　9절 (다섯째 인, 순교자들) 다섯째 인은 앞의 네 개의 인과 다르다. 다섯째 인이 떼어지자, 순교자들이 나타난다(9절). 죽임당한 어린 양이 떼신 다섯째 인의 경우에는 그분처럼 죽임당한 영혼(ψυχή)들이 주체가 된다. 계시록에서 '프쉬케'는 사람(6:9; 20:4), 목숨(8:9; 12:11), 생물(16:3), 영혼(18:14) 등을 가리킨다. 9절에서는 사람(또는 죽은 자의 영혼)을 가리킨다. 이들은 하나님의 말씀과 그들이 가진(소유한) 증언 때문에, 즉 하나님의 말씀을 그대로 믿고 이를 증언했기 때문에 순교했다. 말씀(λόγος)과 증언(μαρτυρία)이 계시록에서 함께 쓰일 때는 본래 '하나님의 말씀과 예수의 증언'(1:2, 9; 20:4)을 가리킨다. '마르뛰리아'(증언)는 모두 9회 사용되는데, 그 가운데 6회는 예수의 증언을 가리킬 때 쓰였다(1:2, 9; 12:17; 19:10[x2]; 20:4). 6:9를 포함하여 11:7과 12:11은 예수 그리스도에 대한 성도들의 증언을 가리킨다.

　"하나님의 말씀"과 "그들이 가진 증언"은 각기 전치사 '디아'(διά, 때문에)를 가지지만, 이 둘은 동전의 양면과 같은 것이다. 하나님의 말씀이 곧 그들의 증언이기 때문이다(물론 '그들의 증언'이 예수의 증언을 따로 가리키는 것일 수도 있다). 그들은 어린 양의 십자가 길을 그대로 따라간 이들이다. 그들이 제단 아래 있는 것을 요한은 보게 된다. 제단 아래 있는 것은 그들 자신이 제단에 피로 드려진 제물이기 때문이다. 본래 제단 밑에는 제물의 피가 흘려 있다(레 4:34; 5:9; 7:2; 신 12:27; 왕하 16:13). 하나님께서 이들 순교자들과 이들이 흘린 피를 기억하실 것이다(참고, 16:6; 18:24; 19:2). 그 제단 아래 그들이 있었다.

　계시록에서 제단은 하늘에 있는 처소로서 하나님의 보좌 밑에 있는 하늘의 제단이다(6:9; 8:3, 5; 9:13; 11:1; 14:18; 16:7). 요한이 계시록을 쓸 때는 이미 예루살렘이 멸망하고 성전과 제단이 파괴된 주후 70년 이후다. 따라서 계시록의 제단은 하늘의 제단을 가리킬 수밖에 없다. 그들이 제단 아래에 있다는 것은 두 가지 의미가 있다. 첫째, 제단은 그들이 희생되어 피를 흘렸음을 암시한다. 그들이 죽임당하신 어린 양처럼 참된 제물이 되었다. 둘째, 그들은 제단에서 참된 제물로 하나님께 드려졌음이 암시된다. 하나님께서 그들을 기뻐하시는 제물로 받으셨다. 요한의 시대와 초대 교회 때에 적지 않은 순교자들이 생겼다. 그 후에도 역사적으로, 지역적으로 순교자들이 많이 나왔다. 지금 이 시대에도 지역에 따라 많은 순교자들이 나오고 있다. 미래에도 그러할 것이다. 이들은 모두 하나님의 제단에 피 흘려 드려진 제물들이다.[13]

　　그런데 이들 순교자들은 앞의 네 인과 관련이 있는 것일까, 없는 것일까? 네 인과 관련이 있다면(Beale, 1999: 389-90), 특히 둘째 인(전쟁)과 넷째 인(죽음)이 관련될 것이다. 칼의 전쟁은 직간접적으로 종교적 배경과 이유 때문에 발생하는 경우가 많다. 이때 순교자들이 양산될 것이다. 또한 검과 기근과 죽음과 짐승의 타격을 받을 때 사람들이 무고한 그리스도인들을 희생양으로 삼아 해를 가한 결과 많은 순교자들이 나올 가능성이 있다. 앞의 네 인과 직간접으로 관계된 가운데, 이들 순교자들은 그리스도께서 하늘로 떠나가신 후 그의 교회가 겪은 수많은 박해 과정에서 오랜 기간 순교하여 누적된 이들일 것이다(마 24:9; 막 13:9-13; 눅 21:12; 요 15:18-21). 교회 역사가 이천 년 이어지는 동안 순교 역사도 누적된다. 네 인은 순차적으

---

13. Beale은 다섯째 인의 순교자들이 문자적인 순교자들만 가리키는 것이 아니라 모든 성도들을 포함한다고 주장하며 같은 어구를 쓰고 있는 20:4를 근거로 제시한다 (Beale, 1999: 391; 또한 Pattemore, 75-82). 그러나 20:4는 천년 나라에서 순교자들이 영광(왕 노릇)을 얻는 장면이다. 20:4의 주해를 참고하라. 6:9-11과 20:4-6의 주 대상은 순교자들이다. 계시록의 순교자들을 모든 성도로 일반화하는 것은 과도한 해석이다.

로 떼어지고 있으나, 내용의 진행이나 결과에서 서로 중첩되거나 동시적으로 일어나고 있는 현상을 고려하면, 이들 순교자의 양산을 네 인의 특정 요소에 국한되는 것으로 보는 것은 쉽지 않다. 본문이 그러한 정보를 주지 않기 때문이다.

10절 (순교자들의 외침) 순교자들이 큰 소리로 외쳤다. 공의(public justice)에 기초한 그들의 호소는 당당하고 정당했다(Caird, 85). "언제까지입니까?"(또는 '그때가 언제입니까?'). '헤오스 뽀떼'(ἕως πότε, 언제까지)는 시편 기자와 선지자들이 하나님의 손길과 개입을 구하는 기도를 드릴 때에 사용되는 표현이다(시 6:3; 13:1; 74:10; 79:5; 80:4; 89:46; 90:13; 94:3; 사 6:11; 렘 12:4). 특히 의로운 심판에 대한 "언제까지"의 요청은 시편 74:10; 79:5; 94:3에 나타난다(참조, 슥 1:12, ἕως τίνος, how long).

"거룩하고 참되신 대주재여"(10절). 거룩과 참(진실)은 성부와 성자의 속성이다(3:7, 14; 4:8; 6:10; 15:3; 16:7; 19:2, 9, 11; 21:5; 22:6). 이 용어들은 하나님의 공의와 관련이 있다. 죄악을 참지 않으시고(거룩) 그 약속한 바를 지키시는(참) 분이기 때문이다. 하나님을 "대주재"(주인, 소유자, 주관자, δεσπότης)라고 부른 것은 그분만이 모든 역사와 모든 존재의 참 주권자(주인)이시기 때문이다.

순교자들은 역사를 주관하시는 분에게 이 땅에 그의 공의(justice)를 집행하여 주실 것을 요청한다. "심판하지 않으십니까?"와 "우리의 피를 갚지 않으시렵니까?"는 비슷한 의미를 가진 부정적 표현과 긍정적 표현을 한 번씩 사용하는 방식의 정의로운 심판에 대한 반복적 요청이다. '갚다'(ἐκδικέω)는 '형벌을 가하다', '복수하다', '정의를 집행하다'의 의미를 가진다(L&N, 38.8, 39.33, 56.35). 하나님의 공의는 심판할 자들을 바르게 심판하는 것이다(사 26:21). 불의를 당한 자의 억울함을 풀어주는 것이고 그 피를 갚아주는 것이다. 신적 정의가 집행될 때가 반드시 온다(예, 19:2). 순교자들이 이

같이 탄원하는 것은 단지 그들의 억울함을 한탄하는 것이 아니다.[14] 신적 공의와 심판의 집행이 언젠가, 반드시 있게 해주실 것을 요청하는 장면이다. 의로우신 하나님이시기 때문이다(15:3; 16:5, 7; 19:2; 참고, 18:20).

순교자들이 죽은 것으로, 또 그들을 죽인 것으로, 즉 불의한 자의 승리로 모든 것이 종결되는 것이 아니다. 아직 하나님의 심판이 남아 있다. 피 흘림의 대가, 그 보응이 아직 남아 있다. "땅 위에 거하는 자들"은 여기서 순교자들과 대조된다.[15] 이들은 일차적으로 순교자들의 죽음을 촉발한 자들을 가리키겠지만, 계시록에서 땅 위에 거하는 자들은 생명책에 기록되지 않은 자들을 특정하여 가리키거나(3:10; 13:8, 12, 14; 17:2, 8), 일반적으로 많은 사람들을 가리키는 말일 수 있다(3:10; 8:13; 11:10).[16] 만일 첫째의 경우라면 순교에 대한 보응이 되고, 둘째와 셋째의 경우라면 인류를 위한 심판과 종말 실행의 요청이 된다.

한편, "언제까지입니까?"라는 질문은 아직은 그때(그 '언제'의 때)가 오지 않았음을 전제하는 물음이다. 순교자들이 호소하는 그 시점에는 아직

---

14. 이곳에 등장하는 순교자들을 일반 성도들에게까지 확대하는 견해(예, Beale, 1999: 390-2)에 동의할 수 없다. 이러한 해석은 여기서의 '죽음'을 비유적인 것이라고 본다(Beale, 1999: 394). 그러나 그렇게 볼 필요가 없다. 이 땅에서 순교의 죽음으로 고난받지 않는 성도들도 얼마나 많은가? 우리가 십자가의 길을 따르지 않는 예가 또 얼마나 많은가?

15. Aune는 "땅 위에 거하는 자들" 앞에 전치사 '에끄'(ἐκ)와 소유격 관사 '똔'(τῶν)이 사용된다는 점에서 두 가지 해석이 가능할 수 있음을 지적한다. 첫째는 히브리적인 개념을 따라 심판의 대상, 즉 '땅 위에 거하는 자들을'로 번역하는 것이다. 둘째는 '에끄' + 소유격을 사건이나 행동의 근거로 보는 것이다. 이때는 '땅 위에 거하는 자들로 인해'(흘려진 우리의 피)가 된다(Aune, 1998a: 384).

16. 그렇지만 사실상 두 번째 경우(구원받지 못한 자)와 세 번째 경우(일반인)는 구별하기 어렵다. Beale은 "땅에 거하는 자들"이 8:13; 13:8, 12, 14; 14:6-9; 17:2, 8; 11:10에서 우상숭배자들에게만 사용되고 있다고 주장한다(Beale, 1999: 402). 그런데 14:6(참고, 3:10)은 그들이 복음 전도의 대상으로 나오는 예외적 구절이다.

그날이 오지 않은 것이다. 그날은 언제 오는가? 여섯째 인 재앙이 그날의 왔음을 가리키는가? 그렇다면 왜, "잠시 쉬라"는 말씀을 하셨을까? 다섯째 인과 여섯째 인의 시간적 간격이 어느 정도 있다고 가정하면(충분히 가정할 수 있다), '잠시 쉰' 후에 여섯째 인이 일어났다고 볼 여지는 있다. 그렇지만 여섯째 인의 경우에서 땅에 거하는 자들이 두려워하고 있는 상황(15-17절) 그 자체는 보응의 부분 또는 그 시작에 불과할 뿐이다. 그 '언제'가 아직 이뤄지지 않았고, 단지 시작되고 있는 것이다. 아직은 아니다. 충분히 숙성된, 그 '언제'의 보응적 재앙들이 아니다. 하나님의 보응은 나팔과 대접 재앙, 특히 대접 재앙들로 나타난다(예컨대, 15:1, 7; 16:1, 5-7).

11절 (잠시 쉬라) 순교자들에게 흰 두루마기(겉옷)가 주어졌다(11절). 그들은 믿음의 승리자일 뿐 아니라, 특별히 거룩하게 구별된 자들이다(3:4-5; 4:4; 7:9; 19:14). 흰 옷과 함께 말씀이 주어진다. 그들에게 주어진 흰 '스톨레'(στολή)는 겉에 입는 긴 웃옷으로서 일종의 예복이다(6:11; 7:9, 13, 14; 22:14; 참고, 3:1-6의 해설). 전쟁에서 대승을 거둔 로마의 장군들은 흰 옷을 걸치고 승리의 행진을 벌였다(Osborne, 2002: 288; Lee, 356). 예복을 입은 순교자들의 모습은 그들이 죽음으로 참된 승리를 얻었음을 암시한다.

그들에게 "잠시 쉬라"는 말씀이 주어지는데 어떤 특정한 때가 될 때까지 그리하라는 말씀이다. '쉬다'는 뜻의 '아나빠우오'(ἀναπαύω)는 구약 (LXX)에서 안식일의 쉼을 가리킬 때 쓰였다(출 23:12; 신 5:14 등). 또 그리스도께서 그를 따르는 자를 쉬게 하시겠다(마 11:18)고 말씀할 때 사용된 그 단어다. 명사형 '아나빠우시스'(ἀνάπαυσις, 쉼) 역시 안식일의 쉼과 관련이 있다(LXX 출 16:23; 23:12; 31:15; 35:2 등). '아나빠우오'가 미래형 (ἀναπαύσονται)으로 사용된 것은 그들의 쉼이 어느 시점까지는 계속될 것

을 예고하는 것이라 볼 수 있다.[17] 역시 그리스도께서 주시는 쉼과 관련된
다(마 11:29). 그들에게 한동안의 안식(쉼)이 주어졌다. 역사가 진행될 때 그
들이 죽임을 당했던 것처럼 그같이 핍박당해 순교할 "동료 종들과 형제
들"(동격[동료 종들, 즉 형제들] 또는 포괄적 표현[동료 종들에 더하여 형
제들])이 계속 있게 될 것이다. "(그) 수가 찰 때까지"에서 부정과거 가정법
수동태 '쁠레로쏘신'(πληρωθῶσιν)은 문자적으로 '채워지게 될' 때를 가리
킨다.[18] 이때까지는 쉬라고 하셨다. 그 수가 찰 때까지 신원(伸寃)의 때가 연
기된다. 하나님께서 정하신 수가 찰 때까지 기다림이 필요하다.[19]

  a. 순교자들의 외침: "언제까지… 갚지 않으시렵니까?"(9-10절)

    x. 흰 옷이 주어짐(11a절)

  a'. 그들에게 말씀하심: "때가 될 때까지 잠시 쉬라."(11b절)

  왜 다섯째 인은 순교자들의 호소로 마칠까? 왜 특정한 재앙의 전개가
없는가? 인의 특성이 그렇다. 일곱 인은 종말의 재앙을 시작하는 데 그 역
할이 있다. 재앙을 견인하되, 마무리하지는 않는다. 오히려 서론적(intro-

---

17. 그들은 천년 나라가 오기까지 그렇게 '잠시'(χρόνον μικρόν) 쉬게 될 것이다. 그들에
    게 '크로논 미끄론'(잠시)은 하늘의 시간이라 할 수 있다. 천년 나라가 올 때 그들은
    그리스도와 함께 왕 노릇을 하게 된다(20:4-6).
18. 이문(ℵ P 046 등)인 현재 가정법 능동태 '쁠레로소신'(πληρώσωσιν)이 원본문인 경
    우, 함께 종 된 이들과 형제들과 순교할 자들의 '삶(여정)의 완성'(completion of their
    life or course)을 가리키는 것일 수 있다(Osborne, 2002: 300; 참고, BDAG, 828;
    L&N, 68.26). 즉, "그들처럼 죽게 될 그들의 동료 종들과 형제들이 다 이뤄낼(채울)
    때까지"다.
19. 오래전부터 그리스도의 교회에는 순교자 집단의 수에 포함되는 것을 영광스럽게 여
    기는 전통이 있었다. 이와 관련하여 순교자 폴리갑의 기도가 전해진다. "주를 찬양
    합니다. 주님께서 이제 저를 합당하게 여기셔서 저로 순교자들의 수에 들어가는 자
    리를 얻게 하셨기 때문입니다"(Mart. Pol. 14.2).

ductory) 기능을 한다. 연속될 다른 재앙들(일곱 나팔과 일곱 대접)을 위해
존재한다. 이들 재앙들을 이끌어 주고 선도한다. 재앙적 요소들을 열거하
고 더 큰 후속 재앙(나팔과 대접)의 문(게이트)을 열어주는 역할을 한다.
'인'은 그것을 떼고 무엇인가 시작한다는 이미지를 가진다. 그래서 일곱 번
째 인은 일곱 나팔의 문이 된다(8:1-6). 사실상 일곱 나팔과 그다음의 일곱
대접 모두의 문이다.

　　첫째-넷째 인과 다섯째 인은 순차적으로 일어나고 끝나는 것이 아니라,
겹쳐서 일어날 것이다. 인이 떼지는 순서는 순차적이지만, 각 인의 결과는
지속적이다. 다섯째 인의 때에도 첫째-넷째 인의 상황은 계속될 수 있다.

　　12-14절 (여섯째 인, 천지격동) 다시 "또 나는 보았다"로 여섯째 인에 관
한 구절이 시작한다(1절과 비교). 여섯째 인이 떼어질 때, 요한이 보게 된 것
은 천변(天變)과 지변(地變)의 재앙이다(12-14절).[20] 격한 천변과 지변 현상,
즉 천지격동(天地激動)이 예수 그리스도께서 제시한 최(最)-종말론적 현상
이다(마 24:29; 막 13:24-25; 눅 21:25-26). 종말 중의 종말에 나타나는 극적
현상이다. 심각한 자연재해를 넘어선 천지격동의 현상이다. 이것이 최종말
현상의 직접적인 표식(sign)이 된다. 전 세계(또는 우주), 모든 이들에게 해
당되는 재앙이다. 어느 것도, 어느 누구도 피할 수 없는 재앙이다.[21]

　　첫째, 큰 지진이 일어났다(마 24:7; 막 13:8; 눅 21:25). 전형적인 지변의

20.　Beale이 천지격변에 관한 표현의 배경으로 제시한 구약 본문들(사 13:10-13; 24:1-6,
　　19-23; 34:4; 겔 32:6-8; 욜 2:10, 30-31; 3:15-16; 합 3:6-11; 참조 행 2:19-20)을 참고
　　하라(Beale, 1999: 396).

21.　전방위 범위, 전방위 사람들에 대한 표현들을 보라. Beale은 이 구절이 자연계 일곱
　　대상(땅, 해, 달, 별, 하늘, 산, 섬)과 일곱 부류의 사람들(왕들, 권력자들, 장군들, 부
　　자들, 힘센 자들, 모든 종, [모든] 자유인)을 보여준다고 했다(Beale, 1999: 403-4). 흥
　　미로운 지적이다. Osborne은 사람들이 일곱(완전수) 부류로 나뉜 점은 전체를 강조
　　하기 위한 목적일 수 있다고 보았다(Osborne, 2002: 300).

재앙이다. '세이스모스'(σεισμός)는 문자적으로는 '흔들림'(shaking)을 가리키지만 보편적인 용례는 '지진'이다. 계시록에서 이 단어의 용례(6:12; 8:5; 11:13, 19; 16:18)가 모두 지진을 가리키는 것으로 보는 것이 자연스럽다. 큰 지진은 육지와 바다에 일어나게 될 지변의 재앙이다.

둘째, 해가 검게 되고 달이 피같이 붉게 되었다(마 24:29; 막 13:24; 눅 21:25). 이는 천변의 재앙이다. "검은 상복"은 검은 털로 된 옷이다. 환히 빛나던 태양이 검게 변하고 밝은 달이 피같이 붉어졌다. 일반적인 일식이나 월식과는 다른 이런 류의 천변은 인류가 경험해 온 것과 다르다. 따라서 천지격동이라 해야 맞다. 구약에서 해와 달이 어두워지는 것은 심판적 의미를 가진다(사 13:10; 겔 32:7-8; 욜 2:10, 31; 3:15; 암 8:9; 비교, 전 12:2).

셋째, 하늘의 별들이 땅에 떨어졌다(13절; 마 24:29; 막 13:25; 눅 21:25). 이는 하늘의 일부 별들이 갑자기 자리를 이동한(또는 소멸된) 것이거나, 또는 공중에서 많은 유성들이 떨어지는 것을 말씀하는 것일 수 있다(R. Thomas, 1992: 453-4, "유성과 혜성"). 그 모습이 무화과나무에서 설익은 열매가 떨어지는 것 같다고 묘사했다. 바람이 거세게 불 때 무화과나무에서 열매들이 요란하게 떨어지는 그림이다. 무화과는 지중해 지역의 대표적인 과수다. 1년에 두 번 열리는 무화과는 여름이 지나면 열매가 다 익는다. 첫째 열매가 다 떨어진 후 자라기 시작하는 겨울 열매는 크기가 작고 먹기 어려워, 이를 '설익은 열매'(늦게 열린 것)라 한다.

넷째, 하늘이 두루마리가 말리듯이 찢어졌다(14절; 비교, 마 24:29; 막 13:25). 두루마리가 한쪽에서 다른 쪽으로 말려지듯이 하늘도 한쪽으로 그 모습이 말려지며 찢어졌다는 것이다. '찢어졌다'(ἀπεχωρίσθη)는 완전히 없어지거나 사라졌다는 뜻(L&N, 15.14)이기보다는 원래의 모습으로부터 '분리되고 나뉜' 상태(L&N, 63.30)를 가리킨다고 볼 수 있다. 여기서 하늘이 완전히 없어졌다면, 그다음의 진행에서 하늘에 대한 언급 자체가 없을 것이기 때문이다.[22] 복음서(마 24:29; 막 13:25; 눅 21:26)에는 "하늘의 권능 (능력)들이 흔들릴 것이다"(마 24:27)라고 했는데 '흔들림'은 격렬한 움직임(격렬하게 앞뒤로 움직이는 것)을 가리킨다. 그것이 세부적으로 어떤 현상을 가리키는지 가늠하기 어렵지만 늘 보는 정상적인 하늘의 모습이 아닐 것은 분명하다. 사람들은 하늘이 말리는 것 같은 현상을 보게 될 것이다. 하늘의 격변적 현상이 일어날 것이다.

다섯째, 각 산과 섬이 그 자리에서 옮겨졌다. 지구(지상)의 첫 번째 변화는 큰 지진이었다(12절). 마지막 변화는 많은 산과 섬이 옮겨지는 것이다 (14절).[23] 산과 섬이 옮겨지는 것은 단지 큰 지진이 일어난 정도가 아니다. 지진과 함께 전대미문의 지각 변동이 일어난 것이다. 지구의 판들이 서로 부딪히고 어긋나며 새로운 지표가 형성된다는 뜻이다. 이렇게 지변과 천변이 일어난다. 일곱째 대접 재앙에서도 산과 섬의 재앙이 있다(16:20). 중요한 차이는 인 재앙에서는 각(모든) 산과 섬이 옮겨지는 반면(6:14), 대접 재앙에서는 각 섬과 산이 아예 없어져 찾을 수 없게 된다(16:20)는 것이다.

12-14절은 그 자체로 교차 구조를 가지는 것 같다. 땅의 변화(지변)가 첫

---

22. 기존 하늘이 완전히 없어지고 새로운 하늘이 도래하는 것은 20:11과 21:1에 가서 이뤄진다. 따라서 그 전에 인 재앙에서 하늘이 떠나가는(분리되는) 현상은 다음과 같은 이유로 일시적이라 할 수 있다. 첫째, 하늘은 그 이후에도 계속 등장한다(예, 8:1, 10; 9:1 등). 둘째, 하늘 분리 현상보다 산과 섬의 옮김이 뒤에 나온 것(산과 섬이 없어지는 것[16:20]은 더 나중에 있는 현상임)은 이때의 하늘 현상이 지구 멸망을 가리킨 것이 아니란 뜻이다. 이런 일시적 현상이 있게 되는 것은 이것이 종말(최종지말)의 본격적인 선포와 진행을 알리는 표식일 것이다(마 24:29). 분명한 것은 하늘 분리 현상은 인류 역사상 처음 있는 일이라 전 세계의 모든 이들이 말할 수 없는 충격과 경악을 경험하게 될 것이라는 점이다.

23. 요한은 이 계시(환상)를 밧모섬에서 보았다(1:9). 하늘과 땅의 변화, 각 산과 섬이 옮겨지는 환상적 계시는 종말에 일어나게 될 미래의 일이지만, 유배된 밧모섬에서 받은 천지격동의 계시 체험은 상당히 극적인 느낌을 갖게 했을 것이다(참고, Meinardus, 70-71).

부분(큰 지진, 12a절, a)과 마지막 부분(산과 섬의 옮김, 14b절, a')에 나온다. 하늘이라는 소재와 관련하여, 해와 달의 변화(12b절, b)와 하늘의 찢어짐 (14a절, b')이 상응한다. 중간에 나오는 별들의 떨어짐(13절, x)은 하늘에서 일어나는 일이지만, 땅에 떨어진다는 점에서 땅의 요소도 부분적으로 공유 한다. 또는 해와 달의 격변(12b절, x1), 별들의 떨어짐(13절, x2), 하늘의 떠 나감(14a절, x3)을 병행적 열거로 볼 수도 있겠다.

a. 큰 지진이 일어남(12a절)   - 땅/바다

b. 해와 달의 격변(12b절)   - 하늘

x. 별들이 떨어짐(13절)   - 하늘 → 땅

b'. 하늘이 찢어짐(14a절)   - 하늘

a'. 모든 산과 섬이 옮겨짐(14b절)   - 땅/바다

천변과 지변의 다섯 형태의 변화는 모두 마지막 종말의 때에 일어나게 될 재앙적 자연 변화를 요약한 것이다. 네 말과 관련된 재앙들을 포함하여 천변과 지변의 이 재앙들은 사실상 그 자체로 종말의 재앙들이다. 천지격 동과 관련된 여섯 번째 인의 재앙들은 마태복음 24:29에 기록된 예수 재림 직전의 징조와 상당 부분 일치한다.[24] 특히 '큰 지진'을 제외하고는 순서까 지 일치한다. 그리스도의 종말 예언이 성취되고 있다는 증거다.

---

24. 천지격변의 예고는 사 13:10; 34:4; 욜 2:10; 겔 32:7; 마 24:29; 히 12:25-26; 벧후 3:10에 나타난다. 상징적 해석을 하는 Beale조차 그리스도의 죽음과 부활로 시작된 첫째-다섯째 인의 재앙과 달리 여섯 번째 인의 재앙은 아직 일어나지 않은 마지막 심판에 해당된다고 본다(Beale, 1999: 446).

구분	여섯째 인(계 6:12-17)	마 24:29의 재앙
1(땅/바다)	큰 지진(12절)	지진(7절)
2(하늘)	해가 검게 됨(12절)	해가 어두워짐(29절)
3(하늘)	달이 피같이 됨(12절)	달이 빛을 잃음(29절)
4(하늘)	별들이 떨어짐(13절)	별들이 떨어짐(29절)
5(하늘)	하늘이 찢어짐(14절)	하늘의 권능들이 흔들림(29절)
6(땅/바다)	각 산과 섬이 옮겨짐(14절)	

　미래에 있을 천지격변을 가리키는 구약 본문 중에서는 요엘 2:10("그 앞에서 땅이 진동하며 하늘이 떨며 해와 달이 캄캄하며 별들이 빛을 거두도다", 개역개정)은 12-14절과 공유하는 것이 많다. 최소한 네다섯 가지 요소가 공유된다. 땅의 진동(지진), 하늘의 떨림(흔들림), 해의 어두워짐, 달의 어두워짐, 별들의 빛이 사라짐 등이다. 특히 하늘이 떠나는 것은 이사야 34:4("하늘들이 두루마리같이 말리되", 개역개정)과도 관련된다.

　그런데 여섯째 인은 천지격변(天地激變)일까, 천지격동(天地激動)일까? 둘을 구별해 보면, 천지격변은 천지가 격렬히 변화하는 데 초점이 있고 천지격동은 천지가 격렬히 움직이는 것을 부각하는 말이다. 천지격동은 한시적인 현상일 수 있으나 천지격변은 영속적인 변화를 의미한다. '인' 재앙이 봉인을 여는(떼는) 때 발생하는 성격의 재앙이고 결국 일곱째 인에서 일곱 나팔이 나온다는 점(8:1-5)에서 여섯째 인을 한시적인 천지격동으로 보는 것이 타당하다. 그다음의 재앙들로 가기 위한 전조인 셈이다.[25]

　천지격동의 현상을 요약하면 하늘과 땅의 급격한 움직임이 있다는 것이다. 모든 이들이 알 수 있게, 그런 격동 현상을 체감할 수 있게 일어날 것이다. 천지격동이 구체적으로 어떻게 일어날지는 아직 모른다. 하지만 그날에는 알게 될 것이다. 여기서 중요한 것은 그때가 도래해야 최종지말(最

---

25. 이를 Beale이 '최후 심판의 시작/개시'라고 한 견해는 필자와 비슷하다(Beale, 1999: 398-9). 그러나 그는 인, 나팔, 대접 재앙이 동일한 재앙을 반복적으로 묘사한 것이라 주장한다.

終之末)이 된다는 것이다. 그때서야 그리스도의 재림이 임한다. 그러므로 그때까지는 아직 '그날'이 아니라 생각할 수 있다.[26]

15-17절 (사람들의 두려움) "땅의 왕들과 권력자(거물, 귀족)들과 장군 (천부장)들과 부자들과 힘센(강한) 자들"(15절)은 땅에서 권력과 특권과 부를 향유했던 집단이다. 특권을 가진 이들이 이같이 하나씩 열거되는 것은 그들이 가지고 있다고 생각하는 모든 것들이 종국에는 손에 쥔 모래처럼 빠져나가게 될 것을 강조하는 것이다. 가졌다고 자부하는 자일수록 더 없는 자가 된다(그 순서에 주목하라. 왕, 권력자, 장군, 부자, 힘센 자). 그러나 이러한 표현은 특권층만 가리키는 것이 아니다. '종'(δοῦλος)이든, '자유인'(ἐλεύθερος)이든 모든 자들에게 해당이 된다. 이들 모두가 동굴과 바위 틈에 숨었다(사 2:10, 19, 21을 보라). 거대한 쓰나미처럼 압도해 오는 하나님의 재앙이 너무 두렵기 때문이다. 숨 쉴 수 없이 몰아치는 무서운 천지격동에 대해 두려워하는 것은 당연한 것이다.

그들이 간절히 원하는 것은 재앙의 진노에서 숨는 것이다(명령법 "떨어져라", "숨겨주라", 16절; 참고, 호 10:8). "숨었다"('에끄륍산') 다음에 그들의 두 번째 반응은 "말한다"('레구신')이다. 그들은 피해 숨는 것으로 충분하지 않다는 것을 알게 된다. 그리하여 외부의 도움으로 더욱 안전하게 숨을 수 있기를 바라고 있다("우리를 숨겨주라"). 동굴과 바위 틈새에 숨는 것으로 모자라 무언가 자신들을 도와, 그들을 더 안전하게 숨겨주길 원하고 있다. 하늘과 땅의 격렬한 진동은 마치 분노하시는 하나님의 얼굴을 대면하는 것 같을 것이고, 하나님의 맹렬한 진노와 죽임을 당하신 어린 양의 심판의 진노가 하늘에서 퍼붓는 것같이 느낄 것이다.

---

26. 그러나 여섯째 인의 천지격동 사건은 예상보다 갑작스럽게 다가올 것이다. 앞의 다섯 가지 인 사건들이 지속되고 있는 중, 어느 시점에 갑자기 일어날 것이고 우리는 그때를 알 수 없을 것이다.

그때 "큰 진노의 날"이 왔다고 여길 것이다(17절; 욜 2:1-2, 11, 31; 습 1:14-15, 18; 2:2; 3:8; 말 3:2; 롬 2:5). 심판의 날(벧후 3:7, "심판과 멸망의 날"; 요일 4:17, "심판의 날"), 하나님의 기준에 따라 심판하시는 그날(벧후 3:12, "하나님의 날"; 습 1:14, "여호와의 큰 날"; 참조, 겔 7:19)이다. 누구도 그 진노 앞에 당당히 설 수 있는 자가 없다(나 1:6; 말 3:2; 참조 삼상 6:20; 시 130:3). 그 '큰 진노의 날'이 시작되었다(왔다/도래했다, ἦλθεν). "누가 능히 설 수 있겠는가?"는 반문은 이제는 누구도 아무 일도 없는 것처럼 모른 체하거나 무시할 수 없다는 뜻이다. 그만큼 하나님의 재앙이 무섭고(참고, 욜 2:11; 나 1:5), 땅의 모든 자들이 모두 종말의 그때가 도래했음을 알게 된다는 것이다.[27]

인의 여섯째 재앙으로 재앙이 끝난 것이 아니다. 오히려 본격적인 재앙(나팔과 대접)이 인류를 기다리고 있다. 첫째, 여섯째 인의 천지격동 현상은 한시적이다. 그다음 재앙들이 연이어 일어날 것이다. 한시적이라고 볼 수 있는 중요한 이유는 아직 '땅과 바다와 나무'(예, 8:7-9)의 재앙이 있기 전이라는 점 때문이다(7:1, 3을 보라). 둘째, 향후 다가올 나팔과 대접 재앙들은 더욱 심화된 재앙들이다. 셋째, 여섯째 인의 재앙으로 사람들이 하나님을 두려워하게 되지만, 그 두려움이 하나님에 대한 경외로 발전하지 않고 오히려 하나님에 대해 회개하지 않는 마음과 비방하고 모독하는 마음(9:20-21; 16:9, 11, 21)으로 악화될 것이다. 넷째, 따라서 이때를 기점으로 사람들은 더 종교적으로(반기독교적으로) 퇴락해 갈 것이다. 나팔과 대접

---

27. 사람들의 반응을 비교하라. 여섯째 인에서 사람들은 두려워한다(6:15-17). 여섯째 나팔 때에 사람들은 회개하지 않는다(9:20-21). 넷째, 다섯째, 일곱째 대접의 때에 그들은 회개하지 않을 뿐 아니라 하나님을 비방한다(16:9, 11, 21). 하나님에 대한 두려움에서 하나님에 대한 비방과 원망으로 바뀐다. 그들의 종교적 양심이 더욱 퇴락해 가고 그 마음이 점차 강퍅해지고 있는 것을 알 수 있다. '두려움'은 천지격동의 충격을 처음 접한 인류의 첫 번째 반응이다.

재앙을 겪으며 더욱 강퍅해져 갈 것이다.

해설

인, 나팔, 대접 재앙들의 관계는 어떤 것인가? 일곱 인과 일곱 나팔과 일곱 대접은 어떤 관계를 가지는가? 이들은 같은 사건의 반복인가, 시간적 진행에 따른 다른 사건들인가?

첫째, 일곱 인과 일곱 나팔과 일곱 대접의 관계가 서로 같다면 이들은 같은 사건들을 가리킬 가능성이 높다. 반면에 세 재앙의 관계가 서로 다르다면 다른 사건일 가능성이 높게 된다. 예컨대, 일곱 인과 일곱 나팔의 관계, 또 일곱 나팔과 일곱 대접의 관계, 또 일곱 인과 일곱 대접의 관계가 서로 같다고 볼 수 있을까?

둘째, 일곱 인과 일곱 나팔이 서로 다른 재앙이라 볼 수 있는 근거는 다음과 같다. (1) 일곱 인 가운데 여섯 인 재앙(6장)에서는 '땅과 바다와 수목'의 재앙이 구체화되어 나타나지 않았다. (2) 그런데 7장에서 '땅과 바다와 수목'에 대해 아직은 해를 끼치지 말 것을 말하고 있다. 그리고 땅과 바다와 수목에 대해 직접적인 해를 끼치게 될 재앙은 일곱 나팔, 특히 첫째와 둘째 나팔 재앙에서 일어난다(8:7-9). 첫째 나팔이 땅과 수목의 재앙이고 둘째 나팔이 바다의 재앙이다. (3) 따라서 일곱(또는 첫째-여섯째) 인의 재앙이 모두 지난 다음에야 일곱 나팔 재앙이 일어날 것을 알 수 있다. 일곱 인과 일곱 나팔이 서로 같은 것일 수 없다.

셋째, 일곱 인에 비해 일곱 나팔과 일곱 대접의 재앙의 상호 유사성이 크다(서론의 "인, 나팔, 대접 관계" 항목에서 이를 비교한 표를 참고하라). 나팔과 대접 재앙의 내용과 순서가 유사하면서 일곱 인 재앙과 다른 것은 일곱 인 재앙이 나팔과 대접 재앙과는 다르다는 것을 말해주는 증거다. 세 재앙 가운데 나팔과 대접 재앙이 유사한 반면, 인의 재앙은 이와 다르다.

넷째, 일곱 나팔과 일곱 대접의 유사한 면이 있지만, 이 둘을 같은 사건으로 보기에 어려운 이유가 있다. 재앙의 세기와 범위가 다르다. 나팔은 대상의 1/3을 타격한다(8:7, 8-9, 10-11, 12, 15). 반면에 대접은 범위의 제한이 없다(16:2, 3, 4, 8-9 등). 재앙의 종류에 따라 어떤 것이 더 큰 재앙인지 말하기 어려운 부분도 있지만, 대부분 대접 재앙의 내용이 더 심각하고 그 강도가 더 세다. 나팔 재앙보다 심화된 재앙이라는 의미다. 인의 재앙 가운데 넷째 재앙(죽음)의 경우 땅의 1/4(6:8)을 그 범위로 삼은 바 있다. 나팔 재앙은 땅의 1/3(8:7)이고 대접 재앙은 딱히 그 범위의 제한이 없다(16:2). 인과 나팔과 대접을 같은 재앙으로 볼 수 없는 이유다.

다섯째, 그렇다면 왜 다르게 전개될까? 이것을 같은 사건의 다른 표현이라 보기는 어렵다. 재앙의 요소는 서로 공유하지만 서로 다른 때에 전개될 재앙들일 가능성이 높다. 다시 말해, 일곱 인이 먼저 있고 그다음에 일곱 나팔이 일어나고, 그다음 마지막에 대접 재앙이 일어난다고 보는 것이 가장 자연스럽다. '인'을 떼는 것은 재앙의 시작을 말해주고, '나팔'을 부는 것은 본격적인 재앙이 일어남을 알려주며, '대접'은 하나님의 진노가 담긴 대접이 차고 넘침을 묘사한다는 의미라는 점에서 인의 재앙이 먼저 일어나고 대접 재앙이 마지막에 일어나는 것으로 보는 것이 타당하다 하겠다.

여섯째, 세 가지 재앙에는 순환적인 면과 공유되는 면이 있는 것이 사실이다. 특히 일곱 개의 재앙으로 구성된 점과 그것들이 재앙이라는 점에서 그렇다. 부분적으로 공유되는 것과 전체적으로 동일한 것은 다르다. 순환되는 면이 있다고 해도 그 재앙들이 같은 것이냐 하는 것은 다른 사안이다. 부분적 요소들이 순환되는 면이 있으나, 전체적으로는 진행적이고 심화된다는 사실을 무시하면 안 될 것이다. 동일 사건이 반복된 것이 아니고 또한 같은 것을 다른 말로 쓴 것도 아니다.

그러면 일곱 인의 재앙은 언제 일어나, 언제 끝날까? 어린 양께서 인들을 떼신 때부터 지금까지 인들(적어도 첫째-넷째) 재앙은 계속된다고 본다. 지금도 그렇다.

첫째, 네 재앙은 마태복음 24장의 재앙들(특히 4-28절의 재앙들)과 비슷하다. 종국의 재앙(마 24:29-30)은 아닌 듯 보인다. 넷째 인의 재앙에서, 세계의 1/4이 범위에 들어 가지만, 반대로 3/4에는 재앙이 없다는 뜻이다. 또 1/4도 다 죽는다는 뜻은 아닐 수도 있다. 만일 1/4이 실제로 다 죽는 것을 뜻한다면 인류는 아직 네 번째 인의 재앙을 경험하지 않은 것이 된다(7-8절의 주해를 참고하라). 반대로 나팔과 대접 재앙에는 확실한 목표(1/3, 또는 전체)가 있다. 네 인의 재앙은 떼어져 이미 진행되고 있고, 그런 반면 뒤의 두 개의 인은 여전히 모호하다. 특히 여섯째 인의 천지격동은 아직 일어나지 않았다.

둘째, 다섯째 인(순교자)은 아직 진행 중이라 볼 수 있다. 아직 순교에 대한 핏값(보응)이 치러지지 않았다. 아직도 '수가 차기까지 기다려라'는 말씀(6:11)이 유효할 것이다. 여전히 그 많은 순교에 대한 보상과 보응이 이뤄지지 않았다. 여섯째 인의 재앙은 그 전의 재앙들과 차원이 다르다. 천지격동의 강력한 재앙이다. 이것을 과장법이라 볼 필요는 없다. 여기에 기재된 재앙은 아직 일어나지 않았다. 그런 점에서 지금은 다섯째 인과 여섯째 인(또는 넷째 인이 있기 전)의 과정에 있다고 볼 필요가 있다.

셋째, 여섯째 인이 아직 떼이기 전이라면, 왜 여섯째 인의 재앙은 유예되는 것일까? 그 재앙 다음에 일곱째 인과 더불어 시작하는 이후의 재앙들, 즉 일곱 나팔과 일곱 대접의 재앙이 뒤따르기 때문일 것이다. 여섯째 인은 그런 점에서 이후 연속된 재앙들의 서곡이다.

넷째, 그렇다면 아직 일곱 인은 다 떼어진 것이 아니다. 언제, 여섯째 인의 재앙이 시작될까? 그때가 우리에게 달린 것이 아님을 안다. 그때는 신적 주권의 시간이고 어린 양이 주관하시는 시간이다. 우리는 나타나는 현상으로 진행 과정을 알 수 있을 뿐이다.

그런데 재앙이 순서대로 발생할까, 아니면 한꺼번에 일어날까?

첫째, 네 인은 떼이는 순서에 따라 순차적으로 일어날 것이다. 둘째, 그러나 각 인의 끝맺음이 명시되지 않다는 점과 각 인들 간의 중복된 부분(요소)이 있는 것을 볼 때 진행 과정은 중복될 것이라 예상할 수 있다. 셋째, 넷째 인의 죽음 재앙은 앞의 세 개의 인의 중복되고 누적된 결과라 할 수 있을 것이다(R. Thomas, 1992: 435). 그러다가 네 번째 재앙 때에는 땅의 1/4이 재앙의 범위에 해당된다. 넷째 인이 첫째-셋째 인의 요약(Beale, 1999: 370-1)이라 할 수는 없지만, 서로 중첩되거나 관련되어 일어나는 것이 분명하고 또한 그 인들의 종합된 결과(넷째 인 자체의 재앙도 있다는 것을 전제하고)로 보는 것은 자연스럽다(물론 독자적인 재앙일 가능성도 배제할 수 없다). 넷째, 그리고 이때(첫째-넷째)의 일과 관련해서 다섯째 인의 순교자 사건들이 나타날 수 있다.

또한 성도들이 인의 재앙에서 보호될까? 본문에는 그런 내용이 나오지 않는다. 오히려 다섯째 인에서 순교자들이 출현한 것은 성도들이 인의 재앙에서 보호받지 않는다는 것을 보여주는 것일 수 있다.

오스본이 3:10; 7:1-8; 9:4; 16:2에 근거하여 성도들이 인과 나팔과 대접 재앙에서 심판의 보호를 받을 것이라고 주장하는 것(Osborne, 2002: 270-1)은 본문을 정확하게 반영하는 것으로 볼 수 없다. 첫째, 빌라델비아 교회에 주신 약속인 3:10이 모든 교회에 대한 말씀이라고 주장할 수 없다. 또한 환난에서의 보호(지킴)가 환난의 면제라고 해석할 이유가 없다. 환난 가운데 보호하시는 하나님의 손길은 환난의 면제로 나타날 때도 있지만, 때로는 환난 중의 영적 평안, 구원의 견인, 소망의 인내 등으로 다양하게 나타날 수 있다. 둘째, 7장에서는 성도들에게 고난을 피하게 해주시겠다는 약속이 없다. 인침이 있을 때까지 땅과 바다의 재앙이 유예될 뿐이다. 셋째, 다섯째 나팔 재앙(메뚜기 재앙, 특히 9:4)의 유예는 특정한(다섯째 나팔) 재앙의 유예를 가리킬 뿐이다. 넷째, 첫째 대접(특히 16:2)도 특정한 재앙의 경우라 할 수 있다. 대접 재앙은 기본적으로 하나님의 진노의 재앙으로 대적한 자들에 대한 심판적 재앙이다(15:1, 7-8; 16:1, 5-7, 19; 19:2).

첫째 대접(16:2)에서 짐승에게 경배한 자들로 대상을 한정한 것, 셋째 대접(16:4-7)에서 순교의 보응에 대해 언급하는 것, 넷째 대접(16:8-9)에서 하나님 비방이 나오는 것, 다섯째 대접(16:10-11)에서 짐승의 보좌와 짐승 나라가 언급되는 것, 여섯째 대접(16:12-16)에서 하나님을 대적하는 아마겟돈 전쟁이 준비되는 것, 일곱째 대접(16:17-21)에서 짐승과 연대한 바벨론의 심판이 언급되는 것 등 대접 재앙들의 경우에는 그 자체로 교회와 성도들이 재앙을 당하는 대상으로부터 의도적으로 배제되어 있다.

반면에 나팔 재앙은 이와 다르다. 예컨대, 다섯째 나팔인 메뚜기 재앙에서 성도들이 제외된 것은 예외적이다. 물론 여섯째 나팔 재앙의 결과 많은 이들(1/3)이 죽고 남은 자들이 하나님을 비방하는 것은 맞다. 이때는 13장의 짐승의 시대로 나아가게 되기 때문일 것이다. 일곱째 나팔에서 "종 선지자들과 성도들과 … 주의 이름을 경외하는 자들에게 상 주실"(11:18) 때라는 강조를 보라. 그때까지는 아직 때가 아니란 뜻이므로, 적어도 이때까지는 교회도 함께 고난을 받는다고 볼 수 있다. 마침내 "땅을 멸망하게 한 자들을 멸망시키실 때"가 오고 있었다(11:18). 이 멸망의 때는 악한 자들이 철저한 심판을 받는 일곱 대접의 때(15-16장)를 가리킬 것이다.